新时代这十年

冀祥德作品系列

新时代的地方志

冀祥德◎著

当代中国出版社
Contemporary China Publishing House

图书在版编目(CIP)数据

新时代的地方志 / 冀祥德著 . -- 北京：当代中国出版社 , 2022.8

ISBN 978-7-5154-1189-7

Ⅰ . ①新… Ⅱ . ①冀… Ⅲ . ①方志学 Ⅳ . ① K290

中国版本图书馆 CIP 数据核字（2022）第 097513 号

出 版 人	冀祥德
责任编辑	姜楷杰　战盈彤
责任校对	贾云华
印刷监制	刘艳平
封面设计	马　帅　鲁　娟
出版发行	当代中国出版社
地　　址	北京市地安门西大街旌勇里 8 号
网　　址	http://www.ddzg.net
邮政编码	100009
编 辑 部	（010）66572264
市 场 部	（010）66572281　66572157
印　　刷	北京润田金辉印刷有限公司
开　　本	710 毫米 ×1000 毫米　1/16
印　　张	36 印张　3 插页　534 千字
版　　次	2022 年 8 月第 1 版
印　　次	2022 年 8 月第 1 次印刷
定　　价	98.00 元

版权所有，翻版必究；如有印装质量问题，请拨打（010）66572159 联系出版部调换。

有人说，所谓阅历，就是再多的挫折和磨难都没有打倒你，你的这段经历，成了你离开江湖后，江湖上还有关于你的故事，即使你不说话，人们都知道你是一个战士。

　　地方志，就是我的一段阅历。

——题记

缩略语简表

缩略语	全称／解释
条例	地方志工作条例
规划纲要	全国地方志事业发展规划纲要（2015—2020年）
史志法	中华人民共和国史志法
中指组	中国地方志指导小组
中指办	中国地方志指导小组办公室
一本书主义	认为地方志工作就是编写一本志书
转型升级	2016年12月在全国省级地方志负责人工作会议暨全国第一次地方志工作经验交流会议上提出，通过地方志的"六个转变"，实现地方志的"六化"，即一是从围绕自身工作向围绕经济社会发展大局转变，实现地方志事业的大局化；二是从单纯修志编鉴一项工作向"十业并举"全面发展转变，实现地方志事业的全面化；三是从依规修志向依法治志转变，实现地方志事业的法治化；四是从地方志机构修志向党委领导、政府主持、地方志机构组织实施、社会各界广泛参与转变，实现地方志事业的社会化；五是从单一纸媒体志向广泛运用数字媒体志转变，实现地方志事业的信息化；六是从地方志局限于当地经济社会发展向地方志立足全国、走向世界转变，实现地方志事业的全国化、国际化
十业并举	志（志书），鉴（年鉴），史（地方史），馆（方志馆），库（方志数据库），网（国情网、地情网、方志网），用（读志用志），会（方志学会），刊（方志期刊），研（理论研究）
依法治志	把地方志工作纳入法治化轨道，依法识志，依法修志，依法研志，依法用志，依法管志，依法存志，依法传志
两全目标	按照《规划纲要》要求，到2020年，实现历史上第一个省市县三级地方志书和综合年鉴全覆盖
三大主题	新时代地方志围绕党和国家利益、经济社会发展和以人民为中心开拓创新
四驾马车	志（志书），鉴（年鉴），史（地方史），馆（方志馆）
五起来	把地方志"用起来"，将地方志"立起来"，让地方志"活起来"，叫地方志"热起来"，使地方志"强起来"

续表

缩略语	全称/解释
方志六有	有一种精神叫方志精神，有一种效率叫方志效率，有一种担当叫方志担当，有一种情怀叫方志情怀，有一种自信叫方志自信，有一种梦想叫方志梦想
一纳入、八到位	把地方志工作纳入各地国民经济和社会发展规划、地方各级政府工作任务，做到认识到位、领导到位、机构到位、编制到位、经费到位、设施到位、规划到位、工作到位
十大工程	系为落实《规划纲要》的11项目标任务而实施的文化工程项目，包括：一是民族地区与贫困地区志书出版资助工程，二是中国志书精品工程，三是中国年鉴精品工程，四是中国名镇志文化工程，五是中国名村志文化工程，六是全国地方志"一体两翼"用志工程，七是全国信息方志与数字方志建设工程，八是方志馆研究建设及全国地方志专业出版基地建设工程，九是中国地方志学科建设与人才队伍建设工程，十是方志文化走向世界工程
十加X工程	系继"十大工程"后，策划实施的中国名山志文化工程、中国名水志文化工程、中国名酒志文化工程、中国名街志文化工程、中国名桥志文化工程、中国名楼（阁）志文化工程、中国名茶志文化工程、中国名吃志文化工程，以及中国影像志文化工程等
方志人精神	修志问道，直笔著史
方志人定位	为当代提供资政辅治之参考，为后世留下堪存堪鉴之记述
地方志"两个一百年"目标	在中国共产党成立100周年，我国全面建成小康社会之时，实现省省有志鉴、市市有志鉴、县县有志鉴；到中华人民共和国成立100周年，我国建成富强民主文明和谐美丽的社会主义现代化强国之时，完成《中华人民共和国志》编纂，省、市、县、乡、村、居民小区和行业、系统、单位志鉴全覆盖
地方志事业第二次转型升级	2021年3月在全国省级地方志主任工作会议上提出，地方志从已经实现的"有没有"的数量的规模化，转向"好不好"的质量的法治化

目 录

001　**第一章**
　　我与方志

007　我与方志
011　方志出版社：先治坡，后治窝
028　中指办：从我做起，向我看齐

031　**第二章**
　　方志情怀

035　不忘初心扬帆起，继续前进献"志"礼
037　我有一个梦想
039　奋斗的地方志永远在这儿
043　什么是方志人的时代担当
048　致敬，每一个方志人
052　你真方志
057　长载史志，友存心间

063　第三章
方志伟业

- 067　论方志文化自信
- 090　以"中国之志"资治"中国之治"
- 092　用地方志记录中国历史
- 095　为中国扶贫事业修志存史
- 099　直笔著史伟大的中国扶贫事业
- 107　方志更需要以有为谋有位

115　第四章
方志经验

- 119　山东：新时代地方志"排头兵"中的"标兵"
- 130　黑龙江：最好的接力
- 136　吉林：地方志"三字经"
- 147　新疆：一肩挑四担
- 152　河北：杨洪进的方志情
- 160　重庆：事在人为
- 170　浙江：方志之乡
- 176　广东：继续当好"领头羊"
- 182　甘肃：地方志需要这样的"头狼"
- 188　四川："十业并举"谱新篇
- 213　广西：方志桂军的"1234"
- 226　安徽：地方志资政辅治
- 231　陕西：稳步推进地方志事业高质量发展
- 238　湖南：先行先试典范
- 248　河南：新时代的地方志成就
- 255　江苏：不断开创地方志工作新局面
- 260　海南：把地方志修到祖国大陆最南端

266	福建：方志，从宁德出发	
279	宁夏：小马拉大车	
290	内蒙古："两全目标"攻坚组	
295	辽宁：出奇制胜完成"两全目标"	
310	天津：使命呼唤担当	
315	西藏：方志人的使命与坚守	
322	湖北：坚决完成"两全目标"	
331	江西：地方志"五起来"	
344	香港：编纂地方志的开创性意义	
352	兵团：文化润疆的基础文化工程	
359	军队：军事志与退役军人入志	
364	煤炭系统：为"煤炭"方志人点赞	
370	东营：修志得志	
377	黑河：谁说女子不如男	
384	威海：精品佳志	
391	常州：精品有功	
396	赣州：精品志书	
401	北辰：把地方志转化为文化生产力	
405	苏州：志说江南	
409	保定：方志市长	
419	烟台：志载红色胶东	
427	楚雄州：精品志鉴成就人生辉煌	
437	襄阳：新时代史官	
445	郑州：做活做热地方志事业	

451　第五章
方志访谈

455　全面推进地方志从一项工作向一项事业转型升级

462　直笔著信史，彰善引风气

| 468 | 走进新时代的地方志 |

475　第六章
方志序跋

479	《潍坊市志（1991—2012）》序
484	《青州市志（1988—2013）》序
489	《黄楼街道志》序
492	《威海市志》序
495	《北辰区志（1979—2009）》序
497	《邢台市志》序
500	《固原扶贫志》序
505	《梅花小区志》序

509　第七章
方志诗楹

513	七律·方志
514	清平乐·鹿港
515	又逢高考
515	北戴河
515	京堵
516	贺年
517	登云门山
517	端午节
517	亳州思
518	春雪赋
519	毕业三十年
520	龙潭湖雨
520	龙潭湖柳

520	陀螺
521	为啥总是这么忙
521	法与志
522	贺中国地情网开通
522	上班王，加班狂
523	丙申除夕
523	青州贡府院
524	莼鲈之思
525	晨跑小清河
526	雨听
528	一起抗
528	中秋加班
529	送赵芮
530	七律·陪老娘过年
531	悼文根
531	思文根
532	高考日有感
532	鹊桥
533	中秋乡思（一）
534	中秋乡思（二）
535	人民大会堂
536	海岱除夕
538	海龟
538	高铁感怀
539	读云海
539	尘雨
539	雨夜思
540	中秋雨
540	丑奴儿·中秋
541	秋分

542	浪淘沙·渔舟唱晚
542	浪淘沙·晚舟归帆
543	天问
544	别
545	半生咏
545	秋雪思
546	小重山
547	雪梅
547	跑颐和园
547	春四月
548	无题（一）
548	无题（二）
548	无题（三）
549	方志楹联（一）
549	方志楹联（二）
550	方志楹联（三）
550	方志楹联（四）
551	挽长友
551	挽晓明

553　第八章
志在千里

557	让跑步成为一种习惯
560	跑步与干事业
564	跑出正能量的人生

第一章

我与方志

志赓千年逐后尘，

男儿何处不雄心。

本是他乡为异客，

未想做回方志人。

世事难料。我这一辈子，做梦也没想到，一个在法律界、法学界待了30多年的人，突然一天会来到地方志工作，而且一干就是8年多。8年来，提出"转型升级""依法治志""出版基地""两全目标""三大主题""四驾马车""五大体系""五起来""十大工程""十业并举""地方志两个一百年目标"等，创造"方志情怀""方志效率""方志速度""方志担当""方志人精神"等。自我评价，对得起组织，对得起良心，对得起地方志，不虚此行，有怨无悔。

——题记

第一章　我与方志

2013年8月14日，中国社会科学院党组（以下简称院党组）任命我担任方志出版社社长、总编辑。时任中国社会科学院党组成员、副院长李培林同志与我谈话时说，我是院党组点名挑选的受命于危难的"消防队员"，到方志出版社就是"救火"。李培林说，给我3年的时间，只要方志出版社没有告状的了，不管经济效益如何，都让我再回到法学"主战场"。到地方志工作前，我是中国社会科学院法学研究所所长助理，中国社会科学院研究生院法学系常务副主任、常务副书记，研究员、博士生导师。

时任中国社会科学院党组书记、院长，中指组组长王伟光同志，在2022年4月撰写的回忆录中，专门以"选好干部、配好班子，始终注重加强全国地方志党的建设、领导班子建设和队伍建设"为题，记述了这段时间我和地方志班子成员的有关情况[1]：

俗话说得好，火车跑得快，全靠车头带。选好用好一个人，配强一个班子，抓住'关键少数'，就能成就一番事业。

我首先关注中国地方志指导小组办公室主要领导干部的配备和领导班子建设问题。选配好中国地方志指导小组秘书长、办公室党组书记、主任，其他组成人员是抓好地方志工作的当务之急。我刚到社科院工作时，曾多次接到来自地方志办公室的举报信，有实名举报信，也有匿名举报信，因我当时不分管地方志工作，一般就把信转给分管院领导。一段时间，举报信太多了。陈奎元同志指示我过问一下地方志举报信问题和由此而涉及到的干部问题。我通过调研分析，发现举报信所指主要有两个方向：一是方志出版社经营乱，一是地方志领导班子内部不团结，矛盾很大。我在调研中又发现，方志出版社长期严重亏损，几乎到了停摆的状态。我向陈奎元同志建议，当务之急是解决方志出版社的问题，关键是选一个合适的社长兼总编辑。在众多推荐人选中，经过与人事局反复遴选，

---

[1]《王伟光回忆录》第十四章第六部分。

最后选中了法学所所长助理冀祥德同志,经考察,组织认为该同志政治方向正确,有办法,能干事,最后党组决定调冀祥德同志到方志出版社任社长兼总编辑,原社长、总编辑调离。冀祥德同志果然不负党组厚望,仅一年时间就使方志出版社扭亏为盈,发生了根本改变。至于地方志领导班子,我向陈奎元同志建议,认真观察、看准后采取逐步调整的办法,逐步加以解决。党组首先采取的措施,是调整一些人离开地方志办公室,在我担任中指组组长后,条件也比较成熟了,进而对地方志办公室做了较大调整。中指办原党组书记田嘉同志因已到退休年龄,于2014年9月退休,同时,中指组原秘书长、办公室主任李富强同志调数量经济与技术经济研究所任党委书记。调研究生院副院长赵芮接任党组书记,冀祥德同志任中指组副秘书长、中指办副主任(排名在主任之后),中指办原副主任刘玉宏、邱新立仍留任。后赵芮又任中指组秘书长、中指办主任。赵芮、冀祥德等人组成了新领导班子,在短时间内就使得地方志工作大有起色。2015年11月赵芮休病假,后又到中央党校学习,冀祥德再次临危受命,全面主持中指办工作,于2016年6月任中指办主任。2017年3月,赵芮调离中指办,冀祥德任中指组秘书长、中指办党组书记,与刘玉宏、邱新立等同志共同推进地方志工作。因地方志工作在这届中指组领导班子的努力下创造了一系列地方志工作成绩,冀祥德同志任中指组秘书长、中指办党组书记、主任,同时还兼任方志出版社社长、总编辑;刘玉宏同志2017年11月提拔为日本所党委书记,邱新立同志重用为中指办党组成员、纪检组组长兼机关纪委书记、副主任。

事实证明选好带头人,配好领导班子是关键之关键,把干部选对了,班子配强了,这是地方志工作有很大起色的重要原因。对于全国地方志领导班子建设和队伍建设问题,我始终高度重视,把它作为重中之重的工作要求,采取了一系列举措予以推进,如今已取得了显著成效。

我与方志[*]

方志，
　不曾相识；
　　牵手，
　或是天意。

我的世界里，
　是罪与罚，
　　情与理；
　法庭与监狱，
　警察与律师；
　程序与证据，
　公平与正义。

那一日，
　走进你，
　　心情，
　若雾霾天气。
　满目疮痍，
　　一片沉寂；

---

[*] 2015年12月31日，到地方志工作2年又4月抒怀。

陌生植被,
盐碱土地。

告诉自己,
告诉方志:
我的态度,
我的立场;
我的原则,
我的方式;
我的口号,
我的志气;
我的希望,
我的目的。

我的态度:
珍惜友谊,
虚心学习。

我的立场:
履行职责,
不离不弃。

我的原则:
公平公正,
不偏不倚。

我的方式:
正向推定,
依法治志。

第一章　我与方志

我的口号：
从我做起，
向我看齐。

我的志气：
不达目的，
决不放弃。

我的希望：
同甘共苦，
同舟共济。

我的目的：
一年一小步，
三年一大步。
让每个人，
从不断鼓起的钱包，
及挺直的腰杆中找寻到，
团结的收获，
奋斗的足迹。

今天，
你20岁，
我500日。
斗转星移，
月落日起。
方志姻缘，
真情兄弟。
披星戴月，

新时代的地方志

披荆斩棘。
携手并肩,
齐心协力。
重整旗鼓,
建纲立制。
开源节流,
提升士气。
十大工程,
五大体系。
博士后站,
出版基地。
规划布局,
千秋业绩。
三步并作两步走,
风清气正新天地。

再过廿年,
我们再相聚。
那时高歌,
那时吟诗。
那时骄傲倒满酒杯,
那时幸福充满回忆。
那时不醉不归,
那时豪气万里。
时光评说,
岁月铭记。
深情相拥,
方志兄弟!

方志出版社：先治坡，后治窝

  方志出版社在中国社会科学院党组的领导下，认真贯彻习近平总书记系列重要讲话精神，齐心协力，奋力拼搏，发生了根本性变化，取得了显著成绩。望做大做强方志出版社，早日实现未来四年发展规划。请院党组成员传阅。

——王伟光（2017年2月15日）

  方志出版社三年来发生深刻变化，成绩显著。望再接再厉，团结一致，再上一层楼。

——李培林（2017年2月15日）

  我到方志出版社后，得到了时任中指组常务副组长朱佳木同志的亲切关怀和大力支持。先生专门挤出一个下午的时间听我汇报，晚上还请我在当代中国研究所食堂用餐，向我介绍地方志和出版社的情况，指教我工作原则——"先治坡，后治窝"，并帮我确立了"一年一小步，三年一大步"的工作目标。

——题记

一年一小步,三年一大步*

今天是个好日子。随着地方志又一件喜事的到来,北京多日的雾霾也消散尽去。最近一个月以来,国家方志馆可谓喜事连连:12月1日,中国地情网、中国方志网正式开通;12月21日,方志出版社方志书苑书店举行迁址揭牌仪式;12月22日,中国社会科学院第六届名优建设工程工作会议又在国家方志馆召开,这是院党组决定把"名志"纳入名优工程,"七名"变"八名",形成"八位一体"新格局后举办的首次名优建设工程工作会议,我为此做了"名志"经验介绍。今天,我们又迎来了方志出版社成立20周年的大喜日子。

每一本墨香四溢的书籍背后,都有一段润物无声的艰辛历程和吐蕊绽放的动人故事。

20年前,修志前辈们远见卓识,创立了至今仍然是全国唯一的专业出版志书的出版社——方志出版社。从那时起,出版社白手起家,前辈们扛起为国家和人民出版志书的历史重任,筚路蓝缕,励精图治,一批又一批优秀的出版人不断添砖加瓦,历经磨难,风雨兼程。在他们持续不断的努力下,出版社不断发展壮大,如今已经成为我国方志文化天空中一道绚丽的风景线。

20年斗转星移,这些出版人中有的已经作古,但他们的方志人精神已经成为一种坚不可摧的强大力量,这股力量将推动方志出版社的同仁不断攀登新的高峰并至久远。

值此出版社创立20周年之际,我们在回顾过往的奋斗历程当中,常常被出版社艰苦创业中留下的闪光足迹所打动,更被在困难复杂的条件下,创立、整顿、迁址、谋划、开拓时所表现的那种勇于担当、顽强拼搏

---

* 2015年12月25日,在方志出版社成立20周年纪念座谈会上的讲话。

第一章　　　　　　　　　　　　　　　　　　　　　　我与方志

的精神所激励。

古人云："二十而冠。"20年间，方志出版社从初生的婴儿，茁壮成长为一个充满朝气、生龙活虎的年轻后生，在方志出版领域乃至全国出版行业内成为首屈一指的方志专业出版队伍。今天，不仅是我们见证方志出版社20年发展历程的"成人礼"，也是对方志出版社20年取得成绩的大检阅，更是对20年来方志出版社工作的全局回顾与总结，以及对方志出版社未来的规划与瞻望。在此，我谨代表方志出版社全体员工，对各位领导、来宾的莅临及一直以来对方志出版社的支持与帮助，表示热烈的欢迎与衷心的感谢！

20多年前，在中指组的组织指导下，全国新编地方志工作快速发展，修志成果如雨后春笋大量涌现，如何保证这些修志成果的面世质量提上日程。与此同时，随着各地旧志整理，以及年鉴、地情书、资料汇编、方志理论著作等相关书籍的编纂，方志图书出版工作任务也日益繁重。但在当时，我国尚无一家方志专业出版机构，志书的出版任务主要依靠全国各类出版社承担，而其中大多数出版社并不具备出版志书的条件，使得不少志书的编辑、审定、印刷水平不高，出版、发行渠道不畅，直接影响了志书的质量和"存史、资政、育人"的社会效益。在此背景下，为了实现志书出版工作的专业化、规范化，切实保证并进一步提高志书的质量与社会效益，成立一家专业方志出版机构迫在眉睫。经过多方努力，新闻出版总署于1994年11月29日做出批复，批准成立方志出版社。

20年过去了，方志出版社在各级领导的支持和社会各界的帮助下，克服种种困难，逐步成长为以志书出版为龙头，年鉴出版为主干，方志学理论著作和其他社科类研究著作出版等协调发展的出版格局，成为一家特色鲜明、品牌成熟，在方志出版领域有较大影响力的专业出版社。特别是近3年多来，全社同仁齐心聚力，励精图治，共谋发展，使得方志出版社发生了根本性变化。至2015年底，方志出版社累计出版图书近5000种，业务范围扩大到全国30多个省、直辖市、自治区，每年出版的志书和年鉴均占到出版总量的85%以上。并且，出版业务也取得多项历史性的突破：《法治中国与制度建设》成为方志出版社历史上首次获得国家出版基金专项资助的图书;《广东省志(1979—2000)》成为方志出版社首部入选"十二五"国家重点图书出版规划的志书;中国名镇志文化工程、民族地区与贫困地区志书出版资助工程成为方志出版社首次获得"中国社会科学院创新工程大型学术出版后期资助"的项目;方志出版社首次承担《中国社会科学博士后文库》出版任务;等等。

在出版业务快速发展的同时,方志出版社的经营管理也实现重大转型。一方面,从2013年8月起,在新领导班子的努力下,方志出版社从依法治社、建章立制、强化管理、引进人才、提高素质等方面入手,不断摸索、改进和完善各项工作。在管理模式上,由人治向法治转变;在经营理念上,由封闭型管理向开放型管理转变;在生产方式上,由协作出版向编印发一体化出版转变;在出版结构上,由单一的图书品种向多种类的图书品种转变。另一方面,自2014年3月2日搬迁至国家方志馆后,出版社进一步密切同中指办的联系,互帮互助,协同发展。借助中指办全面推进中国志书精品工程、中国年鉴精品工程、中国名镇志文化工程、中国名村志文化工程等全国地方志十大工程的有利时机,努力实现方志出版社在全国范围内出版业务的全覆盖。

总结过去,我们硕果累累;展望未来,我们信心百倍。在新的历史机遇下,方志出版社将继续贯彻落实《方志出版社发展规划纲要(2014—2020年)》,坚持"方圆天下,志书今古"的理念,坚持"志书精品,社科奇葩"的定位,秉承"团结立社、制度治社、质量强社、效益兴社"的方针,围绕"建成全国地方志专业出版基地"的总体目标,全面实施"一二三四一"工程。"一二三四一"工程,即加强"一个领导",实施"两大战略",推动"三个转变",建设"四项机制",建成"一个基地"。加强"一个领导",即全社要大力加强党对出版工作的领导,要在出版工作中认真落实党的路线、方针、政策,保证出版工作始终坚持正确的政治导向,为全党全国的工作大局服务。实施"两大战略",即以实施中国地方志精品工程为主,以开发社科类学术经典为辅的品牌建设战略;打破地域界线,建立分支机构,积极参与国内、国际出版产业合作与竞争的"走出去"战略。推动"三个转变",包括管理体制的规范化转变、产品和产业结构的多形态转变及增长方式的效益化转变。建设"四项机制",即建设图书质量保障机制、"互联网+"的现代营销机制、"人才兴社"机制及企业文化塑造机制。建成"一个基地",即建成以志鉴编修出版培训基地与全国方志评审专家基地为依托、以新媒体运营平台为桥梁,以中国地方志精品工程、历代名志影印工程、志鉴理论著作出版工程、志鉴教材出版工程、年度优秀志鉴评选工程、志鉴数字出版工程等为主干的全国地方志专业出版基地。到2020年,我们将全面建成全国地方志专业出版基地,成为国内外知名的中等规模专业强社。

最后,诚挚感谢中国社会科学院、中指组及其办公室历任领导对方志出版社的亲切关心与指导,感谢中国社会科学院办公厅、科研局、人事教育局、图书馆等兄弟单位,以及全国各级地方志工作机构和工作人员的大力支持与帮助。

同志们,朋友们,让我们携手相依,不忘初心、继续前进,为建成全国地方志专业出版基地而努力奋斗,共创美好明天!

方志出版社三年工作总结及未来四年发展规划

在院党组的正确领导下，在王伟光院长、李培林副院长的直接领导和亲切关怀下，在中指办的大力支持下，2013年8月，方志出版社主要领导班子进行了调整。3年多来，社领导班子带领全体职工齐心协力，拼搏奋进，方志出版社实现跨越式发展，发生了根本性变化。现就有关情况报告如下。

一、统一思想，凝心聚力

2013年8月前，方志出版社风气不正、管理无序、告状连连、矛盾重重，是我院出了名的老大难单位。新领导班子上任伊始，就提出了统一思想、凝心聚力，"一年一小步，三年一大步"的目标，"让职工从不断挺直的腰杆和不断鼓起的钱包中感受到团结的收获与喜悦"。通过制定目标、描绘蓝图，把全社职工引导到谋发展、干事业上来，很快就扭转了之前的恶劣境况。全社上下呈现出凝心聚力、共谋发展、风清气正的崭新局面。

二、摸清情况，对症下药

为摸清出版社问题症结所在，新任社领导深入基层，调查研究，通过与职工个别谈话、召开不同形式座谈会征求意见，以及其他交流、沟通等方式，摸清情况，分析存在问题的原因，对症下药地采取措施，并以公平、公正的态度和法治思维方式处理历史遗留问题，很快树立起领导班子威信，让广大职工体会到了正义，看到了前途，增强了信心。

三、建章立制，依法治社

经过调查，新任社领导发现出版社长期以来主要依靠人治，依靠"拍脑袋决策"，所以职工心中不服，怨声载道。新任社领导利用法学专业背景和优势，提出依法治社，改"人治"为"法治"，建立了部门周报、社例会、社务会、社领导班子会以及"三重一大事项"决策等制度。同时，从行政管理、编辑出版业务管理、薪酬分配及奖惩制度、人事管理和人才引进管理等各个层面开展制度建设，有效扭转了过去"人治"的混乱局面。职工从依法治社、制度治社中体会到公开、公正和公平，怨气逐渐平息，正气逐步树立。全社各部门、各岗位依法、依据、依规开展工作，形成"以制度规范出版工作，建流程提高工作质量，用管理降低生产成本，依绩效考核人员能力"的良性工作机制。

四、以身作则，率先垂范

面对懒散、怠工、死气沉沉的局面，新任社领导提出"从我做起，向我看齐"的口号，带头加班加点工作，以"五加二、白加黑"的忘我精神投入到出版社事业发展中，全社职工备受鼓舞，逐渐把注意力从过去的计较个人得失转移到谋发展、干事业上来。

五、抓党建，为出版社发展提供政治保障

出版社成立20年来，党组织建设相当薄弱，全社只有1个党支部，10多年来未发展一名新党员，党员和党组织模范带头作用十分弱化。3年多来，在院党组、中指办党组和机关党委的支持下，出版社党支部升格为总支部委员会，党支部增加到5个，党员总数从2013年8月前的8人增

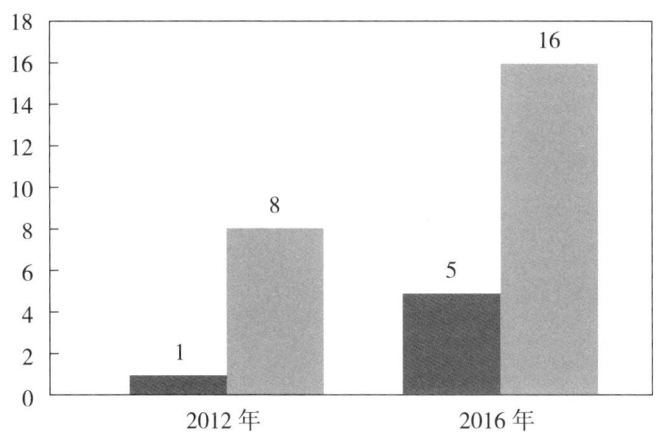

2012年、2016年党支部和党员数量对比图（人）

加到现在的 16 人。2016 年，实现了近 10 年党员发展零的突破。社内重大项目由党员承担，社内重要岗位负责人由党员担任，充分发挥了党员的先锋模范作用。

六、抓顶层设计，明确发展目标任务

2013 年 12 月，经过半年调研，制定出了《方志出版社发展规划（2014—2020 年）》。通过《发展规划》的制定，明确了出版社短期、中期、长期发展目标，提出于 2020 年建成全国地方志专业出版基地和中国方志出版集团，实现社会效益与经济效益双丰收。《发展规划》的制定，使干部职工有了明确的发展目标和奋斗方向。

七、改善条件，为职工创造良好工作环境

2014 年前，方志出版社位于北京市东城区一个居民区内，办公条件艰苦，通风采光差，冬冷夏热，职工十分不满，严重影响了士气和对外形

2014 年前的出版社会议室
（位于居民楼走廊）

2014 年后的出版社会议室
（位于国家方志馆）

2014 年前的出版社书库
（位于通州）

2014 年后的出版社书库
（位于国家方志馆）

象。在院领导、中指办的大力支持下，2014年3月，出版社正式搬入国家方志馆，办公条件得到了极大改善，提高了职工的积极性。2015年，又通过设立储运部、搬迁书库，彻底解决了通州书库老大难问题。

八、调整机构，为出版社发展提供组织保障

2013年8月前，出版社只有史志、综合、社科3个编辑部，出版部、发行部、总编室、办公室4个职能部门，严重不适应地方志事业发展需要。2014年以来，出版社在加大人才引进力度的同时，逐步调整机构设置，编辑部由3个增加到9个，分别是：省志编辑部、市县区志编辑部、名镇志编辑部、名村志编辑部、专志旧志编辑部、地方史编辑部、综合年鉴编辑部、地情与专业年鉴编辑部、社科（法治）编辑部。职能部门由4个增加到11个，分别是：办公室、总编室、质检部、信息部、人力资源部、出版部、发行部、方志书苑书店、储运部、博士后科研工作站、方志食

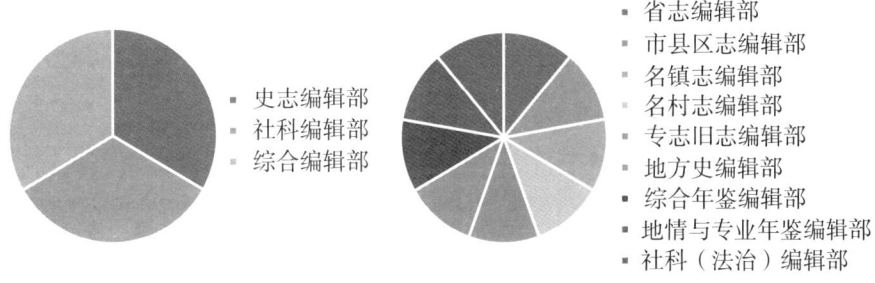

2012年、2016年出版社编辑部门设置对比图

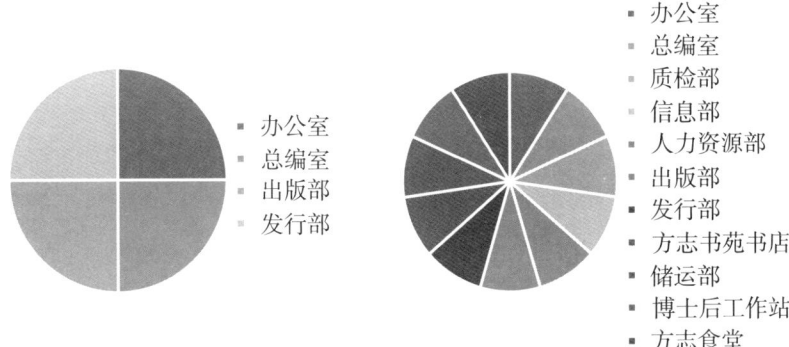

2012年、2016年出版社职能部门设置对比图

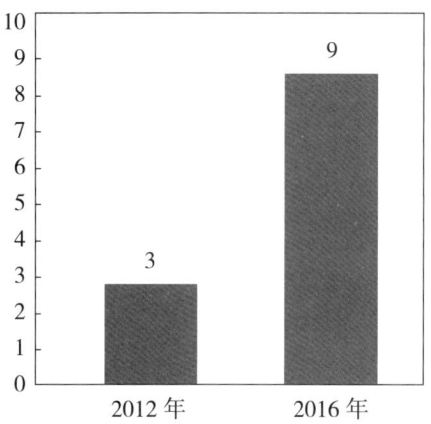

2012年、2016年编辑部门数量对比图（个）

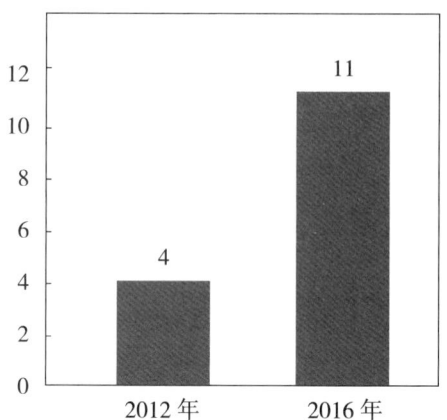

2012年、2016年职能部门数量对比图（个）

堂。目前，出版社组织架构健全完善，内部结构科学合理。

九、优化队伍，为出版社发展做好人才储备

2013年8月前，方志出版社总人数为35人，行政人员多于业务人员，人员年龄结构老化，多年无法评聘职称，人心思离，人才流失严重。近3年来，出版社陆续引进人才27人，本社人员调整岗位6人，淘汰不适应出版社快速发展节奏的7人。至2016年，全社共有55人，人员年轻化、高学历人数是2012年的2倍多，性别比例均衡，业务人员总数已超过行政人员总数的2倍。全社队伍建设实现了"一个突破"和"四个优化"。

职称评审实现零突破。在院人事教育局、中指办的大力支持下，2014年，方志出版社被纳入全院职称评审体系，评审通过编审、副编审各1名，解决了多年以来方志出版社人员无法参加我院职称评审，通过院外渠道多年未通过一人的尴尬局面，在职工中产生了良好的影响。至2016年底，方志出版社出版系列称职中有高级职称5人，中级职称21人。

年龄结构优化。至2016年，全社人员平均年龄39岁，年龄最小的24岁，最大的59岁，人员年龄结构较3年前明显改善，年轻人已经能够挑大梁、做大事。

性别比例优化。2013年8月前，出版社7个中层负责人均为女性。经过3年多的引进人才和培养本社人才，至2016年出版社中层负责人男女

比例已调整为 4:5。

学历结构优化。2013 年 8 月前,出版社无博士后,仅有硕士 4 人;至 2016 年,全社有博士 4 人、博士后 3 人,硕士 20 人,大学本科 19 人。编辑队伍中获得硕士以上学位的人员占编辑总数的 72%。

岗位结构优化。全社现有业务岗位从业人员 36 人,业务岗位从业人员占全社职工总数的 65%,彻底扭转了 2013 年 8 月前行政岗位从业人员多于业务岗位从业人员的局面。

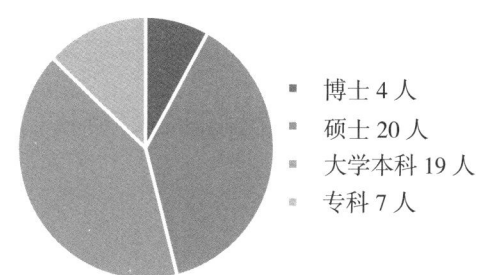

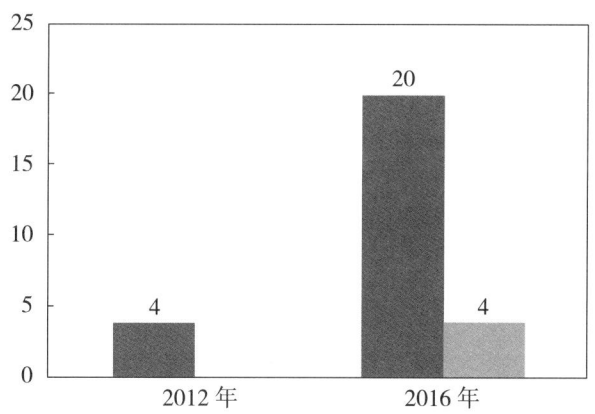

2012 年、2016 年出版社员工学历结构(人)

十、创方志出版品牌,建全国地方志专业出版基地

2013 年 8 月前,方志出版社以协作出版为主要模式,自主创新能力、选题策划能力较差。鉴于此,社领导提出"方志精品、社科奇葩"的出版定位。从积极策划中国名镇志文化工程丛书开始,由此深入思考,设计并推动实施全国地方志"十大工程"。目前在出版社实施的已有六大工程,

即民族地区与贫困地区志书出版资助工程、中国志书精品工程、中国年鉴精品工程、中国名镇志文化工程、中国名村志文化工程、全国地方志"一体两翼"用志工程。此外，出版社还利用法学专业人才优势，创"社科奇葩"品牌，参与博士后文库出版、创立"法治中国论坛"丛书品牌（2015年，院领导出访国外挑选的 5 本书中就有方志出版社出版的《法治中国建设与深化司法体制改革》）。同时，积极申报国家重点图书出版规划，《汶川特大地震抗震救灾志》《广东省志》《中国海关通志》《中国名镇志丛书》等先后入选。3 年多来，方志出版社通过发挥专业优势赢得口碑，通过打造精品树立品牌，在全国地方志系统和出版行业树立了良好形象。

十一、延伸工作触角，分支机构建设硕果累累

从 2015 年开始，方志出版社抓住《规划纲要》规定完成"两全"目

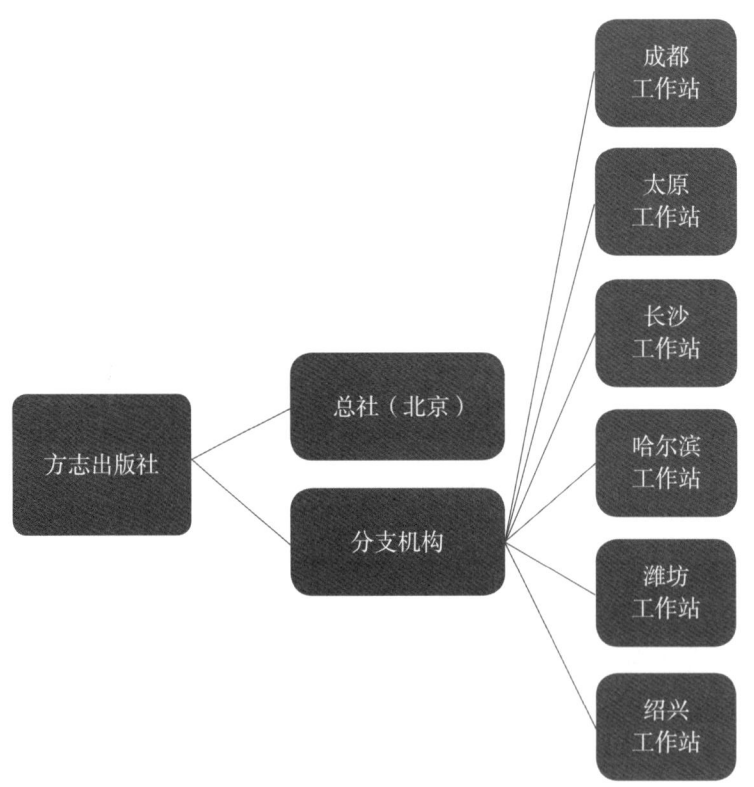

方志出版社分支机构设置图

标的机遇，经过与全国省级地方志机构的深入沟通，开始推动方志出版社分支机构的设立，先后在四川、山西、湖南、黑龙江、山东、浙江等省设立工作站。为加强分支机构管理，专门成立了方志出版社工作站专项管理办公室，制定了《方志出版社分支机构生产经营管理细则》，按照"统一管理、互利共赢、沟通协商"基本原则开展业务工作和管理。随着工作站的逐步建立，方志出版社向着建成全国地方志专业出版基地的目标又迈进了一大步。

十二、转变经营模式，激发市场活力，实现经济效益、社会效益双丰收

2013年8月前，方志出版社经营手段单一，市场认知度低，仅仅依靠每年一定数量的协作出版图书微薄的利润维持运作。与我院其他出版社相比，出版品种少，资产总额少，市场销售少，职工收入少。从2014年开始，方志出版社开始着力开拓市场，以市场为导向，创新经营模式，调整分配结构，激发职工积极性，经济效益实现突破性增长。2016年资产总额首次突破7000万元大关，出版品种首次突破400种，达到415个品种，社会效益更加凸显，具体表现在"六个增加"。

全程操作图书增加近6倍。全程操作图书由2012年仅占图书品种数的5%增加到2016年的29%，增长近6倍，初步扭转了方志出版社长期

2012—2016年出版社利润（元）

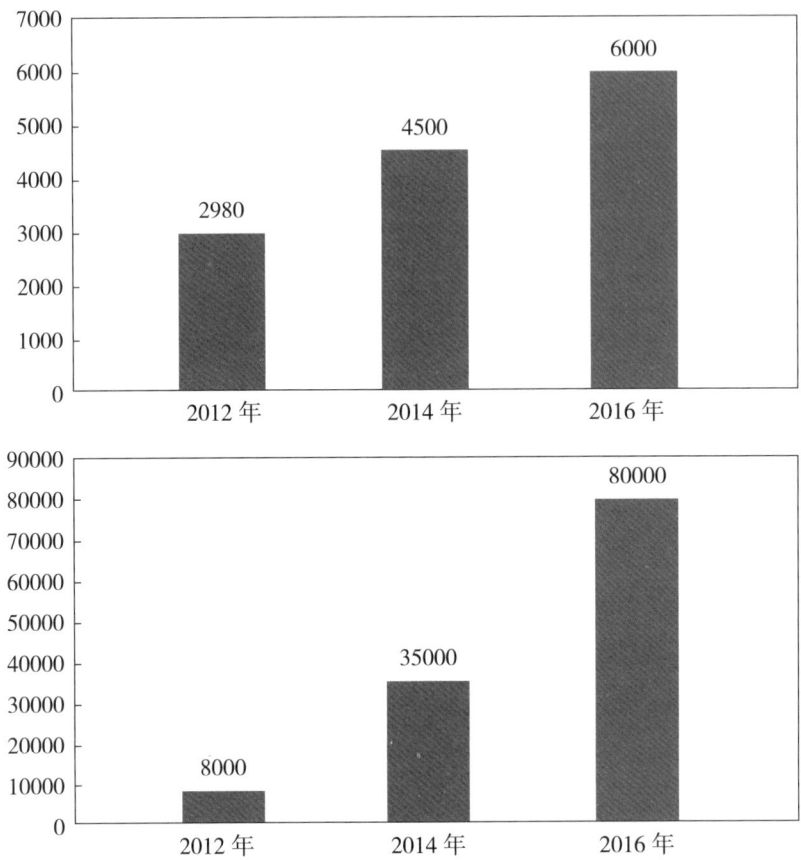

2012年、2014年、2016年出版社一般职工工资、年终奖增长图（元）

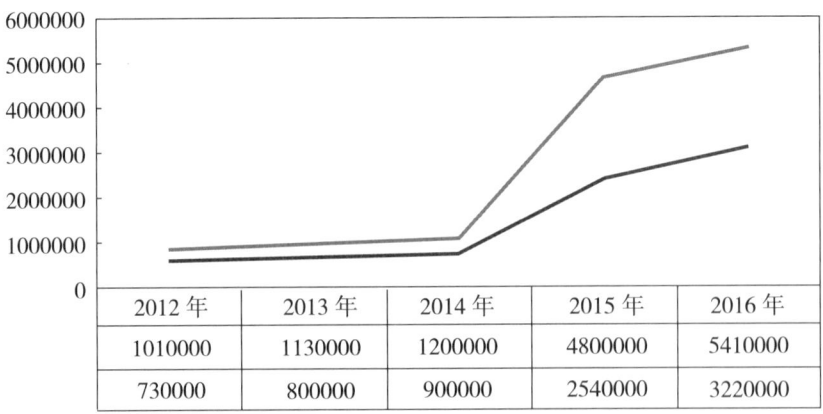

2012年	2013年	2014年	2015年	2016年
1010000	1130000	1200000	4800000	5410000
730000	800000	900000	2540000	3220000

2012—2016年出版社图书馆销售总额（元）

以来主要依赖协作出版的局面。

销售收入增加超千万元。2016年销售收入4084万元，较2012年增加1100万元，增长率为37%。

利润增加近3倍。2016年利润为489万元，较2012年的129万元，增长360万元，增长近3倍。

职工收入增加4—5倍。2014年、2015年、2016年先后3次全面上调职工工资，每位职工工资涨幅达到3000—8000元。同时，继续完善工资结构，调高公积金基数和社保基数。至2016年底，与2012年相比，行政岗位职工平均收入增加了4.3倍，编辑岗位平均收入增加了5.1倍，极大地调动了职工的积极性。人均年终奖金较2012年增加10倍。

图书销售码洋增加超4倍。2016年，共销售图书码洋541万元，较2012年的101万元增加440万元，4年间增长了4.36倍。

图书销售实洋增加超3倍。2016年，图书销售实洋322万元，较2012年的73万元增长249万元，增长3.4倍，4年翻了3番多。

十三、高度重视利用新媒体，推动传统出版和新兴出版融合发展

3年多来，中国方志出版网从无到有、从小到大。如今，中国方志出版网已安全运行3年多，有效地宣传了方志出版社，扩大了方志出版社的影响力。同时，出台《方志出版社数字化转型升级项目方案》，进一步明确数字出版与纸质出版融合发展的工作思路。为此，我社专门成立了信息部，筹划项目，迈出了数字出版与信息化建设的第一步。

十四、存在的问题和不足

3年多来，方志出版社取得了一定的成绩，为今后的发展奠定了坚实的基础。但在看到成绩的同时，我们也清醒地认识到，方志出版社距离建成全国地方志专业出版基地和方志出版集团的目标仍有一定差距，还存在一些问题和不足。

一是队伍结构还需进一步优化。目前，出版社人才队伍中党员比例依然偏低，党建工作需要进一步加强。行政人员与业务人员的比例和业务

人员的学科、学历、职称等方面的结构，以及队伍的专业化程度还不够理想，有待进一步优化。

二是经营模式还需继续转型，生产效率有待进一步提高。方志出版社的品牌需进一步打造，全程操作图书比例还需要进一步提高，还需要推出一系列的高质量、社会影响力大的出版成果，进一步提高出版时效等。

三是内设机构的专业化水平还需进一步提高。虽然已经对内设机构进行了大幅度调整，但对行政后勤保障部门的考核机制还不够科学，部分内设机构还有较大业务拓展空间，还需进一步提升职工的主动性、创造性等。

四是职工培训的力度还需进一步加大。当前，正处于第二轮志书出版的高峰期、年鉴编纂全面铺开的关键期，今后一个时期，出版量将会大幅增长。从目前看，为适应快速发展的业务需要，队伍素质还需进一步提高，有针对性地开展培训工作还需进一步加强。

五是数字出版经验不足。与其他出版社相比，数字化出版进程略显滞后，2016年刚出台数字化转型升级方案，还需要加大推进力度。

十五、未来四年（2017—2020年）发展规划

按照《方志出版社发展规划（2014—2020年）》的要求，到2020年，总目标是建成全国地方志专业出版基地，成立中国方志出版集团，并力争上市。主要目标规划有：

（一）加强出版社编辑队伍的专业化建设，建成全国志鉴类图书出版最高端机构与培训基地。

（二）成立中国地方志学会编辑出版研究会，成为方志编纂经验交流和编辑出版理论研究的唯一全国性平台。

（三）逐步做大做强方志出版社博士后工作站，培养一批高端方志人才，在方志理论研究中有所建树，推动方志学一级学科建设。

（四）建立"两个平台"，即全方位的中国方志出版成果发布平台、全国地方志系统专业培训平台。

（五）在"互联网+地方志"大格局中找准位置，谋划布局。按照《方志出版社数字化转型升级项目方案》，推进出版社数字化转型升级，实现

方志出版社数字化出版与纸质出版融合发展。

（六）建立出版社 ERP 系统，集编、印、发、财务为一体，以财务单书核算为核心进行设计，构建起安全、可靠、可扩展、伸缩性强和高度可用的分布式智能公共信息化平台。

（七）推进方志出版社分支机构建设，实现方志出版社分支机构全覆盖，建成全国地方志专业出版基地，把方志出版社升级为中国方志出版集团，并争取上市。

（八）落实全国地方志"十大工程"项目的图书出版工作，借鉴中国名镇志文化工程运作模式，培育和打造"名志、名鉴、名训、名山、名水、名品、名吃"等文化品牌，着力打造精品图书，打响方志出版社品牌。

（九）大力实施"走出去"战略，积极组织出版《汶川特大地震抗震救灾志》（总述卷、大事记卷）、《中国名镇志丛书》和《中国名村志丛书》等图书的英文版。

（十）以方志出版社图书经销中心为依托，打造全国志书、年鉴、地情书经销平台，并积极开拓海外销售市场。

中指办：从我做起，向我看齐*

> 2016年6月2日，中国社会科学院党组研究决定，任命我为中指办主任、党组副书记。2016年8月26日宣布。至此，我在地方志系统工作了整3年。
>
> ——题记

我今天就讲三句话：一句是感恩，一句是担当，一句是带头。

第一句话，感恩。

杜牧说："贱子来千里，明公去一麾。可能休涕泪，岂独感恩知。草木穷秋后，山川落照时。如何望故国，驱马却迟迟。"首先，我要感谢院党组，感谢伟光院长、培林副院长对我的培养与信任。3年前，我从法学研究所来到地方志，从头开始学，边学边干，得到很大的锻炼，有了很大的收获，这一切都是院党组给了我这样一个机会和平台。所以，要感谢院党组，感谢伟光院长、培林副院长。其次，我要感谢中指办新一届领导班子，包括赵芮书记、玉宏副主任、新立副主任。这几年，中指办和全国地方志的工作有了一些起色，很重要的一个原因，就是中指办的领导班子是团结的，而且是很有力的。特别是在赵芮书记为班长的带领下，我们四人携手并肩、齐心协力，坚决按照中央的精神，严格执行院党组的决定，认认真真、扎扎实实地做好地方志工作。在我主持工作这段时间内，重大事项及时与赵芮书记沟通，玉宏副主任、新立副主任给了我很大地支持与配

---

* 2016年8月26日，在中指办主任就职大会上的讲话。

合,两个人分管的工作都干得有声有色。所以,我向他们三个人表示感谢。再次,我要感谢中指办、方志出版社的全体同志。在这3年中,他们对我帮助很大,支持很多。特别理解我的处境,宽容我的不足,能与我风雨同舟,同甘苦、共患难,一起冲锋陷阵,打拼努力。

第二句话,担当。

感恩固然重要,关键在于担当。秋瑾曾经说:"一腔热血勤珍重,洒去犹能化碧涛。"今天院党组的任命,对于我来说是一个新的挑战与考验。我将按照院党组的要求,按照伟光院长、培林副院长的指示,按照党员的标准进一步严格要求自己,在重担面前不畏缩,在困难面前不畏惧,在风险面前不退步,敢于担当,刚直不阿,发挥自己的专业优势,善于用法治思维处理与解决问题,着力推进依法治志,与大家一起把地方志事业干得更加红火。尤其是目前全国地方志正在全面实现从一项工作到一项事业转型发展的关键时期,这个机遇期百年不遇,千载难逢。我个人预判,今后三五年将是地方志向顶峰发展的一个大好时期,如果这个机遇抓住了,必将创造中国地方志发展历史之辉煌。对于此,我愿意和大家一起,从"修志问道,以启未来"的高度,认识地方志事业的定位;从"直笔著信史,彰善引风气"的维度,把握地方志工作者的地位;以"敢为天下先"的气度,以及抓铁有痕的力度,共同谱写地方志事业发展的绚丽篇章。

第三句话,带头。

《论语·子路》中,孔子说:"其身正,不令而行;其身不正,虽令不从。"赵芮书记在地方志工作一年中,用他的勤勉与奉献、自律与躬行,用他卓越的贡献给我们带了一个好头。在赵芮书记借调科研局工作期间,我要继续带好这个头。3年前的8月,我刚到方志出版社的时候,曾经给职工们讲过一句话:"从我做起,向我看齐。"今天我再把这句话重提,"从我做起,向我看齐",带好地方志的头,请同志们予以监督。

第二章

方志情怀

我在中国社会科学院法学研究所任所长助理时，时任党委书记陈甦教育儿子学习我的两个习惯，一是长期坚持跑步健身，二是常年写日记。其实，我还有一个习惯，就是每年的最后一天，总结一年来的工作生活得失；在新年的第一天，计划一年的任务目标。我 2016 年开始全面主持中指办工作，从 2017 年元旦，每年的 1 月 1 日都写一篇新年贺词，直到 2021 年 9 月调离。每年的新年贺词，我都是用心在写，她凝聚着我深深的方志情怀。

——题记

不忘初心扬帆起，继续前进献"志"礼*
——2017年新年贺词

2016年光阴之箭穿越年轮，抵达2017年。值此辞旧迎新之际，我谨代表中指办、国家方志馆、方志出版社，向全体职工和离退休老同志致以节日的问候！向全国地方志系统的各位同仁致以新年的慰问！向长期以来关心和支持地方志事业发展的社会各界人士致以诚挚的感谢！

回望来路，最难忘的时光已烙印在年轮深处。过去的一年，是全面建成小康社会决胜阶段的开局之年，也是地方志改革、创新并实现突破性发展的一年。在党中央、国务院的亲切关怀下，在院党组和中指组的正确领导下，中指办加强顶层设计，固本开新，抓铁有痕，率先垂范；全国地方志工作者凝心聚力，众志成城，用高涨的工作热情、饱满的工作精神、超负荷的工作状态，圆满并超额完成2016年各项任务目标，得到了中指组领导和全国地方志工作者以及社会各界的充分肯定。

走过2016年，从"两学一做"学习教育的深入开展，到全面从严治党的狠抓落实，我们有效实现了党的建设与业务工作两手抓、两加强、两促进；从相继成立中国地方志学会方志学研究会、年鉴研究会、方志馆研究会、史志期刊研究会、信息化研究会5个研究会，到相继召开第一次全国地方志基层基础工作会议、第一次全国年鉴工作会议、第一次全国地方志科研工作会议

---

* 写于2017年1月1日。

等6个"第一次"会议，我们着力加强地方志工作的顶层设计；从出台并计划出台《全国地方志信息化发展规划（2016—2020年）》《全国年鉴事业发展规划（2016—2020年）》《全国地方志科研工作规划（2016—2020年）》《全国地方史志期刊工作指导意见》等专项规划，到《地方志工作条例》的研究修订，我们努力确保依法治志的扎实全面推进；从"加强修史修志"写入国家"十三五"规划，到国家社科基金重大专项课题《中国抗日战争志》的启动，我们显著提升地方志围绕国家经济社会发展中心和重大战略的服务能力；从《汶川特大地震抗震救灾志》的出版，到有序推进全国地方志"十大工程"，我们不断拓展地方志的功能，扩大地方志的社会影响，让地方志走进寻常百姓家；从启动数字出版工程建设，到在成都、长沙、太原、哈尔滨、绍兴建立方志出版社分支机构，我们加快推进全国地方志专业出版基地建设。这一年，我们提出在全国范围内全面推进地方志从一项工作向一项事业转型升级取得"开门红"，全体地方志同仁在地方志事业蓬勃发展中增强了获得感。

时序更替，留下奋斗者前行的足迹；一元复始，带给开拓者希望的崇光。新年新征程，我们要在思想建设、党建工作上下更大功夫，不断凝聚地方志事业发展正能量；我们要在全国地方志"十大工程"建设上投更大精力，着力推进《条例》和《规划纲要》的贯彻落实；我们要在信息化、数字化和地方志出版基地建设上见更大成效，不断满足信息化社会的发展需求，打造流传百世的精品佳志；我们要在公共文化服务体系构建上有更大作为，逐步构建以国家方志馆为主体的方志馆建设体系，让每一个求知的渴望都有生长的土壤，让每一双思想的翅膀都有驰骋的天空；我们要在中国方志文化走向世界工程上做更多文章，争当中国文化走出去战略实施的排头兵，让中国方志文化影响世界。

2017年已经到来，我们有所期盼有所憧憬。积力之所举，则无不胜也；众智之所为，则无不成也。让我们更加紧密地团结在以习近平同志为核心的党中央周围，在中指组领导下，以在全国范围内全面推进地方志从一项工作向一项事业转型升级为目标，不忘初心，继续前进，抓住机遇，乘势而上，锲而不舍，驰而不息，保持高位运行态势，以优异的成绩迎接党的十九大召开，向全面建成小康社会贡献"志"礼。

我有一个梦想[*]
——2018年新年献词

"志士惜日短,勇者常为新。"时间是开拓者前行的刻度,是奋斗者筑梦的见证。推开时光之门,迎接新的曙光,2018年正向我们走来,新的航程即将开启。

"志行万里者,不中道而辍足。"站在旧岁与新年的路口,无限的感慨在心中激荡。我们哭过、怨过、累过,我们迷茫过、踌躇过、彷徨过,但我有一个梦想,一个方志的梦想,这个梦想深深扎根于中华民族近代以来最伟大的中国梦之中。

我有一个梦想,在中国共产党成立100周年、我国全面建成小康社会之时,中国会实现省省有志鉴、市市有志鉴、县县有志鉴的前无古人的世界文化创举!

我有一个梦想,到中华人民共和国成立100周年,我国建成富强民主文明和谐美丽的社会主义现代化强国之时,《中华人民共和国志》精彩面世,石破天惊领风骚;全国省市县乡村各有其志,无数春笋满林生,方志存在于社会生活的每一个角落,每一个中国人都能在地方志里寻找到自己最精彩的芳华时代!

我有一个梦想,有一天,当中华文化走进世界舞台,地方志作为中华

---

* 写于2018年1月1日。

文化的瑰宝就矗立在世界舞台中央，向全世界人民诠释着中华文化的博大精深，展示着方志文化"风景这边独好"的无限魅力！

我有一个梦想，有一天，全国千千万万个方志工作者以从事方志事业为荣，以作为方志人为耀，再不为"冷板凳""边缘化"而感慨"人生在世不称意"！方志人志存高远、志在必得！当方志人挺起胸膛之时，就是中华文化崛起之日！

我有一个梦想，当中华民族伟大复兴的中国梦梦想成真的时候，方志梦就是中国梦大花园里最美丽的奇葩，是中国梦中最璀璨的明珠，在中华民族繁荣发展的历史长河中闪耀着永不磨灭的光华！

梦想就是希望，信念就是力量。有了这个力量，我们将能从满目荆棘中辟出一条希望之路；有了这个力量，我们将能把束之高阁、无人问津的方志，变成传承文化、惠及后人的国家宝藏；有了这个力量，我们将能一起开疆辟土、开拓创新、转型升级，我们将能一起挖掘历史、寻找根脉、激发自信，我们将能一起锐意进取、栉风沐雨、继往开来。因为我们知道，地方志事业如月之恒，如日之升，在中华民族伟大复兴的这艘巨轮上，方志力量不可或缺。

今天的奋斗筑就明天的基石。没有哪一段路程是一帆风顺，没有哪一个梦想会轻松实现。当新的时间窗口在我们面前打开，我们的行动就是我们的答案。处在新年和旧岁交替的大门，让我们留住2017年的收获与喜悦，满怀2018年的希望和憧憬。拉开新时代的大幕，让地方志的高铁带上每一个中国人。我们祝福中国人，祝福中华儿女的期许和中华民族伟大复兴的中国梦的梦想，会在中华文化自信和中华儿女"不忘初心，牢记使命"的砥砺前行中实现，会在昔日曾经屈辱的历经沧桑的中华大地上实现！我们祝福方志人，祝福方志人的期许和中国方志文化走向世界的梦想，会在方志文化自信和方志人胸怀天下、志在千里的拼搏奋进中实现，会在昔日曾经平平淡淡且默默无闻的地方志中实现！

奋斗的地方志永远在这儿[*]
——2019年新年献词

寒暑轮替,草木荣枯;岁月不居,时节如流。时光是最客观的见证者,是最伟大的书写者,是最忠实的记录者。似乎还畅想在2018年《我有一个梦想》的时光里,却已经站在了2019年的起跑线上。辞旧迎新之际,贯彻党的十九大精神开局之年、改革开放40周年与中华人民共和国成立70周年在此交汇,我们在习近平新时代中国特色社会主义思想的时代坐标上,谋划人生的航程,标注时间的刻度,确立前行的方向。我们有置身大历史的感慨与荣光,更有创造大历史的豪迈与担当。

人是时间的尺度,时间是人的长河。2018年,我们在时光中前进,在长河中奔腾,在奋进中千帆竞发,在奋斗中拼搏图强。这一年,有惠风和畅的日子,也有风狂雨疾的时刻;有碧空如洗的春日,也有寒风凛冽的冬夜;有气贯长虹的激情,也有忍辱负重的悲凉。但无论是晴是雨、是春是冬、是喜是悲,我们从未灰心、从未退缩、从未放弃。奋进,一直是方志事业开拓的姿态;奋斗,一直是方志人前行的状态。我们终将用奋进、奋斗定义着每一寸时光。

回望过去,奋斗的地方志曾经在这儿!

春华秋实何寻常,如椽巨笔著华章。2018年,我们把奋斗记录在顶层

---

[*] 写于2019年1月1日。

设计的运筹帷幄中——以"不畏浮云遮望眼"的宏阔视野，始终把学懂弄通做实习近平新时代中国特色社会主义思想作为地方志开拓创新的指南，地方志紧紧围绕党和国家利益、经济社会发展、以人民为中心三大主题开拓创新。

2018年，我们把奋斗挥洒在各级地方志机构的务实举措中——以"乱云飞渡仍从容"的战略定力，牢记方志人"两个一百年目标"，弘扬"修志问道，直笔著史"的方志人精神，"两全目标"硕果累累，"四驾马车"并驾齐驱，"方志六有"高潮迭起，"十大工程"遍地开花。

2018年，我们把奋斗书写在全体方志人的众志成城中——以"功成不必在我，功成必定有我"的使命担当，坚定方志文化自信，冷静而客观地应对各种困难挑战，大力实施依法治志，积极推动国家史志法立法，在全国范围内全面推动地方志从一项工作向一项事业转型升级。

2018年，我们曾一次次心潮澎湃，为志鉴编纂工作取得新成绩，为理论研究和学科建设实现新跨越；我们曾一次次欢呼鼓舞，为地方志资源开发利用开创新局面，为数字方志与信息方志建设达到新水平；我们曾一次次欢呼雀跃，为中国方志文化走出去实现新突破，为民族地区与贫困地区地方志援助工作实现新进展；我们曾一次次倍感欣慰，为古志整理成果丰硕，为方志馆建设日新月异；我们曾一次次激动万分，为名镇志、名村志工程助力乡村振兴发展战略，为中国影像志在中央电视台精彩亮相。

平凡汇聚伟大，坚守浇铸成就。一年的成就，充分表明千千万万的方志人用自己的智慧和汗水，赢得了传承中华民族优秀传统文化的幸福感、获得感和成就感。

一年的成就，充分表明只要精诚团结、风雨同舟，就没有任何力量能够阻挡方志人实现梦想。

一年的成就，充分表明从"用起来""立起来""活起来""热起来"到"强起来"的地方志，将收获更强大的精神力量。

一年的成就，充分表明每一个方志人都是地方志进入新时代的见证者、开创者、建设者，始终逢山开路，遇水架桥；始终滚石上山，披荆斩棘；始终艰苦奋斗，顽强拼搏；始终上下求索，锐意进取；始终与时俱进，一如既往。

应对挑战，奋斗的地方志仍然在这儿！

"历尽天华成此景，人间万事出艰辛。"前行之路，从来不会是一片坦途。站在新的历史起点上，我们感叹，地方志事业有温暖阳光，也有风霜雨雪；有风平浪静，也有浊浪排空；有潮平岸阔，也有激流险滩。

"欲渡黄河冰塞川，将登太行雪满山。"过去一年，经历了什么，只有自己的感官知道；扛起了什么，只有自己的肩膀知道；承受了什么，只有自己的内心知道。

"身世浮沉雨打萍。"不管道路如何坎坷曲折，总有人锲而不舍，总有人咬定青山，总有人即使在流言蜚语中依然铿锵奋进、砥砺前行。这一年，我们经历了机构改革，经历了悲欢离合，经历了风吹雨打。但我们没有郁郁寡欢，没有自怨自艾。相反，我们枕戈饮胆、痛定思痛、闻鸡起舞，在最迷茫的时候坚持初心，在最困难的时候坚守事业，在最逆境的时候坚强意志，在最痛苦的时候坚定信仰。以壮士断腕的勇气修正自我，以刮骨疗毒的精神精准航向。

"艰难困苦，玉汝于成。"困境锻造心志，困境升华精神，困境成就事业。动荡与颠簸，不会改变地方志事业因势而上的方向；问题与困难，不会羁绊地方志事业转型升级的脚步。历史已经并将继续证明，困难和压力只会使我们变得更团结、更强大，新时代的方志人在经历了摔打、挫折和考验后，拥有了"粉身碎骨浑不怕，要留清白在人间"的意志不屈；拥有了"长风破浪会有时，直挂云帆济沧海"的信念不垮；拥有了"宁可枝头抱香死，何曾吹落北风中"的百折不挠；拥有了"面壁十年图破壁，难酬蹈海亦英雄"的宠辱不惊。创业维艰，奋斗以成。事实告诉我们，奋斗的方志人，越是面对困难，越能激发力量；越是面对挫折，越能倍增勇气；越是面对重担，越能敢于担当。事实告诉我们，奋斗的方志人可以穿越一切惊涛骇浪，驶向事业彼岸；奋斗的方志人有能力在山重水复中拓路开山，奏响中华民族伟大复兴中国梦的方志乐章。

面向未来，奋斗的地方志永远在这儿！

"芳林新叶催陈叶，流水前波让后波。"2019年是中华人民共和国成立70周年，是全国地方志事业转型升级承上启下之年，是中指组的换届之年，也是全国地方志系统完成"两全目标"的拼搏之年、冲锋之年。"天地风霜尽，乾坤气象和。"乘历史大势而上，中国特色社会主义进入新时代，地方志事业也进入新时代。方志辉煌将如何续写？奋斗，唯有奋斗。

"天下之至柔，驰骋天下之至坚。"没有比脚更远的路，没有比人更高的山。地方志事业，因奋斗而波澜壮阔；地方志未来，因奋斗而前程似锦。风劲潮涌，自当扬帆破浪；任重道远，更需快马加鞭。唯有我和你——每一个方志人，把我们奋斗的每一点滴汇入到地方志事业发展的江河，才能形成最强大的磅礴方志力量。

新故相推，日生不滞；前景可期，东风浩荡。习近平总书记在庆祝改革开放40周年大会上发表重要讲话指出："建成社会主义现代化强国，实现中华民族伟大复兴，是一场接力跑，我们要一棒接着一棒跑下去，每一代人都要为下一代人跑出一个好成绩。"[1]今天的地方志比历史上任何时候，都更具有难逢的发展机遇、广阔的社会平台、强大的创新动力和走进千家万户的人气地气。在今天，每一个方志人将始终是习近平新时代中国特色社会主义思想的活学活用者，是中华优秀传统文化的坚定传承者，是中华文化自信的勇敢引领者，是中华民族伟大复兴中国梦实现的忠实记录者。

历史大势必将浩荡前行。当一扇大门越开越大，新鲜的空气和灿烂的阳光就会越充足。一座低矮的山丘，不会有险峰的旖旎；一段平坦的短途，不会见骐骥的马力；一条一眼就能看得见底的河流，不会让捕捞者产生惊喜。面朝2019年，地方志新的机遇就像闪烁的星斗，正在缀满无边无际的浩瀚天空，连同那几千年来横排纵写、述而不论、传承不辍、举世无双的地方志经典，都是未来人们凝视的东方巨龙的眼睛。

不论过去、现在，还是未来，奋斗的地方志，都将永远在这儿！

---

[1] 习近平:《在庆祝改革开放40周年大会上的讲话》，人民出版社2018年版，第43页。

什么是方志人的时代担当*

——2020年新年献词

日月恒升,天地悠长。时间是人生的尺度,不停地标注着人类在历史长河里的风风雨雨;历史是万物的承载,持续地刻写下生命在浩瀚星空中的跌跌宕宕。回顾历史进程中的亥年,是贞观元年,是《永乐大典》告成之年,是"嫦娥"奔月之年,是"中国之治"形成之年,也是中华文化里的一纪之尾时光。重要的时间节点,是我们奋斗的坐标;特别的历史方位,是我们前行的航向。站在纪尾之末,一连串闪光的时间刻度,标注着2019年这个不平凡的年份。我们隆重庆祝了中华人民共和国成立70周年。70年筚路蓝缕,70年披荆斩棘;70年砥砺奋进,70年风雨沧桑。2020年,历史将记载中国共产党和中国人民栉风沐雨、胼手胝足创造出世间奇迹的全面小康社会。历史已经证明并还将进一步证明:我们不但善于破坏一个旧世界,我们还将善于建设一个新世界。中国人民一定能!中华民族一定行!中国一定强!

日月经天,江河行地;凡是过去,皆为序章。回顾既往,方志前辈们拓土开疆,以永不懈怠的昂扬精神和一往无前的奋斗姿态成为地方志事业不断发展的拓荒者、建设者和见证者。他们用求索、牺牲和坚守,探寻出地方志事业的前进道路;他们用智慧、坚毅和担当,创造出中华文化的灿

---

* 写于2020年1月1日。

烂辉煌。伟大出自平凡，平凡造就伟大。他们的力量或许微薄，他们的名字甚至很多不为人知，却将方志融进了中华文化的血液之中，成为中华民族重要的文化符号。这个重要的文化符号，让一个历史悠久的古国把现代文明带到时间的坐标中；这个重要的文化符号，让一个饱经沧桑的民族把复兴的图景描绘在前进的道路上；这个重要的文化符号，让激情燃烧的岁月，让履险如夷的奋斗，让百折不挠的探寻，让气吞山河的梦想，承载着方志人2000多年的接续登攀和不懈追求，最终汇聚成所有方志人的执着情怀和磅礴力量。

不畏山高路远的跋涉者，山川回馈以最奇绝的秀色；不惧风高浪急的弄潮儿，大海回报以最壮丽的日出。一切伟大成就都是接续奋斗的结果，一切伟大事业都需要在继往开来中开创。一代一代方志人始终用不怕苦、不服输的拼劲干劲，始终用迎难而上、攻坚克难的品质风格，坚守着同一切困难斗争到底的无畏气概，坚守着自力更生光复旧物的坚定决心，坚守着引领中华文化走向世界文化舞台中央的不变立场。大风泱泱，大潮滂滂。地方志事业怀揣了太多太多的憧憬，积蓄了太多太多的能量，这些憧憬和能量正集结成一股势不可挡的世纪文化洪流，必将在中国特色社会主义新时代蓬勃发展、绚丽绽放。

"世界潮流，浩浩荡荡，顺之者昌，逆之者亡。"这股势不可挡的文化洪流，引领于胸怀坚定意志、崇高理想、担当国家民族命运的方志人中，他们以高度的时代自觉和崇高的历史担当，一代承接一代，一棒接着一棒；这股势不可挡的文化洪流，汇聚于富于伟大爱国主义传统和爱国奋斗奉献精神的方志人中，他们以时代的责任感和浩然正气，穿越时空，斗志昂扬；这股势不可挡的文化洪流，孕育于朝气蓬勃、奋发有为、肩负中华民族伟大复兴中国梦的方志人中，他们以坚定的自信和决绝的顽强，乘风破浪，不断远航。

拼搏创造奇迹，奋斗铸就辉煌。党的十八大以来，方志人在"冷部门"干出"热事业"的激情和豪迈，奔腾着生生不息的精神力量凝聚成一部感天动地的奋斗史诗。这部奋斗史诗，印证了几十万方志人的初心与使命，攻克了一个又一个看似不可攻克的难关，创造了一个又一个彪炳史册的功绩；这部奋斗史诗，彰显了几十万方志人的热血与豪情，记录着无数奋勇向前的步履铿锵，融汇成地方志事业发展势不可挡的雄浑篇章；这部奋斗史诗，铸就了几十万方志人的追求与拼搏，探索出依法治志的理论，开创出转型升级的道路，追寻着"两全目标"的理想。

山以险峻成其巍峨，海以奔涌成其壮阔。世界之大，光阴之长，风雨兼程七十载，地方志事业与祖国发展共担责任，共度时艰，共享成果，共同成长。"以天下之目视，则无不见也；以天下之耳听，则无不闻也；以天下之心虑，则无不知也。"用脚步去丈量，用眼睛去观察，用头脑去思考，用笔端去记录。方志人在践行脚力、眼力、脑力、笔力的生动故事中，展现着"不忘初心，牢记使命"的风姿和梦想。

"一帙鸿篇心血注，千秋信史古今连。"2019年，我们方志人的脚步，从祖国的北端黑河到祖国的南端儋州，从非洲东北部的埃及到欧洲东南部的希腊，使方志文化"走出去"战略作为世界文明交流互鉴的纽带，助推人类命运共同体的构建。我们方志人的目光，向省市县志鉴全覆盖、一个都不能少的创举着眼，勾勒出一幅前无古人的站位更高、格局更大、理念更深的新蓝图。我们方志人的头脑，在围绕党和国家根本利益、经济社会发展、以人民为中心开拓创新地方志工作上思考，全面推进依法治志，着力推动《中华人民共和国史志法》立法，不忘"修志问道，直笔著史"之初心，牢记"为当代提供资政辅治之参考，为后世留下堪存堪鉴之记述"之使命，奠基出地方志"用起来""立起来""活起来""热起来""强起来"大业格局。我们方志人的笔触，在志、鉴、史、馆"四驾马车"中着墨，描绘出志、鉴、史、馆、库、网、用、会、刊、研"十业并举"的地方志事业发展灿烂乐章。多少次拨云见日，多少次劈波斩浪，引领地方志事业航船，穿越风雨洗礼行稳致远；多少次冲破羁绊，多少次举旗定向，刷新着方志人的坚定思想；多少次挥汗如雨，多少次忍辱负重，镌刻下方志人的无畏担当。

"天下之势不盛则衰，天下之治不进则退。"党的十九届四中全会提出坚持和完善中国特色社会主义制度、推进国家治理体系和治理能力现代化的总体目标，提出"中国特色社会主义制度和国家治理体系"即"中国之治"这一人类制度文明史上的伟大创造和新的世界国家治理模式。"累土而不辍，丘山崇成。"立足于中国国情、在实践中发展壮大、日益彰显强大生命力和巨大优越性，"中国之治"谱写出世界国家治理模式中波澜壮阔的中国华章。

"执毫顿觉担当重，开卷尤知使命艰。"2020年，当中国全面建成小康社会的伟大时刻即将到来，当全党、全军、全国各族人民撸起袖子加油干的时候，我们不禁要思考这样一个严肃的命题：什么是我们方志人的担当？我们既不能把飞船送上浩瀚的天空，我们又不能把蛟龙送下深邃的海底，我们也不能让飞速的高铁奔驰在祖国各地，我们还不能为城市的高楼添一砖一瓦，我们甚至不能给田野的庄稼收割一篓一筐。那么，什么是我们的担当？任重而道远者，不择地而息；志同而道合者，不徘徊彷徨。2020年，当我们站在见证中国奇迹的历史起跑线上，让我们举起拳头，对这个时代承诺：我们能做的，就是要决胜"两全目标"，实现一项前无古人的伟大方志文化创举，用这份厚重的"志"礼，献给中国社会的小康。

我们要以方志担当建功"中国之治"，做"中国之治"的资政者。登高更望远——身处百年未有之大变局，行至民族复兴关键一程，必须在坚持和完善中国特色社会主义制度、推进国家治理体系和治理能力现代化上下更大功夫。发挥"中国之志"的巨大资源优势，挖掘历史智慧，为"中国之治"的完善和发展提供资政辅治之参考，地方志工作者必须担当。

我们要以方志担当建功"中国之治"，做"中国之治"的记录者。积厚以成势——我们党领导人民不断探索、不断实践，形成了具有强大生命力和巨大优越性的制度和治理体系，创造了世所罕见的经济发展奇迹和政治稳定奇迹。主动承担起完整而客观地记录新时代、书写新时代、讴歌新时代的光荣使命，地方志工作者必须担当。

我们要以方志担当建功"中国之治"，做"中国之治"的传播者。攀登不停步——坚持党的领导，坚定制度自信，向着全面实现国家治理体系和治理能力现代化阔步前行，使中国特色社会主义制度更加巩固、优越性充分展现。积极创新话语体系、提升传播能力，面向海内外讲好中国制度的故事，不断增强我国国家制度和国家治理体系的说服力和感召力，在构建人类命运共同体的伟大事业中贡献中国智慧、传播中国能量,地方志工作者必须担当。

大河奔流开新路,层峦竦峙夺风光。"中国之志"是世界各个国家和民族记载和传承历史方式的唯一中国表达,"中国之治"是世界所有国家治理社会的独特中国模式。在"中国之治"初步形成并将继续完善和发展的新时代,以"中国之志"资政辅治、记录传承和传播弘扬"中国之治"是地方志工作者的必须担当。

这,就是我们方志人的时代担当!

致敬，每一个方志人*
——2021年新年献词

星霜荏苒，兔走乌飞；新故相推，日生不滞。时间的转轴不停拨动，一直在以量变累积质变，以日积月累换来日新月异。2020年，一个叫"新冠"的名字，让五洲四海的人们印象深刻；一个叫"线上"的概念，变成了人们一种新的生活模式。这一年，我们从未如此真切地感受了担忧、伤痛、激愤、尊严、自豪、眼泪、微笑……无数瞬间刻进生命，凝成难以磨灭的经历。正是这些经历的零散碎片，拼出了过去一年的全景，构成了你我他的共同记忆，经久难忘。

"所当乘者势也，不可失者时也。"2020年是"十三五"规划收官之年，是中国人民抗日战争暨世界反法西斯战争胜利75周年，是中国人民志愿军抗美援朝出国作战70周年，是新中国历史上、中华民族历史上，也是人类历史上极不平凡的一年。这一年，通往民族复兴伟大梦想的征程上，立起一座座雄伟界碑，我们经历新冠肺炎疫情考验仍如期打赢脱贫攻坚战，勉力实现全面小康；这一年，中国经历了悲喜交加，让世界于危难中看到了中国的脊梁，于应对挑战中体认了中国力量。这一年，我们亲历，亲历全国方志人勇于担当、众"志"成城、攻坚克难、一路风雨、一路汗水；我们见证，见证全国方志人凝心聚力、策马加鞭、善作善成、硕果累累、铸就辉煌。

"会当击水三千里"——这是一份在纵向的中国历史上让人民满意的方

---

* 写于2021年1月1日。

志答卷。开拓创新，勇于担当。为国家写史，为人民立传，为时代明德。从客观真实地记载以习近平同志为核心的党中央带领全国各族人民实现中华民族伟大复兴中国梦的波澜壮阔的伟大过程，到推动中国方志文化走向世界，完成地方志从一项工作向一项事业的第一次转型升级；从地方志围绕"三大主题"开拓创新，到持续推动地方志"五起来"；从地方志"十业并举"，到地方志"十大工程"。一项项骄人的数据组合成一串串声音密码，守护"修志问道，直笔著史"之初心，践行"为当代提供资政辅治之参考，为后世留下堪存堪鉴之记述"之使命，书写着波澜壮阔的方志篇章。

"无限风光在险峰"——这是一份在横向的全球范围中让世界瞩目的方志答卷。凝心聚力，坚毅前行。从如期完成《规划纲要》规定的任务，到历史上第一个省省、市市、县县志书和年鉴全覆盖的"两全目标"；从依法治志、推动《中华人民共和国史志法》立法开历史先河，到作为中国文化自信重要组成部分的中国方志文化自信逐步走向世界舞台展现中国智慧和中国方案。全国地方志系统协同攻坚，其工作力度之大、规模之广、成效之显著、影响之深远，前所未有、世所罕见，一项前无古人的伟大世界文化创举已经实现，取得无愧于时代、无愧于人民、无愧于历史的让世界瞩目的文化成果，中国960多万平方公里上空，奏响了一曲中华民族独特文化的方志交响乐章。

"云帆高悬展宏图"——这是一份值得全体方志人引以为自豪和骄傲的方志答卷。胸怀祖国，劈波斩浪。从建议编纂《中国扶贫志》《中国全面小康志》获得习近平总书记批示和中央领导同志指示，到策划启动《中国抗击新冠肺炎疫情志》编纂；从指导完成《三沙市志》编纂、《香港志》首册出版和实施《中国南海志》编纂，到中国抗日战争志暨地方志抗日战争志编纂工程实施推进；从"十三五"期间实现地方志"有没有"的数量的规模化，到"十四五"期间谋划地方志"好不好"的质量的法治化。地方志已然成为新发展阶段不可或缺的文化元素，推动新发展主题更加丰富、新发展观念更加开放、新发展模式更加多元。地方志事业第二次转型升级的坚实平台垒成砌就，方志航船驶向新的辽阔海疆。

"头上高山，风卷红旗过大关。"——有一种骄傲，叫作方志精神。山河湖泊、四海潮生，海面上的每一寸生动，都是海面下无人看到的波涛汹涌。这一年,我们努力过、感动过,也泪目过、沮丧过,但从未崩溃过、放弃过。越是风疾雨骤,冲波逆折,越是面对难啃的骨头、难涉的险滩、难爬的高山,我们越是有拼劲、有韧劲,同心同德,挺身而出;我们越是有智慧、有担当,同力同向,奋勇率先;我们越是不后退、不屈服,上下一条心、拧成一股绳;我们越是发扬刻苦勤勉、兢兢业业、敦本务实、埋头苦干的实干精神;发扬持之以恒、孜孜不倦、锲而不舍、牢记使命的坚守精神;发扬淡泊名利、甘于奉献、不图回报、不计得失的无私精神。

"惟其艰难,才更显勇毅。"——有一种责任,叫作方志担当。有直面惊涛骇浪的担当,才能拥有乘风破浪的力量。方志人的身上,既有"十年磨一剑"的专注,也有"甘坐冷板凳"的执念;方志人的身上,既折射着爱岗敬业、不懈追求、争创一流,又折射着专心致志、全心全意、不负韶华;方志人的身上,既汇聚着方志速度、方志效率,又汇聚着方志精神、方志价值和方志担当。这种担当,是信念与执着,方志人在地方志事业发展最需要的地方冲锋陷阵,做隐姓埋名人、干惊天动地事;这种担当,是团结与凝聚,"万人操弓,共射一招",方志人在前进道路上不弃微末、久久为功,不断从胜利走向新的胜利;这种担当,是坚守与顽强,即使在最黯淡的时刻,方志人都没有消沉、更没有绝望,而是迎难而上,临大事却有静气,在困境中敢于胜利;这种担当,是奋斗与创造,方志人汇聚蓬勃气力不断生长,向着既定目标加速奔跑,最后自豪地向世界宣告:自然界的春天是盼来的,而地方志事业的春天是干出来的!

"只留清气满乾坤。"——有一种感动,叫作方志风骨。"知君何事泪纵横,断肠声里忆平生。"百折不挠,坚如磐石,是方志人心之所系、情之所归的信念;问心无愧,无怨无悔,是方志人念兹在兹、释兹在兹的追求。沧海横流,方显英雄本色;风高浪急,更见砥柱中流。春蚕丝尽,红烛泪干。方志人没有惊天动地的豪言壮语,他们披星戴月,不知疲倦,使命必达;方志人没有叱咤风云的硝烟战场,他们功成身退,只问耕耘,无问西东。方志人只争朝夕、弦歌不辍,没有一句矫情的话,没有一点抱怨的心,始终昂扬着"敢教日月换新天"的气概;始终保持不怕难、不服输的干劲;始终用忍耐熬过委屈,用行动埋藏苦楚。方志人在超越小我中成就大我,翻过了一座又一座山，闯过了一道又一道关，将一个个"不可能"变为"可能"，又将一个个"可能"变为现实，用自己坚挺的脊梁，托起了新时代地方志事业的雄伟大厦。

"事非经过不知难，成如容易却艰辛。"我致敬每一个方志人——或择一业、成一事、终一生，或干一行、爱一行、成一行。我们是平凡的，如一粒石沙，不比巍峨高山，却可一身坚强铺路筑基；我们是柔弱的，如一株小草，不比参天大树，却用一抹绿色迎春送秋；我们是渺小的，如一滴水珠，不比浩瀚江海，却能万涓成水碧波荡漾。

小马也能拉大车，"冷部门"照样做出"热事业"。我致敬每一个方志人——"计利当计天下利"，家国情怀，忠诚而执拗；"不待扬鞭自奋蹄"，敬业自觉，至信而笃行；"繁霜尽是心头血"，负重前行，大公而忘私。每一个方志人的每一声"回音"，都激荡起时代的水花，汇集成推动地方志事业转型升级的磅礴力量。

"乘风好去，长空万里，直下看山河。"我致敬每一个方志人——始终坚信，不管多大的风，都刮不了一夜；不管多大的雨，都下不了一天。始终坚信，明天的朝阳，终能温暖寒窗，哪怕心头有雨，眼底有霜，心中那一盏"修志问道，直笔著史"的明灯，不仅不会熄灭，反而会越来越有光芒。

日升夜幕，星光璀璨；风起燕飞，山河无恙。再回首，多少次黯然泪目，不仅没有倒下，反而变作咬牙的倔强；多少次摇摆跌倒，不仅没有放弃，反而成为加速的力量。方志人薪火相传成就的事业，足以吞没目光短浅人的闲言碎语；方志人接续奔跑留下的轨迹，足以涤荡思维贫瘠者的北调南腔。

往事不回头，万事皆可期；大江流日夜，慷慨歌未央。时间没有计划与目标，不需要提高速度去奔跑；时间没有疾病与烦恼，不需要停下脚步来疗伤。然而，人在时间的轨道上是不能逆行的，时间必须流经我们，谁都不能例外，所谓来日，其实并不方长。

斟满一杯酒吧！

挥挥手——2020，再见，把悲伤、忧郁、烦恼、怨恨、茫然、无助和消极留下；

敬个礼——2021，来了，把忠诚、理想、自信、感恩、健康、快乐、吉祥和激情带上！

你真方志[*]

> "你真方志"系我专门为时任广东省人民政府地方志办公室主任陈强同志而创造的一个概念。陈强同志担任广东省地方志办公室主任18年,党性和事业心强,对地方志事业感情深厚,作风踏实,勇于开拓,探索总结了地方志事业的发展思路和做好新时期地方志工作应树立的"六种意识",把省地方志办公室机构规格从副厅级做成了正厅级,在"冷部门"干出了一番"热事业",取得了多项全国第一:在全国率先实现"两全目标";全国首创并率先完成全面搜集整理与出版历代方志重大文化工程;《广东省志》为全国首部列为国家重点图书出版规划的地方志书;全国首创并率先在县级以上行政区域全面实施地方志资料年报制度;全国率先实现县级以上行政区域全面建立地情网站并资源共享;建成当时全国建筑面积最大的省级方志馆;全国第一个提出全面开展自然村落历史人文资源普查。陈强同志因此第一个获得中指组颁发的"你真方志"荣誉牌匾,成为全国地方志系统的楷模,有全国"方志英雄"之称。正是以陈强同志为代表的方志人给予我献身地方志事业的激情,坚定了我致力地方志事业的信心和决心。
>
> ——题记

今天是中国传统二十四节气中的冬至,时值北方隆冬,而南方广州却

---

[*] 2014年12月22日,在《广东省志(1979—2000)》首发暨广东省纪念新方志编修30周年座谈会的讲话。

第二章　方志情怀

风和日丽，风景独好。

沿着广东改革开放开创者习仲勋同志的足迹，我很荣幸踏上南越国的土地，来参加广东省纪念新方志编修30周年座谈会暨《广东省志（1979—2000）》首发式。

依稀记得，当年，也就是1978年，习仲勋离开北京南下主政广东。1978年到1979年初，他遇见了十几万广东人逃离广东外流香港的"大逃港"风潮。习仲勋说："我们不能把偷渡外逃当做敌我矛盾。香港、澳门也是我们的领土。群众日子过不下去往那边跑，只能叫'外流'，不能叫'外逃'。"他还说："关键问题还是要发展生产，迅速提高人民群众生活水平，不然他们今天不跑，明天还会跑。"

我们不知道这位中华人民共和国的开国元勋，在面对十几万群众"大逃港"以及军队官兵手牵狼狗追踪"外流"群众时是怎样的心潮起伏，我们更不知道他面对收容所关押的被抓回"外逃"群众时心中的万千思绪，我们只知道，1979年他代表广东省委参加中央工作会议带去了"广东先走一步"的方案，代表省委率先向党中央提出充分利用国内外的有利形势，发挥广东的特点和人文地缘优势，让广东在改革开放中先走一步的请求，我们只知道他面见了中国改革开放的总设计师邓小平和邓小平给他说的一句话"中央没有钱，可以给些政策，你们自己去搞，杀出一条血路来。"习仲勋和他的继任者们就是这样，在中国共产党的正确领导下，带领全省人民披荆斩棘，为全国改革开放"杀出了一条血路"，为广东的改革开放奠定了基础，使广东成为中国改革开放的窗口、综合改革的试验区和排头兵，成为中国改革开放的一面旗帜，为国家实行对外开放政策提供了宝贵经验，深刻影响了全国的改革开放进程。

今天，我很荣幸能站在这里，见证记载这段历史的《广东省志（1979—2000）》公开出版发行，见证广东省改革开放波澜壮阔的历史，教化与资政依法治国，建设社会主义法治国家的未来。

《广东省志（1979—2000）》全33册43卷，全面、客观、翔实地记述了1979年至2000年改革开放期间，广东省委、省政府历届领导团结带领全省人民，高举中国特色社会主义伟大旗帜，发扬敢为天下先的精神和"杀出一条血路"的勇气,解放思想,实事求是,与时俱进,开拓创新,推动经济社会发展取得的举世瞩目的巨大成就,突出记述了广东省政治、经济、文化、社会、生态等方面发生的深刻变化,着重反映了广东省经济发展和改革开放情况,重点彰显了广东省在全国改革开放中的先行地位和经济建设取得的成就。

《广东省志(1979—2000)》具有如下几个鲜明的特点:第一,体例创新。采用中短篇相结合的分卷综合体结构,打破部门界限,按行业与事物的性质分类。全志设43卷,共200多个单位参与修志工作。明确断限,个别分卷上限,根据实际作适当上溯,严格统一下限。控制篇幅,统一入志标准,整体性强。第二,体裁完备。坚持以志体为主,横排门类、纵述史实、述而不论,除《总述》《大事记》《人物》外,各卷均有照片、概述、大事记、图、表、附录等体裁。第三,资料权威。主要资料来源于各单位、各部门保存的档案材料及《广东年鉴》《广东统计年鉴》,以及各级档案馆、统计局等权威部门的官方资料及数据,资料有一定的广度和深度。第四,时代特色和地方特色突出。总体篇目结构设置上侧重于对经济部类的记述。43卷中属于经济类的有18卷,占总数的48%,并设置符合改革开放时代特色的分卷,如《经济管理》《经济特区和开发区》《经济体制改革》《人民生活》《信息产业》,突出反映改革开放后广东在经济方面的巨大变化。《专记卷》中设置了《珠三角经济》《海洋经济》《粤港澳台经济文化交往》《精神文明建设》4篇有浓厚广东地方特色的专记。

《广东省志(1979—2000)》是中华人民共和国成立后广东省编纂的第二部省志,是认识广东、建设广东不可缺少的参考资料,也是进行省情教育、爱乡爱国教育生动翔实的教材。从2002年2月启动到今天完成出版印刷举行首发式,历时12年,几届省委、省政府领导高度重视,宏观指导,广东省方志界同仁精诚团结,兢兢业业,任劳任怨,他们用广东省地方志工作的突出业绩,实践了习近平总书记"以史鉴今,启迪后人"、李克强总理"修志问道,以启未来"、王伟光院长"冷板凳需要热心肠"和李培林副院长"冷部门也可以作出火热的事业"的讲话,值得肯定,值得祝贺，值得钦佩，所以，我提议，让我们把发自内心的由衷的肯定、祝贺与敬佩的掌声献给他们！

今天，在这里，我要特别介绍一下为《广东省志（1979—2000）》的编纂出版呕心沥血的广东省人民政府地方志办公室陈强主任。近18年来，他心系地方志，情系地方志。尤其是，为了能把《广东省志（1979—2000）》打造成地方志精品，多少次，他飞往北京与我会晤磋商；多少次，他当天飞来，次日飞回；多少次，他当天飞来，当天飞回。从他身上，我看到了方志人爱岗敬业、淡泊名利、执着守望、辛勤耕耘、甘于奉献的精神！

国有史，邑有志。地方志是传承和彰显中华文明的重要载体，是中华民族优秀文化的瑰宝。一年多来，我跟随王伟光院长、李培林副院长走了十几个省调研地方志工作，是以陈强主任为代表的方志人给予我献身方志事业的激情，是以陈强主任为代表的方志人坚定了我要建设全国志书专业出版基地的信心。今天，在他即将卸任的时候，面对广东省地方志工作的辉煌业绩，我想创造一句表扬与激励人们的话献给近18年来把"冷板凳坐热"的陈强主任，献给成千上万兢兢业业、甘于寂寞、默默奉献的方志人——你真方志！

2014年7月29日，国家新闻出版广电总局办公厅通知《广东省志（1979—2000）》出版单位——方志出版社，由我社申报的《广东省志（1979—2000）》，经过专家评审和总局批准，被列为《"十二五"国家重点图书、音像、电子出版物出版规划》项目，这是全国列入国家重点图书出版规划的首部省志，可喜可贺。

方志出版社是中国社会科学院主管、中指组主办的全国唯一一家专门以志书、年鉴出版为主的国家级出版单位。目前，我社正在按照王伟光院长、李培林副院长在第五次全国地方志工作会议上讲话和国办《规划纲要》（草案）建成全国志书专业出版基地的要求，在新一届地方志办公室党组的领导下，团结拼搏，深化改革，转型发展，希望为全国地方志事业的繁荣与蓬勃发展，为各级地方志机构，提供更多、更优质的服务。

各位方志同仁，让我们携起手来，牢记习近平总书记、李克强总理关于地方志工作的重要指示,按照刘延东副总理"打造无愧于时代、无愧于人民、无愧于历史、无愧于民族的系列精品佳志"的讲话要求,全面贯彻落实王伟光院长、李培林副院长在第五次全国地方志工作会议及系列讲话精神,共创中国地方志事业的美好明天!

5年,10年,20年,或者若干年过后,希望你也能得到这样的一个肯定评价——你真方志!

长载史志，友存心间[*]

——深切缅怀申长友[1]同志对地方志工作的关心支持

庚子年注定不平凡吗？

新冠，洪灾……

2020年7月17日，惊闻山东省政府党组成员、秘书长，办公厅党组书记，东营市原市委书记申长友同志因病去世，我久久未能回神。正值英年有为，溘然而逝，撒手人寰，虽扼腕切肤，难表痛惜。

---

[*] 写于2020年7月20日凌晨。

[1] 申长友，男，汉族，1969年1月出生，山东茌平人，研究生学历，经济学博士学位，1988年7月参加工作，1992年1月加入中国共产党。1986年9月至1988年7月，山东省聊城师范学院学生；1988年7月至1990年9月，山东省茌平县第三中学教师；1990年9月至1993年7月，北京大学国际政治系硕士研究生；1993年7月至1999年5月，任国家工商总局经济检查司干部、公平交易局副主任科员、机关团委副书记、机关党委群众工作处助理调研员（其间：1995年9月至1998年7月北京大学光华管理学院国民经济计划与管理专业博士研究生）；1999年5月至2003年3月，任国务院办公厅副处级秘书、正处级秘书；2003年3月至2006年6月，任国家发展改革委员会党组秘书；2006年6月至2008年9月，任国家发展改革委员会办公厅副主任；2008年9月至2008年10月，任国家发展改革委员会办公厅正司长级干部；2008年10月至2009年6月，任国务院办公厅正局级秘书；2009年6月至2011年1月，任济南市委常委、济南市政府副市长；2011年1月至2011年12月，任临沂市委副书记；2011年12月至2012年3月，任东营市委副书记、代市长；2012年3月至2015年1月，任东营市委副书记，市人民政府市长、党组书记；2015年1月至2015年3月，任东营市委书记，市委党校校长，市人大常委会主任候选人；2015年3月至2018年3月，任东营市委书记，市人大常委会主任，市委党校校长；2018年3月至今，任山东省人民政府秘书长、东营市委书记、市人大常委会主任。2018年3月，任山东省政府党组成员、秘书长，省政府办公厅党组书记。第十、十一届山东省委委员。于2020年7月17日0时30分在上海病逝。

夜色茫茫，我一个人在办公室想着这些年地方志的爬坡过坎：多少人降以甘霖，多少人送以火炭，多少人施以援手，多少人授以玫瑰……恍惚间，长友兄并不高大但清秀挺拔地站在国家方志馆黄河分馆门前，还在与我热情洋溢地策划如何讲好黄河故事，如何把国家方志馆黄河分馆打造成为东营的名片的场景在眼前浮现。一股伤感和悲怆不禁油然，泪溢双目，婆娑湿面，久久萦系不去。痛悲中，有一个声音在说，这样一个真正有史志情怀，且倾情尽义鼎力支持过史志工作的地方主官，当值撰文追思。

一、志不求易者成，事不避难者进

"征文考献，守土者之责。"长友曾经长期在国务院办公厅工作，对地方志的"存史、资政、育人"功能有着深刻认识和独到见解。2012年10月，他任东营市市长不久，即推动颁布实施《东营市地方史志工作管理办法》，逐步把东营市史志工作纳入法治化、科学化和规范化发展道路。2012年底，在长友同志的关心支持下，东营市方志馆建设被纳入全市重点文化设施建设项目。2013年10月，方志馆主体工程和外墙装饰完成。东营市方志馆成为当时全国地市级城市中为数不多的方志馆之一。

"黄河落天走东海，万里写入胸怀间。"2015年，我到东营市调研地方志工作，第一次见到长友，得知他是北大的校友后，我就半开玩笑半认真地说："你是北大历史专业，我是北大法学专业，我们共同为国家史志做点事情，也一起报答母校培养。"长友深以为然。当时，山东史志办敢于担当、主动作为，提出在保证完成全国志鉴全覆盖"两全目标"的基础上，实现省市县三级方志馆全覆盖的"三全目标"，我表示大力支持。交谈中，长友同志和我，以及时任山东史志办公室主任刘爱军、时任东营市市长赵豪志等，就在东营市建设国家方志馆黄河分馆达成一致意见。其后，东营市史志办在山东省史志办的领导支持下积极推进申报工作，中指组批复在东营市建设国家方志馆黄河分馆，成为党的十八大以来全国第一家国家方志馆分馆，也是迄今唯一一个已落成并对社会开放的国家方志馆分馆。

"忆得旧时携手处，如今水远山长。"2016年5月，我与中指办时任副主任刘玉宏，在刘爱军主任的陪同下再次到东营与长友同志商谈如何进一步建设好国家方志馆黄河分馆事宜。我提出国家方志馆黄河分馆要充分体现国家性、方志性、黄河性"三性"特点。长友同志说，要把国家方志馆黄河分馆打造成为东营靓丽的文化名片和弘扬黄河文化的重要载体，建设成全国的样板，同意启用东营市原黄河文化博物馆馆舍建设为国家方志馆黄河分馆，馆舍面积2万多平方米。这次交谈，我印象至深，我们围绕着史志话题，从古到今到未来，像多年不见的朋友，促膝长谈。他超常的记忆、广博的知识、幽默的谈吐、机敏的反应，还有光明磊落、胸怀宽广、真挚热情、善良正直的品格，给我留下了极其深刻的印象。更没想到的是，短短两个月之后，这位日理万机的市委书记言出必行，利用周末时间，亲自带队赴京到中指办进行工作对接洽谈，其雷厉风行的工作作风深深地影响着周围的人。

二、功成不必在我，有为就会有位

"初心不因来路迢遥而改变，使命不因风雨坎坷而淡忘。"为使国家方志馆黄河分馆更具魅力品位，长友同志利用当年积累的人脉，得到水利部黄河水利委员会的支持，促成其与中指办、东营市强强联合，三方共建国家方志馆黄河分馆。长友同志亲自挂帅，担任东营方建设工作领导小组组长，并多次带队赴京对接工作、争取政策、寻求扶持。期间我们的交往更加频繁，友情日渐深厚。他才华横溢、析理透彻，不但有洞察事物的深邃目光和独特视角，往往还有自己精辟独到、合情合理的主张和建议。我印象最深的是，2017年6月在东营市召开的一次三方领导小组会议上，长友同志动情地说："要站在国家和民族的高度，深刻认识实施好这项'国字号'工程的重大意义和深远影响，切实把国家方志馆黄河分馆建成黄河文化的标志、东营的文化名片、全国方志馆的样板、重要的爱国主义教育基地，打造成为经得起历史检验和群众评判的精品文化工程。"风樯阵马，身体力行。此后历时仅11个月，2018年5月，国家方志馆黄河分馆建成并对公众开放，实现了蝶变式发展，获得了社会各界的广泛赞誉和高度评价。尤其难能可贵的是，他对自己要求"功成不必在我"，对史志办这样一个"冷部门"却坚持"有为就会有位",在全国精简机构体制的形势下,强力推动把东营市史志办一个挂靠市政府办公室的副处级单位升格为市政府直属正处级机构,编制由 11 人增加到 17 人。

"一个人就是一个能源,人的一生就是燃烧,就是能量的充分释放。能量应该发挥出来,燃烧愈充分愈好。"长友同志在自己有限的生命里,发出巨大的热能,呈现出美轮美奂的光彩。在国家方志馆黄河分馆这项庞大的系统工程中,从 5000 黄河流域文明史到东西 5400 多千米的空间跨度,从 1.3 亿元的投资总额到 10900 多平方米的展陈面积,从项目筹划和大纲设计到工程施工和展品征集,每一个步骤都牵动着他的目光和神经,每一个环节都凝结着他的智慧和努力,每一个阶段性成果都饱含着他的汗水和心血。如今,在国家方志馆黄河分馆这承载着上千年黄河文明的时光殿堂里,依然饱蕴着他的情怀,浸透着他的气息,储存着他的智慧,矗立着他的理想。

三、哲人其萎,追索不息

山无言,水不语。疾病无情,夺生命以骤;精神长存,留人间长念。长友同志,如今的国家方志馆黄河分馆,正如你所愿,已经成为黄河文化的标志,东营市的文化名片,全国方志馆的样板,重要的爱国主义教育基地;展厅更加明亮了,展品更加丰富了,展陈技术更加智能化了,参观人数更加络绎不绝了……然而这一切,你却再也看不到了。

"高风昭日月,亮节启后人;痛心伤永逝,挥泪忆深情。"山河同悲,日月同哀;斯人已去,青山为证。匈牙利诗人裴多菲说,生命的多少用时间计算,生命的价值用贡献计算。我们虽然再也听不到你朴实的话语,再也看不到你温暖的笑脸,但是我们能感受到你一直关心关注着史志事业的那颗赤诚之心。人的生命相对历史的长河不过是昙花一现,你带着对国家史志事业的热情而来,留下对国家史志事业的热血离开。51 年的生命,短暂却光彩,遗憾却伟大。你与你挚爱的事业融为一体,像默默无言的一座山,每当鲜花开遍,就悄然隐没其间。然而,巍巍泰山不会忘记,滔滔黄河也不会忘记,方志人更不会忘记,你那博大高远、忧国忧民的情愫,清正廉洁、勤政敬业的作风,襟怀坦荡、真挚善良的品格,刚正不阿、碧血丹心的精神。你如同一颗流星划过，在人生的休止符前，用最灿烂的光华，在东营，在黄河入海口，在国家方志馆黄河分馆，在全国方志人心中，点亮了永不熄灭的史志灯火。

长夜当哭，泪眼追忆，聊作挽联，送别长友：

长命不别五十百年，惟生命能否为使命作歌功载史志；
友挚毋分齐鲁京都，但仁心是非与恒心互融情存心间。

第三章 方志伟业

地方志编修赓续2000多年，是一项伟大的事业。在中华民族伟大复兴、社会主义文化大发展大繁荣、维护国家文化安全的大背景下，提出建立方志文化自信，具有重要的理论价值和时代价值。要探寻方志文化在我国几千年的源流，遵循文化自信生成的基本规律，立足中华民族伟大复兴的中国梦目标实现，从主观和客观方面规划设计方志文化自信的建立路径。以方志文化自信为逻辑起点，在中国文化走出去战略实现过程中，方志文化应当发挥引领作用，率先走向世界舞台；在中国文化走出去战略实现之后，方志文化要勇敢担当，站在世界文化舞台中央。党的十九届四中全会提出了"中国之治"这一人类制度文明史上的伟大创造，做好新时代地方志工作，就是以"中国之志"资政辅治、记录传承"中国之治"。同时，新时代的方志人必须承担起为伟大的中国扶贫事业直笔著史的光荣使命。

——题记

论方志文化自信[*]

中华文化源远流长、灿烂辉煌。在5000多年文明发展进程中,中华民族创造出博大精深的中华优秀传统文化,"积淀着中华民族最深沉的精神追求,包含着中华民族最根本的精神基因,代表着中华民族独特的精神标识,是中华民族生生不息、发展壮大的丰厚滋养"[1]。方志文化作为中华民族特有的文化基因,是中华优秀传统文化的"根"与"魂",不仅在璀璨的中华文化中独树一帜,而且在世界文化中也占据独特位置。党的十八大以来,尤其是将文化自信与道路自信、理论自信、制度自信"三个自信"提升到同等重要位置后,学术界关于文化自信的理论研究成为热点,并取得丰硕的成果。本文首次提出方志文化自信概念,并就方志文化自信提出的背景、何有方志文化自信、何为方志文化自信、何需方志文化自信,以及如何建立方志文化自信等问题作系统论述。

一、方志文化自信提出的背景

纵观历史,我们可以发现,不管是中华文明还是西方文明,在世界舞台上的地位以及文明的影响力、扩张力、号召力都与国家的国力、民族的

---

[*] 本文发表于《中国年鉴研究》2017年第1期。《中国人民大学复印报刊资料·历史学》2018年第12期全文转载。第二作者宋丽亚。

[1] 中共中央宣传部:《习近平总书记系列重要讲话读本》,学习出版社、人民出版社2016年版,第201页。

强弱息息相关。"每一次文化自信的提振，都伴随着国家的强盛。"[1]汉唐盛世，国家统一，民族融和，中华文化自信呈现为中华民族自立于世界民族之林，并引领世界文化发展。近代以来，随着工业化的进程，西方文明成为主导文明，欧美人普遍认为西方的"光"普照全球，西方标准成为普世标准。而中华民族则国力衰退，在世界的影响力越来越小，落后挨打的历史动摇了我们对自身文化的自信。虽然现代新儒家，如梁启超、梁漱溟等无论出于"他觉"还是"自觉"，对中华文化持肯定态度，认为"世界文化的未来就是中国文化的复苏"[2]，但是"全盘西化论"、民族虚无主义、历史虚无主义和文化虚无主义的思潮在部分国人中间滋生蔓延。中华人民共和国成立以来，尤其是改革开放以来，在中国共产党的领导下，我国综合国力不断增强，近年成为仅次于美国之后的世界第二大经济体，中华文化的吸引力和认可度不断提升，中华文化自信的提出有了坚实的物质基础。同时，随着世界经济全球化的不断深入，不同文化的碰撞、冲突、交流更加频繁，文化的作用日益凸现。但必须承认的是，我国的文化"软实力"与"硬实力"不对称，在世界范围内，中华文化话语权还有待加强。在新的世界形势与国际背景下，要全面建成小康社会，实现中华民族伟大复兴，文化自信的提出是必然要求。盛世修志，志载盛世。方志文化自信的提出当是时代的必然。

（一）文化自信的提出

我国面临的发展机遇和风险挑战前所未有。党中央从对世情、国情、党情和历史经验教训的深刻把握中，不断深化对中国优秀传统文化、中国特色社会主义文化的认识，提出了"文化自信"，这是一个不断丰富发展和完善的过程。

2011年7月1日，胡锦涛同志在庆祝中国共产党成立90周年大会上的讲话中指出："我们必须以高度的文化自觉和文化自信，着眼于提高民

---

[1] 王静：《试论文化自信的四维根基》，《天府新论》2012年第3期。
[2] 张杰客：《文化自信生成于中国近代哲学视域》，《中国社会科学报》2017年7月25日，第2版。

族素质和塑造高尚人格,以更大力度推进文化改革发展,在中国特色社会主义伟大实践中进行文化创造。"[1]第一次明确提出"文化自觉和文化自信"。党的十七届六中全会提出:"要培养高度的文化自觉和文化自信,提高全民族文明素质,增强国家文化软实力,弘扬中华文化,努力建设社会主义文化强国。"[2]第一次明确要求要"培养高度文化自信""建设社会主义文化强国"。

党的十八大以来,习近平总书记站在中国特色社会主义发展全局的战略高度,深入思考社会主义文化问题,多次从不同角度、不同层面深刻阐述了文化自信的基本内涵、重要意义,形成了重要的思想成果——"文化自信",凸显了文化自信的时代价值。[3]2014年2月24日,习近平总书记在中央政治局第十三次集体学习时明确提出,要"增强文化自信和价值观自信"。[4]10月15日,在文艺工作座谈会上强调:"增强文化自觉和文化自信,是坚定道路自信、理论自信、制度自信的题中应有之义。"[5]12月20日,在和澳门大学学生座谈时提出:"建立制度自信、理论自信、道路自信,还有文化自信。文化自信是基础。"[6]2016年5月17日,在哲学社会科学工作座谈会上强调:"我们说要坚定中国特色社会主义道路自信、理论自信、制度自信,说到底是要坚定文化自信。文化自信是更基本、更深沉、更持久的力量。"[7]6月28日,在中央政治局第三十三次集体学习时指出:"要固本培元,把加强思想政治建设摆在首位,引导党员特别是领

---

[1] 胡锦涛:《在庆祝中国共产党成立90周年大会上的讲话》(2011年7月1日),《人民日报》2011年7月2日,第2版。

[2] 《中共中央关于深化文化体制改革推进社会主义文化大发展大繁荣若干重大问题的决定》,《人民日报》2011年10月26日,第1版。

[3] 曲青山:《关于文化自信的几个问题》,《中共党史研究》2016年第9期。

[4] 《把培育和弘扬社会主义核心价值观作为凝魂聚气强基固本的基础工程》,《人民日报》2014年2月26日,第1版。

[5] 习近平:《在文艺工作座谈会上的讲话》(2014年10月15日),《人民日报》2015年10月15日,第4版。

[6] 杜小杜:《〈我在现场〉习近平给澳门学生讲文化课(2)》,人民网,2014年12月21日。

[7] 习近平:《在哲学社会科学工作座谈会上的讲话》(2016年5月17日),《人民日报》2016年5月19日,第2版。

导干部筑牢信仰之基、补足精神之钙、把稳思想之舵，坚定中国特色社会主义道路自信、理论自信、制度自信、文化自信。"[1]7月1日，在庆祝中国共产党成立95周年大会上的讲话中指出："坚持不忘初心、继续前进，就要坚持中国特色社会主义道路自信、理论自信、制度自信、文化自信"，号召"全党要坚定道路自信、理论自信、制度自信、文化自信"。[2]这是继党的十八大提出道路自信、理论自信、制度自信"三个自信"之后，在党的重要文献中正式将文化自信提升到与"三个自信"同等重要的位置。2017年7月26日，在省部级主要领导干部"学习习近平总书记重要讲话精神，迎接党的十九大"专题研讨班开班式上，习近平总书记发表重要讲话强调，中国特色社会主义是改革开放以来党的全部理论和实践的主题，全党必须高举中国特色社会主义伟大旗帜，牢固树立中国特色社会主义道路自信、理论自信、制度自信、文化自信，确保党和国家事业始终沿着正确方向胜利前进。[3]这再次明确了文化自信是中国共产党对中华文化的笃定，是中国特色社会主义新的理论成果，是习近平总书记治国理政新理念新思想新战略的又一理论创新成果。

（二）方志文化自信的提出

地方志作为传承中华文化的重要载体，全面系统地记载一定区域内自然、政治、经济、文化和社会的历史与现状。在历经2000多年，绵延不断的方志编修中，培育形成的方志文化更是博大精深、历久弥新、独具特色、灿烂辉煌，是中华民族优秀的文化瑰宝，是中华文化的重要组成部分。可以说，方志文化表现了中华文化的本质特征和根本属性，是中华文化的重要代表，是中华文化的丰富滋养。随着文化自信重大命题的提出，方志文化自信命题的提出也是题中应有之义，是贯彻落实习近平总书记系

---

[1]《严肃党内政治生活净化党内政治生态 为全面从严治党打下重要政治基础》，《人民日报》2016年6月30日，第1版。

[2] 习近平：《在庆祝中国共产党成立95周年大会上的讲话》（2016年7月1日），《人民日报》2016年7月2日，第2版。

[3]《高举中国特色社会主义伟大旗帜 为决胜全面小康社会实现中国梦而奋斗》，《人民日报》2017年7月28日，第1版。

列重要讲话精神和治国理政新理念新思想新战略的必然要求，是建设社会主义文化强国和实现中华民族伟大复兴的客观要求，是对地方志事业发展规律的科学把握，是对方志学理论的又一次提升。

一方面，地方志海量文献是中华优秀传统文化、革命文化和社会主义先进文化的重要载体，为方志文化自信命题的提出提供基础载体。据不完全统计，仅宋元以来历代保存下来的旧志就有8000余种，10多万卷，约占全国现存古籍的十分之一，不仅是中华民族，也是全人类珍贵的历史文化遗产。[1]这些旧志"包含着丰富的哲学社会科学内容、治国理政智慧，为古人认识世界、改造世界提供了重要依据，也为中华文明提供了重要内容，为人类文明作出了重大贡献"[2]。新编地方志工作大规模开展以来，全国首轮、二轮修志共出版三级地方志书8200余部，行业志、部门志、专业志约2.4万部，地情书1万余部，等等，[3]形成我国有史以来最大的社会科学成果群。这些文献忠实记录着中国共产党领导人民革命、建设新中国以及坚持和发展中国特色社会主义的光辉历程和丰功伟绩，为社会主义核心价值观提供最宝贵的思想源泉和最直接的精神纽带，是以马克思主义为指导的优秀革命文化和先进社会主义文化的重要载体。英国学者伟烈亚力曾说："在中国出现的一系列地方志，无论从它们的广度来看，还是从它们的有系统的全面性方面来看，都是任何国家的同类文献所不能比拟的。"[4]所以，方志文化自信是在强化中华文化自信的大背景下，以地方志海量文献为物质保障，以地方志文化的独特性为依据，以呈现中华优秀传统文化、革命文化和社会主义先进文化为主要内容而提出的。

另一方面，方志文化自信缺失是长期以来普遍存在的社会现象。首先，作为用方志的大户——学者们对方志文化不自信。梁启超直接指出：

---

〔1〕 中国地方志指导小组办公室编：《中国方志通鉴》（下），方志出版社2010年版，第946页。

〔2〕 习近平：《在哲学社会科学工作座谈会上的讲话》，《人民日报》2016年5月19日，第2版。

〔3〕 相关统计数据来源于中国地方志指导小组办公室2016年11月对全国地方志系统工作进展情况的统计。

〔4〕 [英]李约瑟：《中国科学技术史》第5卷第1分册，《中国科学技术史》翻译小组译，科学出版社1976年版，第44—45页。

"方志中十之八九，皆由地方官奉行故事，开局众修，位置冗员，钞撮陈案，殊不足以语于著作之林。"[1]部分学者认为方志"大半成于俗吏之手"，虽然不乏精品，但是难登大雅之堂。他们认为方志文化的价值在于："又正以史文简略之故，而吾侪所渴需之资料乃摧剥面无复遗，尤幸有芜杂不整之方志，保存所谓'良史'者所吐弃之原料于粪秽中，供吾侪披沙拣金之凭借，而各地方分化发展之迹及其比较，明眼人遂可以从此中窥见信息。"[2]可见，学者们虽然重视方志的资料价值，但是忽视其实用价值，甚至低估了方志文化的价值。其次，作为编纂地方志的专业人士——方志人对方志文化也没有形成普遍的自信，甚至相当一部分人还存在方志文化自馁。主要表现在对方志价值缺乏认同感和自豪感，对方志事业缺乏信心与热爱，对方志文化在文化强国的战略地位、在中华民族伟大复兴中的作用缺乏清醒认识或者认识不足，没有形成内在的、强大的、支撑事业发展的精神动力。再次，社会公众对方志的认识与了解更是与方志的社会功用、价值不对称。必须承认的是，目前地方志尚未形成普遍的社会意识、家喻户晓的公众意识。[3]社会公众对地方志缺乏认识，对方志文化没有概念，更不用提对方志文化自觉的心理认同、坚定的信念和正确的文化心态。所以说，方志文化自信的提出就是针对"方志文化缺失""不自信"的存在，有着尤其重要的现实意义。

二、方志文化自信的基础

方志文化是指人们在方志实践活动和理论研究中所获得的物质和精神收获的总和，所以，方志文化自信必然有其坚实的生成基础，方志文化自信必然根植于方志文化自身的特殊属性。

（一）方志文化的民族性

审视世界不同文明的源流演变，只有中国，建立了专门机构，并以官

---

[1] 梁启超：《中国近三百年学术史》，《梁启超全集》第15卷，北京出版社1999年版，第4581页。
[2] 梁启超：《中国近三百年学术史》，《梁启超全集》第15卷，第4581页。
[3] 冀祥德：《论依法治志》，《中国地方志》2016年第5期。

修的方式、志书的形式，把中华民族文化的产生、发展状况客观而真实地记录下来，并一代一代传承下去，从而推动中华文化的发展。"美国芝加哥大学教授亚力托在《中国方志与西方史学的比较》一文中说：'自宋以来，方志在形式上和内涵上的一致性是惊人的。至于西方，根本没有长期一致的文体，即使一国中的一致性也没有，……而方志的形式则千年未变。'我们一直认为编修地方志是我国民族文化中的一个优良的传统，也是我们中华民族所特有的优良传统。"[1]所以说，方志文化是中华民族特有的文化，具有民族性。

越是民族的，越是世界的。方志文化民族性的突出表现就是其在世界舞台上的价值。以美国为例，其很早就意识到中国地方志的重要价值，在民国时期就有目的的大量收集中国地方志。国会图书馆1916年派施永格到中国大量收集中国旧方志，1928年设立东方部，继续主动派人深入中国各地收藏中国旧方志。美国对中国旧方志的收藏从最开始的收藏各省大行政区域的方志为主，到慢慢开始收集小的行政区域的方志，遍及各个省、市、县、镇的方志。仅美国国会图书馆收藏中国历代旧方志达4000多种，哈佛大学燕京大学图书馆收藏3858种，美国犹他家谱学会收藏5558种，犹他家谱学会图书馆收藏5193种，等等。[2]对于新方志，美国也充分肯定其价值。美国哈佛燕京图书馆郑炯文馆长曾这样介绍："对于中国现在编修的各种新志，特别是对一些小型志敞开收藏，'不管什么志书都收'，'见一本买一本，不管它是什么内容'，不管是定稿还是未定稿，都要注意收藏保存，特别是未定稿，很多是用金钱无法购买得到的。"[3]可以说，方志文化是典型的具有民族性的文化，是能够代表中华文化走向世界的文化。

（二）方志文化的地域性

方志，所记都有一定的空间位置，明确的地域范围，无论记事、记

---

[1] 仓修良：《编修方志是中华民族文化中一个优良的传统》，《仓修良探方志》，华东师范大学出版社2005年版，第83—84页。

[2] 王晶晶：《60年来美国学者对中国旧方志整理、研究与利用》，华中师范大学硕士学位论文，2012年5月。

[3] 《中国地方志专业考察团赴美国、加拿大考察报告》，《中国地方志》2013年第6期。

人、记物，都离不开一方之地。[1]清嘉庆《上海县志修例》规定，修志"皆以地断，以一地为限"。新方志编纂也大都恪守"越境不书"的原则。正如仓修良所说："地方性可以说是地方志主要的特征。因为方志从他产生之日起，就是以专门记载某一地区史实为职能的一种著作。"[2]所以，方志特定的记事空间范围决定了方志文化鲜明的地域性特征。

中华民族地域辽阔，历史悠久，各地域形成了独具特色的地域文化传统，每个地区都有其特点，有自然环境、风俗习惯、开发时间、文化教育、经济发展、社会面貌等诸多不同。方志最大的优点就在于能够分门别类、全面系统地加以记载，从而反映这些不同。[3]葛剑雄在《笕桥镇志·序》中对此有深刻的解读："就宏观而言，笕桥作为一个千年聚落，又处于中国近千年来的经济文化发达地区，不仅积累了大量地方史料，还由境内的遗址遗物和口耳相传保留了很多未见于其他记载的资料。""就微观而言，某些在全国、全省、全县未必能有详细记录的事物，在《笕桥镇志》却因其在本地所占的重要地位、所起的关键作用、所产生的重大影响而得到最大篇幅的记载，留下最详尽的资料。"[4]所以，方志是地域文化的重要载体，地域性是方志文化的基本属性。

（三）方志文化的包容性

方志文化在几千年的发展过程中，不断适应时代发展的需要，常变常新。梁启超指出，方志"内容门类之区分，由繁而日趋于简，其所叙述范围，则由俭而日扩于丰，此方志进化之大凡也。"[5]从体例体裁看，方志由图经、政记、人物传、风土记、古迹、谱牒、文征七类"分地记载之著作"，到"隋唐以后，则糅合诸类斟酌损益以为体例也"[6]。即到宋朝，方志定型。元明时期，制定一统志凡例，体例逐渐规范化，清朝体

---

[1] 丁剑:《再论志书的地方性》,《黑龙江史志》1987年第1期。
[2] 仓修良:《方志学通论》,齐鲁书社1990年版,第78页。
[3] 丁剑:《再论志书的地方性》,《黑龙江史志》1987年第1期。
[4] 笕桥镇志编纂委员会:《笕桥镇志》,中华书局2016年版。
[5] 梁启超:《说方志》,《梁启超全集》第14卷,北京出版社1999年版,第4279页。
[6] 梁启超:《说方志》,《梁启超全集》第14卷,第4278页。

例成熟。

从内容上看，方志从地理、历史、文学的交融，逐渐到荟萃地理学、考古学、政治学、经济学、教育学、社会学、文艺学、自然科学等各类学科知识，不断发展壮大，逐渐涵盖自然、人文等百科各业，"纪地理则有沿革、疆域、面积、分野，纪政治则有建置、职官、兵备、大事记，纪经济则有户口、田赋、物产、关税，纪社会则有风俗、方言、寺观、祥异，纪文献则有人物、艺文、金石、古迹"[1]。方志的发展过程，充分体现了"方志兼容适应规律"[2]，也凸显了方志文化的兼容并蓄，即包容性。

方志文化能容纳、吸收多元文化，与区域内的农业文化、商业文化、生态文化、民俗文化、饮食文化、戏曲文化等单一文化相比较，就呈现出多元化、全方位、综合性的特点。有学者指出，方志文化"就展现中国文化的历史长卷和文化风貌，和丰富地方文化及社会史的内涵方面，任何其他文献都是无法与其比拟的"[3]。可以说，正是方志文化的包容性，才使其不仅有旺盛的生命力，而且独放异彩。

（四）方志文化的功能性

地方志编纂之所以能绵延数千年而不绝，最重要的原因就是方志有现实的实用价值，"故夫方志者，非直一州一邑文献之寄而已。民之荣瘁，国之污隆，于兹系焉"[4]。方志文化在发展过程中，自然而然积淀而成并凸显出来的重要特点就是其功能性。主要表现在：其一，历代方志学者编纂志书的目的就是"经世致用"。东晋常璩在所纂的《华阳国志》卷十二《序志》中指出："夫书契有五善：达道义，章法式，通古今，表功勋，而后旌贤能。"[5]唐代李吉甫在《元和郡县图志序》中说地方志书"事关兴替，理切安危"，明确编写《元和郡县图志》正是为皇帝便于周览全国形势，

---

[1] 顾颉刚：《中国地方志综录序》，《宝树园文存》卷2，中华书局2011年版，第184页。
[2] 梁耀武：《方志学研究中的规律认识》，《黑龙江史志》1998年第6期。
[3] 张安东、吕君丽：《中国方志文化论要》，《巢湖学院学报》2009年第2期。
[4] 梁启超：《龙游县志序》，《梁启超全集》第14卷，第4336页。
[5] （东晋）常璩：《华阳国志》（九家旧晋书辑本），《二十五别史》，齐鲁书社1999年版，第200页。

以达到"扼天下之吭，制群生之命"的目的。[1]宋代郑兴裔为《广陵志》所写的序中直言："郡之有志，犹国之有史，所以察民风，验土俗，使前有所稽，后有所鉴，甚重典也。"[2]。之后元、明、清修一统志，也是有其现实的功用，为了达到"上下相维，以持一统"，突出地方志"系于政而达之于政"的特点[3]。自古到今，地方志工作者编纂志书的目的凸显了方志文化"存史、资政、育人"的功能价值。

其二，中外知名学者大规模使用方志。著名气象学家、地理学家竺可桢，根据方志记载的植物分布及花开花落时间的变化，研究中国历代气候变化的规律，在《中国近五千年来气候变迁的初步研究》中提出"方志时期"（1400—1900年），即利用数量众多的明清方志，探讨明清两代500年间长江、黄河流域气候变化的情况。屠呦呦从东晋葛洪编著的《肘后备急方》看到："青蒿一握，以水二升渍，绞取汁，尽服之"，从而获得灵感，提出了抗疟疾单体"青蒿素"，获得了诺贝尔奖。据不完全统计，从我国翻译海外汉学研究著作中，近60年来就有孔飞力等20多位美国学者出版了专著，使用了旧志（不含新志）550余种。[4]加拿大汉学家卜正民作为方志"大用户"，成果丰硕，影响力巨大。他直接指出，在《纵乐的困惑》《秩序的沦陷》等书关注江南地区，就是因为江南地区留有许多笔记和地方志。[5]日本学者利用方志进行科研的例子也是数不胜数，由此可见，方志文化的研究价值以及世界影响力。

其三，方志服务经济社会发展。清初，顾炎武就通过《天下郡国利病书》和《肇域志》的编写，开辟了一条综合研究和利用地方志的道路。在中华民族伟大复兴的征程中，方志在规划编制、旅游开发、环境治理、人

---

[1]（唐）李吉甫：《元和郡县图志序》，中华书局1983年版，第2页。
[2]（宋）郑兴裔：《广陵志序》，《郑忠肃奏议遗集》卷下，《影印文渊阁四库全书》本，第217—218页。
[3] 来新夏：《中国方志学理论的发展与现状》，《中国地方志》1995年第2期。
[4] 王晶晶：《60年来美国学者对中国旧方志整理、研究与利用》，华中师范大学硕士学位论文，2012年5月。
[5] 郑诗亮、尹敏志：《上海书评：卜正民谈〈哈佛中国史〉》，澎湃新闻网，2017年1月15日。

口控制、历史文化遗产发掘保护等各方面切实发挥了"参谋""资治"的作用。例如，上海至新疆伊宁的312国道的线路走向，是修志工作者从旧志古驿道的线路走向的信息中，分析得出并被国家交通部门采纳的。《黄山志》于1985年编纂完成，在黄山申报并获准为世界自然和文化遗产时发挥了重要作用。主编刘秉生利用该志资料，只用40天时间就完成了提交联合国教科文组织的蓝皮书，使得黄山成了世界级知名度的风景名胜区。[1]汶川特大地震发生后，在北川县城重建阶段，中国城市规划设计研究院通过北川县地方志办公室提供的乾隆《石泉县志》、道光《石泉县志》、民国《北川县志》和新编《北川县志》拟订北川新县城四个备选地址，等等。由此可见，方志文化确实具有很高的社会经济效益。

（五）方志文化的资料性

地方志是通过特定的体例体裁，按照存真求实、横排竖写、述而不论、详今略古、详新略旧等编纂原则，记载一定区域内的建置疆域、自然环境、历史沿革、职官典制、社会经济、风土人情、文化艺术、政治军事等，是"一方之百科全书""一方之通史"。正如陈桥驿先生所言，"方志的可贵在于资料，方志的生命力也在于资料"[2]。所以，方志文化的第一属性就是其资料性，它决定和影响方志文化的其它属性。

首先，方志文化的资料性体现在记述内容上。"他凡郡之所有，事无巨细，莫不皆然。"[3]"志之为体，当详于史"[4]，司马光视地方志为"博物之书"，在为《河南志》所写"序言"中说："凡其废兴迁徙及宫室、城郭、坊市、第舍、县镇、乡里、山川、津梁、亭驿、庙寺、陵墓之名数，与古先之遗迹、人物之俊秀、守令之良能、花卉之殊优，无不备载。考诸韦

---

[1] 梅森：《方志学简论》，黄山书社1997年版，第67页。
[2] 陈桥驿：《陈桥驿方志论文集序》，杭州大学出版社1997年版，第4页。
[3] （明）黄仲昭：《邵武府志序》，《未轩文集》卷二，《影印文渊阁四库全书》本。
[4] （清）章学诚：《答甄秀才论修志第一书》，章学诚著，仓修良编注：《文史通义新编新注》，浙江古籍出版社2005年版，第842页。

记,其详不啻十余倍,开篇絮然,如指诸掌,真博物之书也。"[1]其次,方志文化的资料性体现在体例体裁的运用上。述、记、志、传、图、表、录等体裁的综合运用,"实现了综析有度,经纬分明,首尾相顾,多姿多彩的有序排列与合理交织"[2],使之更好地服务于志书内容,即志书的资料,凸显了方志文化资料性特征。再次,方志文化资料性的特征体现在志书的编纂原则上。例如横排竖写原则,即方志横排门类,确保资料的广泛;纵向记述,确保各个历史时期资料的连续,没有断线。述而不论原则,即寓观点于资料之中,没有主观的评论、判断,确保资料的真实、客观。详今略古原则,突出"以当时人、当地人而修当地的历史"[3],确保最大限度记录当下历史,保存资料。正是有了这种方志体裁及编纂原则,才使各地在各个历史时期各方面的资料得以系统、完整地保存下来。

(六) 方志文化的权威性

"志属信史。"[4]方志学者"调集数百家谱牒,经极详慎之去取别择,而得其经纬脉络……常人所不注意者,字字皆呕心血铸成……征引之书,不下四五百种"[5],"其间一事一物,皆酌考众书,厘正讹谬,然后落笔"[6],非常重视搜集史料,辩证史料,以确保志书资料的真实可信。同时方志工作者严格要求自己,做到"识足以断凡例,明足以决去取,公足以绝请托"[7],以确保志书质量,从而保证志书的可用性、可信性。方志文化在这个过程中,也具有了权威性。

方志文化的权威性还表现在方志的"官修"传统,志书的"官书"性

---

[1] (宋) 司马光:《河南志序》,《温国文正司马公文集》65卷,《四部丛刊初编》0841,商务印书馆1926年版。

[2] 中国地方志指导小组办公室编:《中国方志通鉴》(下),第960页。

[3] 林天蔚:《地方文献论集》下册,南方出版社2002年版,第943页。

[4] (清) 章学诚:《修志十议呈天门胡明府》,章学诚著、仓修良编注:《文史通义新编新注》,第858页。

[5] 梁启超:《龙游县志序》,《梁启超全集》第14卷,第4336页。

[6] (北宋) 赵抃:《成都古今集记序》,曾枣庄、刘琳主编:《全宋文》第21册,巴蜀书社1992年版,第248页。

[7] (清) 章学诚:《修志十议呈天门胡明府》,章学诚著、仓修良编注:《文史通义新编新注》,第856页。

质。隋唐时期，国家统一，国力强大，国运昌盛，确立史志官修制度，打开了官修志书的新局面。宋代创置九域图志局，"命所在州郡，编纂图经"，设立了中央地方志机构。明清时期编修地方志逐渐形成制度，朝廷多次颁布诏令，对志书编修做出规定，清雍正六年（1728），颁布修志上谕，要求各省编修通志，"务期考据详明，采摭精当，既无阙略，亦无冒滥，以成完善之书"[1]，书编好后报送一统志馆，以便增辑成书。民国时期，虽然战乱不断，但政府也多次颁布修志政令，管理修志事宜。中华人民共和国成立后，先后出台规范性文件，国务院颁布《地方志工作条例》，国务院办公厅印发《全国地方志事业发展规划纲要（2015—2020年）》，明确建立由党委领导、政府主持、负责地方志工作的机构组织实施、社会各界广泛参与的工作体制，提出依法治志，从而确保了地方志的权威性。志书的权威性，决定了其可以作为评判历史事件的依据，可以帮助重现历史，确定位置，划定标识，体现了方志文化证据性的特征。可以说，方志文化的功能性源于其权威性。正因为此，方志文化有了区别于其他文化的特殊价值和功能。

民族性、地域性、包容性、功能性、资料性、权威性彼此交融，相互作用形成了方志文化自身的特殊属性和独特魅力，成为推动中华文化繁荣发展取之不尽、用之不竭的资料宝库、知识宝库、智慧宝库，成为世界历史文化长河中最灿烂的、不可替代的文化瑰宝，成为方志文化自信的基础。

三、方志文化自信的内涵

"文化自信，是一个国家、一个民族、一个政党对自身文化价值的充分肯定，对自身文化生命力的坚定信念。"[2]方志文化自信就是方志文化主体对方志文化地位、作用的深度认同，对方志文化价值、意义的充分肯定，对方志文化生命力的坚定信念，对方志文化建设的勇敢担当，对方志

---

[1]《世宗宪皇帝实录》雍正六年十一月二十八日上谕，《清世宗实录》卷75，雍正六年十一月甲戌，中华书局1985年版。

[2] 云杉：《文化自觉文化自信文化自强——对繁荣发展中国特色社会主义文化的思考（中）》，《红旗文稿》2010年第16期。

文化发展规律的准确把握，是文化自信的重要组成部分，为文化自信提供最基础、最深厚、最广泛的滋养。

（一）方志文化自信的宏观内涵

从宏观来讲，方志文化自信是中国特色社会主义国家、中华民族、中国共产党对方志文化价值层面所拥有力量的坚强信心和充分肯定，对方志文化发展规律的准确把握。习近平总书记就传承弘扬中华传统文化发表了一系列重要讲话，还专门就加强修史修志工作作出一系列重要指示[1]。李克强总理近两年来对地方志工作作了三次重要批示，其中"修志问道，以启未来""为当代提供资政辅治之参考，为后世留下堪存堪鉴之记述"，明确了新时期地方志事业的定位；"直笔著信史，彰善引风气"，明确了当代地方志工作者的定位。刘延东副总理两次接见全国地方志会议代表并发表重要讲话、两次作出重要批示[2]。2016年5月12日，王勇国务委员出席《汶川特大地震抗震救灾志》出版座谈会并发表讲话。中央领导同志如此密集地就地方志工作作出重要批示、发表重要讲话，足见党和国家对方志文化地位的高度认识，对方志文化价值的高度肯定。

在党中央、国务院的高度重视下，2015年8月25日，国务院办公厅印发《全国地方志事业发展规划纲要（2015—2020年）》，准确把握方志文化发展规律，科学谋划地方志事业发展，明确提出"治郡国者以志为鉴"，充分肯定了方志文化功能。2016年3月，《中华人民共和国国民经济

---

[1] 习近平总书记2014年2月25日考察首都博物馆时，强调要"高度重视修史修志"，将史志编修工作提升至关乎实现中华民族伟大复兴的高度；2015年7月30日在中央政治局第二十五次集体学习时强调，"协调各地党史、军史、档案、政协文史资料、地方志、社科院、高校等部门和机构的力量，扶持民间研究，从军事、政治、经济、文化、社会、外交、国际等领域对抗战进行系统研究"，要求地方志工作机构要在抗战研究上发挥应有作用。

[2] 刘延东副总理2014年4月与第五次全国地方志工作会议部分代表座谈并发表重要讲话，就贯彻落实习近平总书记重要讲话、李克强总理重要批示精神，进一步做好地方志工作提出明确要求（参见《中国地方志》2014年第5期）；11月，就中国地方志指导小组上报的《当前全国地方志工作和事业发展情况报告》作出重要批示，要求抓住地方志事业发展的好形势，切实采取有效措施，推动地方志事业迈上新台阶；2015年1月又就编制《规划纲要》作出重要批示；2015年12月在接见全国地方志系统先进模范代表时发表重要讲话，对地方志工作和地方志工作者提出了新的要求。（参见《中国地方志》2016年第1期）。

和社会发展第十三个五年规划纲要》中明确提出"加强修史修志",将地方志工作全面纳入了国民经济和社会发展规划,纳入了党中央、国务院部署的工作任务,肯定了方志文化在中华民族伟大复兴征程中的作用。2017年1月,中共中央办公厅、国务院办公厅印发《关于实施中华优秀传统文化传承发展工程的意见》,在重点任务中明确要求"做好地方史志编纂工作,巩固中华文明探源成果,正确反映中华民族文明史,推出一批研究成果",将地方志工作纳入了中华优秀传统文化传承发展工程,再次肯定了方志文化在中华优秀传统文化中的重要地位,科学把握了方志文化发展道路。2017年5月,中共中央办公厅、国务院办公厅印发《国家"十三五"时期文化发展改革规划纲要》,明确强调"加强中国共产党史、中华人民共和国史编修,加强地方史编写和边疆历史地理研究。完成省市县三级地方志书出版工作。开展旧志整理和部分有条件的镇志、村志编纂",将地方志工作纳入了社会主义文化强国的建设之中,肯定方志文化在我国文化建设战略中的重要作用。一系列中央重要文件的出台,这是党中央、国务院立足中国特色社会主义事业发展全局,科学分析当前形势,对于方志文化地位和作用的清醒认识,从国家层面凸显了方志文化自信。

(二)方志文化自信的中观内涵

从中观来讲,方志文化自信是包括全国地方志系统在内的机关、团体、企业、事业单位,对方志文化发自内心的尊敬、认同、信任和坚守。其一,方志系统对自身文化的价值取向认同和职业认同,对自身文化生命力的坚定信念。具体表现为,一是方志系统对自身文化所形成的共识。在自身文化发展过程中,了解自身文化的特性,熟悉发展的历史,明确发展方向,把握发展规律,对自身生命力充满信心,对自身文化未来发展有"放眼世界的自信、担当和追求"[1]。在与其他文化相比较的过程中,既不夜郎自大,不可一世;也不妄自菲薄、自暴自弃,理解并认同方志文化的深刻内涵,把握方志文化的独特性,明确方志文化的历史文化价值和现实功能,尤其是在中华优秀传统文化中的独特价值。二是方志系统对方志事

---

[1] 刘林涛:《文化自信的概念、本质特征及其当代价值》,《思想教育研究》2016年第4期。

业的认同感和自豪感。当前地方志正在从"一本书"向志、鉴、史、馆、库、网、用、会、刊、研"十业并举"转型，从一项工作向一项事业的转型，从依法修志向依法治志转型。[1]明确地方志事业发展前景以及地方志事业在国家文化强国建设战略中的特殊位置，对地方志事业发展的前景充满信心，对地方志有高度的职业价值认同，职业价值自信。

其二，其他的机关、团体、企业、事业单位对方志文化的高度认同以及积极态度、对方志文化功能的认可信赖等。具体表现为：一是对方志文化的正确认识。方志文化延绵数千年，不仅有志书年鉴等海量物质成果，有法规、准则、条例等制度成果，还有在数千年修志过程形成的秉笔直书、经世致用、务实奉献、改革创新、团结协作等精神成果，已经完全融入了中华民族文化的血液之中，成为中华民族特有的文化基因，有着当代价值和恒久魅力。二是对方志文化"存史、资政、育人"功能的高度认可。因为方志文化与生俱来的资料性、地域性、功能型、权威性，使方志文化的价值、功能不仅在中华文化中独树一帜，在世界文化中也是独一无二的。方志文化功能价值的特点主要有：适用范围广，有助于决策、研究、兴利、教育、发展经济等等；适用群体多，各行各业，无所不包；社会经济效益高，影响大。所以，这就是对方志文化功能价值有"一种充满依赖感的尊奉、坚守和虔诚"。

（三）方志文化自信的微观内涵

从微观来讲，方志文化自信是包括方志人在内的每一个社会个体对方志文化价值的认同，是个人在方志文化上"增进自我、扩展自我"[2]的表现。其一，方志人对自身文化的身份认同和方志文化建设的勇敢担当。具体表现为，一是方志人在地方志事业上认同自我、发展自我、繁荣自我。方志人作为方志文化的主要建设者、创造者、传承人和记录者，明确自身定位，坚定自身存在的价值，将方志事业发展、方志文化建设与个人价值取向有机融合，将文化自信、方志文化自信与自我身份认同有机融合，将

---

[1] 冀祥德：《论依法治志》，《中国地方志》2016年第5期。
[2] 刘林涛：《文化自信的概念、本质特征及其当代价值》，《思想教育研究》2016年第4期。

方志文化发展、传统文化传承发展、文化强国建设与个人自身发展有机融合。二是方志人的事业心和责任感,是一种主体性心态的自然呈现。方志人在推动地方志事业发展过程中,主动担当,积极探索,有所作为;在不被人关注的岗位上,默默坚守,甘于奉献,锲而不舍,笔耕不辍;在遇到挫折时,勇于承担,积极寻求破解难题方案,"把纂修方志作为见用于时,实现自己理想的有为之事,即使身处逆境或面对艰难困苦,坚持修志不倦,甚至奉献毕生精力"[1]。

其二,其他社会个体、社会公众对方志文化的积极态度和价值诉求。具体表现为,一是形成普遍的社会意识和家喻户晓的公众意识。志书不能"束之高阁",方志文化也不能成为"精英文化"。方志文化的特性决定了方志文化是"精英文化"与"大众文化"的有机结合,是能被社会公众所认识、所了解、所使用,从而进一步推进方志文化,成为潜在的方志人。二是主动在方志文化中找到自己的位置。方志文化涉及社会经济生活的方方面面,包罗万象,可谓是中华文化中最有潜在群众基础的文化。方志文化的特性,尤其是方志文化的资料性、地域性、功能性和权威性,决定了每一个人都能在方志文化中找到自己的位置。

四、建立方志文化自信的价值

在中华民族伟大复兴、社会主义文化大发展大繁荣、维护国家文化安全的大背景下,提出建立方志文化自信,在全国范围内形成对方志文化确信和肯定的一种稳定心理特征,具有重要的理论价值和时代意义。

(一)方志文化自信助推中华民族伟大复兴的中国梦实现

博大精深的方志文化以其独特的资源性、功能性、权威性,为实现中华民族伟大复兴提供智力支撑和精神动力。正如马光祖所说:"忠孝节义,表人材也;版籍登耗,考民力也;甲兵坚瑕,讨军实也;政教修废,察吏治也;古今是非得失之迹,垂劝鉴也。夫如是然后有补于世。"[2]要实现方

---

[1] 张安东、吕君丽:《中国方志文化论要》,《巢湖学院学报》2009年第2期。
[2] (宋)马光祖:《景定建康志序》,《宋元方志丛刊》第二册,中华书局1990年版,第1315页。

志文化的价值，就应有足够的方志文化自信，为其提供"思想价值资源和心理依托"，这是实现中国梦的精神力量。方志文化的基本属性是地域性，可以说，方志文化来源于地域文化，又滋养了地域文化，打造属于一方水土的专有记忆。宋代陆游在嘉泰《会稽志》中写到，"今天下巨镇，惟金陵与会稽耳"[1]，明确指出编修志书的目的就是为了激发乡邦人士爱乡的热情。今天绍兴人读《会稽志》，自豪感油然而生。方志文化激发每一个中国人的爱乡爱国热情，投入中华民族伟大复兴的征程中。所以说，方志文化凝聚了实现中国梦的人才力量，方志文化自信是实现中国梦的精神支柱。一个国家、一个民族的强盛，总是以文化兴盛为支撑的。没有文明的继承和发展，没有文化的弘扬和繁荣，就没有中华民族伟大复兴的中国梦的实现。[2]中华民族的伟大复兴必然蕴含着方志文化的繁荣与发展。方志文化自信为方志文化的繁荣发展提供养料，赋予其勃勃生机。所以说方志文化自信是实现中华民族伟大复兴的精神支撑。

（二）方志文化自信致力社会主义文化强国建设

习近平总书记指出："中华民族创造了源远流长的中华文化，也一定能够创造出中华文化新的辉煌。"[3]建设社会主义文化强国的号角早已吹响。方志文化以其独特性，在社会主义文化强国建设中有着举足轻重的作用。可以说，方志文化自信是推进社会主义文化大发展大繁荣的必然要求。其一，有助于涵养社会主义核心价值观。核心价值观是决定文化性质和方向的最深层要素，是一个国家的重要稳定器，有助于应对世界多元文化冲突与碰撞，维护国家文化安全。加强社会主义核心价值观就是党的十八大提出要倡导的富强、民主、文明、平等、公正、法治、爱国、敬业、诚信、友善，其立足中华优秀传统文化，大力弘扬爱国主义精神，突出道德价值作用。而方志文化作为"伦理政治型文化"，2000多年的方志文化发展史

---

[1]（宋）陆游：《嘉泰会稽志序》，《宋元方志丛刊》第7册，中华书局1990年版，第6712页。

[2] 中共中央宣传部：《习近平总书记系列重要讲话读本》，人民出版社、学习出版社2016年版，第186页。

[3] 中共中央宣传部：《习近平总书记系列重要讲话读本》，人民出版社、学习出版社2016年版，第186页。

强调的就是血缘亲情、人伦关系、忠君爱国、人际和谐；仁政、德政、以礼治国；道德修身，奉行"人皆可以为尧舜"的道德理想。[1]方志文化为培育和践行社会主义核心价值观提供滋养，方志文化自信是培育和践行社会主义核心价值观的思想基础，是维护国家文化安全的重要力量。

其二，有助于提高文化软实力。提高国家文化软实力，关系"两个一百年"奋斗目标和中华民族伟大复兴中国梦的实现。习近平总书记强调，中华优秀传统文化是我们最深厚的文化软实力，社会主义核心价值观是文化软实力的灵魂。方志文化作为中华民族最基本的文化基因，中华优秀传统文化中的典型代表，社会主义核心价值观的重要源泉，在夯实国家文化软实力的根基，传播当代中国价值观念，展示中华文化独特魅力上有天然优势。方志文化自信作为一种心理状态，一方面是国家文化软实力的重要标识，另一方面也是提高中华民族文化软实力的动力基础。

其三，有助于推动中华文化走向世界。习近平总书记指出，"古往今来，中华民族之所以在世界有地位、有影响，不是靠穷兵黩武，不是靠对外扩张，而是靠中华文化的强大感召力和吸引力。"[2]中华文化的影响力和竞争力，主要通过走出去展示中国理念、传播中华文化、讲述中国故事来形成。作为世界上独一无二，最有民族性的方志文化，能坚守中华文化立场，传播中华文化基因、展现全新的中国，可以为世界文化注入新的理念、新的血液。这必然要求建立方志文化自信，增强走出去讲好中国故事的底气。

（三）方志文化自信引领地方志事业繁荣发展

全面建成小康社会，实现中华民族伟大复兴，实现中华文化大发展大繁荣，必然要求地方志事业的科学发展，全面升级。思想是行动的先导，思想的自觉引领行动的主动，方志文化自信是地方志事业转型升级的巨大精神动力，事业繁荣发展的思想基础。只有在思想上高度认同方志文化，

---

[1] 张安东、吕君丽：《中国方志文化论要》，《巢湖学院学报》2009年第2期。
[2] 习近平：《在文艺工作座谈会上的讲话》（2014年10月15日），《人民日报》2015年10月15日，第2版。

才能在行动上有所作为。例如，各级党委政府只有建立方志文化自信，才能主动落实"一纳入、八到位"，即把地方志工作纳入国民经济和社会发展规划、各级政府工作任务之中，做到认识到位、领导到位、机构到位、编制到位、经费到位、设施到位、规划到位、工作到位，才能抓住地方志事业发展的"牛鼻子"，解决发展的后顾之忧。地方志系统只有建立方志文化自信，才能把握住地方志事业发展的文化命脉，进一步深入挖掘方志文化价值内涵，阐发方志文化精髓，激发方志文化的升级与活力，主动推进地方志从一项工作向一项事业转型升级；才能主动整合各方力量，形成发展合力，把国家文化战略中对地方志工作的要求落到实处，把既定的科学目标变为现实，在融入社会主义文化强国建设、中华民族伟大复兴的实践中，实现地方志事业的价值。方志人只有建立方志文化自信，才能激发对方志事业的自信心和自豪感，增强推进地方志事业繁荣发展的责任心和使命感，增强自我价值主动性；也才能在实践中克服得了困难，耐得住寂寞，能以"板凳坐得十年冷，文章不写半句空"的干劲投入地方志工作。

五、方志文化自信建立路径

党的十八大以来，方志文化在社会主义文化强国建设、中华民族伟大复兴中占有越来越重要的地位，探究方志文化自信建立的路径就成为迫切的时代课题。总体来说，要探寻方志文化在我国几千年的源流，遵循文化自信生成的基本规律，立足中华民族伟大复兴的中国梦目标实现，从主观和客观方面以规划设计。

（一）方志文化自信的建立源于对方志文化的深刻认知

"文化自信的发生，源于对民族、国家传统文化、当代文化、未来文化的认知和把握，缺乏对于自身文化的历史洞察、现实认同与未来憧憬，文化自信无从发生，文化认知是文化自信发生的前提。"[1]方志文化自信建立的前提，就是方志文化自信主体立足历史与现实，厘清方志文化的根源，明晰方志文化的发展脉络，掌握方志文化时代内涵，尤其是要充分认

---

[1] 黄晓波：《论文化自信的生成机制》，《科学社会主义》2012年第3期。

识方志文化特性,把握方志文化发展规律,明确方志文化发展目标,以及坚定方志文化自信目标实现等。通过这一认知过程,方志文化自信主体才能形成对方志文化的认同感,从而形成方志文化自信。

(二)方志文化自信的建立需要对方志文化发展的科学把握

一方面,必须坚持马克思主义的指导地位。马克思主义的指导是中国特色社会主义文化建设的根本,也是方志文化大繁荣的根本,是方志文化自信主体培养高度方志文化自觉和自信的主心骨与指南针。[1]只有坚持马克思主义的历史观和方法论,才能戒除方志文化的历史虚无主义,正确对待中华优秀传统文化中的方志文化,正确认识在社会主义文化强国建设中的方志文化。坚持马克思主义,是建立文化自信的政治理论保证。另一方面,必须坚持继承和创新。对传统方志文化不忘本,要取其精华,结合时代特点推陈出新;对外来文化要兼容并蓄,既要广泛吸纳有益滋养,融会贯通,为我所用,也要包容文化差异,更要辩证取舍外来文化,坚决抵制糟粕。

(三)方志文化自信的建立根植方志事业的转型升级

方志文化自信作为一种稳定的心理状态,来自于实践,又作用于实践。方志文化自信来源于方志文化,又推进方志文化的进一步繁荣发展。所以,方志文化自信的"大本大源"就是方志文化的大发展大繁荣,就是方志文化的载体——方志事业的科学全面发展。当前,地方志事业虽然处在全面转型升级的关键时期,但是不得不承认其硬实力还是不够,其所承载的方志文化,与中华文化的实力及影响相比,还未达到所应有的高度,全面推进地方志事业繁荣发展任重道远。要通过地方志事业转型升级,提升方志文化的生机和活力,提高方志文化的吸引力和号召力,增强方志文化的影响力和竞争力,进而建立方志文化自信。

(四)方志文化自信的建立依赖方志文化的传播影响

方志文化自信的构建不仅仅是建立在对方志文化的认知,还有经过比较、反思、批判、认同等一系列过程才逐步形成的。换句话说,没有宣

---

[1] 刘芳:《文化自觉和文化自信的战略考量》,《理论学刊》2012年第1期。

传难以形成方志文化认知,没有交流难以形成科学的方志文化认知。一方面,要加强中华民族几千多年来方志文化历史与优秀方志文化成果的宣传教育。利用各类媒体广泛宣传地方志成果,推动方志文化进机关、进农村、进社区、进校园、进企业、进军营,推动城乡方志文化建设,培育地方历史记忆,引导人们更加深刻地认识方志、了解方志,从而建立方志文化自信。另一方面,要加强方志文化对外交流,通过"请进来""走出去",畅通交流渠道,拓展交流范围,在交流过程中,充分展示方志文化的当代价值及永恒魅力,增强方志文化的国际影响力,构建方志话语体系,扩大方志文化话语权,从而在更广阔的范围内,建立理性、健康的方志文化自信。

六、结语

通过梳理中华文化、中华传统文化、方志文化之间的关系,以及文化自信重大命题提出的过程,系统研究方志文化自信提出的时代背景,以及方志文化自信的基础、内涵与价值,首次提出方志文化自信的概念。方志文化自信不是无源之水,无根之木,而是根植于方志文化的民族性、地域性、包容性、功能性、资料性、权威性的基本属性。方志文化自信作为文化自信的重要组成部分,有其独特而丰富的内涵,是宏观、中观、微观三个主体层面对方志文化确信和肯定的一种稳定心理特征。在中华民族伟大复兴、社会主义文化大发展大繁荣、维护国家文化安全的大背景下,提出建立方志文化自信,具有重要的理论价值和时代价值。要探寻方志文化在我国几千年的源流,遵循文化自信生成的基本规律,立足中华民族伟大复兴的中国梦目标实现,从主观和客观方面规划设计方志文化自信的建立路径。以方志文化自信为逻辑起点,在中国文化走出去战略实现过程中,方志文化应当发挥引领作用,率先走向世界舞台;在中国文化走出去战略实现之后,方志文化要勇敢担当,站在世界文化舞台中央。

编纂地方志是中华民族特有的优秀文化传统,方志文化是中国特有的文化瑰宝,不仅丰富了中华传统文化的内涵,还成为"世界了解中国文化,研究中国文化的重要资源,成为国外了解中国国情、地情的切入点"[1]；不仅在中华优秀传统文化中具有独特地位和作用，而且在世界文化之林也占有独特位置和功能，具有不可替代的价值和影响力。方志文化自信也因其独特魅力和价值，有了建立的现实基础和理论意义。在经济全球化带来政治、文化等因素的全球化后，方志文化走出去已经势在必行。正如鲁迅所说："有地方色彩的，倒容易成为世界的。"[2]在中国文化走出去战略实现过程中，方志文化作为中华文化中最独特、最有价值的代表，应该也必须有所作为。方志文化要发挥中华文化走向世界的引领作用，当好领头羊，率先走向世界舞台。要凝聚方志力量，讲好方志故事，让更多体现方志文化特色、具有竞争力的方志文化产品走向国际市场，向世界推介更多具有中国特色、凸显中国精神、蕴含中国智慧的方志文化，推动中华文化走向世界。

在中国文化走出去战略实现之后，方志文化作为世界文化中最有根基、最有借鉴意义的代表，应该也必须勇敢担当。方志文化要通过扎根中国传统文化，融通各种资源，构建有方志魅力、中国魅力的文化话语体系；要通过树立方志文化自信，推广传播中国方志文化，进一步提升中国文化的国际影响力和话语权。当中国文化走出去战略实现之后，中国方志文化应当站在世界舞台的中央。

---

[1] 张安东、吕君丽：《中国方志文化论要》，《巢湖学院学报》2009年第2期。
[2] 鲁迅：《致陈烟桥》，《鲁迅全集》第13卷，人民文学出版社2005年版，第81页。

以"中国之志"资治"中国之治"[*]

党的十九届四中全会提出了"中国之治"这一人类制度文明史上的伟大创造。做好新时代地方志工作,就是以"中国之志"资政辅治、记录传承"中国之治",具有非常重大的现实意义和非常深远的历史意义。

了解历史的可靠方法就是看志。习近平总书记指出:"了解历史的可靠的方法就是看志,这是我的一个习惯。过去,我无论走到哪里,第一件事就是要看地方志。"在河北正定工作时,习近平同志熟读县志、史料,经常拉着县委办公室工作人员走街串巷,去寻访县志里记载的古寺、古塔、古碑、古城墙等。为帮助编写《正定古今》,他还主动为编写人员提供《真定府志》《正定县志》等旧志。刚到厦门工作时,他就经常借阅地方志。任上海市委书记,他到任不到一个月就借阅了上海地方志。开展调研工作时,他也经常调阅地方志。他在福建工作时到古田、寿宁、霞浦等县调研,在浙江工作时到苍南县调研,均有借阅地方志的明确记载。

只有加深对历史的掌握和理解,才能"以古为鉴,鉴古知今"。地方志是传承中华文明、发掘历史智慧的重要载体,具有"存史、资政、育人"三大功能。其中,存史是其基本功能,资政、育人是其现实功能。习近平总书记指出,修志是一项很有意义的工作,其意义说通俗一点,"就是使我们做一个明白人"。在育人方面,编修地方志可以为爱国主义教育提供教材,爱国主义教育、英雄主义教育、美德教育,都要从历史中汲取

---

[*] 本文发表于《学习时报》2019年12月23日,第4版。

养分。同时，在一个地方生活工作，也要树立地方自信心和地方自豪感，读地方志就可以接受到热爱家乡、热爱祖国的教育。在资政方面，地方志是为现实工作服务的有力辅助手段，有助于以古为鉴，作出科学的决策。只有加深对历史的掌握和理解，才能以古为鉴，鉴古知今，防止犯历史上的错误。

一定要把修志这项工作摆在议事日程上。中华人民共和国成立后特别是改革开放以来，在党中央正确领导下，经过各地区各有关部门不懈努力，地方志工作取得了巨大成就，也基本形成了党委领导、政府主持、负责地方志工作的机构组织实施、社会各界广泛参与的工作体制；逐步形成了将地方志工作纳入各地国民经济和社会发展规划、地方各级政府工作任务，认识、领导、机构、编制、经费、设施、规划、工作到位的工作机制。编修地方志是一项系统工程。所以，第一，要有紧迫感。第二，要着眼长远。第三，要摆上日程。第四，要保障经费。

要义不容辞地承担起修志这个历史责任。党的十八大以来，在党中央的亲切关怀下，全国地方志工作在国家发展战略中定位更加清晰，要求更加明确，顶层设计更加完善，工作任务更加明确，全国地方志工作走上法治轨道，地方志事业呈现出良好发展态势和前所未有的大好局面。推进实现"两全目标"，即到2020年完成第二轮地方志书规划任务，完成省市县三级地方志书全部出版的目标；做到由地方志工作机构组织编纂地方综合年鉴，一年一鉴，公开出版，实现省市县三级综合年鉴全覆盖，此项工作的力度之大、规模之广、影响之深前所未有，完成进度不断刷新。下一步，要认清形势，坚定打赢必胜信心，自觉增强高质量完成"两全目标"的责任感、使命感，落实法定责任，切实加强领导，把攻坚决胜"两全目标"作为一项极其重要紧迫的工作和政治任务来抓，如期完成"两全目标"，为决胜全面建成小康社会贡献方志人的力量。

用地方志记录中国历史 *

"中国之志"是世界各个国家和民族记载、传承历史方式的唯一中国表达,"中国之治"是世界所有国家治理社会的独特中国模式。"中国之志"既能为当下之"中国之治"提供资政辅治之参考,又能为未来之"中国之治"留下堪存堪鉴之记述。"凡将立国,制度不可不察看也。"世界四大古文明之所以唯有中华文明传承千年、至今不辍,原因之一就是国有史、郡有志、家有谱。党的第十九届中央委员会第四次全体会议提出了坚持和完善中国特色社会主义制度、推进国家治理体系和治理能力现代化的总体目标,提出了"中国特色社会主义制度和国家治理体系",即"中国之治"这一人类制度文明史上的伟大创造。在"中国之治"初步形成并将继续完善和发展的今天,地方志工作者的应有担当就是以"中国之志"资政辅治,记录、传承、传播和弘扬"中国之治"。

做"中国之治"的资政者。从中国历史上来看,地方志从先秦滥觞,在两宋成熟,再到明清繁荣,编修赓续不断、传承不止。隋唐以来,地方志官修制度开始确立,并受到历代政府的重视,逐步把修志规定为官责官修的政府行为,且一直持续到今天。据不完全统计,古志有 8000 多种,占现存的中国古籍十分之一多。中华人民共和国成立以来,编纂出版的新方志达 3 万多种。在我国历史上,没有任何一种文献可以像地方志这样,连续编纂 2000 多年且自成体系,筑成一座珍贵而巨大的资料数据信息宝

---

* 本文发表于《中国社会科学报》2020 年 7 月 6 日。

库。从世界视野中看，地方志是中华民族特有的客观记载国家或一定行政区域内的自然、经济、政治、文化、社会等基本状况并代际传承的资料性文献，具有"存史、资政、育人"的重要功能。

地方志是传承中华文明的重要载体，蕴含着巨大的历史智慧。习近平总书记指出，要马上了解一个地方的重要情况，就要了解它的历史，"了解历史的可靠的方法就是看志，这是我的一个习惯。过去，我无论走到哪里，第一件事就是要看地方志"。习近平总书记还强调，"要高度重视修史修志"，"只有加深对历史的掌握和理解，才能'以古为鉴，鉴古知今'"。从发展的观点看，"中国之治"初步形成后，还需要不断完善和发展。"中国之治"是一个动态过程，不可能一蹴而就，也不可能一劳永逸。所以，如何发挥"中国之志"的巨大资源优势，挖掘历史智慧，为"中国之治"的完善和发展提供资政辅治之参考，是全国地方志机构和地方志工作者的职责和使命。

做"中国之治"的记录者。任何一个民族都有自己的灵魂，有自己的根，这种灵魂和根就从制度和文化传承中呈现出来。在漫长的历史进程中，中华民族积累了丰富的治国理政经验，创造了独树一帜的灿烂文化，把这些用地方志的形式记录下来，并传之后世，是地方志工作者的责任和义务。地方志肩负着以文化人、培根铸魂的使命，地方志所记录传承的，最能体现一个时代的风貌，最应该引领一个时代的风气。我们党在长期实践探索中，坚持把马克思主义基本原理同中国具体实践相结合，形成了具有强大生命力和巨大优越性的国家制度和国家治理体系，创造了世所罕见的经济发展奇迹和政治稳定奇迹。所有这些，亟须用地方志这一中华民族独有的历史记述载体完整而客观地记录下来。当前，地方志工作者需要主动承担起记录新时代、书写新时代的使命，用地方志来深刻反映我们这个时代的历史巨变，全面描绘我们这个时代的精神图谱，客观记载并向世界传播、向我们的后人传承具有鲜明中国特征、中国风格、中国气派的"中国之治"。

做"中国之治"的传播者。中华人民共和国成立以来，中华民族之所以能实现从站起来、富起来到强起来的伟大飞跃，最根本的原因是党领导人民建和完善了中国特色社会主义制度，形成和发展了经济、政治、文化、社会、生态文明、军事、外事等各方面的制度，不断加强和完善国家治理体系和治理能力现代化的探索。习近平总书记强调，要把制度自信教育贯穿国民教育全过程，把制度自信的种子播撒进青少年心灵；要积极创新话语体系、提升传播能力，面向海内外讲好中国制度的故事，不断增强我国国家制度和国家治理体系的说服力和感召力。这些任务地方志工作者责无旁贷。

"中国之治"是以马克思主义为指导、植根中国大地、具有深厚中华文化根基、深得人民拥护的制度和治理体系，是党和人民长期奋斗、接力探索、历尽千辛万苦、付出巨大代价取得的根本成就。地方志工作者要坚持人民是历史创造者的观点，尊重人民主体地位，聚焦人民实践创造，自觉把地方志事业同国家和民族发展紧紧联系在一起，在努力创造出经得起实践、人民、历史检验的地方志成果，资治、记录"中国之治"的同时，传承、传播好"中国之治"。

为中国扶贫事业修志存史[*]

党的十八大以来，以习近平同志为核心的党中央团结带领全党全国各族人民，立足我国国情，把脱贫攻坚作为全面建成小康社会的底线任务，提出一系列新思想新观点，作出一系列新决策新部署，采取了许多具有原创性、独特性的重大举措，构建了一整套行之有效的政策体系、工作体系、制度体系，探索出了一条中国特色脱贫道路，组织实施了人类历史上规模最大、力度最强的脱贫攻坚战，千百年来困扰中华民族的绝对贫困问题历史性地画上句号，中国式扶贫创造了人类脱贫史上的奇迹，对世界脱贫进程作出了重大贡献。纵览古今，环顾全球，没有哪一个国家能在这么短的时间内实现几亿人脱贫。中国因有组织、有计划、大规模的扶贫开发，尤其是精准扶贫精准脱贫方略的实施，成为全世界率先实现联合国千年发展目标的发展中国家，为全球脱贫提供了中国智慧和中国方案，为推动构建人类命运共同体贡献了中国力量。千年梦想今朝圆。这一亘古未有的伟大胜利，应在辉煌史册中写下浓墨重彩的一笔。

一、展示当代中国发展进步和当代中国人精彩生活是方志人的时代担当

地方志是中国特有的记载一定区域内的自然、经济、政治、文化、社会的文化载体。用地方志这一独具中国特色的历史记载方式记录人类发展

---

[*] 本文发表于《光明日报》2021年7月26日，第6版。

史上的这一伟大传奇，辉映百年大党的初心使命，能极大振奋中国人民的民族自豪感和自信心，为我们逐梦新时代、奋进新征程注入强大信心和力量，而这也是地方志工作者一直坚守的使命与担当。实施中国扶贫志编纂工程就是通过客观记录和真实笔触，描绘党中央团结带领全党全国各族人民在脱贫攻坚中的奋斗历程以及亿万中国人民参与的新时代中国乡村的脱贫壮举，从而总结出脱贫攻坚的实践经验，科学把握脱贫规律，系统阐述中国特色反贫困理论，揭示脱贫攻坚取得全面胜利的制胜之道，为讲好中国扶贫故事、为世界扶贫脱贫事业提供独到的样本和经验。

习近平总书记多次对地方志工作发表重要讲话，作出重要批示。在党中央、国务院的高度重视下，2016年12月，中指组明确提出"地方志转型升级"要求，要求在全国范围内，全面推动地方志从一项工作向一项事业转型升级，彻底摒弃"一本书主义"，转向志、鉴、史、馆"四驾马车"齐驱并驾，志、鉴、史、馆、库、网、用、会、刊、研"十业并举"。经过5年的努力，到2020年底，实现了省省、市市、县县综合志书和综合年鉴全覆盖的"两全目标"，开创了一项世界文化史上的盛举，成为地方志发展历史上的里程碑。

在实现中华民族伟大复兴中国梦的进程中，方志人应当怎么做？我们必须把中国共产党领导全国各族人民实现中华民族伟大复兴中国梦的辉煌而艰辛的历程客观记录下来，代代传承下去，并向世界讲述中国故事，介绍中国制度，传播中国智慧。2021年2月25日，习近平总书记在全国脱贫攻坚总结表彰大会上庄严宣告，"我国脱贫攻坚战取得了全面胜利"，"完成了消除绝对贫困的艰巨任务，创造了又一个彪炳史册的人间奇迹"。"为当代提供资政辅治之参考，为后世留下堪存堪鉴之记述"，不仅是方志人的义务所在，更是我们义不容辞的时代责任和历史担当。进入新时代的地方志事业，应在正本清源上展现新担当，在守正创新上实现新作为，立足中国现实，植根中国大地，展示当代中国发展进步和当代中国人精彩生活，讲清楚历史性成就背后的中国特色社会主义道路、理论、制度、文化优势，更好阐释中国精神、中国价值、中国力量，为党和人民继续前进提供强大精神激励。

二、实施中国扶贫志工程，用地方志这一独具中国特色的历史记载方式记录伟大的中国扶贫事业

2013年11月3日，习近平总书记亲临湖南湘西州视察，作出了"实事求是、因地制宜、分类指导、精准扶贫"的重要指示，向全党全国发出"精准扶贫"的动员令。湘西州夺取脱贫攻坚战的胜利，就是全国反贫困事业发展的生动缩影。作为中国扶贫志试点单位，湘西州率先启动《湘西州扶贫志》编纂工作，将湘西州扶贫伟业载入史册，客观再现全州各族人民在这一伟大历史进程中的奋进足迹和巨大成效，这是湘西地方志工作者深入学习贯彻落实习近平总书记关于史志工作重要论述精神的生动实践，为全国扶贫志的编纂探索了路径、积累了经验、提供了借鉴。

2015年底，中指办选择贵州作为省级扶贫志编纂试点，指导其于2016年底完成了《贵州扶贫志》的编纂出版发行。2019年8月，中指组在四川泸州市举行全国地方志扶贫工作研讨会，研究扶贫志编纂进一步试点工作，以及"两全目标"完成后的全国统一部署实施等问题。2020年12月，经全国哲学社会科学工作领导小组批准，中国扶贫志编纂工程和中国全面小康志编纂工程被确立为2020年度国家社会科学基金特别委托项目。同时，"两全目标"也已经基本完成，启动中国扶贫志编纂工程的时机已经成熟，用方志记录伟大的中国扶贫事业进程拥有无比广阔的空间。

进一步提高政治站位，统一思想认识，强化使命担当。编纂《中国扶贫志》《中国全面小康志》是全国地方志系统的重大政治任务，在国内外影响深远、意义重大。我们要切实提高认识，凝聚共识，把思想认识统一到习近平总书记重要批示精神上来，统一到中央决策部署上来，在思想上行动上同以习近平同志为核心的党中央保持高度一致。我国在脱贫攻坚领域取得的前所未有的成就，凝聚了全党全国各族人民的智慧和心血，是广大干部群众扎扎实实干出来的。记录新时代，书写新时代，讴歌新时代，是党中央、国务院赋予地方志的时代使命，是地方志工作者义不容辞的神圣职责。我们必须增强责任心，把初心落在行动上、把使命担在肩膀上，在其职尽其责，主动担当、积极作为，以高度的责任感、使命感、紧迫感

投入中国扶贫志编纂工程中，共同完成好这项重要的工作任务。要充分认识中国扶贫志编纂的重要意义，深刻总结脱贫攻坚经验，全面展示中国共产党的坚强领导和社会主义制度的巨大优越性，着力推出对党和国家决策切实管用的成果，为更好发挥脱贫攻坚体制机制作用、巩固脱贫成果提供智力支持。

认真扎实做好扶贫志编纂出版工作，积极探索创新专题志编纂经验。在新的时代背景和任务要求下，我们应充分发挥自身优势，精心谋划好并扎实推进中国扶贫志编纂工程、中国全面小康志编纂工程、中国抗击新冠肺炎疫情志编纂工程，用志书全面、系统、客观地记录好脱贫攻坚和全面建成小康社会的伟大历史进程以及抗击新冠肺炎疫情斗争取得的重大战略成果，以"中国之志"记录"中国之治"，为中国特色社会主义新时代增光添彩。千里追得梦圆时，万里征程今日始。站在"两个一百年"的历史交汇点，我们要赓续伟大的脱贫攻坚精神，抓住机遇，围绕中心，服务大局，弘扬文化，接续担当方志人为党立言、为国存史、为民修志之使命，为夺取新时代中国特色社会主义伟大胜利，实现中华民族伟大复兴的中国梦，实现人民对美好生活的向往作出更大贡献。

第三章　方志伟业

直笔著史伟大的中国扶贫事业

习近平总书记指出，贫困是人类社会的顽疾。反贫困始终是古今中外治国安邦的一件大事。一部中国史，就是一部中华民族同贫困作斗争的历史。2012 年至 2020 年，中国开展了一场人类历史上规模空前、力度最大、惠及人口最多的脱贫攻坚战。党的十八大以来，以习近平同志为核心的党中央团结带领全党全国各族人民，把脱贫攻坚摆在治国理政的突出位置，立足我国国情，把脱贫攻坚作为全面建成小康社会的底线任务，提出一系列新思想新观点，作出一系列新决策新部署，采取了许多具有原创性、独特性的重大举措，构建了一整套行之有效的政策体系、工作体系、制度体系，探索出了一条中国特色减贫道路，组织实施了人类历史上规模最大、力度最强的脱贫攻坚战，千百年来困扰中华民族的绝对贫困问题历史性地画上句号，中国式扶贫创造了人类减贫史的奇迹，对世界减贫进程作出了重大贡献。纵览古今，环顾全球，没有哪一个国家能在这么短的时间内实现几亿人脱贫，这个人间奇迹既属于中国，也属于全世界。中国因有组织、有计划、大规模的扶贫开发，尤其是精准扶贫精准脱贫方略的实施，走出了一条中国特色的扶贫开发道路，成为全世界最早实现联合国千年发展目标的发展中国家，加速了世界减贫进程，为全球减贫提供了中国智慧和中国方案，为推动构建人类命运共同体贡献了中国力量。2021 年 3 月，李克强总理在政府工作报告中强调，过去的一年，脱贫攻坚战取得全面胜利，决胜全面建成小康社会取得决定性成就，中国政府"交出一份人民满意、世界瞩目、可以载入史册的答卷"。千年梦想今朝圆。这一亘古未有的伟大胜利，应在煌煌史册中写下浓墨重彩的一笔。

一、用地方志这一独具中国特色的历史记载方式记录伟大的中国扶贫事业

地方志是世界各国唯一的中国特色的记载一定区域内的自然、经济、政治、文化、社会的文化载体。古中国、古埃及、古巴比伦、古印度世界四大文明之所以只有中华文明延续千年、从未断裂，原因很多，但是，一个非常重要的原因就是因为中国有地方志。用地方志这一独具中国特色的历史记载方式记录人类发展史上的这一伟大传奇，辉映百年大党的初心使命，彰显首倡之为，能极大振奋中国人民的民族自豪感和自信心，为我们逐梦新时代、奋进新征程注入强大信心和力量，也是地方志工作者一直坚守的使命与担当。实施中国扶贫志编纂工程就是通过客观记录和真实笔触，描绘党中央团结带领全党全国各族人民在脱贫攻坚中的奋斗历程以及亿万中国人民参与、发生在新时代中国乡村的战贫壮举，从而总结脱贫攻坚实践经验，科学把握减贫规律，系统阐述中国特色反贫困理论，揭示脱贫攻坚取得全面胜利的制胜之道，为讲好中国扶贫故事、为世界扶贫脱贫事业提供独到的样本和经验。

二、记录伟大的中国扶贫事业进程是方志人的时代担当

地方志在我国已经有2000多年的历史，特别是党的十八大以来，迎来了千载难逢的发展机遇。习近平总书记具有深厚的地方志情怀，他在正定、厦门、宁德、福州、浙江、上海工作期间，不仅高度重视地方志工作，还亲自读志用志。担任总书记后，多次对地方志工作发表重要讲话，作出重要批示，强调"要高度重视修史修志"。李克强总理多次对地方志工作作出书面批示。在党中央、国务院的高度重视下，2016年12月，中指组明确提出"地方志转型升级"要求，要求在全国范围内，全面推动地方志从一项工作向一项事业转型升级，彻底摒弃"一本书主义"，转向志、鉴、史、馆"四驾马车"齐驱并驾，志、鉴、史、馆、库、网、用、会、刊、研"十业并举"。经过4年的努力，到2020年底，实现省省、市市、县县综合志书和综合年鉴全覆盖的"两全目标"，开创了一项世界文化史

上的伟大盛举，成为地方志发展历史上的里程碑。中指组提出地方志的"三个创新"，要求地方志要围绕党和国家利益、经济社会发展和以人民为中心开拓创新。在全国实施地方志"十大工程"，即民族地区与贫困地区志书出版资助工程、中国志书精品工程、中国年鉴精品工程、中国名镇志文化工程、中国名村志文化工程、方志文化走向世界工程等。中指组提出论证、大力倡导并着力实施依法治志，在"十大工程"基础上，拓展推出中国名山志工程、中国名酒志工程、中国名街志工程等"10加X工程"，持续助力经济社会发展。

党的十八大以来，以习近平同志为核心的党中央正在带领全国各族人民致力实现中华民族伟大复兴的中国梦，在中国梦实现的过程中，我们方志人不能让航空器翱翔在蓝天，不能让潜水器深潜到海底，不能让高铁奔驰在祖国的四面八方，我们甚至连城市日新月异、鳞次栉比的大楼的一砖一瓦都不能垒，连农田里庄稼的虫害也不能除，那么，在中华民族伟大复兴的中国梦的实现过程中，什么是方志人的担当？国家设置我们这个机构干什么？纳税人养着我们这支队伍干什么？我们要做的，就是要把在中国共产党领导全国各族人民实现中华民族伟大复兴的中国梦的辉煌而艰辛的历程客观记录下来，代代传承下去，并向世界讲述中国故事，介绍中国制度，传播中国智慧。因为，我们是"修志问道，直笔著史"的方志人，"为当代提供资政辅治之参考，为后世留下堪存堪鉴之记述"这不仅是我们的义务所在，更是我们义不容辞的时代责任和历史担当。

2021年2月25日，习近平总书记在全国脱贫攻坚总结表彰大会上庄严宣告，我国脱贫攻坚战取得了全面胜利，完成了消除绝对贫困的艰巨任务，创造了又一个彪炳史册的人间奇迹。而将这一丰功伟绩彪炳史册，无疑是我们方志人的光荣使命。2015年底，中指办选择贵州作为省级扶贫志编纂试点，指导其于2016年底完成了《贵州扶贫志》的编纂出版发行，时任中国社会科学院党组成员、副院长，中指组常务副组长李培林作序。2019年8月，中指组在四川泸州市举行全国地方志扶贫工作研讨会，研究扶贫志编纂进一步试点，以及"两全目标"完成后的全国统一部署实施等问题。2020年7月15日，习近平总书记就编纂中国扶贫志的建议作出重要批示,汪洋、王沪宁、丁薛祥、黄坤明等中央领导同志先后就编纂《中国扶贫志》、《中国全面小康志》作出批示。2020年12月,经全国哲学社会科学工作领导小组批准,中国扶贫志编纂工程和中国全面小康志编纂工程被立为2020年度国家社会科学基金特别委托项目。同时,"两全目标"也已经基本完成,启动中国扶贫志编纂工程的时机已经成熟。

三、确定《湘西州扶贫志》为中国扶贫志试点单位的意义

2013年11月3日,习近平总书记亲临湖南湘西州视察,作出了"实事求是、因地制宜、分类指导、精准扶贫"的重要指示,向全党全国发出"精准扶贫"的动员令。湘西州夺取脱贫攻坚战的胜利,是全国反贫困事业发展的生动缩影。湘西州作为全国精准扶贫聚焦点、首倡地,是习近平总书记精准扶贫重要论述在民族贫困地区的成功实践,更是对中国共产党所作的"到2020年现行标准下的农村贫困人口全部脱贫"这一庄严承诺的精准诠释。

近年来,湘西州按照中指组及其办公室的工作部署,在湖南省地方志编纂院的指导下,在州委、州政府的坚强领导下,取得了诸多骄人成绩。他们认真贯彻落实国办印发的《规划纲要》,提前高质量完成"两全目标"。同时,大胆创新,组建湘西州史志图书编纂人才专家库,不断完善红色湘西方志馆建设,旧志整理校注效果显著,多部志书在全省、全州评优中获奖。名镇名村志文化工程整体推进成效斐然,先后推出《里耶镇志》《芙蓉镇志》《浦市镇志》《德夯村志》,名镇名村志编纂亮点频出,值得充分肯定。地方志服务中心工作有声有色,特别是2019年12月湘西州积极承办了"第四届全国名镇论坛暨第四批中国名镇志丛书出版座谈会",湘西《里耶镇志》《芙蓉镇志》在会上首发并介绍经验,着力宣传推介湘西,在全国引起强烈反响。探索形成让地方志"用起来""立起来""活起来""热起来""强起来"的湘西经验,值得全国地方志系统学习借鉴。经全国地方志系统先进集体和先进工作者评选表彰工作领导小组审核,湘西州地方志编纂室被评选为32家拟表彰全国地方志系统先进集体之一。所以,中指组在湘西举办第四届中国名镇论坛期间,我提出将湘西作为全国

地市级扶贫志编纂的试点单位，得到湘西州委、州政府领导和湖南省地方志编纂院领导的高度首肯和积极响应。2020年4月，中指办正式将湘西作为全国地市级扶贫志编纂试点单位，《湘西州扶贫志》编纂正式拉开序幕。经过9个多月的艰辛努力，一部87万字，断限37年，200多人参与的质量上乘的《湘西州扶贫志》今天呈现在我们面前。《湘西州扶贫志》从2020年4月启动到12月定稿仅用时9个月，我不禁为湘西州扶贫工作取得的辉煌成绩和湘西方志人的拼搏赶超精神由衷赞叹。选择湘西作为中国扶贫志编纂的试点单位，就是在习近平总书记精准扶贫重要论述首倡地精准试点，打造中国扶贫志工程的样板和标杆。

四、实施中国扶贫志工程的若干思考

进入新时代的地方志事业，拥有无比广阔的空间，应在正本清源上展现新担当，在守正创新上实现新作为。地方志编纂要立足中国现实，植根中国大地，展示当代中国发展进步和当代中国人精彩生活，讲清楚历史性成就背后的中国特色社会主义道路、理论、制度、文化优势，阐释中国精神、中国价值、中国力量，更好用中国理论解读中国实践，为党和人民继续前进提供强大精神激励。地方志工作者要坚定方志文化自信，把握时代脉搏、聆听时代声音，勇于回答时代课题，深刻反映我们这个时代的历史巨变，描绘我们这个时代的精神图谱，坚持与时代同步伐，以人民为中心，以精品奉献人民，用心用情用功抒写人民、描绘人民，为时代画像、为时代立传、为时代明德。

作为中国扶贫志试点单位，湘西州在全国率先启动《湘西州扶贫志》编纂工作，将湘西州扶贫伟业载入史册，客观再现全州各族人民在这一伟大历史进程中的奋进足迹和巨大成效，是湘西地方志工作者深入学习贯彻落实习近平总书记关于史志工作重要论述精神，彰显首倡之地当有首倡之为的责任担当和生动实践，对全国扶贫攻坚工作经验的总结提炼有很好的启示作用，为全国扶贫志的编纂探索了路子、积累了经验、提供了借鉴，为中国的扶贫事业作出了贡献。

要进一步提高政治站位，统一思想认识，强化使命担当。编纂《中

国扶贫志》《中国全面小康志》是习近平总书记、党中央的重大决策部署，是全国地方志系统的重大政治任务，中央领导同志高度重视，全国人民高度关注，在国内外影响深远、意义重大。我们要切实提高认识，凝聚共识，把思想认识统一到习近平总书记重要批示精神上来，统一到中央决策部署上来，在思想上行动上同以习近平同志为核心的党中央保持高度一致。

习近平总书记强调："干部就要有担当，有多大担当才能干多大事业，尽多大责任才会有多大成就。"我国在脱贫攻坚领域取得的前所未有的成就，彰显了中国共产党领导和我国社会主义制度的政治优势。这些成绩的取得，凝聚了全党全国各族人民的智慧和心血，是广大干部群众扎扎实实干出来的。记录新时代，书写新时代，讴歌新时代，是党中央、国务院赋予地方志的时代使命，是地方志工作者义不容辞的神圣职责。我们必须增强责任之心，把初心落在行动上、把使命担在肩膀上，在其职尽其责，主动担当、积极作为，以高度的责任感、使命感、紧迫感投入到中国扶贫志编纂工程中，共同完成好这项重要的工作任务。一是要充分认识中国扶贫志编纂的重要意义，全面展示中国共产党的坚强领导和社会主义制度的巨大优越性。二是要深刻总结脱贫攻坚经验，着力推出对党和国家决策切实管用的成果，为更好发挥脱贫攻坚体制机制作用、巩固脱贫成果提供智力支持。三是要以"修志问道、直笔著史"的方志人精神、觉悟、能力、担当、情怀把这项任务完成好。坚决把党中央的决策部署贯彻好落实好，不辜负党中央对地方志系统的信任、对全体方志人的重托。

要认真扎实做好扶贫志编纂出版工作，积极探索创新专题志编纂经验，为"三志"（即《中国扶贫志》《中国全面小康志》《中国抗击新冠肺炎疫情志》）编纂积累经验。全国地方志系统当前和今后一个时期的重要政治任务，就是深入贯彻党的十九届五中全会精神，在新的时代背景和任务要求下，充分发挥自身优势，精心谋划好并扎实推进中国扶贫志编纂工程、中国全面小康志编纂工程、中国抗击新冠肺炎疫情志编纂工程，用志书这种中华文化的特有载体全面、系统、客观地记录好脱贫攻坚和全面建成小康社会的伟大历史进程以及抗击新冠肺炎疫情斗争取得的重大战略成果，以"中国之志"记录"中国之治"，为中国特色社会主义新时代增光添彩。

习近平总书记在湘西州提出精准扶贫重大战略，中指组及其办公室把《湘西州扶贫志》作为中国扶贫志精准试点单位。中国扶贫志工程已经列入国家"十四五"哲学社会科学发展规划，中国扶贫志列入国家社科基金重大专项委托课题。中指办将加大《中国扶贫志》编纂指导力度，与湖南省地方志编纂院、湘西州地方志办公室共同努力，严把《湘西州扶贫志》政治观、史实关、体例关、出版关，高质量完成《湘西州扶贫志》编纂出版工作，把《湘西州扶贫志》打造成为中国扶贫志编纂工程的标杆。同时，通过《中国扶贫志》的编纂，积极探索创新新时代重大专题志编纂模式，为中国全面小康志编纂工程、中国抗击新冠肺炎疫情志编纂工程等国家重大专题志工程的实施积累经验。

要围绕中心，服务大局，拓展地方志工作领域，提升地方志"存史、资政、育人"功能价值。湘西州历史悠久，遗存丰富，文化底蕴深厚，是一座历史文化名城，在历史文化资源开发上大有可为。湘西州地方志如何发挥地方志资源优势，为湘西州经济、政治、文化、社会、生态文明建设服好，大有文章可做，大有作为空间。在今后的工作中要调准工作角度和切入点，为州委州政府中心工作服务、为经济社会发展服务，充分发挥地方志资政的重要功能，成为党委政府事业发展的重要"志"库。同时，让方志文化适应快速发展的经济社会建设需要，满足广大人民群众日益增长的美好生活需要，让地方志走进寻常百姓家。一方面，深度挖掘湘西州的历史文化资源，服务文化建设，积极扩大地方志宣传工作，推广普及地方志文化。另一方面，湘西州地方志工作者要充分认识全国地方志事业转型升级的重要意义，按照全面发展、"十业并举"的目标要求，继续打牢基础，丰富内涵，进一步提升地方志事业发展水平，把全面发展的态势保持下去，最终形成湘西州地方志事业发展"业业精通"的新局面。再者，湘西州地方志办公室要扎实做好巩固和发展"两全目标"成果，并在部门志、行业志、专题志、乡镇村志、州县市区两级综合年鉴等方面跟踪问效和日常业务指导,进一步丰富编修成果体系。除此之外,还要切实承担起对各县的统筹推动、综合指导的职能。要围绕中心,服务大局,不断提高地方志的社会认知度,不断增强公共服务能力,发挥地方志服务经济社会发展的作用。

方志更需要以有为谋有位[*]

人们常说："火车跑得快，全靠车头带。"地方志工作机构负责人是全国地方志系统的关键少数，每个人都担负着推动一个地区、一个部门地方志工作发展的重任。回顾我在方志出版社和中指办的工作经历和实践，总结山东、上海、辽宁、河南、内蒙古、江苏、天津等省（自治区、直辖市）地方志工作机构负责人新任职以来通过开拓进取所取得的成绩，证明有能力、有思路、有办法的地方志工作机构负责人，有的能够带动本地区、本部门工作的快速发展，有的甚至彻底扭转了原来被动的工作局面，把地方志工作做得有声有色、红红火火，成为当地文化建设的重要组成部分，开辟了工作新格局。

在当前全国地方志事业发展呈现大好形势、正处于转型升级的关键阶段，如何当好地方志工作机构负责人，跟上形势、发挥作用、促进工作，是在座各位需要考虑的重大问题，也是一份必须完成好的考卷。借此机会，我讲三点意见，供大家参考。

一、要深刻认识地方志的价值和功用

古人讲："知者行之始，行者知之成。"也就是说，思想是行动的先导和指引，行动是思想的落实和结果。我们一直强调的"一纳入、八到位"，首先是要认识到位。认识到位是做好一项事业、一项工作的前提和基础，只有认识到位，才能增强对事业的自信和行动的自觉，从而转化为开展工

---

[*] 2016年8月17日，在全国地方志工作机构新任负责人培训班上的讲话。

作的动力。地方志工作机构从事的是默默无闻、无私奉献的工作，既无炙热权力，也不四面风光，有些同志来了以后可能会有失落感。但是，地方志作为中国独特的传统文化载体，有着独特的价值和功用。正是这种独有的价值和功用，才促使地方志编修生生不息、赓续不断，焕发出恒久的文化魅力。

（一）地方志是历久弥新的传统文化瑰宝，承担着著录当代、传承历史的文化使命

当前，虽然学术界对地方志的起源见仁见智，观点不一，但地方志在先秦时期萌芽，历经魏晋南北朝的地记、隋唐的图经，于宋代定型，至明清达到封建时代鼎盛，再经民国的转型，到中华人民共和国建立后，尤其是改革开放以来实现了全面发展和繁荣，是专家学者比较一致的意见。如果从起源算起，地方志编修至今已有2000多年的历史，其间不管王朝更迭、社会动荡，仍然连绵不断、经久不衰，表现出强大的生命力和创新能力，可谓是"千磨万击还坚劲，任尔东西南北风"。历朝历代留下的旧方志，完整记录了各个历史阶段的自然、政治、经济、文化、社会等方面的基本情况，不仅为后人留存下大量宝贵的史料，更为重要的是为追溯中华文脉、印证中华文明发展轨迹提供了佐证，成为公认的中华文化宝库，为传承中华文明作出了重要贡献。今天的现实，就是后人的历史。当今时代，地方志承担了更多历史使命和时代责任。具体来讲，就是"为党立言、为国存史、为民树碑、为政存鉴"，要使用地方志这一独特载体，将中国共产党领导人民坚持和发展中国特色社会主义的光辉历程和丰功伟绩，引领中华民族走向复兴、实现中国梦的伟大进程，将人民群众的伟大创造和取得的宝贵经验记入史册，传之久远。

（二）地方志是增强文化自信的重要载体，承担着赓续优秀文化传统的时代使命

习近平总书记指出："我们要坚持道路自信、理论自信、制度自信，最根本的还有一个文化自信。"文化自信是一个民族、一个国家以及一个政党对自身文化价值的充分肯定，是更基础、更广泛、更深厚的自信。当然，文化自信并不是空穴来风，也不是空中楼阁，而是植根于国家的、民

族的深厚文化底蕴。中华民族是最可以有文化自信底气的民族，5000多年积累的优秀传统文化，蕴含着丰富的哲学思想、人文精神、教化思想、道德理念等，可以为人们认识和改造世界提供有益启迪，可以为治国理政提供有益启示，也可以为道德建设提供有益启发。地方志作为中华优秀传统文化的组成部分和重要载体，真实记录着中华民族的发展历史，真实记录着中国人民改造世界、创造历史的丰功伟业和价值追求，蕴含着中国传统优秀文化的大量素材，其内容之丰富、范围之广博，是其他文化载体所无法比拟的，对增强人们的历史自信和文化自信，有力反击歪曲、否定历史的历史虚无主义和文化虚无主义，发挥着不可替代的作用。新时期的地方志工作，既承担着传承中华传统文化的责任，又承担着利用大量的地情资料开展国情、地情教育，培育民众爱家、爱乡、爱国情怀的使命。通过地方志，可以让广大人民群众了解当地山川之秀美、人物之毓秀、历史之深厚，对用历史人物感召人，用民族精神鼓舞人，激发爱国爱乡热情，提高民族认同感和自豪感，培育民众文化自信，有着不可替代的作用。

（三）地方志是蕴藏历史智慧的重要宝库，承担着服务经济社会发展的历史使命

经过改革开放以来近40年的努力，全国已编纂出版近8000部省市县三级地方志书，2万多部行业志、部门志、专题志、乡镇村志，2700多种、近2万部地方综合年鉴，还有大量的专业年鉴和地情文献，这些成果与现存的8000多种旧方志，共同构成了容量庞大、内容丰富的社会科学成果群。数以百亿字计的地方志成果，成为巨大的文化宝藏，蕴含着极为丰富的文化资源和历史智慧。在浩如烟海的方志文化资源中，可以探寻本区域发展的经验做法和失败教训，提醒人们要牢记历史经验、牢记历史教训、牢记历史警示；可以为各级领导干部熟悉地情、科学决策提供咨询参考，为推进国家治理体系和治理能力现代化提供有益借鉴，为推动各地经济社会发展发挥软实力作用；可以为文学、历史学、地理学、政治学、社会学等领域的研究提供基本资料，在涉及领土、领海等边界争端时，更能成为重要的历史证据。

二、要深刻认识地方志事业发展的大好形势

改革开放以来,地方志事业经历了恢复、发展、繁荣三个重要阶段。恢复期是从20世纪80年代初到90年代中期,地方志工作在全国全面铺开,组织了队伍、建立了机构,打下了良好的发展基础。发展期是20世纪90年代中期到21世纪初,伴随着"一纳入、八到位"的提出和贯彻落实,党委领导、政府主持、各级地方志工作机构组织实施、社会各界广泛参与的领导机制的建立,地方志工作成果不断丰富,事业发展框架初步显现。繁荣期是2006年国务院颁布《条例》,特别是2015年国办印发《规划纲要》颁布实施以来,不断深入实施依法治志,多业并举措施不断巩固,工作体制机制不断完善,社会效益不断提高,迎来了事业全面发展的新春天。

总体来看,新时期地方志事业面临的大好形势,主要表现在以下几个方面。

(一)党中央、国务院高度重视地方志工作

党的十八大以来,党中央、国务院高度重视地方志工作。习近平总书记两次对地方志工作作出重要指示,强调要高度重视修史修志,要发挥地方志在深入开展中国人民抗日战争研究中的作用,要两岸史学界携起手来,共享史料,共写史书。李克强总理三次对地方志工作作出重要批示,提出"修志问道,以启未来",希望地方志工作者"直笔著信史,彰善引风气""为当代提供资政辅治之参考,为后世留下勘存勘鉴之记述"。刘延东副总理就地方志工作多次发表重要讲话、作出重要批示,充分肯定地方志编修的重大价值。她指出,地方志以文字记述为主要形式,传承着中华民族的文化血脉,体现了中华文化和中华民族之伟大;提出要建立"一纳入、八到位"的地方志工作机制,切实做到"一纳入、八到位"。在短短3年多的时间里,中央领导同志如此关心关怀关注地方志工作,连续对地方志工作作出指示、发表讲话,这在新中国地方志发展史上是罕见的。也正是在党中央、国务院的关心重视下,2015年8月,国办印发《规划纲要》。2016年3月,"加强修史修志"被纳入国家"十三五"规划。这些重要论

断和重要措施，既向各级党委政府及社会各界指明地方志的独特价值，有利于形成支持地方志工作的良好社会氛围，也明确指出了当前和今后一个时期地方志事业发展的努力方向，为我们干事创业提供了基本遵循和有力依据。

（二）依法治志不断深入

法律是治国之重器，也是地方志事业繁荣发展的根本性保障。《规划纲要》明确提出要坚持依法治志，这是首次将"依法治志"写入国务院文件，具有非常重要的意义。"依法治志"的"法"，既包括我国宪法、法律、行政法规等根本法、基本法，也包括《条例》和《规划纲要》特别法。按照"法定职责必须为"的要求，地方志工作作为地方政府的一项"法定职责"，约束性非常强，不是想做或不想做的工作，而是必须完成好的法定工作职责。近年来，各级地方志工作机构紧紧扣住这些规定，运用法治思维、法治方式来思考谋划《条例》《规划纲要》的贯彻落实。一些地方以《条例》和本地区出台的地方志工作法规、政府规章或规范性文件为依据，联合地方人大或政府法制部门、政府监督部门，积极开展执法检查或行政督察，取得了明显成效。我们要有法必依、执法必严、违法必究，切实把《条例》关于地方志工作的法律条文真正落到实处，完成《规划纲要》提出的各项任务。

（三）地方志事业全面发展

改革开放初期，地方志工作的主要任务是编修志书。近40年来，经过广大方志人的不懈努力，逐渐过渡到修志编鉴、开发利用、方志馆建设、信息化建设、理论研究等多业并举。与20世纪80年代相比，新时期地方志事业内涵不断丰富，任务不断增多，价值不断提升，效益不断凸显。目前，地方志事业已经形成"以志鉴编纂为主业，地方史、方志馆、方志数据库、地情网、方志刊物、地方志理论研究、开发利用、学会"等"十业并举"的发展新格局，成为各地文化建设的基础工程。从目前的发展形势看，地方志事业的外延和内涵还在不断拓展和深化，需要各级地方志工作机构和广大地方志工作者去不断探索，不断完善。当然，在全面发展的过程中，我们也面临着事业外延拓展后机构人员不配套、"小马拉大车"的局面,有的基层地方志工作机构面临"上面千根线,下面一根针",甚至是无机构可承担、无人能干的困难,这亟须我们不断去深入研究,解决难题。

三、要深刻认识在全面建成小康社会的伟大征程中地方志事业大有可为

党的十八大提出到 2020 年全面建成小康社会的宏伟目标,党的十八届五中全会强调如期全面建成小康社会。俗话讲,天下大势,浩浩荡荡,顺之者昌,逆之者亡。作为地方志工作机构新任负责人,要牢牢把握千载难逢的发展机遇,牢牢把握事业发展的大好形势,牢牢把握事业全面发展的深刻内涵,乘势而上,顺势而为,奋勇拼搏,努力开拓工作新局面,不辜负党中央、国务院的殷切期望,不辜负肩负的历史重任,为全面建成小康社会作出更大的贡献。

(一)确保按期完成《规划纲要》提出的目标任务

《规划纲要》的印发,是继《条例》颁布施行以来,事关全国地方志事业发展大局的又一件盛事,体现了党中央、国务院对地方志事业的高度重视和亲切关怀,是国家对全国地方志事业发展的顶层设计。《规划纲要》进一步明确了地方志工作在全面建成小康社会伟大征程中的地位和作用;明确了地方志事业发展的指导思想;明确了坚持正确方向、坚持依法治志、坚持全面发展、坚持改革创新、坚持质量第一、坚持修志为用的基本原则;明确了到 2020 年,必须全面完成第二轮修志的规划任务,实现省市县三级综合年鉴全覆盖,加快信息化和方志馆建设,做好第三轮修志工作准备,加强对社会修志的指导和管理,基本形成地方志编修体系、理论研究和学科建设体系、质量保障体系、资源开发利用体系、工作保障体系"五位一体"的地方志事业发展综合体系;明确了 11 项主要任务和 5 大保障措施,提出了加强组织领导的要求。当前和今后一个时期,全国地方志系统的头等任务,就是要把贯彻落实《规划纲要》与全面贯彻落实习近平总书记系列重要讲话精神和李克强总理、刘延东副总理关于地方志工作的重要讲话、重要批示精神紧密结合起来,结合当地的实际,制定本区域、

本部门贯彻落实的时间表、任务书、路线图，确保到 2020 年按期保质完成各项目标任务。尤其是在座各位，作为地方志工作机构的负责人，更要认真学习《规划纲要》，吃透内涵，明确思路，制定措施办法，引领本区域、本部门把《规划纲要》真正落到实处。

（二）紧密结合"十大工程"，实现事业发展的新突破

为全面贯彻《规划纲要》，自 2015 年以来，经中指组领导同意，中指办实施了"十大工程"，分别是：民族地区与贫困地区志书出版资助工程、中国志书精品工程、中国年鉴精品工程、中国名镇志文化工程、中国名村志文化工程、全国地方志"一体两翼"用志工程、全国信息方志与数字方志建设工程、方志馆研究建设及全国地方志专业出版基地建设工程、中国地方志学科建设与人才队伍建设工程、方志文化走向世界工程。"十大工程"是中指办贯彻落实《规划纲要》的重要抓手，既延伸了地方志工作的触角，又把握了地方志工作发展的关键；既强调了志书质量建设，又充分考虑方志文化对于国家文化软实力建设的重要意义；既充分考虑引领地方志工作发展的措施和办法，又充分考虑克服面临的困难和问题的对策和手段；最终目的是着力引导全国地方志事业的科学发展。"十大工程"有的已经启动并取得阶段性成果，有的正在科学谋划、即将启动。在座各位要结合本地区、本部门的实际，结合"十大工程"的逐步实施，努力实现本地区、本部门地方志工作的新突破。

（三）围绕中心、服务大局，把"冷部门"做成"热事业"

地方志是"冷部门"，需要坐"冷板凳"，要耐得住寂寞，守得住清贫，才能把工作做好。但"冷部门"并不意味着就干不成大事，"冷部门"并不意味着就会无所作为。当然，要把"冷部门"干成"热事业"，就不能有"等靠要"的心理，"等靠要"只能让"冷部门"更冷，"弱部门"更弱。要认清形势，发挥优势，有所作为。地方志工作的优势在于掌握了大量的地情资源，特别是经过近 40 年的资料收集和积累，经过两轮志书的编纂和各级各类年鉴的编纂，形成了全面系统的地情资料体系，这是其他部门所不能掌握的。在座的各位一定要开拓思路，主动作为，一方面全面梳理本地区、本部门掌握的大量地情资料，做到心中有数；另一方面要做到紧

紧围绕本地区、本部门的中心工作，寻求契合点，谋服务、谋作为。事实证明，地方志工作机构掌握的大量的地情资料的价值在不断提升，关键在思路，关键在措施，关键在办法。在座的各位，一定要紧紧扭住"围绕中心、服务大局"这根弦，学会弹钢琴，把"冷部门"做热，把"弱部门"变强。

  当前是地方志事业发展的大好时期，时不我待，机遇稍纵即逝，举办这期培训班更具有特殊的意义。中指办对培训班高度重视，认真考虑了课程设置。不仅安排了办公室各位领导结合地方志事业发展中的重大问题作专题讲座，也认真考虑其他授课教师人选。希望大家珍惜这次难得的机会，认真学习，充分交流，不断提高自身工作能力和业务素质，增强地方志事业发展的自信，切实做到以有为谋有位。

第四章

方志经验

党的十八大以来，以习近平同志为核心的党中央团结带领全国各族人民，砥砺奋进，攻坚克难，强基固本，锐意进取，解决了许多长期想解决而没有解决的难题，办成了许多过去想办而没有办成的大事，推动党和国家事业发生历史性变革。新时代地方志工作也发生了深刻变化。中指组、中指办加强顶层设计、着力开拓创新，架起了地方志事业大厦的四梁八柱，全国各级地方志机构和全体地方志工作者锐意进取、勇毅前行，实现了在全国范围内从一项工作向一项事业的转型升级，所做的工作很多是开创性的，积累了丰富经验。

——题记

山东：新时代地方志"排头兵"中的"标兵"

  在全国某些省市完成"两全目标"都很困难的情况下，山东方志人敢于担当，主动加压，完成包括省市县三级方志馆全覆盖在内的"三全目标"，已经是难能可贵。可是，不仅如此，在最近不到 10 年时间内，山东省领导对史志工作作出 120 多次批示，其中，省委书记 2 次，省长 23 次。中指组认为这是党的十八大以来地方志工作的"山东经验"，号召全国地方志系统学习。我认为，山东方志人是新时代地方志"排头兵"中的"标兵"。

——题记

  近年来，山东省史志工作按照中指组的统一部署，在省委、省政府的正确领导下，深入学习贯彻习近平新时代中国特色社会主义思想，认真贯彻执行国办《规划纲要》，继承和弘扬新时期的方志人精神，取得令人瞩目的丰硕成果，成为"排头兵"中的"标兵"，赢得了各级领导和社会各界的一致好评。近年来，山东省领导对史志工作作出 120 多次批示，其中省委书记 2 次，省长 23 次，在推进地方史志工作实践和探索中逐步形成了"山东经验"，实现了地方志事业转型升级、创新发展，走在了全国前列。

一、"山东经验"的主要特点

  近年来，山东省史志工作结合自身实际，围绕中心、服务大局，求真务实、开拓创新，团结拼搏、无私奉献，大力推进地方志事业"六个转变"，不断丰富"五位一体"的地方志事业发展综合体系，以有为谋有位，各方面工作具有鲜明的亮点和特色。

（一）始终以走在前列为目标定位，是山东史志事业乘势而上、高位运行的先决条件

党的十八大以来，以习近平同志为核心的党中央对山东发展寄予厚望。2013年11月24日至28日，习近平总书记在山东考察期间，要求山东"在全面建成小康社会进程中走在前列"，对山东工作提出明确的目标定位，为山东各项工作开展指明了方向。党的十八大以来，习近平总书记、李克强总理等党和国家领导人高度重视史志工作，多次作出指示、批示。山东省史志系统始终牢记习近平总书记嘱托，围绕走在前列的目标定位，紧紧抓住难得的历史机遇，在第一时间及时贯彻落实党中央、国务院，省委、省政府，中指组的各项决策部署。

1. 在贯彻落实党中央、国务院决策部署方面走在前列。2014年中央作出隆重纪念抗日战争胜利70周年的决策部署，山东省史志系统第一时间组织编纂了山东纪念抗战胜利70周年丛书，并在2015年9月3日抗日战争胜利纪念日前夕出版。2015年8月25日，国办印发《规划纲要》，10月20日，山东省政府办公厅在全国率先印发《山东省地方史志事业发展规划纲要（2021—2025年）》。其后，又以山东省委办公厅、省政府办公厅"两办"的形式向各市党委、人民政府和省直部门单位下发了《山东省党史史志工作规划（2021—2025年）》，体现了省委、省政府对史志工作一如既往的高度重视。

2. 在贯彻落实省委、省政府决策部署方面走在前列。2015年1月27日，时任省委副书记、省长郭树清在政府工作报告中对"挖掘和利用好丰富的齐鲁文化资源"作出明确部署，山东省史志系统立即组织调研论证，推动落实齐鲁历史名人动漫等有关项目。2017年8月23日省委制定出台《关于大力弘扬沂蒙精神的意见》，山东省史志系统立即组织学习，着手开展《沂蒙精神志》《沂蒙精神概述》《沂蒙红嫂志》编纂。

3. 在贯彻落实中指组决策部署方面走在前列。中指组领导提出地方志援疆援藏要求后，山东省史志系统迅速落实，从2015年起，率先连续三年邀请西藏、新疆等省区地方志同仁145人来山东参加修志业务培训班，时任

中国社会科学院党组成员、副院长,中指组常务副组长李培林指出"山东邀请西部五省区共同学习交流,在全国带了个好头"。中指组无论是安排部署抗战研究还是推动开展乡镇村志编修等各项工作,山东都是第一时间积极响应、推出成果、做出成绩、树立标杆,起到了"领头羊"的带头作用。

山东省史志系统始终保持这种敢为人先的精神,坚定不移地以走在时代前列、走在全国前列为目标定位,真抓实干,奋力拼搏,取得丰硕成果,创造出多项全国第一:在全国率先出台省级史志事业发展规划纲要,并实现省市县三级史志事业发展规划全覆盖;第一个提出"三全目标"任务(到2018年全面完成第二轮修志任务、省市县三级综合年鉴全部达到"一年一鉴、公开出版",到2020年省市县三级方志馆全部建成);第一个实现省市县三级史志工作法规体系全覆盖;第一个实现上半年出版省级综合年鉴;第一个实现省市县三级地情网站全覆盖和第二轮改版升级;第一个由省政府办公厅转发关于做好乡镇村志编修工作的意见;第一个在抗战胜利70周年前夕推出抗战研究成果,第一个编修《第十届中国艺术节志》和《山东省对口支援新疆志》《山东省对口支援西藏志》,等等,保持了高位运行的良好态势。

(二)持续提升政治站位和文化站位,是山东史志事业赢得重视、彰显价值的立足点

1. 提升政治站位,认真学习贯彻习近平新时代中国特色社会主义思想,主动对接省委省政府重要工作,确保史志工作始终围绕中心、赢得支持。历代修志都是官职、官责,是政府行为。进入新时代,"为党立言、为国存史、为民修志"成为对史志工作鲜明的政治要求。党的十八大以来,山东省史志系统坚持以习近平新时代中国特色社会主义思想为统领,深入学习贯彻习近平总书记关于社会主义文化建设重要论述,将"旗帜鲜明讲政治"贯穿到每一项工作的每一个环节,不断增强"四个意识"、坚定"四个自信"、做到"两个维护",牢固树立唯物史观,确保了山东的史志工作的正确政治方向。山东省史志系统积极发挥史志"存史、资政、育人"作用,将史志工作放在经济文化强省建设大局中考量,将史志事业与省委、省政府中心工作紧密结合,找好工作的切入点和着力点,不断推出有重要影响的史志成果,赢得了省领导的信任和支持。时任省委副书记、省长郭

树清作出批示 23 次。2021 年 1 月 13 日，时任省委书记刘家义对《山东年鉴（2019）》获评全国特等年鉴作出肯定批示。2018 年山东省级机构改革中，原省史志办由副厅级事业单位整合为正厅级事业单位；在财政部门统一压减经费的情况下，山东省史志部门的专项经费保持稳定并逐年增长，确保了各项工作顺利开展。

2. 提升文化站位，树立方志文化自信，弘扬优秀齐鲁文化，推动史志工作真正成为文化强省建设的重要组成部分。党的十九大报告要求"推动中华优秀传统文化创造性转化、创新性发展""发展社会主义先进文化，不忘本来、吸收外来、面向未来，更好构筑中国精神、中国价值、中国力量"。地方志绵延千载，是中华优秀传统文化的重要组成部分和传承载体。近年来，山东省史志系统牢固树立方志文化自信，以"大史志""大文化"的站位，主动融入经济文化强省建设大格局，不断彰显地方志的文化魅力和社会价值，产生积极的社会影响。加强宣传阵地建设。充分发挥地情网站、微信平台、方志期刊等作用，发出时代强音。在山东史志微信举办两届"山东史志"年度人物评选活动，2017 年的评选活动中，有 40 余万人投票，很好地展示了史志人风采。2019 年开设反对历史虚无主义专栏，旗帜鲜明反对历史虚无主义。加强主流媒体合作。为《第十届中国艺术节志》、山东纪念抗战胜利 70 周年丛书举行新闻发布会，人民网、新华网等 30 多家新闻媒体报道。山东省委机关报《大众日报》多次报道山东史志工作，刊载时任副省长王随莲《发展地方史志事业 弘扬优秀传统文化》署名文章。2021 年 6 月，参与中共山东省委庆祝建党 100 周年新闻发布会，树立了"山东史志"的社会形象。拓宽交流合作平台。与中共山东省委党校（山东省行政学院）签订交流合作协议，与中国孔子基金会合作，共同传承齐鲁优秀文化。赴台湾省考察，增进鲁台历史文化交流。赴英国、德国、挪威、瑞典等国考察交流，探讨历史文化研究与合作事宜。协调推动山东大学、山东师范大学同时成立两个莱布尼茨研究中心，成为中德文化交流新平台。擦亮史志文化品牌。2013 年聘请著名学者、书法家、教育家欧阳中石先生担任省方志馆名誉馆长，请他为山东省方志馆题写馆名，邀请举办《中华文化与逻辑》《中华文化与书法》讲座，扩大了史志工作的社会影响。

（三）统筹推进"六全目标"任务，是山东史志事业转型升级、创新发展的重要抓手

在推进事业发展的过程中，山东省史志系统坚持战略思维和系统思维，搞好顶层设计的同时一步一个脚印地将蓝图变为现实。在实现省市县三级史志法规规章、规划纲要和地情网站全覆盖老"三全目标"的基础上，进一步提出实现省市县三级第二轮修志、综合年鉴编纂和方志馆建设全覆盖的新"三全目标"并扎实推进。这"六全目标"成为史志事业转型升级、创新发展的有力抓手。

1. 实现史志法规规章全覆盖。2005年山东省颁布实施《山东省地方史志工作条例》，是全国第二个颁布实施的史志工作地方性法规。在此基础上推动17市和136个县（市、区）制定出台史志法规、规章或规范性文件。2014年，在全国率先实现省市县三级史志法规规章体系全覆盖。

2. 实现史志发展规划纲要全覆盖。山东根据国办《规划纲要》，在全国第一个出台了以省政府办公厅名义印发的省史志事业发展规划纲要，科学谋划史志事业发展方向。经过推动和督导，至2017年8月，市县两级规划纲要全部由政府办公室（厅）印发，史志工作由过去可有可无的"软指标"变成必须完成的"硬任务"。

3. 实现地情网站全覆盖。山东在全国率先建成省市县三级地情网站。在此基础上不断加强信息化建设，山东省情网升级扩容，实施了7次改版升级，用户总访问量达到1900多万人次，在省内外的影响力不断扩大。充分运用新媒体拓展服务渠道，开通山东史志微信，1.5万人关注，在今日头条手机客户端开通山东史志头条号，总阅读量达到200多万人次。全省有16个市和50多个县史志机构开通微信公众号，形成了方便快捷、富有特色的方志文化传播体系。

4. 推进第二轮修志全覆盖。山东第二轮修志2001年启动，到2013年初，仅出版省志分志16部，完成21%，市级志书3部2卷，完成16%，县级志书56部，完成41%。为解决进度滞后的问题，山东省史志系统创造性地提出"倒排工期"的思路，制定《全省第二轮修志倒排工期计划表》，明确每部志书完成时限，发放"明白纸"，细化目标任务，每半年调

度工作，通报修志进展，加大督促检查力度。截至2018年底，全省第二轮修志规划的74部省志、17部市志、137部县级志书全部完成，占计划的100%，全面完成第二轮修志任务，比全国提前2年。

5. 推进综合年鉴编纂全覆盖。大力推动省市县三级综合年鉴编纂"全覆盖"，2018年全部实现"一年一鉴、公开出版"，比全国提前2年完成。2018年起，连续三年实现省市县三级综合年鉴"一年一鉴、公开出版"全覆盖。同时，加强改革创新，《山东年鉴》每年进行改革创新，使用二维码等新技术，不断增强服务现实功能。2019年、2020年，《山东年鉴（2019）》《山东年鉴（2020）》连续两年被评为中国精品年鉴、全国特等年鉴。

6. 推进方志馆建设全覆盖。为实现"到2020年实现省市县三级方志馆建设全覆盖"这一创新发展目标，山东采取政务督查、现场督导、将方志馆建设纳入档案馆建设体系等一系列措施，取得显著成效。2017年10月，省政府办公厅印发《全省方志馆建设管理规范》，对方志馆建设规划与规模、运行管理等方面作出明确规定。截至2020年底，全省16市已建成或在建方志馆16个，137县（市、区）已建成或在建方志馆128个，基本实现方志馆建设全覆盖。

二、"山东经验"的主要做法

近年来，山东省史志系统坚持在创新、机制和作风三方面不断提升，为山东史志事业攻坚克难、担当有为提供了不竭动力。

（一）以改革创新精神引领发展

山东省史志系统始终将创新作为事业发展的主要推动力，围绕中心、服务大局，推动史志事业在新时代焕发生机，开拓出事业发展新境界。

1. 注重资政专题志书编纂。一是在2013年出版发行《汶川特大地震山东省救助援建志》，成为弘扬抗震救灾精神、增强民族凝聚力的生动教材。二是2014年编纂出版《第十届中国艺术节志》，是1987年中国艺术节举办以来首次修志，为全面记述大型艺术活动提供了范本。三是2020年编纂出版《山东省对口支援新疆志》《山东省对口支援西藏志》，启动《山东省对口支援青海志》编纂，继承和弘扬援疆援藏援青精神、加强民族团结,在全国地方志系统尚属首例。

2. 注重红色文化研究。一是 2015 年,主动提出并组织编纂《山东抗战将士记忆》《山东抗战将士传略》《山东抗日根据地图志》《山东抗战战事史料汇编》《山东抗战纪念设施和遗址名录》5 部书,共 200 万余字、3000 余幅图片。二是 2016 年编纂了山东抗战研究丛书,包括《亲历沂蒙抗战》《沂蒙抗战大事记》《沂蒙抗战歌曲选》《沂蒙抗战将士记忆》4 部书,共 113 万余字、800 多幅图片,填补了抗战研究多项空白。三是 2020 年编纂出版《山东抗日根据地志》《山东解放区志》《沂蒙精神志》《沂蒙精神概览》《沂蒙红嫂志》,向建党 100 周年献礼。

3. 注重齐鲁文化传承弘扬。一是出版《山东省历史地图集》,全面展现山东 5000 年自然与人文地理变迁,被列入山东省文化强省建设标志性工程。二是出版《山东简史》和《山东省情概览》。《山东简史》10 万余字,梳理山东历史脉络,总结治省理政经验。《山东省情概览》从 2015 年起连续出版,突出资料性、知识性和可读性,受到各级干部和社会各界广泛欢迎。三是开展齐鲁历史名人动漫项目,制作《孔子》《孟子》《姜太公》《辛弃疾》《李清照》等齐鲁历史名人动漫和《走进山东之二十四节气》动漫。四是编纂出版《齐鲁历史名人传略》丛书,包括思想卷、政治卷、军事卷、教育卷、英烈卷、文学卷、艺术卷、实业卷等 10 个分卷,收录 500 位齐鲁历史名人。五是稳步推进旧志整理。2014 年整理出版宣统版《山东通志》,2015 年整理出版 31 种府州志,原版影印,宣纸印刷,价值极高。2016 年制定全省旧志整理"十三五"规划,2020 年全部完成山东省历代方志整理工程,共整理历代方志 467 种,影印出版《山东省历代方志集成》省卷、17 市卷,共 176 册、1.5 亿余字,很好地保护传承了齐鲁历史文化典籍。六是推动乡镇村志编修蓬勃开展。争取将乡镇村志编修工作纳入省里实施的"乡村记忆工程"。2016 年 8 月,在全国率先由省政府办公厅转发《关于做好乡镇村志编修工作的意见》。2017 年印发《齐鲁名镇名村志文化工程实施方案》,2019 年印发《关于做好乡镇村志编修工作的意见》,每年评审 5 至 10 部彰显齐鲁特色、富有文化底蕴、厚植文化根基的"齐鲁名镇名村志",推动有条件的乡镇(街道)、村庄全部启动修志工作,传承乡村文脉,留存乡村记忆。

（二）以健全完善机制保障发展

山东省史志系统坚持科学把握史志事业发展规律，大胆探索实践，形成了推动工作开展的良好机制。

1. 督查落实机制。从2013年开始，每年提请省政府对史志工作进行政务督查，分管副省长带队到基层督查史志工作，省政府将史志工作列入《政府工作报告》任务分解落实专项督查重要内容，有力推动了史志工作各项任务落实。

2. 人才培养机制。实施了人才培训五年规划，每年举办脱产培训班，提升编史修志专业素质和水平。2016年在中国井冈山干部学院、2017年在遵义干部学院、2019年在广西百色干部学院举办全省史志系统领导干部培训班，形成多层次、全方位的培训机制，收到很好效果。

3. 典型带动机制。总结推广了临朐、济南、河口、博山、天桥等先进经验，涵盖整体工作和第二轮修志、年鉴编纂、资源开发利用等专项工作，起到良好的示范带动作用。

（三）以加强作风建设助推发展

作风建设对地方志事业发展至关重要。山东省史志系统坚持以上率下，通过做给看、带着干、撸起袖子加油干，使干事创业的劲更足了、心更齐了。面对辛苦、艰苦、清苦的"三苦"史志工作，大家甘坐"冷板凳"，在史志事业这片沃土上默默耕耘，创造出一个又一个奇迹，收获了一个又一个硕果。史志干部从中得到历练成长，多名市县史志办主任交流到妇联、人大、政协等岗位担任领导职务。整个史志系统形成学习先进、崇尚先进、争当先进的浓厚氛围，始终保持着无私奉献、干事创业的澎湃激情，使得史志事业蓬勃发展、春天永驻。

三、"山东经验"的几点启示

（一）有一个好的发展思路，围绕中心，服务大局，是推动史志事业转型升级的金钥匙

思路决定出路。传统"一本书主义"的路子只会越走越窄。新形势、新要求，只有围绕中心、服务大局，拓宽工作领域，创新工作方法，才能

不断增强史志事业的生命力和影响力。近年来，山东省史志工作坚持围绕中心、服务大局和全面发展、打造事业综合发展体系的思路，改革创新、敬业奉献，"以有为谋有位"，路子越走越宽、地位越来越高，形成了良性循环。

坚持修志为用，紧紧围绕山东省委、省政府中心工作和经济文化强省建设大局，找好工作的切入点和着力点，充分发挥自身优势，推出大批有重要影响的史志成果。同时围绕国家构建公共文化服务体系有关要求，加强方志馆和信息化等基础设施建设，努力提升公共文化服务能力和水平。

观念一转天地宽。地方史志工作是蕴藏着许多无价之宝的大矿藏，只有围绕党委政府的中心工作，用超前的眼光、创新的方法、水滴石穿的韧劲，才能打开智慧的大门，推动史志事业转型升级。

（二）有一个好的工作体制，领导重视，各方支持，是推动史志事业转型升级的原动力

好的工作体制是事业持续健康发展的有力保障。山东省史志系统坚持并不断完善党委领导、政府主持、地方史志部门组织实施、各部门（单位）共同参与的工作机制，并结合实际，探索加强质量和进度控制的有效形式，取得显著成效。

坚持和完善党委领导、政府主持的修志工作体制。各届山东省地方史志编纂委员会均由省委书记任名誉主任，省长任主任，分管副省长任第一副主任。2018年机构改革后，山东建立省委常委、组织部部长分管、省政府一名副省长联系的双重领导体制，省委办公厅、省政府办公厅以"两办"形式印发了《山东省党史史志工作规划（2021—2025年）》，为史志事业持续健康发展打下坚实基础。

构建内部控制与外部监督相结合的进度保证体系。先后制定全省第二轮修志、年鉴"全覆盖"、方志馆建设"全覆盖"、倒排工期计划表，推动各项工作进度实现新的飞跃。每年对史志工作进行督查通报，重点从保障条件、进展情况以及质量措施等方面开展检查，解决大量阻碍工作的困难和问题。

建立层次控制与环节控制相结合的质量管理体系。省市县三级史志编

委会、各分志（专业志）和年鉴编委会两层编委会发挥领导作用，提出质量要求，进行质量管理运行、控制及运行状况分析和督查。加强全程质量管理。各志鉴实行主编负责制，对编写质量负全责；总纂阶段实行总纂负责制，按编纂、责任编纂、副总纂、执行总纂、总纂的质量审查把关程序逐级运行。严格质量监控体系，建立规范的编纂工作流程，明确各环节质量控制指标，把志鉴总体质量标准分解到各个阶段，细化到每个环节，具体到志鉴每个方面。

（三）有一套好的规章制度，依法治志，建章立制，是推动史志事业转型升级的压舱石

地方志法治化是地方志事业发展的重要保障和必然要求，地方志法治化进程应与地方志事业发展水平相适应，并随着地方志事业的发展不断推进。山东省史志系统大力推进省市县三级地方史志法规、规章，规划纲要全覆盖，建章立制，完善业务、工作制度，积极探索从依法修志到依法治志的有效形式。健全完善业务制度。山东省史志系统通过细致调查研究，对志鉴编纂各环节的程序和质量要求、网馆建设进度和标准、成果审查验收程序及责任追究等方面均制定规章制度，省史志办业务规章制度即有32项，各级史志机构也制定一批业务规章制度，最大限度地提高质量、加快进度，推出高质量史志成果。健全完善工作制度。山东省史志系统制定完善的工作制度，对人事、财务、资产等方面进行规范管理。这些规章制度符合国家法规规定，同时紧密结合史志工作实际，以保障史志事业发展需求、推动事业高效发展为目标，不断精简工作程序，提高工作效率，有利于选拔优秀人才，充分发挥财力保障作用，为史志事业发展奠定坚实基础。

（四）有一支好的人才队伍，敬业爱岗，无私奉献，是推动史志转型升级的奠基石

火车跑得快，全靠车头带。一个强有力的班子和干事创业的带头人对事业发展至关重要。山东省委、省政府对省史志系统领导班子建设非常重视，2013年对主要领导高配正厅，选派省政府办公厅党组成员刘爱军同志担任主任。2018年机构改革以后，赵国卿任山东省委党史研究院院长，在他的

带领下，融合发展、创新发展、科学发展，地方史志工作又上了新台阶。

"功以才成，业由才广。"再好的工作思路、工作制度，没有人才去实施，都是纸上谈兵。山东省史志系统尤其重视打造一支高素质、高水平、敢打必胜、敬业奉献的史志人才队伍。

加强业务培训，提高业务素质。山东省坚持每年举办全省精品志书编修培训班，对全省修志人员进行集中培训。2014年起每年举办全省名镇名村志编修培训班，2015年起邀请青海、云南、新疆、西藏、内蒙古等省、自治区史志同仁一同学习交流。已培训业务骨干2000余人，实现全省史志系统轮训一遍。2012年起每年举办一期全省方志理论研讨会和方志期刊座谈会，切实发挥好《山东史志》《史志工作动态》的阵地和平台作用，围绕工作中的热点、难点问题，引导理论攻关、介绍先进经验、宣传优秀文化，收到相关优秀理论文章500余篇。全省史志工作者业务素质大大提升。每年组织"山东省优秀史志成果奖"评选，每两年组织一次年鉴评比活动，以省政府办公厅名义表彰。省政府办公厅、省人力资源社会保障厅、省公务员局每4年开展一次史志工作表彰活动，充分调动起史志工作者积极性，形成干事创业的良好氛围。

弘扬方志人精神，增强发展动力。全省史志系统扎实开展党的群众路线教育实践活动、"三严三实"专题教育、"两学一做"学习教育、"不忘初心，牢记使命"主题教育，持续深入开展以"讲政治、讲学习、讲团结、讲道德、讲实绩、讲规矩"为主要内容的文明和谐机关建设活动，继承弘扬党的优良传统和作风。同时，不断深化对"修志问道，直笔著史"方志人精神的认识，坚定方志文化自信，增强敬业奉献精神。广大干部职工精神面貌焕然一新，形成团结拼搏、干事创业、风清气正的良好氛围。

黑龙江：最好的接力 *

> 接力，即接续努力。运动会上，最引人注目的比赛就是接力，他检验的不仅是个人的奔跑能力，还有接力队员之间的协作精神。接力赛中，如果队员之间的接力棒没有接好，是不可能取得好成绩的。一项事业也是如此，它不是某一个人或者一代人能完成的，而需要一代接一代的接续努力。黑龙江地方志办公室隋岩主任和何伟志主任之间的接力就是很成功的，两个好朋友、好志友的完美接力，成就了新时代黑龙江地方志辉煌事业。
>
> ——题记

"数载履职路，硕果满枝头。"黑龙江省地方志工作在省委、省政府的坚强领导下，在中指办的正确指导下，经过一任任地方志工作机构"班长"和班子成员，以及各级地方志工作者的共同努力，取得了可喜的成果。特别是近几年来，地方志工作机构改革顺利实施，不同时期的黑龙江省史志工作机构在以隋岩、何伟志为"班长"的领导班子集体的有力领导下，以"咬定青山不放松""一本经念到底"的精神接力奋斗、砥砺前行，团结和带领全省史志工作者，认真学习习近平总书记重要讲话、重要指示批示精神，深入贯彻落实国办印发的《规划纲要》，科学谋划，积极部署，迎难而上，主动担当，以依法治志为统领，圆满完成地方志"两全目标"任务，全力推进志、鉴、史、馆、库、网、用、会、刊、研"十业并举"，

---

* 根据 2021 年 7 月 28 日在抚远市全国地方志法治化建设研讨会上的讲话以及其后与何伟志主任谈话交流整理。

促进地方志事业转型升级，开创了黑龙江省地方志工作的新局面。

一、依法治志得到有效加强

全省的地方志法治化建设开展得有声有色，以法规规章为根本依据，为推进地方志事业发展提供根本保障。黑龙江省政府印发了《黑龙江省地方志工作规定》《黑龙江省地方志事业发展规划纲要（2016—2020年）》，将全省各级年鉴主办权移交到地方志工作机构依法编纂出版。以宣传贯彻为主要抓手，普及提高依法治志意识。采取多种形式，积极宣传党中央、国务院对地方志事业法治化建设的新期望、新动态、新举措，在《黑龙江日报》专版刊登了省长对全省地方志工作的重要批示和主管副省长的署名文章，在《黑龙江史志》杂志专栏刊发各市（地）主管领导、地方志办主要领导和知名地方志专家学者为宣传贯彻黑龙江《工作规定》、《规划纲要（2016—2020年）》撰写的署名文章。通过各种形式的积极宣传，各级党委政府、地方志工作机构以及社会各界对地方志工作法治化的认识程度不断提高，认识范围不断扩大，在全省形成了上下联动积极宣传的良好氛围，推动了地方志各项工作顺利开展。以行政督查为重要手段，强化推进依法治志。通过积极争取，黑龙江省委办公厅、省政府办公厅联合下发了《关于开展全省第二轮修志工作和地方综合年鉴编纂工作督查的通知》，将"两全目标"列入省委、省政府督办督查事项。在机构改革中理顺了地方志工作管理体制，为事业发展提供了有力保障。针对机构改革黑龙江省基层史志部门重组后机构名称不科学、干部任职不对等问题，经黑龙江省委史志研究室积极沟通协调，由黑龙江省委编办向各市（地）下发文件，进一步明确规范了各市（地）、县史志机构名称和干部任职。

二、志鉴编纂取得显著成效

黑龙江省委、省政府一直高度重视推进地方志"两全目标"工作。特别是近年来，省委有关领导同志先后17次就推进地方志"两全目标"作出批示，黑龙江省委史志研究室和黑龙江省委办公部门密切配合、通力协作、共同推进，创造性开展地方志"两全目标"组织、指导、督促、检查工作，为打好打赢地方志"两全目标"攻坚战，相继采取2次召开全省专题推进会议、4次全省范围督查通报、3次寄发"提示函"和"催办函"、2次省委专题推进组调研督查、4次分片区调研指导、2次省委常委批示解决书号问题、3次与出版单位会商、1次沟通协调落实印刷经费等一系列超常规的有效措施，打出了推进地方志"两全目标"的"组合拳"，彻底扭转了黑龙江省第二轮修志和地方综合年鉴编纂出版工作以往在全国排名靠后的被动局面，黑龙江省地方志"两全目标"工作在全国位居前列。2020年，黑龙江省圆满完成"两全目标"，编纂出版省市县三级地方综合志书240部，省市县三级综合年鉴139部。年鉴编纂成效较为显著。在全国地方志优秀成果（年鉴类）评审活动中，黑龙江省各级年鉴多次分获一、二、三等年鉴。黑龙江省第二轮修志成果，全面记载了1986年至2005年黑龙江省政治、经济、文化、社会等各方面的发展变化，是一次全面系统的省情、地情调查，为第三轮修志、进一步繁荣黑龙江省地方志事业积累了宝贵经验，也为黑龙江省经济社会发展作出了应有的贡献。按照中指办的要求，黑龙江省还开展了地方志援藏援疆工作。对《西藏自治区志·体育志》；西藏自治区日喀则市、仁布县、谢通门县、岗巴县，新疆维吾尔自治区阿勒泰地区、富蕴县、福海县、青河县的二轮志书、年鉴进行审阅并提出修改意见和建议。

三、服务大局能力不断提升

按照省委要求，就黑龙江历史文化源流及发展历程向省委书记作了专题汇报，得到省委领导同志的高度评价。积极发挥地方志资政辅治作用，坚持围绕中心、服务中心、融入中心，在全国史志系统率先创办《资政史志专送》，从史志视角为省委决策提供借鉴参考，报送省级领导参阅，得到省领导好评和批示。围绕省委经济工作会议确定把农垦系统和森工系统改革作为全省改革工作重点，将《黑龙江垦区历史沿革及管理体制改革》《黑龙江省森工国有林区基本情况及体制沿革》两期《资政史志专送》报送省委常委、副省长和省政协主席参阅，得到了省领导的肯定。注重编鉴为用，不断提升地方综合年鉴资政服务水平。把编纂年鉴作为服务党政机关、企事业单位、社会各界和人民群众的重要手段，积极向各级领导和社会各界赠送，及时和相关省（市）交流，为各级领导、政府查询地情资料提供帮助和服务。全省各级史志工作机构着重发挥年鉴资源优势，全面提升年鉴资源开发利用水平。编纂《中共黑龙江省委执政纪要》，围绕省委中心工作，跟进全省发展形势，精选反映全省在精准脱贫、污染防治、疫情防控等方面取得成就的重要内容，为领导决策提供服务。

四、特色志书编纂成果显著

为贯彻落实习近平总书记视察黑龙江省的重要讲话精神，继承和弘扬伟大东北抗联精神，编纂出版了《东北抗日联军图志》。完成《雄鸡冠上的璀璨明珠——黑龙江省情概览》编纂工作，填补了黑龙江省缺少省情读本的空白。积极参与中指组组织的中国名镇志文化工程、中国名村志文化工程，《瑷珲镇志》《新生村志》《八岔村志》先后入选并出版发行，《外三道沟村志》也已编纂完成即将出版，并入选第五批中国名村志丛书。近年来，围绕全省中心工作，服务发展大局，主动进行地方志文化建设工作的新尝试，先后编纂出版了《黑龙江省志简编》《黑龙江图志》《黑龙江省保障性安居工程建设志》《黑龙江省公路建设三年决战志》《黑龙江省参与2010年上海世博会图志》等一系列突出地情特色、记载重大事件的特色志书。这些特色志书的出版发行，不仅拓宽了地方志工作思路，扩大了地方志工作的影响，强化了志书"存史、资政、育人"的功能，也为助推黑龙江全面振兴全方位振兴作出了新的探索。按照中指办的统一部署，组织开展了国家社科基金抗日战争研究专项工程项目《中国抗日战争志》分志《黑龙江抗日战争志》编纂工作。为抢救黑龙江省宝贵历史文献，积极开展旧志整理工作，编纂出版了民国《黑龙江志稿》《黑龙江历代方志集成》。

五、网馆刊报持续升级改造

黑龙江省始终将地方志资源基础平台建设，作为地方志事业持续健康发展的有力保障，通过方志馆、地情网站、杂志、微信公众号等平台，提高地方志资源利用效率,扩大地方志工作的社会影响。黑龙江省方志馆坚持秉承"与时俱进展现黑龙江省情,服务黑龙江社会发展"理念,以展示黑龙江省历史和现状为己任,以将方志馆办成国情、省情和地情教育基地为目标,每年接待参观团体60余个,总人数超千人。为使省方志馆更加适应新时期地方志工作需要,对布展内容进行重新设计装修,并新建设了东北抗联馆。全面完成龙志网站改版升级工作和黑龙江省数字方志馆建设工程。进一步优化龙志网栏目设计,及时更新网站内容和发布史志工作信息,高质量完成志鉴录入工作。龙志网现有26个栏目,史志鉴全文数据库1个,内含500余部史志鉴全文数据。及时对数字方志馆对应版块和内容进行重新设计、扩容增量。创新史志龙江微信公众号栏目设置,高频次推送史志讯息。该公众号被列为全省党史学习教育重要宣传媒体。国家方志馆黑河知青分馆作为国家方志馆三个分馆之一正式挂牌。《黑龙江史志》杂志实现全新改版升级,充分发挥宣传阵地、学术中心、交流平台的作用,宣传省情特色,推介理论成果,社会影响力和发行范围不断扩大。

六、队伍素质不断提高

坚持"开门修志"方针,采取"请进来""走出去"的方式。为提升全省地方志理论研究和业务实践水平,邀请全国和省内专家分别就志书和年鉴编纂业务进行授课;利用全省地方志书终审专家库广泛吸收社会各界专家型人才的优势,参与志稿评审,收到良好效果;积极参加中指组举办的各种培训班、工作会议、经验交流会等,进一步提升了干部队伍的能力水平。全面推进党的政治建设、思想建设、组织建设、作风建设、纪律建设,推进党史学习教育常态化长效化,扎实推进机关作风整顿。全省地方志系统通过持续深入加强党的建设,不断提升机关党建科学化水平,为打好打赢"两全目标"攻坚战、推进地方志事业转型升级提供了政治保障。

"待到山花烂漫时,她在丛中笑。"回顾过去,黑龙江地方志工作成效显著,成果非凡;展望明天,黑龙江地方志事业催人奋进,任重道远。新一代黑龙江方志人正以习近平新时代中国特色社会主义思想为指导,再接再厉,见贤思齐戒骄戒躁,真抓实干,开拓进取,努力在提高志鉴质量、加大用志力度、加快平台建设、加强理论研究、强化队伍建设、建立长效机制等方面创新发展,开拓新局,为黑龙江省全面振兴、全方位振兴贡献史志智慧和史志力量,以优异成绩迎接党的二十大胜利召开!

吉林：地方志"三字经"

  我在调研中发现，在地方志的三大功能中，存史功能基本实现，但是资政、育人功能明显处于弱势，于是，我提出"修志为用"，强调在新时代，要做到地方志"五起来"，即把地方志"用起来"，将地方志"立起来"，让地方志"活起来"，使地方志"热起来"，叫地方志"强起来"。吉林省地方志编纂委员会在这方面卓有建树，试点地方志"三字经"并全省推广，组织实施"吉林省青少年'知家乡爱家乡'系列方志读物"编纂工程，并被纳入吉林省委省政府"健康生活·悦动吉林"活动方案。地方志"三字经"等一系列读物成为面向青少年开展乡土教育、培养爱国主义情感的生动教材。

——题记

  近年来，吉林省地方志编纂委员会深入贯彻国务院《条例》和《吉林省地方志工作条例》，国办印发的《规划纲要》和《吉林省地方志事业发展规划（2016—2020年）》（以下简称《发展规划》），积极构建"志、鉴、用、馆、网、研"六位一体的工作格局，各项工作取得了较好的成绩，在强化依法治志、推进"两全目标"完成、三轮修志准备、地方志资源开发利用和方志科研工作等方面积累了丰富经验。

一、大力强化依法治志

  吉林省各级地方志工作机构认真贯彻国务院《条例》，全面落实《规划纲要》，不断加强地方志工作法规制度建设，依法推进"一纳入、八到位"的落实,完成《吉林省地方志工作条例》修订工作,依法治志工作迈出了新步伐。

(一)健全完善地方志工作法规制度体系

2015年,《吉林省国民经济和社会发展第十三个五年规划纲要》将地方志工作纳入其中,省政府办公厅将《发展规划》印发全省实施。在省方志委带动下,全省9个市州从"十二五"开始,都制定了五年地方志事业发展规划,并将地方志工作纳入当地经济社会发展规划之中;大多数县(市、区)将地方志工作纳入当地经济社会发展规划。吉林省方志委结合本地特点和工作实际,积极研究制定与《条例》相配套的规章制度。相继制定了《〈吉林省志〉审查验收工作细则》《市(州)、县(市)志稿终审送审要求》等14个与"两个《条例》"配套的部门规范性制度。先后推动全省3个市(州)地方志工作立法或政府规章的制定出台。随着"两个《条例》"贯彻施行,配套规章制度的相继出台,构建起以《条例》为统领,以政府规章为支撑,以部门规范制度为基础的地方志工作法规制度体系。党委领导、政府主持、人大监督、地方志工作机构组织实施、社会力量参与的工作体制更加完善。在完善的工作体制和健全的法规制度体系保障下,实现了地方志工作有总体规划、按规划推进的良性运行,促进了地方志事业的持续健康发展。

(二)积极落实"一纳入、八到位"

吉林省方志委始终将"一纳入、八到位"的落实作为依法治志、贯彻落实"两个《条例》"的主线来抓。特别是针对全省市(州)、县(市、区)志办机构设置不到位、编制不到位的实际情况,省方志委积极与省编办和存在问题的县(市、区)政府进行沟通协调,努力推进机构、编制的落实。2016年,为了理顺机构,省方志委向与其他单位合署办公却没有加挂"地方志办公室"牌子的单位发函,请当地政府办理。到2016年底,经省编办批准,全省有23家地方志工作机构挂上了"地方志办公室"的牌子,亮出了"名号"。2017年,为方便各地争取编制和人员,省方志委区分不同情况,对全省各市(州)县(市、区)地方志工作机构实有编制人员情况进行调查摸底。在充分掌握情况的基础上,以省编办文件为依据,将存在的问题归纳为"缺编、无编、缺人"三种情况,在与省编办充分沟通协调的基础上,于 2017 年 6 月,向 55 家存在问题的地方志工作机构所在的人民政府发送《关于落实地方志工作机构"编制到位"的函》,推动地方志工作机构编制和人员的落实。截至 2017 年底,通化市、白山市、永吉县、二道区、宽城区和安图县 6 家地方志办公室成功增加编制共 10 名;还有一些地方志办公室通过各种方式增加了公益岗位工作人员、聘用人员等不同身份的工作人员。编制与人员的增加是推进依法治志取得的又一重要成果,对有效保障地方志各项工作的顺利开展具有积极作用,并将为第三轮修志奠定基础。

(三)积极推动《条例》修订工作

2015 年,《吉林省地方志工作条例》施行已近 10 年,一些条款已不适合当时的地方志编修工作实际,省方志委适时提出了对《条例》进行修订的计划。8 月,省方志委组成四个调研组,由省方志委领导带队,到市(州)、县(市、区)进行《条例》修订工作调研,分片召开会议,广泛听取基层的意见建议,形成了《条例》修订的总体思路。随后,完成《吉林省地方志工作条例》修订草案起草工作,并上报省法制办,省法制办予以立项。2016 年,省方志委与省人大、省法制办一同到省内外兄弟单位进行深入调研,完成了《吉林省地方志工作条例》修订的各项准备工作。2017 年,完成了《吉林省地方志工作条例修正案(草案)》的起草,并通过省十二届人大常委会第三十七次会议审议。2019 年 5 月,修订后的《吉林省地方志工作条例》经省十三届人大常委会第十一次会议审议通过并印发实施。

二、全力推进"两全目标"完成

"两全目标"是《规划纲要》提出的刚性任务。为了确保这一目标任务的完成,吉林省按照中指组的部署,制定了"时间表"和"路线图",在实际工作中严格执行,实现了"两全目标"提前完成。2019 年底,规划编纂的 68 部第二轮市(州)、县(市、区)志全部完成出版。2020 年 12 月,第二轮《吉林省志》列入指令性计划的 60 部分志、指导性计划的

3部分志全部出版。2019年至2021年，省市县三级综合年鉴连续三年保持全覆盖。在推进"两全目标"完成过程中，吉林省方志委多措并举，狠抓落实，不断提升志鉴编纂质量，志鉴编纂工作取得较好成效，实现质量与效率双双提升，形成了一些有一定特色、成效较为明显的做法和经验。

（一）严格执行《规划纲要》，全力完成工作目标

在国办印发《规划纲要》，明确提出"两全目标"之后，吉林省将"两全目标"写进《发展规划》。几年来，吉林省方志委每年根据《规划纲要》和《发展规划》的要求，分解确定年度工作目标，逐年完成工作任务。尤其是省志编纂工作，面临的压力较大，吉林省方志委将每年的年度工作目标作为底线，坚持底线思维，坚守底线不放。正是一步一步对底线的坚守，才成就了最后决战胜利的可能性。

（二）加强行政推动，加快志鉴编修进度

为推动省志各分志编纂，先后3次召开由省政府组织、分管副秘书长主持、分管副省长参加的省志编纂调度会，连续多年将省志续修列入省政府重点工作目标责任制，由省政府督查室进行督查，省方志委坚持每季度通报修志进展。对收尾阶段的几部市、县（市、区）志，采取"一志一策""盯人防守"策略，加大行政督导力度。针对年鉴全覆盖遇到的书号申请难题，省方志委经过与省内几家较大的出版社协商，采取全省年鉴集中由一家出版社出版的办法，提高谈判能力，降低出版费用，加快出版流程，为及时取得书号和当年印刷出版创造了有利条件。

（三）狠抓落实，层层压实责任

省方志委党组成员分别带队深入9个市（州）调研工作，解决问题。对存在的问题，当场与陪同调研的地方领导研究确定解决办法。《东辽县志》进展慢的问题就是这样解决的。为推进年鉴全覆盖，先后召开两次推进会，2018年推进会，对各县（市、区）情况进行了具体分析，分成三类：一类是2017卷年鉴已出版的地方，要连续出版2017卷、2018卷、2019卷、2020卷四卷，称之为"四连发"；二类是具备条件的地方，要从2018卷开始，连续出版2018卷、2019卷、2020卷三卷，实现"三连发"；三类是

最基本要求，出版2019卷和2020卷两卷，实现"二连发"。按此三类分类指导，落实任务，保证了2019年提前实现全覆盖。2020年，吉林省方志委又召开一次推进会，以8月底进入出版程序为基准，倒排工期，对年鉴出版路线图进行了规划，并从征稿开始，实行"全场盯人"策略。最终实现2020年再度全覆盖。

（四）严格审查验收程序，把好志鉴质量关

建立志鉴审查验收专家库，严格执行三级审查验收制，确保通过三级审查发现问题、提升质量。每部志稿通过终审后，省方志委定期跟踪，对落实终审意见情况进行督促和检查，采用现场看稿、现场反馈意见、现场解决问题的方式，帮助落实专家提出的各类终审意见，对保证志书质量发挥了积极作用。

三、积极做好三轮修志准备

着眼于第三轮修志工作，吉林省方志委积极做好人才、资料、制度和理论等方面的准备，为高质量完成好第三轮修志赢得了先机。

（一）做好人才准备

吉林省方志委着眼于第三轮修志工作，在2015年启动五年周期的市（州）、县（市、区）志书总纂培训工作，每年安排2次集中培训，到2019年，10次集中培训全部完成，累计参训800余人，参训人员提交研究报告近400篇。培训的主题分别是：志书总纂的职责和能力、志书编纂体例（两讲）、志书编纂规范（两讲）、志书结构、志书资料的运用、修志的继承与创新、总纂志书的体会、2001年至2020年吉林省发展历程。每个专题均从全国范围内邀请知名的专家作专题讲授。结合授课内容向参训人员布置作业，请参训人员进行思考并撰写文章，选择优秀的文章进行交流讨论。举办志书总纂培训班，促进了全省各市（州）、县（市、区）志书总纂志人员业务水平的提升，为第三轮修志提供了人才保障。

（二）做好资料准备

为了提前为第三轮修志做好资料准备，防止在修志工作启动后出现"资料荒"，从2010年开始，吉林省方志委启动全省的续志资料长编工作。

针对资料长编工作,先后印发四个文件:2010年印发了《关于在全省市(州)、县(市、区)启动续志资料长编工作的通知》;2011年印发了《续志资料长编工作意见》;2016年印发了《关于进一步加强续志资料长编工作的指导意见》;2021年印发了《关于进一步加强续志资料的征集、考订和整理工作的通知》。对如何开展好这项工作提出了较全面详细的实施办法,使得续志资料准备工作进一步规范。在提高认识,科学部署资料长编工作的同时,及时发现问题,加大工作指导力度,跟踪督促检查,强化工作落实力度,适时总结推广经验,发挥典型引领作用。经过10余年的艰苦努力,全省69个市(州)、县(市、区)地方志工作机构已全部启动续志资料长编工作。不仅留存了大量的原始资料,而且由各部门编写了本行业、本系统的资料长编,为第三轮修志打下了良好的基础。

在收集2001年至2020年资料的过程中,吉林省各级地方志办公室根据资料长编工作的进展,自觉地由资料长编转向了资料年报,要求各承报单位从某一年开始(如辽源市从2016年开始,辉南县从2017年开始),连年向地方志办公室报送上一年资料。鉴于此,吉林省方志委2018年4月印发《关于建立地方志资料年报制度的意见》,要求全省各地适时启动地方志资料年报工作,引导全省地方志资料年报工作在指导思想、工作方法、业务标准等方面走上更加规范的道路,为第三轮乃至此后的修志工作打下更为坚实的资料基础。

(三)做好理论准备

吉林省方志委从2017年5月开始,在全省范围内布置二轮修志总结工作,全面总结二轮修志中积累的经验和产生的教训,主要围绕以下几个方面开展总结:二轮志书编纂启动工作开展情况、志书编纂人员配置情况、修志工作运行模式(如资料征集方法、编纂工作过程等)、编纂业务规范的制定情况、对各部门参与志稿撰写人员的培训情况、志书审查验收流程和志书销售情况、志书的查询利用情况、社会各界对错漏之处的反馈意见、二轮修志工作中存在的问题及原因等。在二轮修志总结中,特别注重理论上的探索和升华,在形成一批实践层面成果的同时形成若干理论层面的成果,为第三轮修志提供理论支撑。

（四）做好制度准备

"党委领导、政府主持、地方志工作机构组织实施、社会各界广泛参与"是经过两轮修志，地方志系统形成的比较成熟的工作机制，是地方志工作的基本制度。面向第三轮修志，吉林省方志委积极完善这一工作机制，通过各种办法引导或促使当地的党委、政府和社会各界更积极、更有效地参与地方志工作，为志书资料收集（征集）、志稿编写等开辟广阔途径、打开方便之门。2018年，先后印发了《关于实施地方志资料年报制度的通知》和《吉林省地方志资料年报编写要求》，在全省范围内全面实施地方志资料年报制度。

四、不断推出地方志资源开发利用新成果

吉林省地方志资源开发利用始于1985年吉林省方志委成立之初，至今已经走过30多个年头，经历了初期随机立项，没有固定经费，到实行立项开发制度，设立专项资金的发展过程。2008年1月，省方志委出台了《吉林省地方志资源立项开发管理办法（暂行）》（简称《办法》），至此全省地方志资源开发利用工作步入了有法可依、有章可循、规范化管理的轨道。2019年对《办法》进行了修订，拓宽开发形式和开发范围。每年年初制订年度开发立项工作计划，面向全社会公开征集选题。聘请专家对选题进行评审，根据专家评审情况，经党组会研究，确定年度开发立项项目，次年完成终审验收和出版，并予以出版经费资助。截至2021年底，已累计立项123个，出版方志资源开发成果106部115册。《中国长白山植物资源志》《中国长白山文化》《吉林方言土语词典》等成果填补了相关领域空白。方志委组织实施的"吉林省青少年'知家乡爱家乡'系列方志读物"编纂工程，得到中指办充分肯定，该工程被纳入吉林省委省政府"健康生活·悦动吉林"活动方案。规划的9部方志读物全部出版，其中7部以三字经、2部以千字文形式编写。这一系列读物成为面向青少年开展乡土教育、培养爱国主义情感的生动教材。各市（州）通过举办发行式、开展全民阅读和"知家乡爱家乡""我为家乡做贡献"活动等形式，将其推而广之，取得良好社会反响。2020年，方志委主持策划了"东北抗联英烈年

谱长编"丛书编纂工作，得到时任省长景俊海的肯定。现已完成该丛书之《杨靖宇年谱长编》等 5 部的齐清定稿，另外 5 部已经完成初稿。探索与其他厅局和大学合作共同开发地方志资源的模式，结合扶贫、抗疫工作，与中共吉林省委组织部联合编纂出版了《最闪亮的名片——吉林省优秀第一书记风采录》《抗疫先锋——最美逆行者》；与省自然资源厅、长春师范大学合作，联合编纂出版了《吉林省历史图志》，以地图为主，辅以文字，通过不同历史时期吉林省地图的变化，反映吉林省地域的变迁，出版后社会反映非常好，同时也填补了历史空白。规划出版了"湿地志"系列丛书，已完成《向海志》《莫莫格志》《大布苏志》出版。《院士在吉林》《木城往事》项目被中共吉林省委宣传部推荐为吉林省"民生读本"。《百年沧桑话吉林》获 2020 年省委省政府第四届吉林省新闻出版奖社科类"图书精品奖"；《院士在吉林》获 2021 年省委省政府第五届吉林省新闻出版奖"图书精品奖"。

在地方志资源开发利用方面，吉林省方志委的主要做法是：

（一）加强领导，健全组织

成立了吉林省地方志资源开发立项领导小组，组长由党组书记、副主任担任，副组长由分管副主任担任，各处负责人、省方志馆馆长为小组成员。领导小组的职责是，负责地方志资源开发立项工作的组织管理和项目评定工作。省方志委研究室为该项工作的主管部门，负责全省地方志资源立项开发工作的组织实施。

（二）广泛征集，择优立项

2008 年至 2021 年，吉林省方志委通过多种渠道广泛征集了 270 多个地方志资源开发项目，择优进行了立项。所立项目涉及民族民俗、抗联文化、地方历史、地域文化等诸多方面内容，开发利用价值较高。

（三）规范管理，督促落实

对每年所确定的开发项目，方志委都以正式文件的方式通知项目单位（个人），建立项目档案，加强对项目的管理。及时召开项目说明会，向项目承担人说明完成项目过程中的注意事项；明确项目完成时限；签订责任书、版权协议等。对按计划完成的项目，及时进行项目验收与结项；对一些因特殊原因不能及时结项的，帮助查找原因，限期结项；对不能按期完成编纂任务的，及时撤销项目立项，以保证立项开发工作的严肃性。

（四）注重总结，不断完善

2008年至2010年，吉林省方志委对地方志资源立项开发采取的是先申报开发计划，再确定完成时限的办法。经过几年的实践，吉林省方志委感到此办法弊端很多，突出的问题是不能约束项目如期完成。为此，2010年底吉林省方志委及时组织有关人员对《办法》进行了修订，出台了《吉林省地方志资源开发立项工作管理办法》，并从2011年开始按照新《办法》，采用形成付梓清样后交方志委评定的办法，不仅缩短了项目结项周期，而且确保了项目如期保质保量完成。

（五）超前规划，打造精品

从2015年开始，吉林省方志委把提升地方志资源开发利用质量作为工作重点，围绕《规划纲要》和《发展规划》目标任务，积极主动地去规划一些重点项目、品牌项目，并与省直单位、高等院校建立合作关系，联合开展地方志资源开发利用。例如，"吉林省青少年'知家乡爱家乡'系列方志读物"、《吉林省历史图志》、《院士在吉林》等，就是吉林省方志委精心打造的品牌项目。

五、精心组织实施"吉林省方志理论研究三百工程"

吉林省方志委紧紧围绕《规划纲要》和《发展规划》提出的学术研究目标任务，高度重视、扎实开展理论研究工作，创新实施"吉林省方志理论研究三百工程"（以下简称"三百工程"）。借助这一工程的实施，吉林省的方志科研工作得到有效推动，在全国性学术活动中取得优异成绩，得到中指办的肯定和赞扬。"三百工程"实施以来，已累计推出方志理论成果359篇，出版论文集5部，多篇论文在国家核心期刊发表。第二次全国地方志科研工作会议对吉林省学术研究工作提出表扬，吉林省地方志编委会被评为全国地方志科研工作先进单位。

"三百工程"，即2016年至2020年，在全省地方志系统确立100个研究课题，完成100项研究成果，培养100名专业人才，从中产生20名至

30名省级修志专家。这一工程的实施，活跃了全省方志学术理论研究氛围，调动了全省方志工作者进一步钻研方志理论的积极性，理论水平和业务能力取得显著提升，为推动省内各级志鉴编修、方志资源开发工作发挥了重要作用。为推进该工程顺利实施，省方志委采取了如下措施。

（一）加强方志理论研究骨干队伍建设

2016年，根据"三百工程"实施方案，组建了全省方志理论研究骨干队伍，从全省各地挑选方志理论研究能力较为突出的骨干人员25人，采取动态管理（按每年至少在省级方志专业刊物上公开发表1篇文章，或论文被国家组织的学术活动采用，或论文获得"省地方志学会学术年会一等奖"的要求进行考核，达不到要求的在下一年度人员调整时予以淘汰）。2015年起，在每年2次的全省志书总纂培训基础上，举办专家学术报告会2次，邀请全国知名志鉴专家或其他领域专家到吉林省作专题报告。以此提升方志理论研究骨干队伍的业务能力和理论素养。

（二）积极组织参加全国方志学术会议

近年来，吉林省方志委充分利用中指办举办各类学术会议的良好资源，通过吉林省地方志学会转发会议通知，提出撰写论文的要求，各市（州）按照要求组织论文撰写，集中上报省方志委，再由省方志委进行初评后报中指办。省方志委领导发挥引领作用，带头撰写论文，多次被学术会议采用。各地理论研究骨干不但自己撰写论文，还影响带动身边的同事一同撰写论文，参与方志理论研究。吉林省方志理论研究的学术氛围愈加浓厚。"十三五"期间共报送参会论文137篇，入选66篇，报送和入选论文数量均居全国前列，多人做大会交流发言，得到中指组领导的表扬。在史志期刊公开发表文章47篇，其中《中国地方志》发表5篇，《中国年鉴研究》发表10篇，其他期刊发表32篇。

（三）定期开展省内大型学术交流活动

2014年至2021年，每年举办一次学术年会。年会采取"以文与会"的方式，让擅于总结经验、勤于钻研理论的一线业务骨干现场交流、分享研究心得，将论文结集公开出版发给论文作者，已成为固定的、全省集中的方志理论交流活动。

（四）充分发挥内刊《今古大观》的学术研究平台作用

近年来，每年投入办刊经费近 20 万元。刊物印刷装帧质量有较大提升，已改版升级 2 次，由单色印刷改为四色印刷，由 56 页增加到 64 页。"十三五"期间共编辑出版 30 期，总文字量 360 万字。通过提高志鉴专家约稿稿酬，鼓励全国志鉴专家投稿，主动与全国方志专家沟通、约稿，并请他们给予理论上的指导。目前，已拥有较为稳定的方志专家撰稿队伍为刊物撰写学术文章，刊物的研究性和学术性显著增强。每年有针对性地布置选题，由方志理论研究骨干队伍成员撰写学术文章，成果优先向中指办组织的各类学术会议和公开刊物推荐。

新疆：一肩挑四担*

> 一个人在一个期间内，能干成一件大事，就值得肯定；能同时干成两件事，殊为不易；新时代新疆地方志工作者，一肩挑四担，担担不落空，同时完成了维护社会稳定和群众工作，推进脱贫攻坚，建强基层党组织建设和支教任务，以及全国地方志"两全目标"四大任务，值得点赞。
>
> ——题记

2018年9月，我在调研新疆地方志工作时，就新疆地方志工作者紧紧围绕新疆工作总目标在维护新疆社会稳定、精准扶贫、支教和全面完成"两全目标"等各项工作中取得的成绩给予高度评价。我认为，新疆维吾尔自治区是中国面积最大、交界邻国最多、陆地边境线最长的省级行政区。习近平总书记指出，新疆是我国西北重要战略屏障，战略地位特殊、面临的问题特殊，做好新疆工作意义重大。党的十八大以来，在自治区党委、人民政府的高度重视和大力支持下，新疆方志人按照中指组的统一要求和顶层设计，讲政治，讲大局，讲奉献，团结拼搏，克服困难，取得了很大成绩。特别是自治区地方志编纂委员会要在2020年全面实现修志编鉴"两全目标"的硬任务下做好维护社会稳定和群众工作，推进脱贫攻坚，建强基层组织及支教任务，可谓"一肩挑四担"，以方志精神、方志担当，创方志速度、方志效率，取得了很大成绩，实属不易，可歌可敬。以"两全目标"胜利完成为标志的新疆地方志事业高质量发展，凝聚着自治区党

---

* 我在地方志工作期间，几次去新疆调研指导地方志工作，谈了一些认识和看法。

委、人民政府对地方志工作的高度重视，更凝聚着全区广大地方志工作者多年来"一肩挑四担"的责任和担当，"一肩挑四担"，担担不落空，成为新时代新疆地方志工作者的精神脊梁。

一、勇挑"两全目标"硬任务重担，主责主业不落空

各级地方志工作机构克服人员少、任务重的困难，锁定目标任务完成时限，倒排工期，落实保障条件，采取挖掘干部潜力、聘用当地退休干部、政府购买服务等方式加快进度，多措并举决胜"两全目标"。新疆地方志编委会地县志工作处很长一段时间仅有两三名同志在岗，处长参加深度贫困村脱贫攻坚工作任第一书记3年，主持工作的副处长带领在岗同志挑最重的担子、啃最硬的骨头，发挥组织、指导等作用，带领全区地方志工作者埋头苦干、拼命硬干、实干笃行，确保了79部二轮地县志书规划任务按时保质完成。2019年至2020年，连续被评为全国地方志工作先进集体。巴音郭楞州党史地方志办公室全体修志人员加班加点成为常态，战三更、起五更，连续半个多月食宿在单位，完成460万字的《巴音郭楞蒙古自治州志》评审稿。乌鲁木齐县地方志办公室历时11个月编纂出版《乌鲁木齐县志》，创造了新疆修志速度。精河县二轮修志工作长期滞后，新调整的地方志办公室主任主动作为，3个月完成出版任务。自治区地方志编委会坚持以习近平新时代中国特色社会主义思想为指导，积极服务稳疆兴疆大局，着力打造年鉴新疆品牌，讲好新疆故事，唱响新疆声音，从提升政治站位、创新框架设计、精抓内容编校、丰富图文配套四个方面重点发力，年鉴编纂质量显著提升，并对地州年鉴质量提高发挥出重要引领作用。2021年12月，《新疆年鉴（2020）》荣获第八届全国地方志优秀成果（年鉴类）特等年鉴，这是继《新疆年鉴（2019）》之后，再获特等年鉴殊荣。一批从修志实践中成长起来的地方志专家不辞辛苦，任劳任怨，全面参与二轮地县志书评审把关，为新疆地方志事业高质量发展做出突出贡献。

二、勇挑落实总目标重担，维护稳定不落空

2014年以来，全区各级地方志工作机构把维护社会稳定、实现长治久

安作为义不容辞的责任，扎实开展"访民情、惠民生、聚民心"活动，特别是2016年自治区第九次党代会以来，坚决贯彻落实以习近平同志为核心的党中央治疆方略，打好"反恐维稳组合拳"，全疆上下一盘棋，牢固树立"没有与稳定无关的部门、无关的事、无关的人"思想，把稳定的责任扛在肩上、抓在手上，每年派干部轮流驻村，至2020年已实现了干部全员覆盖，驻村时间最长的4年。各单位按照"单位作后盾、一把手负总责"的要求发挥好后盾作用全力支持。自治区地方志编委会先后为所驻地争取资金2000余万元，修建方志渠、方志路、方志幼儿园、方志文化广场等，彻底改变农村的生产生活面貌。

三、勇挑群众工作重担，脱贫攻坚不落空

全区各级地方志工作机构把脱贫攻坚作为最大的群众工作，坚决贯彻落实党中央决策和自治区党委的部署，以着力解决实际问题为抓手，持续加大帮扶力度、充实驻村力量，采取落实政策、做好基础工作、转移就业、产业扶贫、扶志扶智、补齐短板、动态管理、协调资源等多种措施，为全国2020年打赢脱贫攻坚战贡献了新疆方志人的力量。自治区地方志编委会通过积极主动争取自治区人民政府的支持，协调自治区党委组织系统、自治区发改委、城建、水利等部门和社会企业，为塔城地区裕民县新地乡阿阔托别村、阿克苏地区温宿县托乎拉乡尤喀克库尔巴格村、河畔村和喀什地区莎车县英吾斯塘乡兰干村、托万克吉格代巴格村共协调扶贫资金近6000万元，用于定点扶贫村的渠道防渗、公共设施、村容村貌、村级阵地等建设及困难农户生活条件改善等，保证了如期实现整村脱贫退出。

四、勇挑基层组织建设重担，支教工作不落空

2016年以来，全区各级地方志工作机构认真贯彻落实自治区党委、政府关于开展干部支教工作的要求部署，自治区地方志编委会先后选派9名干部开展支教工作。地方志系统支教老师贯彻国家的教育方针，严格遵守幼儿教师职业道德标准，启蒙幼儿爱祖国、爱家乡、爱集体的美好情感，

成为幼儿健康成长的领路人。

调研中,我回应了新疆地方志同志提出的一些问题。第一,关于建议19省市地方志机构援疆的问题。关于这个问题,中指组有一个明确的指示,中指办按照中指组的要求,正在进一步修订完善援疆援藏工作方案。在这期间,一直与廖运建同志保持密切沟通和联系。第二,关于专业人才匮乏,希望加大培训力度。2014年11月,王伟光组长在福建省调研地方志工作时提出要把2015年确定为全国地方志工作的培训年以来,中指办在这方面做了大量工作,2015年上半年,已举办13次包括志、鉴、方志馆等方面的全国性培训班,新疆都派人员参加了培训。2015年8月在呼伦贝尔市鄂温克族自治旗举办全国地方志工作机构新任负责人培训班,新疆也派人员参加培训。除此之外,中指办还协调有条件的省份加强对新疆、西藏等地区地方志人才的培训,比如2015年8月在山东省举办的全省精品志书编修培训班,通过沟通协调,在人才培训上给予新疆较大的支持。第三,关于对少数民族地区地方志经费方面的支持问题。2015年,王伟光组长就这个问题在兰州召开的甘青宁地方志工作调研座谈会上提出明确要求。中指办为落实王伟光组长的指示,启动了民族地区与贫困地区志书出版资助工程。财政部每年以项目的形式给予经费支持,中国社会科学院也从出版项目经费中给予一定的支持。新疆、西藏等地区,符合条件的,可以按照中指办制定的方案逐级进行申报。除了志书出版资助工程,2015年下半年中指办启动了民族地区与贫困地区年鉴出版资助工程。胡国强同志介绍说,和田地区有两部年鉴已经编纂出来,但没有经费出版。我建议他们可以提出申请,中指办将按照方案的要求给予一定的支持。总之,中指组及其办公室将在顶层设计、经费支持、人员培训等方面给予新疆大力支持,为新疆到2020年实现《规划纲要》提出的"两全"目标提供有力指导。

从全国地方志事业的发展形势,结合新疆地方志工作实际,我谈了几点要求:

1. 要认清形势,抓住机遇。当前,全国地方志事业发展迎来千载难逢的发展机遇,并且进入高位运行的态势。从新疆自身来看,近期自治区党委、政府领导相继对地方志工作作出批示,并召开全疆地方志工作会议,形势一片大好。因此，新疆地方志工作者要认清形势，抓住机遇，切实增强做好地方志工作的责任感和使命感。

2. 要明确目标，突出中心。国办《规划纲要》提出的志鉴编修、理论研究和学科建设、方志资源开发利用以及信息化建设等 11 项任务，即是近 5 年的工作目标，而中心任务即是志鉴的"两全"目标，只有明确目标才能找准方向，只有突出中心才能抓住关键。

3. 要立足本地，抓住特色。新疆地方志工作在自治区党委、政府的正确领导下，经过全区各地、各有关部门不懈努力，取得显著成就。下一步要从新疆本地实际情况出发，围绕新疆经济社会发展中心工作，谋划地方志事业发展，干出具有新疆特色的地方志事业。

4. 要上下联动，协调发展。一方面要进一步加强与中指组及其办公室的联系沟通，积极参与中指组及其办公室实施的"十大工程"；另一方面要加强与兄弟省（自治区、直辖市）的沟通交流，互通有无，取长补短，不断推动新疆地方志事业跨越发展。

总之，新疆地方志工作在自治区党委的领导下，在廖运建同志的带领下，在人员少、但又承担多项任务的形势下，主动作为，谋划有方，攻坚克难，乘势而上，成绩突出，多项工作走在全国前列，可谓难能可贵，希望再接再厉。

河北：杨洪进的方志情

  杨洪进在全国地方志系统是很有名的。他个头不高，对地方志事业充满激情，当地方志办公室主任已经 18 年，现在还像老黄牛一样辛勤耕耘在岗位上。他所在的河北省地方志办公室最大的特点就是"小马拉大车"，2021 年机构改革前，是省政府办公厅下属的一个正处级事业单位，不到 20 人，而河北省却是方志大省，承担的地方志任务位列全国前 5 位。党的十八大以来，河北地方志工作者在杨洪进主任的带领下，面对公认的地方志"三苦"（清苦、辛苦、艰苦），提出"以平常心对待清苦，以责任心对待辛苦，以事业心对待艰苦"，不怕困难，敢于担当，勇毅前行，一个人干几个人的工作，不仅圆满完成"两全目标"，还在多个方面成为全国地方志系统学习的榜样。杨洪进的方志情得到过第五届中指组组长王伟光、常务副组长李培林，第四届常务副组长朱佳木的多次充分肯定。2020 年第六届全国地方志系统劳动模范评选时，我问杨洪进符合条件、为什么不申报，他说，活都是兄弟们干的，还是把这样的荣誉给大家好。

——题记

  长期以来，河北省地方志工作一直有着"小马拉大车"的特点，机构规格、人员数量与所承担任务量极不相称，该省地方志工作者充分发扬"三心对三苦"的精神，上下一心，破题开路，勤勉不怠，在逆境中闯出一条独具特色的高质量发展之路。

一、马力之小，车身之重

2021年机构改革以前，河北省地方志办公室隶属于省政府办公厅，为参照公务员管理的正处级事业单位，全办业务人员不到20人。河北省第二轮市、县（市、区）志规划编纂出版155部，省级志书分志72部（其中规划内志书59部，特色志书13部）；省市县三级综合年鉴有编纂和启动任务的共计180家，志鉴编纂任务量均高居全国第2位；河北省修志历史悠久，旧志总量约占全国的十分之一，整理任务艰巨。省方志办的同志们每年不仅要完成几百万字的编辑或审读任务，还身兼数职，承担理论研究、期刊编纂、馆网建设及地情资源开发利用等任务。

二、笑对"三苦"，主动作为

地方志机构历来被大家公认为"清苦、辛苦、艰苦"的"三苦"单位，在"小马拉大车"的工作局面下，要推动河北省方志事业发展可谓是难上加难。特别是近年来，随着中央领导对地方志事业的重视不断加强，在中指组及其办公室的带领下，全国地方志事业发展高位运行，这对河北省地方志工作提出了更高要求。在新形势下，河北省地方志系统全体同志"以平常心对待清苦，以责任心对待辛苦，以事业心对待艰苦"，夙兴夜寐，主动作为。

（一）扬清风，树正气，锻造担当实干的方志干部队伍

火车跑得快，全靠车头带。省方志办领导班子凝心聚力谋发展，身先士卒做表率，他们既是指挥员又是战斗员，不仅要处理单位各项事务，发挥推动协调作用，还肩负大量的具体业务工作，树立了干事创业的鲜明导向。各科室负责人充分发挥业务骨干作用，坚持分工不分家、全办一盘棋，带领大家勇挑重担，唯旗是夺，省志总编室专职4人，同时承担方志馆筹建工作；市县指导室3人，同时承担理论研究和网站信息化建设任务；年鉴编辑部4人，同时负责市县级年鉴启动、指导任务；理论研究室2人，按期出版刊物的同时兼任18部《河北省志》分志的责任编辑；资料室2人，同时兼任6部《河北省志》分志的责任编辑。市县方志办同志持

续发扬艰苦奋斗精神，涌现出一批"最美方志人"，在全系统形成了实干担当的浓厚氛围。

（二）借外力，补短板，形成行之有效的科学治理模式

河北省方志办客观审视自身优劣势，因势利导，"扬长避短"，采取多种措施，凝聚多方合力，共同推动地方志事业发展。

1.成立高规格总纂组。二轮修志启动伊始，省志办建议省政府成立以省人大原副主任为首，10位厅局级老领导参加的总纂组。这些老领导多为河北改革开放的亲历者，甚至是某些行业的主导者参与者，熟悉省情，工作水平高，并在相关领域有一定的威望和影响，对地方志工作的开展起到了积极的推动作用。随后，建立了总纂会议制度，研究解决省志推动指导实践中遇到的问题，十几年来，召开总纂会议百余次，研究解决各类问题几百项。

2.借助行政力量推动工作。一是督查通报。连年开展督查、印发通报，累计赴70余个市县开展实地督查，印发督查函100余份、通报12份；省政府督查室将方志工作列为督办考核事项，以5%的权重督促规划落实；逐年开展"拔钉子"行动，对落后县（市、区）实行蹲点督导、现场办公。二是调度推动。协调建立调度会制度，省政府办公厅共召开调度会议8次，32家省志承编单位被调度；2020年7月，省领导组织召开全省地方志工作电视电话会，推动决胜"两全目标"。三是执法检查。以宣传、贯彻《条例》《规划纲要》《河北省地方志工作规定》为抓手，与省法制办连年开展执法检查。四是完善考核制度。2016年出台《河北省地方志工作考核细则》，并对各市实行单项目标考核，分项表扬，推动工作落实。

3.充分发挥专家作用。省志办主导建立方志专家库，采取一对一帮扶手段，有效解决了有关地区和单位业务人才短缺、工作进度滞后、书稿质量不高等问题；志稿评审阶段，邀请全国专家为河北志书把脉搏、找差距。

（三）强根基，稳发展，打造坚实有力的业务支撑体系

1.完善制度机制。一是建立质量管控体系。以编委会名义制定《河北省地方志书编纂质量标准》《河北省地方综合年鉴编纂规范》，后又相继制

定《〈河北省志〉编纂实施细则》《〈河北省志〉行文规定》《〈河北省志〉审查验收制度》和《〈河北省志〉编修人员培训制度》《河北省地方志书、年鉴报送制度》《河北省地方志稿评审工作暂行办法》等一系列规范性文件，形成了覆盖志鉴编纂全过程的质量标准体系，为志鉴编纂和质量审查提供遵循。二是坚定不移执行三审制度。省志三审制度每一审都有明确的审查重点，初审着重解决史实问题，复审解决体例问题，终审由省志总纂组负责，对史实、体例进行全面审查，凡修改意见落实不到位的不得进入下一评审程序。三是实行提前介入。为夯实基础，把问题解决在初始阶段，志鉴审查实行提前介入，市县志稿实行质量抽查制度，专家在成稿前介入，抽取部分志稿进行检查，将常识性、规范性问题消灭在评审之前；省志、年鉴在出版之前由专家抽查验收，差错率高于万分之一的书稿必须回炉重新编校。

2.强化指导培训。河北省方志办对省市县三级方志机构的培训任务、培训内容都有明确要求。连年组织志鉴编纂业务培训，根据各单位进展不平衡，不同阶段面临不同问题的工作特点，按进度分类，按类别培训，收到很好的效果；省志总编室在总纂组指导下，为每部分志编写了内容提要，对主要内容、有关问题提出要求，既提高工作效率，又保证编写质量；针对市县两级方志机构经费不足、订阅方志业务期刊少的情况，省方志办指定专人收集方志业务电子文稿，在全系统转发，方便各级方志工作者学习参考。

3.夯实理论基础。一是铸牢理论期刊阵地。《河北地方志》期刊坚持每年印发6期，科学动态调整板块，图文并茂，可读性、指导性持续增强，逐渐成为省内地方志工作者必读刊物，省内出版界审读专家评价：期刊内容丰富，学术性强，具有史料性和可读性，是修志事业的重要组成部分。二是举办方志理论研讨会。连续4年与安徽省方志办合作召开冀皖方志理论研讨会，广泛交流，思维碰撞，大大提升两省方志理论水平。三是持续刊印理论文集。出版一大批代表河北方志理论水平的研究成果，如《卢振川地方志理论文集》等20余部理论书籍。在中指办举办的历届方志论坛、学术年会上，河北省方志系统积极以文与会，是历届年会参会论文和人数占比最高的,涌现出一批全国有影响的方志人才。

(四)抓创新、促改革,开创符合实际的转型发展之路

河北省方志办始终坚持实事求是,结合本地实际,自我把脉问诊,逐步探索出一条符合本地实际的方志事业发展之路。一是与时俱进,创新互联互通手段。各级方志办加强地情网站建设和地方志资料数字化建设,实现地方志信息资源共享互通;积极发挥政务新媒体作用,扩大方志信息覆盖面,创新栏目、丰富内容,同时加大对市县的技术指导。二是化整为零,推进旧志整理工作。受人员、资金等条件限制,河北无法集中力量整理全省旧志,省方志办提出以市为单位集中整理的思路,几年下来取得了良好效果。三是因地制宜建设方志馆。结合人力财力上的实际情况,省方志办提出建馆不求高大上,但求名实相副有实效的建设思路。多地市县级方志馆都已经成为独具特色的地情馆。

三、多业并举,成果丰硕

河北省地方志系统全面落实国办《规划纲要》,坚持"十业并举"发展思路,以"功成不必在我"的历史责任担当努力推动河北省地方志事业在志鉴编纂、信息化、方志馆建设、队伍建设、理论研究、资源开发利用等领域不断取得新成绩,全省地方志事业呈现高质量发展态势。

(一)聚焦主责主业,完成"两全目标"

自国办印发《规划纲要》以来,河北省地方志系统坚持多措并举、攻坚克难,超额完成地方志"两全目标"任务。截至2020年底,规划内59部省级志书出版31部,剩余全部完成终审进入出版程序,13部规划外特色省志编纂工作持续推进;155部市县志书全部出版,另出版规划外县志14部,超额完成任务9%。2020年应编纂省市县三级地方综合年鉴180部,出版119部,剩余全部进入出版程序。

(二)聚焦河北大事,贡献"志"力支持

京津冀协同发展、规划建设雄安新区是习近平总书记亲自谋划和推动的重大国家战略和国家大事,河北肩负着重大政治责任。河北省方志办不断提升站位、开拓思路,探索服务中心工作新路径,积极服从服务大局、

贡献方志力量。一是为京津冀协同发展贡献方志智慧。与京津两地签订地方志事业协同发展框架协议；2017年"京津冀运河文化展"、2018年"京津冀晋蒙永定河文化展"连续两年成为北京文博会新亮点，受到领导和媒体的广泛关注和好评；与京津两地联合编纂出版《京津冀概况》。二是为雄安新区规划建设提供决策参考。保定市编纂《雄安新区旧志集成》，为雄安新区规划设计提供了历史文化资料；谋划推动雄安新区域内村志编修，保存珍贵历史资料。

（三）发挥行业优势，宣传时事热点

省方志办先后编纂出版《河北抗日战争简志》《河北省改革开放40年史事录》。唐山市方志办围绕纪念唐山开埠140周年编纂《辉煌历程——唐山开埠140年回眸与展望》，完成《唐山开埠考》《唐廷枢——唐山城市建设发展第一人》《唐胥铁路为中国铁路之源简论》；张家口市方志办组织编纂《张垣印记——纪念张家口解放70周年》；秦皇岛市方志办结合旅游产业发展编纂出版了《第二届河北省旅游产业发展大会志》；承德市方志办组织编纂《承德市志·扶贫志》；张家口市为"京津冀西北水源涵养及永定河（上游）水质保障技术与工程示范项目"课题组撰写相关文稿；定州市方志办积极参与定州古城恢复项目。

（四）编纂村镇志书，助力乡村振兴

以秦皇岛市、石家庄市鹿泉区为试点，全面推进村镇志编纂工作。鹿泉区、长安区、高邑县、黄骅市一村一志工程正式铺开；沧州、衡水、邢台、廊坊等市已全面部署村镇志编纂工作，村镇志编纂已经成为河北乡村文化建设的重要组成部分。2014年，秦皇岛市《第一关镇志》列入全国第一批中国名镇志文化工程名录，并于2016年5月在北京人民大会堂举办了发行仪式，成为全国镇志编修标杆。《白沟镇志》《冉庄镇志》《庙宫村志》《丰南镇志》相继列入中国名村志、名镇志文化工程。

（五）推进旧志整理，抢救古籍文献

河北省方志系统积极开展旧志普查、搜集、整理、出版工作，抢救、保护了一批重要的地方文献。截至目前，共整理出版旧志300多种。其中保定市统一组织整理出版民国以前旧志94种、500余册，完成《畿辅通志》

《雄安新区旧志集成》《保定旧志集成》影印工程。石家庄市规划整理旧志80余部，已完成出版77部。沧州市、邢台市、邯郸市等市旧志整理、点校工作均已全面开展、有序推进。

（六）依托信息手段，扩大方志影响

河北地方志系统始终秉持开发利用方志资源，丰富群众精神文化生活，传递乡愁、延续文脉的服务理念扎实推动新媒体建设工作。方志河北微信公众号每日推送信息，任何节假日从未间断；各级新媒体平台依托行业优势深挖地情资源，以群众喜闻乐见的形式传播历史文化、展现方志魅力。近年来，方志河北、方志大名、方志邯郸、方志清河、方志安国、香河方志、方志金台等多次占据澎湃指数文化榜前10名。特别是方志大名澎湃号，先后获得全国综合指数月榜冠军2次，文化榜月冠军20余次，在全国2万多家澎湃政务号中名列前茅。2019年10月，澎湃政务网发布文章指出："河北省方志系统集体入驻澎湃以来，各区县方志办澎湃号长期占据文化分榜前列，持续增强地方志资源的曝光度，加深了公众对地方志工作的认知和了解，在澎湃形成了'政务新媒体＋地方志'的'河北方志'现象。"河北地方志，从书本走进群众生活，从幕后走向前台。

（七）推动馆库建设，搭建用志平台

省级方志馆建设项目正式通过，将于近期开工建设。保定市方志馆不断充实馆藏，完善功能分区，并积极推动与档案馆、图书馆、博物馆、新闻媒体等相关机构的工作协调和项目合作，吸引了北京众多高校参观考察，成为北京大学的现场教学基地；秦皇岛市方志馆充分发挥"爱国主义教育基地"和"社会科学普及基地"作用，提高方志馆公共文化服务能力，已成为展示本地历史文化的重要窗口；邯郸市方志馆于2021年正式建成并投入使用；廊坊市香河县率先建成数字方志馆，为全国县级数字方志馆建设提供了范例；大厂、曲周和唐山市丰南区等在方志馆建设方面取得了突出成绩。

（八）加强交流互通，挖掘方志经验

一是积极承办全国性经验交流会议。2017年承办"全国第二轮省级志书编纂业务研讨会"和"全国《方志馆建设规定（试行）》研讨会"，赢得各级领导和同志们的一致好评。会议期间,安排河北省政法部类志书承编单位有关人员及责任副总纂、责任编辑列席会议,在会上开阔眼界、拓宽思路,汲取知识,对河北省志政法部类及其它志书编修产生了积极影响。2018年承办"全国地方志机构主任工作会议暨第三次全国地方志工作经验交流会",这次会议规格高、规模大、影响广泛。时任中国社会科学院党组书记、院长,中指组组长谢伏瞻出席会议并讲话。时任河北省委常委、常务副省长袁桐利等省市领导出席会议。会议同期举办河北省地方志成果展,系统总结和展示了近年来河北省地方志各项工作,得到与会领导和代表的充分肯定。二是深化学习调研。几年间,省志总纂组和省方志办领导多次带队赴先进省份交流学习,曾到广东省、安徽省、福建省等地就志鉴编纂、方志馆建设等工作充分学习经验做法,对河北省工作起到良好指导和推动作用。

重庆：事在人为[*]

> 王伟光同志任中国社会科学院党组书记、院长，第五届中指组组长期间，两次带领中国社会科学院党组，专门在中指组办公室召开党组会议，并听取地方志工作汇报和作出批示。他说，党的十八大以来，地方志工作发生了深刻变化，充分证明事在人为：用对一个人，不仅救活了一个单位，还搞活了一个系统。重庆市地方志工作后来居上的生动实践，再次证明了事在人为的道理。
>
> ——题记

重庆市地方志工作要实现跨越式发展[1]

刚才大家的工作汇报中，谈到对地方志工作的一些认识，以及取得的一些成绩，还有对地方志工作目前的定位和发展的一些困惑，以及对地方志工作开展的一些意见和建议。谈得都很实在。我先对大家提到的问题和建议，作个简单回应。

一、关于适时启动修订《地方志工作条例》，依法修志

大家提到，《条例》中没有强制性、约束性的法律规范。用法律专业

---

[*] 2016年4月、2020年10月，我两次去重庆市调研地方志工作，发现他们的工作前后发生了很大变化，深感地方志工作与其它各项工作一样，都是事在人为。

[1] 2016年4月20日，我第一次到重庆市调研地方志工作，这是在调研工作会议上的讲话。

话来说，就是没有"违法责任"这一章，只规定有关部门应当提供资料，应当编修志书，但没有规定如果不这么做应该承担什么法律后果，这是立法中必须有的一章，就是违法责任。《条例》作为地方志工作的"根本法"，需要不断适应新形势、吸纳新经验、确认新成果，才能具有持久的生命力。随着依法治国的进一步推进，地方志事业的进一步发展，《条例》的修订迫在眉睫，中指办已经将此项工作纳入了2016年工作计划。下一阶段，将通过全方位梳理，尽快启动修订程序。同时，探索启动《中华人民共和国地方志法》立法工作，提高地方志工作的法律地位。重庆既然有这方面的认识和建议，希望你们可把这个问题进一步研究，书面报中指办。

二、关于设立一些课题项目或者提供一些经费来扶持地方志工作

自2015年以来，中指办启动和实施了民族地区与贫困地区志书出版资助工程、正在筹备全国地方志科研工作会议，在加快推进民族地区、贫困地区志书编纂工作的同时，正在探索以课题研究方式设立面向各级地方志工作机构和高校、科研机构的专项项目，扶持各地地方志工作。

三、关于制定激励机制，发扬"修志问道，直笔著史"的方志人精神

方志人默默无闻、无私奉献，有的甚至是数十年如一日。目前，人力资源和社会保障部把全国地方志系统先进集体、先进工作者表彰已经正式纳入国家荣誉表彰体系。近期，中指办正在积极与人力资源和社会保障部、国家公务员局沟通协调，探索出台全国地方志系统的奖励表彰办法。各省级地方志工作机构也可按照国家、省有关规定，开展先进集体和先进工作者评选表彰活动，建立干事创业激励机制，营造良好氛围。

四、关于加强地方志队伍培训问题

刚才8位同志先后发言，其中7位同志谈到培训。王伟光组长和李培林常务副组长非常关心地方志人才队伍培养，也一直强调培训问题。中指

办从 2015 年开始加大了培训力度，仅 2016 年以来就召开了年鉴、基层基础工作、方志馆建设等方面的多次培训工作会议，下半年还相继有省志、市志、县志、乡镇志、村志等编纂业务培训班；中国地方志学会换届后，也把培训列为工作重点之一，相应的培训活动将会与中指办的相关处室及方志出版社联动，加快推进培训工作。今后将把公益性培训和商业性培训密切结合。从去年开始，培训已经开始体系化的设置，统一培训规划，统一培训教材，规范培训师资，科学培训方式等，今后中指办将会针对各地实际开展培训工作。

五、关于如何强化地方志的职能，提高依法治志水平

强化地方志工作机构职能，领导重不重视固然重要，但是各级地方志工作机构和工作者作不作为、有什么样的作为尤其重要。《条例》的颁布解决了地方志工作的开展无法可依、靠行政命令修志的局面，实现了依法修志。伴随《规划纲要》所制定的基本原则第二条"依法治志"的确定和颁行，依法修志已经成为依法治志的七大外延之一，我们应该在依法治国的新背景下，在依法治志的视野下来认识、研究、从事地方志工作，不断提高依法治志水平。地方志正在实现从一项工作到一项事业的转型。2006 年的《条例》将其定位为一项工作，2015 年《规划纲要》定位为地方志事业，这不是一个简单的概念的转化，而是对地方志不同时期的认识和定位。《条例》是一部行政法规，《规划纲要》是部门规章，都属于法律形式，对地方志的定位具有法定性，因此，从《条例》到《规划纲要》，从工作到事业，正在进行一个转型。

六、关于加强宣传，提高认识

大家建议在党校举办相关培训班，尤其领导干部培训班中增设地方志的专题讲座；对青少年进行地方志知识宣传。这些建议非常好。地方志不能藏在深山人未识，一定要加大宣传力度，让广大人民群众共享地方志工作成果，让地方志成果进入寻常百姓家。中指办 2015 年以来编纂出版了《中国古代为官箴言》《中华家训精编 100 则》，启动了中国名镇志文化

工程，马上要启动中国名村志文化工程，都是有益的探索。加强宣传，要开拓思路、找准方法、拓宽路径，要多方面促进地方志工作机构职能的开拓，提高对地方志的认识。

七、关于制定地方志工作标准规范

这个建议提得好。李培林常务副组长多次强调，要编写专门的志鉴编纂规范。地方志事业发展标准、规范的制定和应用事关重大，中指办正在制定地方志的管理规范，将站在促进地方志事业发展的高度，结合全国地方志工作实际，探索建立志鉴编纂规范，不断提高志鉴质量，多出精品佳志。

八、关于做好地方志信息化建设

这些建议既有前沿性，又有热点性。地方志信息化是地方志事业的重要组成部分，事关事业的科学发展水平。目前，全国地方志信息化顶层设计方案即将颁布、相关标准规范的拟定正在全力推进，中指办正在对中国地情网进行第二期改造，中国国情网正在布建中，国家数字方志馆正在推进，将打造出中国哲学社会科学中资源最丰富、价值最珍贵的海量数据库。重庆市要抓住党和国家高度重视信息化建设的重大机遇，认真落实国家"十三五"规划和《规划纲要》，深入思考地方志信息化建设的新思路、新方向、新措施，加快步伐，做到边建设、边使用、边宣传、边完善。同时，要加强同其他省（自治区、直辖市）的工作交流，促进信息共享。

至于大家谈到的部门冷僻、人才流动慢、领导重视口头化、部门地位边缘化、修志工作自娱化、人才队伍老龄化等问题，这不仅是重庆的问题，也是全国性的问题。这些问题，我们有同感，有共识，也是我们这次来调研的目的之一，就是进一步了解这些问题，分析问题原因所在，然后考虑怎样解决这些问题。下面，我结合重庆市地方志工作实际谈两点感受，和大家共勉：

1. 转型与创新。所谓转型与创新，就是现在全国地方志都在从一项工作向一项事业转型，重庆要紧跟步伐，做好转型，实现创新。现在是深化改革和创新发展的时代，地方志也要创新，中国名镇志文化工程和中国名村志文化工程，就是地方志工作创新的重要举措。通过创新，把地方志这个"冷部门"炒热、做活。

2. 沟通与联动。所谓沟通与联动，就是要请进来、走出去。重庆市地方志办公室和区县地方志办公室相互之间要多走动、多沟通，和全国兄弟地方志工作机构之间更要多联系、多走访，取人之长、补己之短，用他山之石攻重庆之玉。同时，要加强重庆各级地方志工作机构和中指办的沟通，积极参与到中指办启动的"十大工程"等顶层设计中来，实现重庆市地方志工作跨越式发展。

通过今天的调研，听了大家的汇报，我感到地方志在重庆还是很有活力的，已经在春意萌动，希望鲜花灿烂的季节很快到来。

地方志工作后来居上[1]

一、近年来重庆市地方志工作取得明显进步

近年来，重庆市地方志工作在市委、市政府的正确领导和中指组、中指办的悉心指导下，坚持以习近平新时代中国特色社会主义思想为指导，围绕中心，服务大局，切实履行地方志"存史、资治、育人"职责，奋发图强、锐意进取，不断推进全市地方志事业转型升级、高质量发展，各项工作取得明显进步。主要表现在：

（一）精准聚焦主业，打赢"两全目标"攻坚战

国办《规划纲要》要求到2020年，完成第二轮地方志书规划任务，实现地方综合年鉴一年一鉴、公开出版全覆盖。"两全目标"是党中央、国

---

* 2020年10月24日至26日，我再次来到重庆，在重庆市地方志办公室主任刘文海等同志陪同下，到重庆市梁平区、万州区和巫山县调研指导地方志工作，并在巫山县主持召开了"第七届全国地方志优秀成果（年鉴类）评审系列会议暨《中国年鉴研究》期刊建设座谈会""中国年鉴精品会议2020年专家评审会议"。调研及会议中，我充分肯定了重庆市近年地方志工作取得的显著成绩。此后，我又多次听取了重庆市地方志工作汇报，也做出了一些工作指示。

务院赋予各级党委、政府的法定职责，是新时代地方志事业高质量发展的坚实根基。目前，重庆市已圆满完成"两全目标"任务，全面完成第二轮市、区县（自治县）两级综合志书编纂工作，共出版125部、169册，计2.4亿字。40部市、区县（自治县）地方综合年鉴实现一年一鉴、公开出版。在2020年9月召开的全国地方志系统"两全目标"推进工作调度会上，重庆市志办负责同志作了经验交流发言。

（二）补齐发展短板，全面推进依法治志

由于历史原因，重庆地方志立法工作滞后。知耻后勇、奋起直追，重庆市志办认真贯彻国务院《条例》和市政府办公厅《关于大力促进新时代地方志事业发展的意见》，起草了《重庆市地方志工作办法》《重庆市地方志事业发展规划纲要（2021—2025年）》，制定了《重庆市地方综合年鉴编纂出版细则》等行业规范，指导全市地方志事业发展的"3+X"文件框架体系逐步形成。

（三）夯实发展基础，有序推进馆库建设

2019年6月，我第一次来重庆调研期间，听取了重庆市志办关于申请建设国家方志馆长江分馆暨重庆方志馆的汇报，当即表示支持。此后，重庆市志办积极开展相关工作，向中指组、中指办正式提交了申报文件，并多次向中指办汇报方志馆建设工作。市政府将国家方志馆长江分馆暨重庆方志馆作为重大公共文化设施项目纳入市"十四五"规划，基本选址广阳岛，规划建设方案正在研究制定。市志办带领有关区县同志外出调研学习，形成了《国家方志馆长江分馆暨重庆方志馆工作方案》（市志办内部称为"纸上方志馆"），相关筹备工作已准备就绪。2020年7月完成市方志资料库维修改造并正式搬迁，开始向社会提供方志文化服务。建成后的市方志资料库建筑面积约2900平方米，包括"三室两库"，即：重庆地情展示室、区县地方志资料室、地方志综合资料室、文献库和书库，馆藏图书16833种、47779册。开办"重庆历代行政长官"主题展览和"方志文化交流"展览。加强"数字方志库"建设，入库志鉴达337部。推进重庆方志馆高校分馆建设，现已建成重庆大学分馆、四川大学分馆和西华师范大学分馆。

（四）坚持科学谋划，在服务大局上狠下功夫

坚持"规定动作、自选动作"两手抓，在"三个围绕、三个服务"上狠下功夫，整理出版了《重庆历代方志集成》《万历重庆府志》（线装影印版），编纂出版《重庆历史政德人物》《重庆近现代政德人物资料汇编》《重庆图志（1949—2019）》《重庆大事记（1949—2019）》《重庆地情概览》《重庆市情概览》《历代名人吟咏重庆》等地情图书，移交出版《成渝地区双城经济圈建设年鉴（2021）》《重庆市情概览（2021）》《重庆地情概览（英文版）》按时出版，启动《重庆扶贫志》《重庆小康志》编纂，办好各类资政内刊，为服务党委政府决策、服务经济社会发展、服务人民群众文化生活需要和宣扬推介重庆贡献力量。

（五）着力补齐短板，协调推进地方志事业发展

国办《规划纲要》提出了志、鉴、史、馆、库、网、用、会、刊、研"十业并举"的规划任务。积极推进信息化建设，改版升级门户网站，完成地方志成果数字化扫描，加快建设方志数据库。组建全市地方志专家库和专业人员库，积极发挥专家在志稿评议、审查验收、质量评估、学科研究等方面的优势作用。连续3年开展"我为重庆守护历史"大型地情资料征集活动，通过鼓励捐赠、征集购买等方式，收集到"中国方志"丛书《天一阁藏历代方志汇刊》《北京大学图书馆藏稀见方志丛刊》《民国二十年代中国大陆土地问题资料（全201册）》等珍贵方志典籍。

（六）发挥方志职责，推动成渝地区双城经济圈建设

与四川省志办签署《深化川渝地区地方志工作合作 推动成渝地区双城经济圈建设合作协议》，联合川渝两省市发展改革委、地方志办联合创办《成渝地区双城经济圈建设年鉴》，全面展现川渝各级各部门闻令而动，全方位、多领域投入推进成渝地区双城经济圈建设国家战略的年度新举措、新成果、新经验。联合四川省地方志办、内江师范学院联合主办"记录百年党史，感恩伟大时代"主题论坛，共同成立巴蜀方志文化研究中心。

（七）服务乡村振兴，"名""特"志成效显著

全市成功申报入选中国名镇、名村志文化工程14部。已出版7部，

包括璧山区《来凤街道志》、巴南区《木洞镇志》等 2 部名镇志，巫溪县《兰英村志》、巴南区《荷花村志》、永川区《黄瓜山村志》、垫江县《牡丹村志》、石柱县《新城村志》等 5 部名村志，位居全国前列。另外 7 部，石柱县《西沱镇志》、江津区《中山镇志》已移交出版，大足区《玉龙镇志》、云阳县《清水土家族乡志》、九龙坡区《海兰村志》形成初稿并完成复审，江津区《吴滩镇志》、石柱县《华溪村志》正在编纂。渝中区《重庆市中山四路志》入选中国名街志文化工程，南川区《金佛山志》、武隆区《仙女山志》入选中国名山志文化工程。

（八）传播地方志文化，服务人民文化自信

本着"修志为用"的原则，积极开展地方志"六进"活动，累计向北京大学、重庆大学等高等院校和党政机构赠送《重庆历代方志集成》78 部，向社会各界赠送地情图书 2 万余册。改版升级《重庆地方志》杂志，版面由 48 页增加至 64 页。规范化运营维护重庆市地方志办公室门户网站、重庆地方志微信公众号和今日头条号。

二、在区县调研现场办公

2020 年 10 月 25 日上午，我在重庆市志办主任刘文海的陪同下，到梁平区开展调研并召开座谈会，梁平区委副书记陈孟文、区地方志机构负责人参加调研。在听取工作汇报后，对梁平区地方志工作在完成"两全目标"、旧志整理、读志用志等方面取得的成绩给予充分肯定，对梁平区进一步推进地方志工作高质量发展，巩固地方志工作"两全目标"、做好地情资料搜集整理、加强地方志队伍建设等方面提出要求。我说，习近平同志担任宁德地委书记时，在出席全区地方志工作会议上的讲话中指出，"要马上了解一个地方的重要情况，就要了解它的历史"，"了解历史的可靠的方法就是看志"。方志馆的布置一定要以地情资料的展陈为主导，精细化布置，努力将梁平方志馆打造成为地方名片。同时，要加强学习借鉴，继续以改革创新为动力，积极履职尽责，进一步推动地方志编修工作和服务梁平经济社会发展，希望梁平区地方志工作在现有基础上取得更优异的成绩。

10月25日下午，我到万州区地情馆调研，并听取万州区志办负责人的工作汇报。万州区委常委、宣传部部长刘丹文主持调研座谈会。听取汇报后，我对万州地方志工作给予充分肯定，并对下一步万州区地方志工作提出要求。一要贯彻落实习近平总书记重要批示精神，配合编修《中国扶贫志》《中国全面小康志》，提前做好相关志书编纂准备工作，把万州的精准扶贫和全面小康故事讲好讲活；二要继续发挥好地方志工作机构职能职责优势，为区委区政府提供决策参考，服务好地方经济社会发展；三要按照中指组统一部署，抓好第三轮修志工作，在编修区志的同时，全面推进镇乡街道志的编修；四要继续按照一年一鉴、公开出版要求，提高年鉴编纂质量，力争把《万州年鉴》打造成中国精品年鉴；五要按照中指组《方志馆建设规定（试行）》相关要求，抓紧推进重庆三峡方志馆建设；六要积极申报参与中国名志文化工程，全面展示万州的名村名镇、名山名水、名酒名茶等名特资源，深度宣传推介万州，助力万州经济社会发展。我还在汇报材料上现场作了批示："万州地方志工作者在提前完成'两全目标'任务的基础上，围绕党委政府中心工作，开拓创新，积极作为，充分发挥了地方志'存史、资政、育人'功能，成绩值得肯定。希望深入贯彻落实习近平总书记关于地方志工作重要批示精神，讲好精准扶贫的万州故事，助推经济社会发展。"2021年，重庆市万州区党史和地方志办公室荣获人力资源和社会保障部、中指组评选的"全国地方志系统先进集体"称号。

10月26日上午，我在巫山县出席"第七届全国地方志优秀成果（年鉴类）评审系列会议暨《中国年鉴研究》期刊建设座谈会""中国年鉴精品会议2020年专家评审会议"，并调研巫山地方志工作情况。我充分肯定了巫山县地方志工作，指出，巫山县方志工作措施得力，成效明显。之所以取得这样的成绩，有以下几个方面的原因：一是领导重视。重庆各级党委、政府非常重视地方志工作，这是重庆地方志工作成效明显最重要的因素。二是制度建设谋划有方。近年来，市志办大力加强地方志工作的制度建设和政策完善，出台一系列行业规范、意见、工作指导等文件，这是扎实做好地方志工作的前提。三是巫山方志人倾力付出。巫山方志工作者勤奋扎实，乐于奉献。希望巫山县在方志事业上再接再厉，勇创佳绩。调研组与巫山县委副书记邓昌君交换了意见。邓昌君表示，一定认真学习领会调研座谈会精神，把上级的有关要求落实到位，将继续加强对地方志工作的关心和支持力度，充分保障地方志工作机构的人员编制和项目经费，紧跟全国地方志事业发展形势，加快转型升级步伐，推动巫山县地方志工作再上新台阶。

浙江：方志之乡*

浙江历史悠久，文化璀璨，名人辈出，素有"方志之乡"的美誉。在中国方志发展史上，浙江有被视为"一方之志，始于越绝"的东汉《越绝书》，有中国现存最早的乡镇志——南宋海盐《澉水志》，还有宁波天一阁、湖州嘉业堂等以收藏历代名志著称并蜚声中外的著名藏书楼，有被视为中国方志学重要开创者的清代史学家、思想家章学诚，有陈桥驿、仓修良、魏桥等一批在全国具有重要影响的近现代老一辈方志学家，还有潘捷军、韩锴、沈松平等当代著名方志学者。"方志之乡，文化浙江"，名不虚传。

——题记

浙江作为"方志之乡"，曾经为中国地方志事业发展作出了重要贡献。中华人民共和国成立后，特别是改革开放以来，地方志事业在浙江焕发了青春，取得了令人瞩目的发展成就。进入21世纪，浙江的地方志工作在继承传统的基础上，又结合自身实际，在方志学术研究和学科建设上，取得骄人成绩，呈现出以下几个新优势、新特点。

一、在领导体制上

一方面，按国务院《条例》的总要求，浙江通过增挂"省政府地方志

---

* 根据2015年5月8日在浙江省各市方志办主任会议上的讲话，及2021年在浙江地方志调研时的讲话整理。

办公室"牌子并相应增加内设处室数量、领导职数等方式，指导各地大力推进以"两全目标"为重点的方志行政工作。另一方面，浙江省方志办从成立起就始终是省社科院下属的一个重要机构，人员大部分系科研人员身份。省方志办历任领导都充分认识到，任何体制都有利弊，关键在于如何把其"利"发挥到最佳程度，把"弊"克服到最低限度。为此，省方志办紧紧依托省社科院，妥善处理方志行政职能与科研业务的关系，并在职称评聘，项目立项等方面，得到了省社科院的大力支持。例如，在不到20个正式编制中，省方志办一半以上人员具有副高以上技术职称，是人员职称比例最高的省级方志机构，从而为方志科研工作创造了良好的基础条件。

二、在管理体系上

长期以来，浙江采取了一系列有效措施，积极致力于方志学科建设。例如，省方志办曾面向全省方志系统特别是中青年方志工作者，通过自行申报、专家评审、项目签约、经费拨付和后期跟踪管理等严格程序，连续实施了两期"人才梯队建设计划"，共有30多人次先后获得资助，对提升方志人员科研素质和队伍建设起到了积极作用。在省方志办内部，则通过采取对人员进行行政修志和科研业务双考核等方式，鼓励他们在完成本职工作的同时，积极从事方志科研工作。实践表明，这些措施都产生了积极成效，如浙江一度是《中国地方志》杂志收稿量和发稿量最多的省份，在复旦大学统计的"《中国地方志》论文贡献区域前10位排名表"中，浙江仅次于包括大量国家级院校科研单位的北京，列全国各省（区、市）第二位。浙江同时也是全国史志类期刊最多的省份。

三、在组织机制上

浙江十分注重为全国的方志学术研究和学科建设作贡献。例如，在中指组高度重视和大力指导支持下，浙江先后建有中国（浙江）地方志学术研究中心、宁波国际方志学术交流中心和杭州全国方志培训中心等机构，它们立足浙江，服务全国，分别开展了一些各具优势特色的活动。又如从2010年到2020年，在10届全国地方志学术年会中，浙江先后承办了 3 届。此外，浙江还承担了全国方志学会秘书长会议、全国方志馆建设培训班、纪念章学诚 280 周年诞辰座谈会等一批在全国有重要影响的学术研讨和培训等活动。宁波大学还创办了全国高校首批方志学专业。省内也经常举办各种形式的培训、研讨和评奖活动，并通过开展"方志工作示范县""全国方志系统十业十佳"推评活动及举行"纪念新中国成立 70 周年浙江方志成果展"等各种途径方式，助力方志学术研究和学科建设。

四、在成果形式上

浙江多年来的努力收到了明显成效。例如除二轮修志时修有全国卷数和字数最多的《浙江通志》（总计为 113 卷、1.2 亿余字，到 2022 年将全部出版）以及常态化编纂的《浙江年鉴》等大批志鉴类主业成果外，近年来在全国史志学术界较为影响的专业性学术成果有：《中国方志馆》（系国家社科基金课题并鉴定为优秀等级），《章学诚研究概览——纪念章学诚诞辰 280 周年纪念文集》，《方志之乡 文化浙江——改革开放以来浙江省地方志系统论文成果选编》等等；《全国地方志事业转型升级评价体系的探索与实践》的研究报告，在全国首届地方志工作经验交流会介绍并经《中国地方志》发表后，得到时任中国社会科学院党组书记、院长，中指组组长王伟光同志的批示肯定。

长期以来，除陈桥驿、仓修良、魏桥等一批在全国具有重要影响的老一辈方志学家外，浙江还呈现出方志学术研究代代相传、后继有人的可喜现象。仅从 2010 年以来发表的有影响的学术论文看，就有潘捷军、韩锴、沈松平等学者的《从"史'志'"到"方'志'"》《方志视域里"述而不作"的全方位考察》《论新中国两轮方志编修对旧方志的继承和创新》等一批论文，发表后分别被《新华文摘》《中国社会科学文摘》《中国人民大学复印报刊资料》等全国重要报刊全文转载。此外，历年来还有《宋元浙江方志集成》等多项成果分获省政府哲学社会科学一等奖等多项奖励。这些成果都在全国同行产生了不同程度的影响，也为方志学科建设作出了积极贡献。

今天，在全国地方志机构主任工作会议召开后不久，浙江省专门召开各市方志办主任会议，传达工作会议精神、交流各地工作经验、布置下一阶段的工作，充分表明浙江各级地方志工作机构务实高效的工作作风。2015年4月18日在合肥召开的全国地方志机构主任工作会议，是第五届中指组组成以来召开的第一次年度工作会议，跟以往的省级地方志工作机构主任会议相比，从形式到内容有很大的不同。会议规格高、内容丰富、成效显著，时任中国社会科学院党组书记、院长，中指组组长王伟光出席会议并作工作报告，时任中国社会科学院党组成员、副院长，中指组常务副组长李培林作总结讲话。会议对2014年度工作进行了全面总结梳理，对2015年的工作作出了重点部署。贯彻落实全国地方志机构主任工作会议精神，是本年度各级地方志工作机构的重要任务，各位主任要吃透会议精神，理解好会议精神，贯彻好会议的各项工作部署。围绕当前全国地方志工作的发展形势，我就贯彻落实工作讲几点意见：

1. 要牢牢把握当前全国地方志工作发展的大好形势。党中央、国务院高度重视地方志工作。2014年以来，习近平总书记在首都博物馆考察时，强调要高度重视修史修志；李克强总理为第五次全国地方志工作会议、《汶川特大地震抗震救灾志》的出版作出两次重要批示；刘延东副总理发表了重要讲话，作出了两次重要批示。《全国地方志事业发展规划纲要（2015—2020年）》目前正在走报送国务院办公厅转发的程序，已经征求了9个部委的意见。在国家高度重视传统文化的继承和发展、高度重视文化建设的大背景下，地方志工作在国家文化发展战略中的地位和作用越来越突出。以王伟光同志为组长的第五届中指组以身作则、率先垂范、真抓实干，在短短的一年间，就到15个省市区开展了16次调研，深入基层了解工作实情，倾听基层地方志工作者心声，提出系列工作要求，布置了系列工作安排，有力地推动了各地的工作。当前，全国地方志工作正处于蓬勃发展的"窗口期"，机遇好、时机好、前景好。我们一定要充分利用当前的大好形势，牢牢把握地方志事业发展的春天。认清了形势，就能坚定信心。有了信心，就能增强责任感和工作动力，就能更好地开展工作。

2. 要以抓好"一纳入、八到位"作为贯彻全国工作会议精神的总抓手。"一纳入、八到位"是第五届中指组提出来的对地方志工作的总要求，是在总结30余年地方志工作经验的基础上凝练而成的。刘延东副总理在与第五次全国地方志工作会议部分代表座谈时还代表党中央、国务院明确强调。在这次全国地方志机构主任工作会议上，王伟光同志所作的工作报告就是以贯彻落实"一纳入、八到位"为主题，深刻阐述了重要意义，对如何贯彻落实提出了明确的要求。"一纳入、八到位"内容十分丰富。"一纳入"，就是要把地方志工作纳入国民经济和社会发展规划、各级政府工作任务之中；"八到位"，就是要做到认识到位、领导到位、机构到位、编制到位、经费到位、设施到位、规划到位、工作到位。"一纳入"是保证地方志事业持续繁荣的必要条件；"八到位"中，认识到位是前提，领导到位是关键，机构到位是基础，编制到位是基本，经费到位是保障，设施到位是保证，规划到位是指针，工作到位是目的。"一纳入、八到位"既有对地方各级党委政府的要求，又有对地方志工作机构和地方志工作者的要求；既有对事业发展的全局规划，又有开展工作的重点举措，是地方志事业发展的保障体系。实践证明，凡是"一纳入、八到位"贯彻落实得好的地区，地方志工作肯定做得好；凡是贯彻落实不到位的地区，地方志工作肯定困难重重。大家一定要按照"一纳入、八到位"的要求，创新贯彻落实的方法和手段，建立系列的保障机制，抓细抓实，真正落到实处。

3. 要全面实施依法治志。全面推进依法治国是党中央治国理政方略的核心组成部分之一，"法者天下之公器"，有法必依、执法必严、违法必究，这是能否实现依法治国的根本要求。国务院《条例》实施已经9年，《浙江省实施〈地方志工作条例〉办法》颁布已经2年多。这次全国会议明确提出了要依法治志，要开展《中华人民共和国地方志法》的立法可行性研究，进一步建立健全与法律规章配套的制度体系，加大宣传贯彻力度等。各地在推进依法治志方面也有不少好的做法，比如与人大、法制办联合开展执法检查，与督查室开展行政督查等。浙江省要加大宣传力度，创新贯彻落实的方法和手段，建立配套的保障体系，通过推进依法治志全面提升各地地方志工作的发展水平和工作质量，开创政府履行职责有力度、地方志工作发展有进度、地方志社会影响有热度的生动活泼的工作局面。

4. 要在规定动作和自选动作中选好平衡点。按照国务院《条例》和第五次全国地方志工作会议的要求，修志编鉴是各级地方志工作机构的规定动作，要在2020年全面完成第二轮修志任务，实现地方综合年鉴编纂的省市县全覆盖。规定动作是必须完成的，是基础分。规定动作做不好，事业发展的根基就不牢靠。浙江省要按照第五次全国地方志工作会议的要求，在修志编鉴方面下大功夫。现在距离2020年也就剩不到5年的时间，说长不长，说短不短。要有只争朝夕的紧迫感，争取高质量完成规定动作。第五届中指组为了继续扩大地方志工作的影响，让地方志工作机构这个"冷部门热起来"，让地方志的"死资料活起来"，让地方志工作能够成为各级党委政府的中心工作，扩大社会影响力，抓了中国名镇志文化工程、中华家训集成工程等自选动作。最近几年，各地在乡镇志编修、地方志资源开发利用方面作了很多探索，河南、湖北等省的乡镇志编修已经全面铺开，有不少省份利用地方志资料搞地情网、数据库、微信公众号、手机App等。经过30余年的积累，全社会对地方志工作的认知度在不断提升，各级地方志工作机构积存下来的大量、系统的地情资料的价值越来越重要。在做好规定动作的同时，要考虑开展一些自选动作来发挥地方志的作用和社会效益、进入党委政府的中心工作，引起领导的重视、民众的支持。规定动作和自选动作配合得好，相得益彰，基础分和提高分都高了，地方志工作发展的总体水平自然就高了。

5. 要统筹兼顾，不断提升全省地方志工作的发展水平。浙江是方志之乡、修志大省，历朝历代名家、名志迭出，对地方志的产生、发展、繁荣有着重要的贡献。浙江的人文气息浓厚，人文荟萃，有民间重视修志的优良传统，特别是乡镇志的编修是全国的先行者，地方志工作有着肥沃的土壤和深厚的人文基础。浙江又是经济大省，有能力有条件有基础全面提升地方志事业的发展水平。浙江省地方志工作要谋定而后动，"不谋万世者，不足谋一时；不谋全局者，不足谋一域。""识大势而后伐谋"，要判断好两个大势：全国地方志事业的发展大势和浙江省经济社会文化发展的大势，在谋大势的基础上找准定位、确定方向、明确目标，构建发展全局。省市县三级地方志工作机构要互联互通，上下互动，形成发展合力。浙江省地方志工作的发展，对全国具有重要的示范意义，要努力开创发展的新局面。

广东：继续当好"领头羊"[*]

> 广东方志人凝心聚力、砥砺奋进，取得了显著成绩，打造出广东方志品牌。中指组要求广东省市县三级地方志工作者继续擦亮广东方志品牌，当好领头羊。这不是一句空话，而是一项实实在在的工作。广东省地方志办公室带领全省地方志工作者，接续奋斗，不断创造新的业绩。为了表扬和鼓励那些恪尽职守、默默无闻、甘于奉献的方志人，中指组给担任省级地方志工作机构主任工作10年以上、光荣离岗的同志，颁发一个印有"你真方志"的牌匾，全国只授予3人，广东省地方志办公室原主任陈强同志就是其中之一，我们称他为"中国方志第一人"。
>
> ——题记

近年来，广东省地方志办公室按照中指组的要求，认真贯彻落实习近平新时代中国特色社会主义思想，紧扣时代主题，勤奋扎实工作，不仅创造了广东方志品牌，而且把这一品牌擦得很亮，不愧为全国地方志系统的"领头羊"。归纳起来有五个特点。

一、领导重视

广东省委、省政府一直以来对地方志工作高度重视。朱小丹省长、徐少华常务副省长不仅多次对地方志工作作出批示，还亲自领导和指导工作

---

[*] 2015年11月10日，在广东省调研地方志信息化工作时的讲话。

的开展。省长和常务副省长能够亲自关注地方志工作，是广东省地方志工作又一次取得巨大成绩的一条重要经验。我与两位领导都见过面并且交谈过，从他们的言谈中，我能感觉到他们对地方志工作的关注。这样一种关心指导，与习近平总书记、李克强总理和刘延东副总理对地方志工作的重视是十分契合的，也说明了广东省委、省政府领导讲政治、有文化、有眼光。领导重视是广东省地方志工作的最大特点，请温捷香主任转达中指组对广东省委、省政府领导的衷心感谢。

11月7日，两岸领导人习近平总书记和马英九在新加坡会面，习近平总书记在讲话中提出，要与台湾共享史料、共写史书、共同弘扬抗战精神、共同捍卫中华民族的尊严和荣誉。我认为，这是习近平总书记继7月30日在第十八届中央政治局第二十五次集体学习《关于中国人民抗日战争胜利回顾与纪念重要讲话》之后，对地方志工作又一次新的指示。习近平总书记在7月30日的讲话中，提到要协调各地党史、军史、档案、政协文史资料、地方志、社科院、高等院校等部门和机构力量，扶持民间研究，从军事、政治、经济、文化、社会、外交、国际等领域对抗战进行系统研究，推出高标准的权威专著和通俗读物。在这七个部门中，把地方志排在第五的位置上，这说明在习近平总书记的脑海里地方志工作是有位置的。为了落实习近平总书记讲话精神，中宣部、全国哲学社会科学规划办公室已于10月27日下发了《关于抗日战争专题研究的中长期规划》，其中给予我们地方志四项重大任务：一是编写中国地方志抗日战争资料选编。广东积极筹备在已经出版的年鉴、志书、地情资料中，把有关抗日战争的资料集合起来，再一次走在了全国前列。二是编写中国人民抗日战争口述史。三是编写抗日战争人物志。四是搜集抗日战争影像资料。如果条件成熟，还可组织海峡两岸编写《中国人民抗日战争志》。

二、领导有方

改革开放30多年，特别是10年来，广东省地方志办公室党组班子领导有方，工作开展有前瞻性、谋略性、政治性、时效性。一是前瞻性。就是在全国地方志系统中，广东省都走在了前列，真正起到了排头兵的作用。比如刚才讲到抗战史料的一系列工作，广东省已经先行一步了。二是谋略性。广东省地方志办公室两届领导班子都具有很强的谋略性、前瞻性，比如刚才温捷香主任汇报的举办市、县分管地方志工作领导培训班，如何强力推进"一纳入、八到位"，如何将地方志工作纳入政府考核机制，等等。这都表明广东又一次走在了全国的前列。三是政治性。广东省地方志办公室这几年开展的工作是和国家政治、经济社会发展要求相契合的。广东不仅把地方志业务工作开展得有声有色，成绩斐然，而且在地方志工作中严把政治关，坚持正确方向，在这些方面有很多成功经验。四是时效性。广东不仅在全国第一个率先完成省市县三级第二轮志书的编纂出版，而且还是全国第一个率先实现三级地方综合年鉴出版全覆盖的省份，尤其是最近正在开展的全省自然村落历史人文普查，编写广东地方历史丛书、编纂《广东改革开放志》，这些都是非常务实、高效的做法。所以中指组把第一个省级地方志国情调研基地设在广东，也是基于广东省地方志办公室领导班子的前瞻性、谋略性、政治性、时效性的工作特点而考虑的。

三、制度健全

在国务院《条例》颁布之前，广东省已经开始抓制度建设。《条例》颁布之后，广东省及时制定了《广东省地方志工作规定》以及《地方志网站管理规定》《地情信息安全保密管理规定》《信息员管理规定》等一系列规章制度，构建起了一套完整的制度体系。为地方志工作的开展奠定了基础、列出了规范，为推动全国地方志工作的开展提供了经验。

四、队伍优秀

广东省地方志系统不仅有一个好的领导班子，还有一支能打硬仗、能打胜仗、政治立场坚定、业务素质过硬的队伍。就信息化工作队伍而言，是我看到的全国省一级信息化队伍中最优秀的，正因为有这样一支队伍，地方志信息化工作才能做得有声有色。

五、成绩突出

擦亮广东方志品牌，继续当好排头兵。这不是一句空话，而是一项实实在在的工作。广东省地方志办公室是全国地方志系统的先进集体。为了表扬和鼓励那些恪尽职守、默默无闻、甘于奉献的方志人，中指组给担任省级地方志工作机构主任工作 10 年以上、光荣离岗的同志，颁发一个印有"你真方志"的牌匾，全国只授予 3 人，广东省地方志办公室原主任陈强同志就是其中之一，我们称他为"中国方志第一人"。

广东取得的成绩是有目共睹的，得到了各级领导和全国地方志系统同仁的充分肯定。借此机会我也提几点希望，与大家共勉：

1. 保持优势，继续领跑。广东省地方志办公室现在已经是全国地方志系统的排头兵、领头羊。当前，全国地方志工作迎来了一个千载难逢的发展机遇，今年国办印发了《规划纲要》，习近平总书记、李克强总理和刘延东副总理，广东省委、省政府领导，都很重视地方志工作，这标志着我们这个"千载难逢"的机遇到了。目前，各省（区、市）地方志工作也有了一个新的发展，如山东、河南、江苏等省的发展势头也很猛。在这种情况下，广东怎样继续当好排头兵？大家肩上的担子还是很重的，不能让排头兵落后了。

2. 创造经验，发扬光大。王伟光院长上次来广东考察时就提出，要召开"全国地方志工作经验交流会"，你们在会上不仅要介绍率先完成省市县三级二轮修志任务的经验，同时还要介绍为三轮修志做准备、想措施、订方案的经验。在全国地方志系统信息化发展参差不齐、极不平衡的情况下，尤其需要信息化工作开展的"广东经验"，以及包括这个经验在内的"广东模式"。还需要思考一下，"广东模式"能否进入 2016 年中国方志发展报告。我们不仅要把这一经验进行总结、提炼，而且还要在全国推广。同时，还要深入调研广东举办全省信息化培训的经验做法，为今年的全国地方志系统信息化培训班和明年的全国地方志信息化工作会议积累经验。

3. 胸怀全国，扶弱济贫。从全国范围来看，西藏自治区现在所有的县都没有地方志工作机构，准备将一、二轮修志合并在一起编修；新疆维吾尔自治区50%的县没有地方志工作机构，有的县财政还比较困难，拿不出钱来编修地方志。广东的同志要胸怀全国，希望你们在援疆、援藏方面作出一个表率，实现全国地方志事业的协调、稳定发展。

4.敢于担当，创新发展。党的十八届五中全会规划了关于"十三五"规划的蓝图，这和地方志工作是密切相关的。首先，全面深化改革。有很多人认为地方志工作就是编书，不需要改革，这个认识是片面的。我认为地方志工作比任何一个工作更需要改革，尤其需要从以前对地方志工作认识的"一本书"到做一个事业的立体化视野的改革。2006年，国务院颁布《条例》，2015年国办印发《规划纲要》，从"工作"到"事业"，这是一个把地方志从一项工作到一项事业的转型升级，是地方志深化改革的一个重要变化。在这个改革中，尤其需要我们创新，刚才温主任谈到我们已经开展和即将开展的工作中已经有很多创新，但是我们还需要继续创新。其次，在依法治国的背景下，我们提出依法治志。《规划纲要》中基本原则的第二项就谈到依法治志。很多人对依法治志理解不够全面，从依法修志到依法治志，不仅是一个字的变化，而是把我们地方志的历史、现实定位进一步提高。温主任刚才提到当好党委政府的智囊和参谋，现在国家在搞中国智库工程，在这个方案里，我们把中国地方志智库也写进去了。再次，我非常赞赏你们对《规划纲要》提的建议：实现国家、省、市、县四级纵向数据，其中横向信息中心非常重要，这就是中指办提出的"全国信息方志与数字方志建设工程"的主要内容，它的核心是"三网一馆两平台"。"三网"是中国国情网、中国地情网、中国方志网，"一馆"是国家数字方志馆，"两平台"是全国地方志系统办公平台、全国地方志新媒体传播平台。中国地情网就是全国信息的横向共享，中国国情网就是国家、省、市、县四级纵向数据，不仅是集中，而且是整理、分析，这里面蕴含了巨大的智慧、数据和信息。

习近平总书记提出要实现中华民族的伟大复兴，要实现中国梦，其中要有一个国家文化走出去战略。国家文化走出去，谁最有可能先走出去？我认为最先走出去的应该是中国方志文化，中国方志文化在世界文化舞台上遥遥领先，它是一种独有的世界文化。深化地方志改革、依法治志、中国方志文化走向世界、引领世界文化的发展，这是与落实党的十八届三中、四中、五中全会精神紧密结合的。在这个方面，希望广东地方志人敢于担当，作出一个样子，探出一条路子，继续当好全国方志的"领头羊"！

甘肃：地方志需要这样的"头狼"

  甘肃地处黄河上游，沟通黄土高原、青藏高原、内蒙古高原，东通陕西，南瞰巴蜀、青海，西达新疆，北扼内蒙古、宁夏，西北出蒙古国，辐射中亚。甘肃历史跨越8000余年，中华民族的人文始祖伏羲、女娲和黄帝相传诞生在甘肃，被誉为"河岳根源、羲轩桑梓"。但是，长期以来，甘肃的地方志工作与其中华民族和华夏文明的重要发祥地之一称号不匹配，尤其是二轮修志工作处于全国落后位置。我记得张军利主任刚到任时对我说，他在政府披肝沥胆、辛苦工作多年，积劳成疾，本想选择一个"舒服"单位等待退休，没想到现在的地方志已经不是过去的地方志了，"两全目标""十大工程""转型升级""依法治志"等，个个都是"硬骨头"。让我敬佩的是，张军利没有后悔，没有懈怠，而是很快就表现出一名优秀党的领导干部应有的担当、情怀和气魄，硬是千方百计、克服困难、勇毅前行，把甘肃地方志工作的落后变成了先进。

——题记

  "十三五"时期，甘肃省地方史志事业聚焦重点任务目标，以高质量完成"两全目标"为重点的全省史志事业"十三五"规划确定的任务全面完成。

一、全面高质量完成第二轮省市县三级地方志书编纂任务

  针对甘肃省市县三级地方志书编纂进度滞后的严峻形势，全省地方史志部门充分依靠各级党委政府的坚强领导，以切实加强领导班子能力建

设、全面整肃机关作风为抓手,咬定"两全目标"不放松,加大依法治志力度,强化各项督办措施,开展全方位服务,组织开展志书编纂集中攻坚行动,全面完成全省三级地方志书编纂任务。二轮省志编纂工作,为了解决进度严重滞后的问题,从 2016 年开始,连续 4 年多开展省志编纂工作集中攻坚行动,将领导班子成员和全体业务人员编成 5 个攻坚小组,做到每组有具体攻坚目标、每人有具体攻坚任务,上门督办,上门培训,上门开展业务指导,甚至上门帮助志书承编单位修改篇目大纲、遴选入志资料、修改志书初稿。集中攻坚行动的开展,加快了工作进程,培养锻炼了干部,使志书编纂和年鉴编辑工作取得了突破性进展。2020 年,全面完成省志 72 卷编纂任务,14 个市州和 86 个县区也全面完成了二轮志书编纂全部任务,实现了全省地方史志系统历史性的工作目标,整体工作迈入全国先进行列。

二、地方综合年鉴编辑工作实现一年一鉴、公开连续出版常态化

执行地方史志事业"十三五"规划的前两年,市县两级地方综合年鉴的编辑基本处于无章可循、各行其是的状态,有的县甚至多年不办年鉴或多年编一鉴,省级年鉴也没有做到当年出版发行。围绕规范业务、依法办鉴,省地方史志办公室年鉴部门加大督导协调力度,实行包市州、包县区的工作责任制,组织引导全省地方史志部门认真落实国办《规划纲要》和《甘肃省地方志事业"十三五"发展规划》中对地方综合年鉴规定的任务,下大气力扭转由于重志轻鉴导致年鉴工作整体滞后的局面。同时,把提高年鉴质量作为发挥年鉴资政作用的关键来抓。近年来,在全省地方史志部门的共同努力下,使年鉴编辑工作实现了根本突破。2018 年,全省 101 种三级综合年鉴中,有 91 种年鉴实现了当年编辑、当年出版发行,有 10 种县级综合年鉴当年编辑、次年出版发行;2019 年,实现了 101 种三级综合年鉴全部当年编辑、当年出版发行;2020 年,面对新冠肺炎疫情的严重影响,全省地方史志部门克服各方面困难,创新工作方法,高效率实现了全省 101 种综合年鉴当年编辑、当年出版发行的目标。各级地方史志部门抓

住二轮省志提前一年完成编纂任务的机遇,调整工作力量和业务布局,把工作重点向年鉴业务倾斜,着力加强年鉴工作,有力促进综合年鉴质和量的不断提升,全省年鉴编辑工作连续3年走在全国前列。2020年第七届全国地方志优秀成果(年鉴类)评选中,甘肃1部省级年鉴、4部市级年鉴、8部县级年鉴被评为精品年鉴,是历年来年鉴优秀成果最多的一年。

三、史志信息化建设取得重要成果

"十三五"期间,围绕地方史志工作适应信息化时代要求和大力推进读志用志的新要求,省市县三级地方史志部门积极开展史志信息化工作,使史志信息化手段和平台从无到有,取得长足发展。甘肃地方史志网(甘肃数字方志馆)于2016年当年建成,目前累计完成志书、年鉴及地情资料上传834部、共6亿字,11.4万幅图照,并实现了全文检索,累计浏览量达77.5万人次。甘肃地方史志网(甘肃数字方志馆)是目前全国省级地方志机构中内容容量最大网站,史志信息化建设位居全国前列。省地方史志办公室还于2020年建成史志业务在线编辑系统,从技术上有效支撑起先进高效编辑编纂业务。由各级地方史志部门协助进行史实把关的《中国影像方志》甘肃部分专题节目顺利播出,累计播出31个县(市、区)专题31集,其中2020年播出阿克塞、迭部、庄浪、环县、卓尼、甘谷、积石山、和政、渭源、康乐、陇西、岷县、静宁、靖远、泾川15个县(市、区)专题15集,在宣传推介甘肃人文历史等方面继续发挥积极作用。《甘肃史志》等刊物和载体刊发一批学术质量较高、影响力较大的省内外理论学术文章,促进了地方志理论研究,推动了读志用志工作,拓宽了地方史志工作服务社会的渠道。

四、旧志整理工作取得新进展

全省各级地方史志部门积极开展旧志整理工作,省地方史志办公室组织完成清乾隆《甘肃通志》点校出版,2020年又配合相关部门启动实施了"丝绸之路文献——甘肃地方志"旧志系列整理出版工程,从全省现存的189种2000多卷旧志等古籍资料中,甄别遴选《甘肃通志稿》等有代表性的 62 部、共 3000 余万字精品旧志进行逐年整理出版。目前,《甘肃通志稿》影印本已进入出版环节。市县两级地方史志部门旧志整理工作也取得丰硕成果,2020 年,兰州市地方史志办公室整理出版《皋兰山新志稿校注》,榆中县地方史志办公室整理出版民国时期《兴隆山志》,平凉市地方史志办公室整理出版《平凉旧志辑珍》等,精品旧志的整理出版,在挖掘和弘扬优秀传统文化、推进文化强省建设中发挥了积极作用。

五、地情资料编研成果显著

"十三五"以来,全省地方史志部门围绕本地区经济、政治、文化、社会、生态文明建设等中心工作,紧盯热点节点,认真谋划选题,研究编写了一批独具地方特色的地情资料著作。省地方史志办公室组织编写了《甘肃史地考述》《甘肃史地编研》《甘肃志鉴编研》,合作编写了《甘肃 70 年建设改革发展纪事》,编写的《甘肃简史》已出版发行;组织编写的《甘肃历史学术研究论丛》即将出版。市县两级地方史志部门地情资料编研也取得丰硕成果。2020 年,兰州市地方史志办公室组织编写了《兰州历史图录(1900—2018)》,永登县和榆中县地方史志办公室分别组织编写了"金城村史"系列丛书,武威市地方志研究中心组织编写了《武威市党史系列庆祝新中国成立 70 周年专题资料汇编》《武威市扶贫开发专题资料和口述资料汇编》,民勤县地方志研究中心组织编写了《民勤方言拾遗》,白银市地方史志办公室组织编写了《白银民间小戏曲》,平凉市地方史志办公室组织编写了《平凉史略》《赵时春文集校注》,庆阳市宁县地方史志办公室组织编写了《铁链桥沧桑——宁县米桥镇纪事》,临夏州永靖县地方史志办公室组织编写了《永靖民俗》《永靖告比文化》,广河县地方史志办公室组织编写了《乡音的味道》等地情资料,在推动文化建设、服务当地经济社会发展中都发挥了积极作用。

如期全面实现第二轮省市县三级地方志书编纂任务和实现省市县三级地方综合年鉴一年一鉴、当年出版发行全覆盖的"两全目标",是中指组确定在"十三五"期间必须全面完成的硬任务,更是国办《规划纲要》和《甘肃省地方志事业"十三五"发展规划》确定的一项重要任务。在如期实现"两全目标"的生动实践中,全省各级地方史志部门打开了难以打开的工作局面,解决了许多难以解决的困难,啃下了不少难以啃下的硬骨头,积累了工作经验,锤炼了史志部门干部,检验了干部队伍作风,涌现出了以安宁区地方志编纂委员会办公室等20个"全省第二轮地方志书编纂和地方综合年鉴编辑工作先进集体"和姚彩萍等28名"全省第二轮地方志书编纂和地方综合年鉴编辑工作先进个人"为代表的一大批史志工作先进群体,为今后更加坚实有效地开展好史志工作积累了经验、储备了人才、奠定了基础。"两全目标"的实现,也有效引领和带动了史志工作各项业务的全面发展和整体水平的提高。近年来,全省史志事业的实践,形成了许多推进事业健康发展的经验和共识。

1. 全面加强党的建设是做好地方史志工作的根本保证。在近年来的工作实践中,各级地方史志部门正是因为把党的政治建设摆在首位,切实增强"四个意识"、坚定"四个自信"、做到"两个维护",坚决贯彻党中央的决策部署和省委的安排要求,才从根本上保证"两全目标"任务得以高质量完成,各项工作取得了可喜成就。

2. 坚持正确的政治方向是做好地方史志工作的基本原则。在近年来的工作实践中,各级地方史志部门正是因为深入学习贯彻习近平新时代中国特色社会主义思想,贯彻落实习近平总书记对甘肃重要讲话和指示精神,认真学习习近平总书记关于史志工作的重要论述,切实增强围绕中心、服务大局的意识,才从政治原则上使我们不断端正"为党立言、为国存史、为民立传"的正确业务指导思想,使史志工作更好发挥了"存史、资政、育人"的重要作用。

3. 认真履职尽责、积极担当作为是完成地方史志各项工作任务的基本要求。在近几年的工作实践中,各级地方史志部门正是因为牢固树立咬定目标不放松、埋头苦干抓落实的担当精神,忠于职守,爱岗敬业,才取得了如期或提前完成"两全目标"等突出业绩。

4. 良好的纪律作风是推进地方史志工作不断进步的不竭动力。在近几年的工作实践中,各级地方史志部门正是因为大力提倡和弘扬党的优良作风,才营造了人人想干事、人人会干事、人人能干成好事的浓厚氛围。

5.树立激励竞争向上的良好工作导向是推进地方史志工作上台阶上水平的强力支撑。在近几年的工作实践中,各级地方史志部门正是因为认真贯彻中央部署和各级党委要求,在抓班子和队伍建设、抓机关党的建设、抓党风廉政建设和抓业务建设上坚持正确的工作导向,坚持工作标准,坚持弘扬正气,坚持大胆纠正偏差改进不足,才极大改善和提升了史志部门整体工作面貌。

四川:"十业并举"谱新篇

四川物华天宝、人杰地灵,地域文化底蕴深厚,编史修志历史悠久,是传统方志名省、方志大省。党的十八大以来,四川省地方志工作在马小彬主任和陈建春主任的先后带领下,讲政治,顾大局,既紧紧围绕全国地方志事业发展要求和中指组的统一部署,奋发有为,奋勇争先,圆满完成"法定任务",又密切结合四川经济社会工作实际,因地制宜,开拓创新,在一系列"自选动作"上绽放异彩。持续作为有后劲,"十业并举"谱新篇,实现了从方志大省到方志强省的转变,是全国地方志系统持续发展和全面发展的典范。

——题记

从方志大省到方志强省[1]

马小彬主任在地方志系统工作多年,是一位有担当有实干、有理想有谋略、讲规则重感情的专家型领导。近年来,四川省各级地方志机构在马小彬主任的带领下,围绕中心,服务大局,转型发展,多项工作亮点纷呈,取得了很大成绩,实现了从方志大省到方志强省的转变。

---

[1] 2018年1月22日,在四川省地方志工作会上的讲话。

一、四川省近年主要工作成绩

（一）领导高度重视

四川省地方志工作办公室5年来连续交流提任6名厅级干部。2017年四川省委常委会5次开会研究省地方志办班子建设方案，新增了省地方志办副主任领导职数，使四川省地方志工作办公室班子形成一正两副、厅级干部职数达到5名的格局。

（二）依法治志卓有成效

率先修订《四川省地方志工作条例》，印发《关于进一步加强和改进新形势下地方志工作的意见》《四川省地方志事业第十三个五年发展规划（2016—2020年）》等。全省21个市（州）、20余个县（市、区）出台地方志工作"十三五"规划或实施方案。

（三）"两全目标"有序推进

2017年底，规划编修的《四川省志（1986—2005）》93个分卷已终审验收75个分卷，其中已出版印刷40部；21部市（州）志已出版16部；181个县（市、区）志已出版173部。《四川年鉴》实现（中、英）双语出版。全省21部市（州）年鉴全部实现一年一鉴，183个县（区）年鉴中有165个已实现一年一鉴和公开出版。

（四）平台建设不断强化

方志馆建设取得突破性进展。四川省方志馆可行性研究报告通过财评。成都市方志馆完成终审验收，并于2017年6月23日开放试运行。

（五）信息化工作有力推进

完成"四川省情信息库"（四川省数字方志馆）项目平台建设。方志四川政务账号入驻今日头条，开通方志四川企鹅号。省市县建成地情网站34个，数字方志馆（数据库）5个，新媒体建设29个。

（六）旧志整理扎实推进

《四川历代方志集成》（共四辑）全部出版。完成《西康通志稿》出版。完成了《日本藏巴蜀珍稀文献汇刊》（第一辑、第二辑）、《雅州府志》、《金川妖姬志》等25部历代方志的整理出版，旧志"古为今用"的作用得到有效发挥。

（七）方志资源开发利用不断拓展

利用方志资源，积极编纂出版地情读物、教材、理论著述、工具书，《治川史鉴》《大唐西域记珍稀文献汇刊》《日本藏巴蜀珍稀文献汇刊》《成都精览》《蜀警录》等一批拓展成果编纂出版。

以上成绩的取得，是四川省委省政府高度重视的结果，也是四川省广大方志人凝心聚力、开拓创新、奋力拼搏的结果，在此我代表中指组及其办公室向你们表示衷心的感谢和热烈的祝贺！

二、全国地方志工作形势

2018年是贯彻党的十九大精神的开局之年，是改革开放40周年，也是决胜全面建成小康社会、实施"十三五"规划承上启下的关键一年。下面，我结合全国地方志事业的发展，谈几点意见：

（一）明确地方志事业发展的新方位

习近平总书记在党的十九大报告中提出："经过长期努力，中国特色社会主义进入了新时代，这是我国发展新的历史方位。"当前中国特色社会主义进入新时代，全国地方志事业也进入了新时代。地方志事业正从传统的"一本书主义"到志、鉴、史、馆"四驾马车"并驾齐驱，志、鉴、史、馆、库、网、用、会、刊、研"十业并举"的转变。地方志正全力在全国范围内实现从一项工作到一项事业的转型升级。

全国地方志事业进入新时代主要表现在：其一，新时代是地方志承前启后、继往开来，在新的历史条件下实现在全国范围内全面推动地方志从一项工作向一项事业转型升级的时代。其二，新时代是地方志实现省省、市市、县县有志有鉴，实现国志、省志、市志、县志、乡镇志、村志、社区志和综合年鉴从中央到社区的全覆盖，地方志成为国家、民族、社会、各级党委政府不可或缺的伟大事业的时代。其三，新时代是全国方志人不懈奋斗、开拓创新、不断扩大地方志的功能和影响力，让每一个中国人都能在地方志中找到自己的位置，地方志实现家喻户晓，方志人挺直腰杆的时代。其四，新时代是全体方志人勠力同心，弘扬精神，奋力挖掘弘扬方志文化，继而助推建设社会主义文化强国的时代。其五，新时代是方志文化引领中华文化日益走向世界文化舞台中央，向世界贡献中国智慧和中国方案的时代。

（二）把握地方志事业发展的新机遇

习近平总书记2018年1月5日在学习贯彻党的十九大精神研讨班开班式上发表重要讲话中指出，当前，我国正处于一个大有可为的历史机遇期。对于全国地方志事业而言，也同样面临着一个大有可为、千载难逢的历史机遇期。

党和国家领导高度重视地方志工作。党的十八大以来，党中央、国务院高度重视地方志工作，习近平总书记、李克强总理、刘延东副总理多次就地方志工作发表重要讲话，作出重要指示、批示。中办、国办出台一系列重要文件，将地方志工作纳入各地国民经济和社会发展规划，纳入党中央、国务院部署的工作任务，地方志顶层设计更科学，地方志发展方向更明确。

各级政府大力支持地方志工作。近年来，各地党委政府高度重视地方志工作，采取措施大力支持地方志工作，按照"一纳入、八到位"的要求，把地方志工作纳入国民经济和社会发展规划、各级政府工作任务之中，做到认识到位、领导到位、机构到位、编制到位、经费到位、设施到位、规划到位、工作到位，为地方志事业的发展提供了良好的环境和条件。地方志资料的权威性、准确性得到了广泛认可，地方志工作机构在做好志鉴主业的同时，也为党委政府承担了更多的宣传、育人、资政工作。

社会各界普遍关注地方志工作。586家方志馆在全国建成，向社会公众全面展示了方志中国魅力。中国国情网、中国地情网、中国方志网、"方志中国"微信平台等方志文化传播阵地相继建成，成为与社会各界互动交流的桥梁纽带。名镇、名村、地情、年鉴等一系列论坛的举办，以及《中国影像方志》的连续播出，使得地方志日益走进群众的生活。地方志书从一本落满灰尘无人识的冷门书，变成人们认识地情、了解过去的工具书的首选。

可以说，地方志事业迎来了千载难逢的发展机遇，迎来了最好的发展时期。而这一机遇的出现，看似偶然，实则必然。首先，这是中华民族伟大复兴中国梦的必然要求。中华传统文化复兴是中华民族伟大复兴的重要组成部分。而在中华传统文化中，地方志自成一脉，独树一帜，具有独特的魅力，成为中华民族特有的文化基因，是最具有民族特征的标志性传统文化形式之一。其次，这是经济社会发展到一定阶段的现实需求。"仓廪实而知荣辱"。人民群众在物质需要得到较大满足的时期，会对文化需求提出更高的要求。历史经验告诉我们，盛世修志，这是社会发展的趋势。地方志事业长期不平衡不充分的发展已经与人民日益增长的读志用志美好生活需要产生了矛盾。再次，这是方志人长期努力奋斗的必然结果。长期以来，地方志机构被视为"冷部门"，地方志工作者被描绘为"白首太玄经"的腐儒形象。然而他们不甘寂寞，弘扬"三耐一强"的"仙人掌"精神，奋发作为，特别是近年来，"十业并举"开展了一系列的创新文化工程，在"冷部门"做出了"热事业"。这是对他们无数次殚精竭虑、苦思冥想的褒奖，是对他们无数次加班加点、推敲苦吟的赞赏。

"来而不可失者时也，蹈而不可失者机也。"机遇对事业的发展至关重要。如果我们能牢牢把握当前的重大机遇，经过一段时间的努力，未来将会是这样的画面：方志成果硕果累累，有许多伟大的人和伟大的事被我们记录，我们中的许多人也名垂青史；方志事业蒸蒸日上，各项业务全面发展，方志事业作为重要的工作被各级党委政府摆上议事日程；方志机构体制理顺，设置健全，有法可依，运转良好顺畅；方志人扬眉吐气，成为受人尊重、被人欢迎的社会群体。

（三）开创地方志事业发展的新辉煌

"时来天地皆同力，运去英雄不自由。"面对大好局面，全国方志人一定要凝聚共识、激发自信、勠力同心、奋发有为、开拓创新，进一步推进地方志事业全面转型升级，开创新时代地方志工作新辉煌。

2018年全国地方志系统要认真学习贯彻党的十九大精神，在习近平新时代中国特色社会主义思想的指导下重点做好以下工作：开展《地方志工作条例》修订、《中华人民共和国地方志法》立法可行性研究、《地方志工作条例》、《全国地方志事业发展规划纲要（2015—2020年）》落实督查等工作，进一步推动地方志事业法治化建设。加大二轮志书任务完成力度，进一步扩大年鉴覆盖面，推动"两全目标"高质量完成。有计划地推动全国旧志整理、保护工作。积极推进方志馆建设，全面提升公共文化服务水平，不断扩大社会影响力。推进全国信息方志与数字方志建设工程，用好信息平台，大力发展"互联网＋地方志"。围绕国家利益、经济社会发展、人民需求三个方面，开拓创新性工作。加强方志理论研究，推进方志学一级学科建设。出台《关于全国地方志系统支援西藏、新疆地方志工作的意见》，落实《关于进一步做好全国地方志系统援藏援疆工作实施方案》，推进全国地方志系统援藏援疆工作。出台地方志资料收（征）集、保存、管理制度，强化地方志资料建设。加强对地方史编写出版工作的统筹规划、组织领导，出台相关文件，稳步推进地方史纳入地方志工作范畴。进一步走出去传播中国方志文化，推介新方志编纂成果，面向世界贡献中国方志智慧。完善教育培训制度，建立国家级、省级地方志专家库，全面加强队伍建设，等等。

三、对四川省地方志工作的要求

（一）树立方向意识，进一步强化思想政治建设

要把学懂、弄通、做实党的十九大精神和习近平新时代中国特色社会主义思想作为一项政治责任，要充分认识、认真思考、深刻理解方志人在把我国建成富强民主文明和谐美丽的社会主义现代化强国中所肩负的新使命和新担当，做到真学、真懂、真信、真用。持续推进"两学一做"学习教育常态化制度化，在全省地方志系统开展"不忘初心，牢记使命"主题教育，用理论武装头脑，指导实践。及时传达学习落实四川省委、省政府各项工作安排，中指组及其办公室举办的各类会议精神，结合实际，形成有针对性的贯彻措施，做到事事有着落。

（二）树立责任意识，按时保质全面实现"两全目标"

"两全目标"是刚性任务、法定责任。2018年是实现"两全目标"的攻坚年、决胜年，距离2020年实现志鉴"两全目标"不足3年，时间紧、任务重。四川省要高度重视，采取得力措施，科学规划，全力推进，力争早日全面完成第二轮三级志书编修任务。要尽快完成《四川省志》年度出版的任务。对志书编纂进度缓慢和尚未实现一年一鉴的县（区）予以重点

督促指导，对已经完成第二轮修志的省志分卷承编部门，要抓好部门年鉴、部门志或部门大事记编纂工作；已经完成第二轮修志的市（州）要指导开展名镇（村）志、特色志编纂工作。及时总结第二轮三级志书编修经验，精心做好第三轮修志的规划与资料准备。

（三）树立法治意识，深入推进依法治志

要继续争取省委、省人大、省政府、省政协以及有关部门的重视支持，以"一纳入、八到位"为抓手，完善管理工作体制机制。围绕贯彻落实中办、国办及省委办、省政府办《关于实施中华优秀传统文化传承发展工程的意见》，尽快拟定四川省《〈关于全省地方志系统贯彻落实实施中华优秀传统文化传承发展工程的意见〉的实施意见》。继续加强对地方志工作法规规章贯彻落实情况的检查、调研。继续完善四川省地方志工作机构依法行政工作，指导各市（州）做好四川省行政权力依法规范公开运行平台上的监控和管理、行政执法证管理，完善执法队伍建设。

（四）树立创新意识，切实发挥地方志在促进经济社会发展中的重要作用

要围绕国家利益、经济社会发展中心和人民群众需要三个方面开展服务工作，彰显地方志价值、展示地方志魅力、提升地方志影响力。将深入挖掘、抢救保护地情资源作为常态化工作，继续完善地情资料收（征）集制度和资料管理制度，做好抗日战争史料的收集工作，完成《四川抗战历史文献》《四川当代史》全面编纂出版任务。围绕四川省发展战略和文化产业发展布局，加大对地情信息资料的研究，加强与相关单位的交流合作，实现资源整合、工作联合，推进廉政文化、抗战文化、中华优秀传统文化、文化小镇建设、旅游与文化、自然保护区志等相关工作，服务全省工作大局、服务于党委政府中心工作。要丰富传播形式、拓展传播渠道，弘扬巴蜀文化，讲好四川故事，利用各种传播媒介，开展方志文化进机关、进农村、进社区、进校园、进企业、进军营等各类活动，服务于人民群众的方志文化资源需求。

（五）树立服务意识，拓宽平台建设渠道

持续高效推进方志馆建设。加快推进省级方志馆建设进度，积极指

导市（州）、县（市、区）开展方志馆建设的方案论证、立项、布展等工作。加大地方志信息化建设力度。丰富"四川数字方志馆"的内容，加强四川省地方志网站及网站群维护管理，用好方志四川微信、微博、政务头条号、企鹅号等新媒体平台，做活地方志和地情文化宣传。推进各地地方志网站建设，整合省市县三级网络资源，逐步实现地方志信息资源的共享互通。

党的十九大吹响了新时代的号角，我们地方志工作迎来了前所未有的发展机遇。新的时代有新的使命，新的使命意味着新的征程。让我们牢牢把握机遇，齐心协力，在转型升级中不断开创地方志事业发展新局面，朝着地方志"两个一百年"的目标奋力前进！

构建新时代地方志事业新格局

近年来，四川各级地方志部门坚持围绕中心、服务大局，积极推进地方志事业转型发展，各项工作齐头并进、亮点纷呈，取得了显著业绩。党的十八大以来，以习近平同志为核心的党中央站在历史的高度和时代前沿，形成了一系列治国理政新理念新思想新战略；习近平总书记多次对地方志工作发表重要讲话，作出重要批示，为推进地方志事业转型发展、实现全面升级指明了前进方向，提供了根本遵循。四川省地方志工作者把学习好、宣传好、贯彻好习近平总书记系列重要讲话精神和治国理政新理念新思想新战略，作为推动地方志工作发展的首要任务，始终坚持以习近平新时代中国特色社会主义思想为指引，深入贯彻落实中指组2015年12月提出的"转型升级"要求，彻底摒弃"一本书主义"，切实转向志、鉴、史、馆"四架马车"并驾齐驱，志、鉴、史、馆、库、网、用、会、刊、研"十业并举"，全面推动四川地方志从一项工作向一项事业转型升级，基本构建起四川地方志事业发展的崭新格局。

经多年努力，尤其是自2018年以来，四川地方志工作咬定青山、凝心聚力，以矢志不移、坚韧不拔的意志和笃行不息、驰而不息的毅力，以传承弘扬中华优秀传统文化为己任，坚持留存史实与服务现实相结合、开发利用与宣传弘扬齐推进，突出抓好"存史、资政、育人"主责主业，持续强化政治建设、组织建设、队伍建设和作风建设，努力在服务中心大局、服务经济社会发展、服务人民群众"三个服务"中推动地方志事业转型发展，取得了一系列开创式、跨越式的重大成就，四川地方志价值有力彰显，地方志影响显著扩大，全省地方志事业呈现出百花齐放、欣欣向荣的可喜局面，实现了从方志大省到方志强省的奋力跨越。

一、坚持政治引领，强力凝聚体制机制动能

《周礼》有云："掌道方志，以诏观事。"自古以来，地方志从来都是观民情、察民生、启民智、发民声的重要载体和不朽成果；在新的历史条件下，地方志领域更是意识形态领域斗争的重要战场，地方志部门更是意识形态工作的重要部门。因此，落实好把方向、抓导向、管阵地任务，推动党管意识形态工作落地落实，在地方志全盘工作中具有发微阐幽、提纲挈领的关键性和全局性意义。

回顾四川地方志工作所走过长期奋斗历程，从圆满完成第一轮方志编修，到"十业并举"取得阶段性明显成效，数十载呕心沥血、数辈人筚路蓝缕，其最核心、最重要的收获就是在全部工作中始终做到了坚持党建引领，把准发展航向，坚持马克思主义唯物史观在地方志工作中的指导地位，在政治立场、政治方向、政治原则、政治道路上与党中央保持高度一致，确保了中央、省委、省政府重大决策部署在地方志部门的落地落实、开花结果。

新时代以来，特别是2018年以来，四川更鲜明提出"以政治建设为首位，以支部建设为引领，以作风建设为重点，以方志事业为纽带，打造一支政治坚定、勤奋敬业、团结合作、廉洁高效、风清气正的方志队伍"导向，为地方志事业法治化高质量转型升级提供坚强的思想、纪律和组织保障。在地方志工作开展过程中，全省地方志部门深入学习贯彻习近平新时代中国特色社会主义思想，提高政治站位，坚定政治方向，不断增强"四个意识"，坚定"四个自信"，捍卫"两个确立"，做到"两

个维护";持续强化思想理论武装,建立经常性政治教育机制,认真开展"不忘初心,牢记使命"主题教育,深化党史学习教育,抓好理想信念教育、法纪教育,强化学思践悟、知行合一、学以致用,将学习成果转化为地方志部门指导实践、推动工作的具体举措;扎实深化机关党的建设,严格落实党建工作与业务工作"四同"机制,破解"两张皮"问题,积极推进"四好一强"领导班子创建和"五好党支部"建设,提升班子领导力、凝聚力、组织力、战斗力;建强基层组织战斗堡垒,全覆盖推行党员积分制管理,常态化推进"不担当不作为教育整顿",教育引导全系统党员干部当好示范、甘为楷模。同时,坚决扛起意识形态责任制,一方面严格志鉴期刊编纂出版政治把关,出台四川省地方志办《网站运行管理办法》《新媒体管理办法》等制度,加强方志四川新媒体矩阵及四川省情网内容审核,确保全省地方志工作方向正确,严防意识形态问题和网络舆情;另一方面,立足全省史志资源优势,壮大弘扬主流意识形态宣传能量,全方位、多层次、立体化地树立和拓展了四川地方志的良好形象和品牌影响力。

地方志工作承前启后、继往开来,是一项面向社会各界、涉及方方面面的庞杂而恢宏的系统性文化工程,离不开各级组织的重视支持,离不开全社会的共同关注。四川自1981年恢复设立地方志工作机构以来,全省各级地方志部门扎实推进社会主义新方志编修,逐步构建起常态化、制度化、长效化的整体工作模式,逐步建立起了科学规范、高效有序的运行机制,确保了四川地方志事业枝繁叶茂、行稳致远。2015年以来,中共四川省委办公厅、省政府办公厅印发了《关于进一步加强和改进新形势下地方志工作的意见》,关心重视地方志班子建设,对编纂经费给予充分保障;省人大推动《四川省地方志工作条例》出台、修订和贯彻落实,在法制层面为四川地方志事业提供坚强支撑;省政协始终高度重视支持地方志工作,充分利用职能优势,积极统筹各方力量,主动为四川地方志事业发展建言献策,提供强大智力支持。

近年来,根据全面实施"十业并举"发展战略、全新构建地方志事业发展版图的迫切需要,四川地方志系统进一步深入践行"为党立言、

"为国存史、为民修志"的历史使命,自上而下,由点及面,用大的决心,下大力气,采取各种举措,不断坚持、巩固、优化、提升党委领导、政府主持、地方志机构组织实施、省直各部门积极支持、社会各界广泛参与的"大方志"工作格局,不断致力于立足科学性、前瞻性、系统性、全面性原则健全完善各项工作机制,坚决打破和摒弃"一本书主义"影响下所衍生的各种旧思想、旧机制、旧习惯、旧做法,为创造性促进事业发展提档升级创设有利环境和良好条件。省地方志办先后提请省政府办公厅印发《关于开展部门大事记编写报送工作的通知》,切实解决二轮修志后期省直部门地方志工作与第三轮志书编修的衔接问题;印发《四川省地方志系统贯彻落实传承发展中华优秀传统文化实施意见工作方案的通知》,从聚焦主业主责、发挥资源优势、强化担当作为、推动开发利用角度,将地方志工作与宏阔主题、社会热点紧密相融……四川地方志工作以决绝的姿态、革新的精神、开放的态度,打通部门间的横向工作边界,疏通地区间的纵向工作路径,摆脱一切束缚和窠臼,凝聚社会共识与合力,逐渐走出了一条"开门修志""众手成志"的宽阔道路,为全省地方志工作在"十业并举"新方向下的创新发展奠定了坚实基础,提供了坚强保障。

二、严把质量关口,全面丰富志鉴编修成果

(一)"十业并举","志鉴"当头

志鉴质量高低决定着地方志工作的兴衰成败,是全部地方志工作的初始原点和归宿,更是落实和验证"十业并举"举措与成效的基本前提和本质要求。长期以来,四川地方志系统始终高度重视质量建设牵一发而动全身的重要作用,始终把质量建设放在全部业务工作的首要地位,作为落实"十业并举"战略转型与提升地方志工作综合形象的关键结合点、核心着力点狠抓不懈、常抓不懈。近年来,更鲜明提出坚持对党和国家负责、对人民负责、对历史负责"三个负责"理念,紧紧围绕"两全目标",牢牢立足制度建设,用高质量的事业成就来维系人、鼓舞人、凝聚人和带动人,不断推动全省地方志工作迈上崭新台阶。

千淘万漉,传之久远。高质量完成"两全目标",既是四川地方志系统的头等大事,更是有力有效推进"十业并举"战略转型的内在要求和外在体现。近年来,四川地方志系统充分把握这一历史性发展契机,精准判断切入点和发力点,以"堪存堪鉴"为目标和动能,以"两全目标"为牵引和抓手,以综合性、系统性的整体质量提升行动为依托,有效推动了四川地方志事业在新的发展坐标上华丽转身。

四川的"两全目标"得到省委省政府高度重视与大力支持。2005年《四川省志》编纂工作启动以来,省委省政府6次发文就工作的组织领导、工作部署、工作计划等提出明确要求,省政府分管领导多次就"两全目标"推进作出批示;"全面完成第二轮三级志书编修任务""认真开展志书编修"分别纳入《四川省地方志事业第十三个五年发展规划(2016—2020年)》《中共四川省委办公厅 四川省人民政府办公厅关于进一步加强和改进新形势下地方志工作的意见》。2020年,"完成第二轮修志任务"更被列入《政府工作报告》,并作为省政府2020年的重点工作予以推进,为四川"两全目标"的推进指明了前进方向,提供了强大的领导和组织保障。近年来,全省地方志系统统一思想认识、层层压实工作责任,主动作为、攻坚克难,精雕细琢,以超常的意识和举措,一级级督查考核,点对点调研督导,加强社会舆论宣传,广泛争取、组织动员各级各部门(单位)、专家学者和社会力量参与地方志书和综合年鉴编纂。截至2020年底,四川省所有规划的地方志书及综合年鉴2020卷全部进入出版程序,标志着历时15载、总规模超3.5亿字、参与人数逾7000人的第二轮省市县三级地方志书全部完成编纂,省市县三级综合年鉴实现"一年一鉴、公开出版"全面覆盖。四川第二轮修志重大文化工程圆满完成,为全省"十业并举"的漫漫征程绘制了波澜壮阔的全新画卷。

(二)干事创业,制度先行

四川深刻认识和把握质量为事业之根、制度为质量之本的内在逻辑,努力借助制度化、规范性的力量杠杆,将质量第一、质量至上原则和意识贯穿修志工作各节点、各领域、各阶段,切实履行好为时代立传、为时代画像、为时代明德的历史使命,为全省地方志事业健康持续发展筑牢了机制化、系统化的制度堤防。

　　围绕质量提升要求，四川遵循体系化、科学化原则，大力建立健全质量标准体系。2018年9月，制定印发《四川省地方志工作办公室关于实施地方志工作质量提升行动的意见》，从依法治志、志鉴编修、开发利用等方面，提出提升依法治志质量、志鉴编修质量、服务中心质量、平台建设质量等5个方面的要求；在坚持志书三审制度的基础上，组织制定《〈四川省志〉质量体系建设纲要》《四川省市县志质量体系建设纲要》《四川综合年鉴质量体系建设纲要》《四川省乡镇村志编纂指导纲要》4个质量体系建设纲要，配套出台《关于提升地方综合年鉴编纂质量的意见》《指导省直部门志鉴编修工作规范（试行）》《〈四川年鉴〉编纂质量管理办法（试行）》《〈巴蜀史志〉稿件审查与校对管理办法》及《四川省乡镇（街道）志、村志编纂规范》；建立全省地方综合年鉴编纂篇目逐级审查与复核制度，确立《四川年鉴》大纲征求省直部门意见、专家审查、省地方志办审定的工作制度，全方位、多层次、系统性推进志鉴质量建设。2021年，地方志系统编纂的《大熊猫图志》《汶川特大地震四川抗震救灾志》《中华人民共和国70年四川大事记》《四川改革开放40周年大事记》获四川省第十九次社会科学优秀成果二等奖；全省22部年鉴获中指办第八届全国地方志优秀成果（年鉴类）奖，其中，《四川年鉴（2020）》等4部年鉴被评为特等年鉴《四川年鉴（2020）》。经过一代代地方志工作者赓续不断的艰辛努力，四川志鉴编纂成绩陆续实现历史性的跨越和突破，不但打造了一批经得起时代检验、人民检验、历史检验的精品良志，更为"十业并举"在四川的生动实践注入了奔流不息的源头活水和新鲜活泼的亮丽色彩，不断谱写着全省地方志工作全新的灿烂华篇。

三、凸显巴蜀特色，系统打造方志传播矩阵

　　越是巴蜀的，越是全国的，"十业并举"既是全国一盘棋，更有地方大文章，需要各地在一心一意全面推进地方志事业转型升级的同时，同样用心用情推动本土优秀传统文化元素的宣传与弘扬。

长年以来，四川地方志系统抓住"十业并举"转型契机，一方面全力推动"志"的升级发展，另一方面同步突出"地方"的风格与个性，始终自觉担当传统文化、红色文化、方志文化的继承者、追寻者与传播者，通过广泛覆盖、深入挖掘、持续创新，全力打造底蕴深厚、特色鲜明、异彩纷呈的传播矩阵，牢牢守护优秀传统文化的"蜀"性，让四川地方志文化真正动起来、立起来、活起来，充分展示出地方志文化在明察地情、裨益民生、褒正抑邪、教化风尚的强大功能，充分体现出地方志文化厚重磅礴、宽阔浩瀚的深邃内涵和无穷魅力。

（一）围绕一个"改"字，有序做好网站、期刊革新"两篇文章"

期刊和官网是推进"十业并举"的重要阵地和核心平台，四川地方志系统高度重视网、刊主流平台的独特地位和价值，围绕有效凸显网、刊传承历史文化功能的迫切需要，对《巴蜀史志》及原四川省地方志网进行了彻底的升级改造。对《巴蜀史志》的办刊定位、栏目设置、组稿方式进行系统调整，将其定位为巴蜀文化、地情文化期刊，服务对象由史志工作者调整为整个社会公众，2018年以来，先后两次对期刊进行扩容提质，页码由64页增加至136页，体量增加一倍；并根据重大纪念活动策划编纂专刊、特刊，先后编辑出版《巴蜀史志》纪念改革开放40周年专刊、纪念大熊猫科学发现150周年专刊、庆祝中华人民共和国成立70周年特刊、抗击新冠肺炎疫情专刊，四川多次在全国性地方志会议上交流办刊经验，赢得省内外读者广泛赞誉。强化地方志"一方之全史"观念，将四川省地方志网改版扩容为全新的四川省情网，设置《四川地情》《四川印象》《文化纵横》《资政服务》《数字方志》等栏目20多个，实现了从方志业务网到省情信息网的重大转型，全方位宣传中华优秀传统文化、革命文化、巴蜀文化，高扬主旋律、凝聚正能量，讲好四川故事、唱响方志声音。

（二）围绕一个"新"字，统筹建强新媒体平台矩阵

新媒体矩阵建设是有效推进"十业并举"的主要内容和重要标志，四川地方志系统积极适应互联网发展新趋势、新潮流、新特点，全面加强网络宣传平台建设，切实推进方志四川官方微信及新媒体矩阵的定位调整，

将其从地方志业务工作平台调整为传统文化、巴蜀文化传播平台,开设《传统文化》《红色文化》《巴蜀文化》《人文地理》《乡村振兴》《家风家训》等专栏50多个,综合运用网站、微信、馆刊等媒介,推出一批宣传弘扬中华优秀传统文化、革命文化、巴蜀文化的史志文章、音频视频。2018年9月,在原方志四川微信、微博、头条号、企鹅号基础上,在喜玛拉雅开通方志四川官方电台,与成都人民广播电台、喜马拉雅等媒体合作制作《舌尖上的四川》《川菜志》《川酒志》《四川方言的来龙去脉》等音频节目近300集。2019年,开通方志四川人民号、澎湃号、搜狐号;当年,方志四川官方电台荣登《2019政务音频巅峰榜》,并获评全国2019年度政务音频账号前30名,音频节目《舌尖上的四川》被评为全国政务专辑人气类前10名,四川成为全国地方志系统中唯一登上此榜单的省份。至2022年,已全新建成"两微九号一网一台一刊一店一馆"新媒体矩阵,坚持逐日发布与定期更新相结合,初步构建起视野广阔化、触角前沿化、主题重大化、内容专业化的运行机制,放大全新媒介矩阵的聚合能量,加强中华优秀传统文化、社会主义核心价值观、党史国史宣传,打造富有四川特色的传统文化、巴蜀文化立体传播格局。

(三)围绕一个"聚"字,全面提升地方志品牌内涵

主动作为、开门兴志,是推进"十业并举"的创新思路和实际路径,四川地方志系统注重加强媒体沟通协调,借助优势互补和强强合作,不断形成推动事业发展的合力,不断扩大地方志的社会影响。与重庆市地方志办、内江师范学院联合建立巴蜀方志文化研究中心,开展巴蜀文化阐释、地域文化开发利用,打造中华优秀传统文化研究与传承创新平台。开展"聚焦三星堆"征文,会同省文物考古研究院、三星堆博物馆、德阳市地方志办编纂出版《巴蜀史志》"聚焦三星堆"专刊,以110余万字宏大篇幅宣传古蜀文明。组织省内相关市(州)参加全国"讲述黄河故事 传承黄河文化"系列活动,征集文字作品18篇,省地方志办获"优秀组织奖"。与新华社四川分社、人民网四川频道、中新社四川分社等驻川全国主流媒体,《四川日报》、四川在线、四川新闻网、《华西都市报》等省内官方媒体建立合作关系,联合制作推出传播弘扬优秀传统文化、革

命文化、巴蜀文化和民族文化的专版、专栏和特别节目，放大全方位宣传的"聚合效应"。2018年9月至2021年底，《华西都市报》《封面新闻》刊发四川省地方志办组织撰写的《二十四节气》《古诗词中的那些花儿》等文章，或选用《巴蜀史志》、方志四川微信公众号发表的传统文化类文章800余篇；省内外权威官方媒体宣传报道四川省地方志办工作的文章年均447篇，四川方志的品牌优势和社会影响力得到充分确立和空前强化。

四、立足以法治志，着力夯实持续发展基础

勇立潮头、敢为人先，历来是四川地域文化血脉中最为质朴、最为坚固的遗传基因，四川人披荆斩棘、开拓进取，在各个历史时期都书写了可歌可泣的辉煌篇章。2013年，《四川省地方志工作条例》首开我国地方志工作立法之先河，奏响了全国地方志工作向法制化、制度化方向勠力前行的光辉序曲；在新的时代条件下，依法治志、依规治志更是四川在奋力推进"十业并举"漫漫征程中的重要经验和不二法宝。

地方志工作周期性强、延续性强、专业性强，一部志书，往往耗时数年方能面世，是一项面向社会各界、涉及方方面面的系统工程，唯有始终坚持依法治志，有组织、有计划、分步骤有序推进，才能确保地方志事业行稳致远；四川作为全国最早探索和推进依法治志工作的省份，能更为深刻、更为真实地体会到依法治志对实施"十业并举"战略所能产生的巨大动能和所能凝聚的巨大力量，始终以坚韧不拔的改革创新精神，率先进行《四川省地方志工作条例》修订，率先出台《四川省地方综合年鉴编纂出版规范》，率先实施《四川省方志馆工作通则（试行）》，做出了一系列开创性的尝试……在此过程中，四川依法治志工作始终得到省委、省人大、省政府、省政协大力支持。省委、省政府高度重视地方志工作，强化组织领导、规划引领，坚持"一纳入、八到位"，着力解决全省地方志事业发展关键问题。2013年，省人大常委会对《四川省地方志工作条例》进行修订，在法制层面为地方志事业提供坚强支撑；2015年2月，省委办公厅、省政府办公厅印发《关于进一步加强和改进新形势下地方志工作的意见》，

关心重视班子建设，对编纂经费给予充分保障。伴随一系列法规、文件、政策、举措的出台落实，省人大、省政协依法持续加强地方志工作执法检查，定期开展地方志工作调研、视察和督导，指导各级地方志部门构建依法履职、依法治志的工作格局，筑牢了依法治志的法律基础，为四川地方志事业发展提供了坚强的法治保障。

长年以来，秉承依法治志理念，四川切实加强地方志事业发展的顶层设计，持续完善工作体制机制，组织开展专题调研，将依法治志工作落到实处、落到细处。2016年4月，省政府办公厅印发《四川省地方志事业第十三个五年发展规划（2016—2020年）》（以下简称《发展规划》），描绘了四川地方志事业发展宏伟蓝图，促进了全省地方志工作"一纳入、八到位"的具体落实。省委编办、省发展改革委、省财政厅等部门将方志馆建设、重大专项经费拨付等纳入议事日程。省地方志办下发《关于贯彻落实〈四川省地方志事业第十三个五年发展规划（2016—2020年）〉的实施意见》（以下简称《发展规划实施意见》），与市（州）签订目标责任书，并分期分批到市县检查指导工作开展。全省地方志工作以国办《规划纲要》和《发展规划》为遵循，以《发展规划实施意见》为指南，21个市（州）相继以政府名义印发本地地方志工作"十三五"规划，持续加大对县（市、区）、市（州）级部门贯彻落实《条例》、落实《发展规划》的督促检查。为理顺依法行政工作，2015年7月，四川省地方志编纂委员会更名为四川省地方志工作办公室；全省21个市（州）、183个县（市、区）全面构建起完备的三级地方志工作机构体制。全省上下围绕"一纳入、八到位"不断完善管理体制机制，强化班子队伍建设，各市（州）或所辖县（市、区）全部配齐配强领导班子和调整充实人员，有的市（州）将地方志工作纳入党委、政府绩效管理；各地党政领导纷纷对地方志工作作出批示，密集调研指导地方志工作，依法加强了对地方志工作的领导。全省地方志机构积极规范权力运行，加强地方志行政权力依法规范公开运行平台建设，开展依法梳理行政执法依据、清理行政职权工作，做好权责清单，清理和统计各市（州）、县（市、区）地方志办行政执法证办理情况，建立执法队伍台账，全省地志系统共办理行政执法证近 200 个。

2017 年以来,全省依法治志良好格局基本形成,地方志事业发展的长效机制逐步建立,极大地夯实了全省地方志事业发展基础,为全面打开四川"十业并举"的崭新局面提供了坚强和可持续的法治保障。

五、突出修志为用,创新发挥现实服务职能

破字当头,立在其中。在推进"十业并举"的实践进程中,至为重要的是打破思想桎梏,跳出固有框架,真正在全系统中树立起开放性、全域性、时效性的战略眼光,扎扎实实地以改革和创新举措,实现地方志事业从墨守成规、固步自封向大开大合的大局化、全面化、实用化方向转变和跃升。

四川虽地处西南,但拥有深厚的历史文化土壤和地方志编修渊源,宏阔的气度、开放的视野、拼搏的勇气、奋争的精神从来都是巴蜀史志风骨中流淌不息的宝贵财富,无论是在社会主义新方志编修创举,还是在新时代"十业并举"的恢弘征程中,四川地方志系统始终坚持在抱朴守正中赓续传承,在锐意进取中自我革新,始终坚持以"为党和国家立心、为伟大时代立传、为社会明德立德、为国家传声立言"为己任,充分发挥地方志资政辅治、教化育人的"智库"和"阵地"作用。

"盛世修志,贵在致用。"近年来特别是 2018 年以来,四川省地方志系统更是紧紧扭住"修志为用"这个核心要务,坚决摒除重"存史"(注重编纂)而轻"资政、育人"(开发利用)的"闭门"观念,鲜明提出要应"十业并举"的需要,正确处理好当下与长远、手段与目标、前篇与后篇、立业与兴业"四对关系",强调"三个服务"与垂鉴后世同等重要,强调修志是手段,传承文明、资政服务是目的,强调"存史、资政、育人","前、后半篇"文章同等重要,强调志鉴编纂是立业之基,开发利用、宣传弘扬是兴业之本。全省地方志系统上下联动、内外兼修,以"三个服务"为导向、"四对关系"为支撑,围绕用足地方志成果、用好地方志成果、用强地方志成果这根主轴,扎扎实实开创"十业并举"的崭新局面,以奋勇争先的改革创新精神推动全省地方志事业转型发展,有力彰显出地方志的时

代价值和地方志部门的职责担当。

（一）推进方志为民所用

坚持民有所需、志有所为，发挥地方志部门在保存历史、传承文明方面的重要价值，编纂《四川客家志》《蜀韵纪事》《四川抗战历史文献》等志书或地情书籍，传承延续历史文脉，宣传弘扬四川人文风情。与文旅厅联合开展地方志进公共图书馆活动，推动省市县三级图书馆开设方志阅览室、专柜（架）。深化方志"七进"行动，组织开展志书进机关、进社区活动，在全国著名的毛边书局·桃蹊书院设立方志文化宣传基地，赠送志鉴及《巴蜀史志》期刊近千册，助力基层德治教化；省地方志办主动征集省直各部门（单位）用志需求，向四大班子离退休干部阅览室、省领导集中居住点阅览室、省委党校学员房等各级各类阅读场所大量赠送各类志鉴书籍，仅2021年，四川省市县地方志部门共向社会赠送史志书刊5.3万余册。组织开展方志进校园活动，向成都市熊猫路小学、古蔺县桂花镇小学赠送各类地方志书读物；在全国首创探索方志馆高校分馆建设，在四川大学、重庆大学、四川农业大学、西华大学、四川师范大学、西华师范大学、内江师范学院7所高校建成四川省方志馆高校分馆（其中3所为川渝共建）。加快方志资源"数字化"，积极打造"数字方志馆"，在四川省情网开放端口，通过"互联网+地方志"建设，完成近2000部方志类书籍数字化，推动走出高阁、服务民生；其中，《四川省志》87种和《四川年鉴》33部的电子版在四川公共数据开放网上线，供公众免费下载使用。在重大节点、重要场所设置地方志系统宣传展位，组织开展"辉煌七十年 方志伴你行——庆祝中华人民共和国成立70周年"街头巷尾宣传活动，在四川省庆祝中华人民共和国成立70周年、中国共产党成立100周年的座谈会或展会发放赠送志、鉴、刊编纂成果、设置地方志展台，推动志书走进群众、服务时代。

（二）壮大主流思想舆论

充分发挥方志四川新媒体矩阵作用，宣传中华优秀传统文化、革命文化、社会主义先进文化，壮大主流思想舆论。至2021年底，方志四川新媒体矩阵关注人数13.6万人，阅读量3.37亿人次。四川省情网自2019年

6月1日开通以来，浏览量1.95亿人次，独立访客1336万名。与学习强国四川学习平台建立常态化协作关系，在腾讯音乐相关平台（QQ音乐、酷我音乐、酷狗音乐、懒人畅听等）发布四川地方志办制作的近700篇音频作品，传承弘扬巴蜀文化。围绕重大主题，连续推出各类型征文和资料征集活动，2018年以来，相继开展了"疫情防控 四川在行动"征文活动、"温暖的回响——脱贫攻坚四川故事汇"征文活动、"巴蜀英烈"主题征文活动、"百年辉煌 百年荣光——庆祝中国共产党成立100周年"文字和影像作品征集活动等，充分发挥了地方志品牌在引导社会舆论、营造积极氛围上所拥有的强大影响和号召力。

（三）做足资政辅治文章

发挥地方志资政辅治"智库"作用，立足丰富的史志文化资源，定期编发《资政参阅》，为省委省政府科学决策提供参考；加强综合年鉴研究和开发利用，编纂《四川年鉴简本》送交全省"两会"使用，同时送省政府驻京办，宣传、展示四川形象和四川成就；汇编发布《四川要闻》，提升大众对四川省情的关注度、熟悉度。创新编纂省直部门年度大事记及全省地方志年度发展报告，为第三轮修志积累宝贵资料。从2018年起，建立省直部门年度大事记报送制度，每年编纂出版《四川省直部门（单位）大事记》，记录各部门（单位）投身治蜀兴川的壮丽实践；编纂出版《四川省地方志工作发展报告》，真实记录全省地方志系统改革创新、转型发展的情况。围绕省委省政府提出的文化强省战略，明确提出地方志工作重点要围绕红色文化、巴蜀文化、民族文化、地震感恩文化的保护和传承，加强"两个建设"（加强地方文化资源抢救保护建设与开发利用建设），深化地情资料挖掘整理、开发利用，加强对各类志书、年鉴的整理归档、研究分析，推出一批有价值的地情文章。指导全省地方志部门充分发挥地方志在规划编制、旅游开发、城市建设、招商引资、历史文化遗产保护等方面的作用，发挥资政辅治作用。

（四）助力经济社会发展

紧密服务中心大局，围绕重要节点、重大部署、重点任务强化宣传引导，2018年以来，先后与省委政研室（省委改革办）、省林草局、省委党史研究室、省政府新闻办公室等联合编纂出版《四川改革开放40周年大事记》《大熊猫图志》（中英文版）、《中华人民共和国70年四川大事记》《生命至上——四川抗击新冠肺炎疫情实录》《新时代脱贫攻坚在四川》大型画册等重大主题文化作品，在全社会乃至海内外引发热烈关注和巨大反响，擦亮了四川地方志事业的金字招牌。近年来，更是围绕成渝地区双城经济圈建设国家战略，与重庆市地方志办签署《深化川渝地方志工作合作 推动成渝地区双城经济圈建设合作协议》，启动《成渝地区双城经济圈建设年鉴》编纂，记录成渝地区双城经济圈建设壮阔历程。聚焦乡村振兴、乡镇行政区划和村级建制调整改革，组织编纂《四川省乡镇简志》，支持镇情馆、村史馆等文化建设，启动全省乡镇（街道）志、村志编纂工作，规划乡镇（街道）志2600余部，村志1000余部，为保留乡愁记忆、建设美丽四川，为实现文化强省、推动乡村振兴贡献方志情怀，提供志鉴支撑……这些重大文化工程的付诸实践，充分发挥了地方志事业"为党立言、为国存史、为民修志"的神圣职责，让"修志为用"的基本宗旨凝聚成浩瀚的文化力量和精神动力，有力服务了新时代治蜀兴川的壮阔发展历程。

六、加强队伍建设，不断聚合强大智力源泉

十年树木，百年树人。地方志事业是人的事业，中国2000多年的地方志编修传统和辉煌成就，不仅以浩瀚的文明成果传承着中华文明的璀璨瑰丽，更闪耀着无数先贤名人睿智的身影和思想的光辉。千百年来，地方志文化、地方志精神一脉相承，孕育和涌现出一大批彪炳史册的风云人物。他们不但极大推动和促进了地方志事业的发展进步，更激励和呼唤着一代代方志人前赴后继、继往开来，不断把地方志事业推向崭新的时代高度。人，是事业发展最宝贵的因素，人才资源始终是地方志事业的第一资源。在新的历史条件下，如何承上启下，构建一支真正能吃苦、能战斗、能创业、能奉献的方志队伍，始终是各级地方志部门所面临的一项根本性和关键性任务。

"功以才成，业由才广。"四川地方志事业人文积淀得天独厚，四川地

方志工作历来把人才队伍建设作为各项工作的重中之重予以高度重视和统筹推进，尤其是在近年来大力实施"十业并举"，全面实现地方志事业转型升级的历史性关头，四川地方志系统更是把队伍建设放在维系"十业并举"事业兴衰成败的关键环节加以推进，致力于为地方志事业长期持续健康发展提供源源不断的人力保障和深广绵长的智力支撑。

（一）以"强党建"带动队伍建设

干事创业，关键在党。四川地方志系统充分认识到加强党的建设对于全面、科学、顺利、高效推动"十业并举"所产生的强大的引领、聚合和带动效应。为此，省地方志办坚持在常和长、严和实、深和细上下功夫，全面深化党风廉政建设，制定《全面从严治党主体责任清单》《机关党建工作考核方案》《机关党建工作考核细则》等制度，定期召开党风廉政建设工作会，大力构建常态化推进机制。夯实基层组织基础，构建攻坚克难的支部战斗堡垒，赴阿坝、巴中等地举办干部培训班，感悟革命精神、重温入党誓词，进一步锤炼干部队伍坚强党性，补足精神之钙；推行党员（干部）积分制管理并做好结果运用，在严肃党内组织生活中强化党员干部的政治历练，锻造担当作为的党员先锋队伍。强化作风建设，提出"五心""六问""七要"要求，引导干部树立大局观念、质量观念、责任观念、担当观念"四种观念"，进一步培育弘扬"修志问道，直笔著史"的方志人精神；2021年以来，启动为期6个月的机关干部不担当不作为教育整顿，集中整治不担当不作为16种表现，推动干部作风全面向好。把党史学习教育作为砥砺初心使命的磨刀石、激发干事创业抱负的动力源，通过集中辅导学、现场观摩学等方式举办党史学习教育读书班，通过组织参与重大主题、重大成就主题展览，扎实开展"三级书记讲党课"和"党史知识闭卷测试"等活动，全面提升学习成效，大力营造风清气正的干事创业环境，努力打造政治坚定、勤奋敬业、团结合作、廉洁高效、风清气正的方志队伍。

（二）以"大培训"锻造业务铁军

长期以来，四川地方志工作始终把"强主业"作为推动"十业并举"的基础性工作加以落实，把"大培训"作为提升主业主责的"牛鼻子"工作予以推进,充分发挥培训对统一队伍思想、凝聚队伍共识、拓宽业务视野、提升业务技能等方面所存在的独特价值和重要作用。尤其是2018年以来,四川地方志工作更是坚持全省"一盘棋",下狠下好业务培训这招"先手棋",以"多干"和"多听"为立足点,着力增强培训形式的多样性,着力扩大培训范围的覆盖面,着力增强培训目标的针对性,创新性探索出一整套业务队伍培训运作机制。全省地方志系统按照分片区、分层次、分类型的培训思路,整合以干代训、以会代训、专题培训、进修研学等培训方式,采取项目带动、新老结对、轮岗交流、选送锻炼等培训路径,以"大培训"推动"大练兵",全方位锻造地方志系统精、气、神振奋,业、识、才兼备的业务"铁军"。

"纸上得来终觉浅,绝知此事要躬行。"四川坚持"重实干、重担当、重实绩"导向,在编纂重大专题志鉴、期刊著述等业务工作中锤炼方志队伍的铁肩膀、硬脊梁。据不完全统计,2018年以来,四川志鉴成果中有40余部获全国奖项,近10部志书获省级社科奖,《巴蜀史志》连续入选2020年、2021年中国精品期刊并在北京国际图书博览会(BIBF)上展出,在大项目、大工程的实际工作考验中,涌现出一大批核心人物、业务骨干,为四川地方志系统和地方志事业积蓄存储了丰厚的人才资源财富。与此同时,四川先后举办川南片区地方志业务培训班、川北片区地方志业务培训班、省直部门(单位)业务培训班、全省地方志主任培训班、领导干部党性教育培训班、大事记编写专题培训班等一大批有组织、成体系、有影响的培训活动,先后邀请牟国义、齐家璐、王川、何一鸣、王旭等一大批国内志鉴领域主管领导和知名专家,省内社会科学领域著名学者、高校教授、新媒体行业市场管理人员进行授课座谈,愿学、要学、勤学、乐学的意识在全省各级地方志部门蔚然成风,有效锤炼出一支能干事、干成事的专业队伍,为全省地方志事业迈向"十业并举"的转型升级进程奠定了坚实基础。

(三)以"大交流"聚合人才动能

"十业并举"是一项全盘化、长远化、创造性、革新性的认知体系和系统工程,对人才建设、队伍建设提出了更高更强的要求,而其要义正在于彻底革除存在于方志工作者头脑中自我封闭、小圈循环乃至僵化呆板、固步自封的思想桎梏和方法局限。近年来，围绕人才队伍建设主题，四川地方志系统大兴求新求变、务实务精之风，以"大交流"为主轴，以理论研究和"内引外联"为两翼，全面营造大学习、大讨论氛围，全面倡导大视野、大格局境界，为地方志事业的转型发展扫清障碍。

"问渠那得清如许，为有源头活水来。"四川在"十业并举"进程中所取得的显著成绩，其实质有赖于不断更新、不断壮大、不断提升的人才队伍"活水"汇涓成海、集腋成裘。特别是2018年以来，四川通过积极搭建各级各类科研平台，周期性发布各级各类科研课题，有序开展立题、选题、结题工作，择优结集出版科研论文，基本形成了大范围、常态化、机制性的课题研究体系，为人尽其用、人尽其才提供了广阔舞台和阵地，有效达成了以研究活动助推全员素质提升，以理论成果、实践成果、制度成果为全省方志工作提供借鉴参考的既定目标。

"流水不腐，户枢不蠹。"四川通过"引进来"的方式，探索地方志人才引进、培训、激励、保障的有效措施，健全完善各级地方志专家库，丰富壮大方志人才队伍储备；打破系统界限、地区界限、身份界限，整合社会智力资源，广泛吸纳各领域专家学者和熟悉地情的各界人士参与地方志工作。何郝炬、蔡竞、章玉钧等省领导，魏辅文、胡锦矗、童昌信、马识途、李后强、何开四等一大批在省内外乃至国内外拥有重要成就和重大影响的科学家、艺术家、社会学家、知名人士等，纷纷对四川地方志工作倾注了巨大热情和关怀，给予了大量支持和帮助，对从根本上带动四川地方志队伍建设、从根本上重构四川地方志发展版图、从根本上提升四川地方志品牌形象、从根本上扩大四川地方志社会影响产生了巨大的推进作用。与此同时，通过"走出去"的方式，积极参加中指办围绕库、馆、网、刊、会建设举办的各类培训班和研讨会，坦诚交流四川模式、四川举措；赴清华大学举办"四川方志系统领导干部培训班"，多次组织省市县三级地方志部门工作人员赴上海、浙江、安徽、江苏、河南等省（市）对标考察，广泛吸收借鉴各地在推进"十业并举"过程中的好做法、好经验，培育干部队伍观大势、想大事、为大局、善协调的综合能力，开放思维，拓宽胸襟，培养出一大批能自觉践行"大方志"方向的学者型、专业型、开放型、兼容型人才，稳步构建起能主动适应"十业并举"需求的智力体系和人才方阵。

"潮平两岸阔，风正一帆悬。"全面推进地方志事业高质量发展长路漫漫、任重道远，需要方志人薪火赓续、奋力前行。新时代赋予新使命，新征程召唤新作为，四川地方志工作准确把握新的历史条件下推动事业跨越发展的战略机遇，以全面推进"十业并举"所取得的阶段性成绩为基础，进一步扎实推进地方志编修体系、理论研究和学科建设体系、质量保障体系、资源开发利用体系、工作保障体系"五位一体"的综合体系建设，乘势而上、奋起摸高、踔厉奋发、勇毅前行，不断开创四川地方志工作崭新局面，为推动新时代治蜀兴川再上新台阶，奋力谱写全面建设社会主义现代化四川新篇章贡献方志担当、方志智慧、方志力量！

广西：方志桂军的"1234"

地方志是一项赓续不断的事业。我在地方志工作这些年，很看重领导班子的前后衔接。如果后任领导以否定前任来突出自己，必将影响到事业的持续发展。广西的梁金荣主任接的是李秋洪的"接力棒"。李秋洪曾经是大学时期著名的中长跑选手，他同样把广西的地方志工作搞得有声有色。梁金荣是文学博士，他顺畅完成事业交接，继续高效推进并圆满完成"两全目标"，在广西方志馆一期建设的基础上，高质量完成二期建设，推动全区地方志事业"更上一层楼"。2021年7月，我到广西调研时，与两位主任坐在一起谈笑风生，特别开心。我表扬梁金荣的"1234"经验[1]时，梁金荣谦虚而诙谐地说，没有李秋洪老兄跑出来的"121"，哪有我们继续奔跑中的"1234"？

——题记

近年来，在广西壮族自治区党委、政府的坚强领导和中指组及其办公室的精心指导下，广西地方志系统全体干部职工自觉以习近平新时代中国特色社会主义思想为指导，深入贯彻落实党的十九大及十九届历次全会精神、习近平总书记对广西工作的系列重要指示精神以及广西壮族自治区第十二次党代会精神，聚焦修志编鉴主业，修用并举、修志为用，着力推动全区地方志事业高质量发展，主要工作成效可用"1234"概括，即圆满完

---

[1]"1234"经验：即圆满完成一大攻坚（"两全目标"）任务，持续推进两大重点项目（广西方志馆二期和《广西历代方志集成》）建设，着力打造"三化"（高端化、特色化、大众化）"桂志品牌"，推进重点工作取得"四大突破"（依法治志、顶层设计、服务中心、队伍建设）。

成一大攻坚（"两全目标"）任务，持续推进两大重点项目（广西方志馆二期和《广西历代方志集成》）建设，着力打造"三化"（高端化、特色化、大众化）"桂志品牌"，推进重点工作取得"四大突破"（依法治志、顶层设计、服务中心、队伍建设）。

一、圆满完成"两全目标"这一大攻坚任务，保存广西发展重要历史记忆

自2015年以来，广西地方志部门根据国办印发的《规划纲要》提出到2020年要完成"两全目标"的任务要求，克服人手不够、经费不足、工作量大等困难，采取有力措施，全面加快志鉴编修进度。继2018年三级志书全面评稿、2019年全面审查验收后，2020年11月底，列入第二轮编修规划的186部自治区、市、县三级志书全部出版，全区三级综合年鉴2018年卷、2019年卷全部出版，2020年卷全部进入出版程序，圆满完成"两全目标"攻坚任务，得到中指组和广西壮族自治区政府主要领导的高度肯定。主要做法包括以下几个方面。

（一）加强组织领导，高位谋划推进

自治区党委、政府高度重视地方志工作，切实加强对"两全目标"攻坚工作的组织领导，坚持从高位推进"两全目标"工作扎实有效开展。2017年5月，时任自治区主席陈武同志亲自率队赴自治区地方志办调研并主持召开座谈会，强调要强化质量为上意识，切实把好志鉴的政治关、史实关、体例关、保密关，全面、客观、准确地记载历史，努力打造经得起历史检验的精品佳志。自治区分管地方志工作的领导坚持每年都出席全区地方志机构主任工作会议并讲话，对推进"两全目标"工作作出系统部署、提出明确要求，特别是自治区政府副主席黄俊华分管地方志工作以后，多次亲临地方志办调研，指导推进"两全目标"攻坚并多次作出明确指示批示。2020年3月，在新冠肺炎疫情防控的关键时期，自治区政府副主席黄俊华出席全区地方志机构主任工作暨志鉴编修"两全目标"决胜动员电视电话会议，对"两全目标"攻坚作出全面部署，强调如期保质完成志鉴编修"两全目标"不会因为疫情的影响而有丝毫的动摇。要求各

地各有关部门坚定信心决心、精准务实施策,坚决打赢志鉴编修"两全目标"收官战。6月1日、8日、22日,自治区政府副主席黄俊华在1个月内连续3次对"两全目标"攻坚作出批示,要求倒排工期计划,逐志逐鉴针对性协调解决问题,强化督导问责,确保"两全目标"工作任务不折不扣完成。同时,黄俊华副主席靠前指挥,深入一线,督战"两全目标"攻坚。继7月13日,深入自治区地方志调研指导后,10月28日,又率队到百色市开展志鉴编修实地调研并召开座谈会,对志鉴编修"两全目标"攻坚作出重要部署。在自治区领导的高位推动下,各级各部门主要负责人纷纷通过专题听取汇报、作出指示批示、主持召开专题会议、给有关部门和县(市、区)负责人打电话等形式协调推进工作、解决经费、人员等实际问题,各县(市、区)进一步加强了人员和经费保障,确保"两全目标"任务如期顺利完成。自治区发展改革委召开主任办公会议,专题研究《发改志》《价格志》编纂工作,并落实两部志书编纂出版经费。自治区政府办公厅、民宗委、体育局、科技厅、人社厅等单位负责人,邀请专家认真复核把关,确保志书质量。百色市委专题听取地方志工作汇报并作出指示,市长亲自主持召开全市志鉴编修决胜动员会,并签批500多万元用于《百色市志》编纂出版工作所需;市委、市政府两办联合印发《百色市志鉴编修"两全目标"攻坚冲刺方案》,全面推动百色市"两全目标"攻坚。河池市委书记多次过问史志编修工作,市长专题召开政府常务会议,协调解决《河池市志》编纂出版关键问题,批准追加志书审查验收、出版经费。贺州市委书记、市长专题听取志鉴工作汇报,并从书记市长的专项经费中拨款,专项解决《贺州市志》的出版经费。来宾市委书记、市长对加快志鉴编修工作相继作出批示,对攻坚工作作出具体部署。贵港市委书记、市长先后作出批示,专题听取全市志鉴编修工作情况汇报,并召开政府常务会议,为贵港市志办增加编制2名,以解决人手不足问题。防城港市委书记、市长先后对"两全目标"工作作出批示,市委副书记、分管副市长到所辖县区督促指导志鉴编修工作。柳州市市长亲自协调增编问题,分管副市长第一时间主持召开全市志鉴编修"两全目标"决胜攻坚电视电话会议,对全市"两全目标"攻坚进行部署。德保县委书记、县长参与督查，听取编修工作汇报，改进编修方式方法，协调充实修志队伍，及时将经费拨付到位；分管副县长坐镇会商督战，适时召开专题会议分析解决工作难点堵点，让问题"不过夜"。富川、防城港市防城区等县（市、区）也把志鉴编修纳入重要议事日程，并在人员、经费等方面提供切实保障。

（二）科学制定规划，稳步有序推进

2015年8月国办印发《规划纲要》后，广西于当年12月出台实施方案。2016年8月，自治区人民政府印发《广西地方志事业发展规划（2016—2020年）》，明确"十三五"期间全区地方志事业的总体目标和主要任务，要求到2020年，全面完成第二轮修志规划任务，实现自治区市县三级综合年鉴全覆盖。针对全区"两全目标"攻坚总体滞后的问题，组织力量深入调研，以2020年完成任务为目标，制定了三步实施的工作计划，即2018年完成三级志书评稿，2019年完成所有志书审查验收，到2020年完成全部志书出版任务。在此基础上，将完成"两全目标"任务时间表、路线图印发到《广西通志》各专志承修单位及各市、县（市、区）分管地方志工作领导（负责人），《广西通志》专志编辑室、市、县（市、区）地方志工作机构，要求各部门组织人员攻坚，明确时间进度，充实编纂力量，强化工作责任，细化工作目标，采取有效措施，确保完成任务。在自治区的有力指导下，各专志承修单位和14个设区市结合实际情况，制定了完成本地本部门"两全目标"任务的时间表和路线图。此后多次根据"两全目标"任务进展情况，对时间表、路线图进行调整和细化，研究制定攻坚冲刺计划，加大督导力度，采取有效措施，确保有序推进。

（三）聚焦重点难点问题，狠抓责任落实

一是压实工作责任。"两全目标"进入攻坚阶段后，自治区给各级各部门主要负责人逐一发提醒函，敦促进一步重视史志编修工作，采取有力措施，确保质量和进度。各级各部门主要负责人纷纷通过专题听取汇报、作出指示批示、主持召开专题会议、给有关部门和县（市、区）负责人打电话等形式协调推进工作，解决经费、人员等实际问题，各县（市、区）进一步加强了人员和经费保障，确保"两全目标"任务如期顺利完成。二是实施清单化台账式管理。将全区志鉴编修存在的问题逐一摸排，建立问题清单，实施台账式管理，完成一个销号一个。三是分片包干。2018年至2020年自治区连续3年集合力量组成若干个分片包干组，分赴全区各有关市县和《广西通志》相关承修单位开展专题调研。通过听取工作汇报、实地检查、座谈研究、反馈指导等方式，及时与调研市县及单位沟通解决存在问题。四是加强培训和业务指导。根据志鉴编修的不同阶段及不同问题，每年针对性举办两期全区地方志系统业务培训班，给志鉴编纂人员讲授业务知识。采取"点对点"服务的方式，派驻专家和业务骨干赴有关专志编辑室及市县志办蹲点服务指导。2018年以来，自治区相继组织了12个"点对点"工作小组，赴全区20多个厅局及65个市县开展服务指导。在自治区党委、政府的强力推动下，各地各有关部门压实责任，加强人员和经费保障，全力推动"两全目标"攻坚。各市坚持两手抓，抓市本级志鉴编纂，指导所辖县区志鉴编纂。各县区全力抓好本地"两全目标"。各级地方志工作机构细化目标任务，责任到人，采取"倒计时"的办法，制订编纂工作进度表，列出部门供稿、责任编辑、初稿总纂、修改补充、定稿送审、印刷出版各环节的具体时间，抓好志鉴工作推进的每个时间节点和关键环节。

（四）加强沟通协作，形成工作合力

各地各有关部门牢固树立"上下一盘棋"的大局意识，加强沟通协作，聚合力量共同推进工作。自治区在加强日常联络指导的基础上，整合全区在职修志人员、离退休修志专家和地方志学术委员会专家库成员等多方资源，组成服务指导组深入开展蹲点服务指导，与各志书编辑面对面交流，手把手解决志书编纂工作中的业务问题。南宁、钦州、桂林、北海等工作先进地市充分发扬顾大局、识大体精神，与百色、贵港、河池、防城港等后进地区结成对口帮扶关系，派出精干力量予以支援，确保一个都不掉队。在各级党委、政府的协调下，各级机构编制、财政等部门着力为地方志工作解决人员及经费问题，贵港市专门给地方志办增加2名编制，各市县财政部门及时将志鉴出版费用拨付到位。针对志鉴出版书号紧张、出版管理费用高的情况，在自治区地方志办对接协调下，广西人民出版社、广西师范大学出版社等出版单位在选题报送、出版审查、出版管理费等方面给予大力支持，确保在区内出版的志鉴有充足的书号保障。各供稿单位密切配合，广泛收集资料，认真筛选内容，加快撰稿进度，按时保质完成稿件撰写任务，协助后续修改。各地各部门的老领导、老专家热心参与地方志编修，在资料收集、史实把关、内容审核等方面给予热情帮助。

（五）强化督查通报，层层传导压力

自治区政府多次将地方志工作列入政府督查事项，重点督查各地各部门志鉴编修进度及地方志工作"一纳入、八到位"落实情况，并将督查结果以自治区政府办公厅的名义在全区进行通报。2019年自治区政府把全区志鉴编修"两全目标"作为专项督查事项列入当年自治区政府重大督查计划，由自治区政府督查室牵头，组织精干力量分片对全区各地、各部门开展全覆盖专项督查，取得了良好效果。为有效推进工作，从2019年下半年开始，将"两全目标"进展情况按季度在全区进行通报，各地各部门紧迫感和责任心进一步增强。南宁、百色等市参照自治区的做法，将志鉴编修列入本级政府督查事项，所辖县区志鉴编修进度明显加快。

（六）加强质量把关，打造精品佳志

先后制定出台《广西壮族自治区地方志书评稿办法》《广西壮族自治区地方志书审查验收办法》《广西壮族自治区地方志书出版规定》《广西壮族自治区综合年鉴编纂规定》，加强对质量的引领，并根据实施情况进行了后续修订。从2015年开始实施年鉴精品工程。每年确定一批广西年鉴精品工程项目。通过召开项目评审会等方式，以点带面，推动年鉴质量提升。全区地方志工作者坚持史官操守，严把志书的政治、史实、体例、行文等各道关口，确保志书质量。在自治区党委、政府的坚强领导和各地各部门的大力支持下，经过5年奋战，自治区志鉴"两全目标"攻坚战圆满收官，多部志书和年鉴获得全国、全区荣誉奖励。其中，《广西通志（1979—2005）》《广西通志·照片志》《南宁市志》《广西年鉴》等获广西优秀社会科学成果奖，在全国地方志优秀成果（年鉴类）评奖中，《广西年鉴》多次获省级综合年鉴特等奖，多部市县综合年鉴及专业年鉴获一、二、三等奖。"两全目标"攻坚任务的圆满完成，不仅为特定时期广西经济社会发展保存了重要的历史记忆，为认识广西、了解广西，讲好"广西故事"，传播"广西声音"提供了丰富鲜活的历史素材，而且也为当下乃至未来壮美广西建设积累了可资借鉴的宝贵精神财富，堪称广西历史文化建设的重要标志。

二、持续推进两大重点项目（广西方志馆二期和《广西历代方志集成》）建设，进一步夯实地方志事业高质量发展基础

积极争取，克服困难，持续推进广西方志馆二期项目建设。广西方志馆一期于2009年动工建设，2011年建成使用。随着事业发展，广西方志馆一期建设已不能满足馆存馆藏需求，广西方志办即开始谋划筹建广西方志馆二期项目。2017年5月，自治区人民政府主席陈武到广西方志馆调研，广西方志办申请启动广西方志馆二期工程项目建设，获得同意；8月，广西方志馆二期工程项目获自治区发展改革委批复立项。2019年1月，广西方志馆二期项目建设列入自治区《政府工作报告》以及2019年国民经济和社会发展计划；11月，项目可行性研究报告获得自治区发展改革委批复。2021年5月，自治区发展改革委批复广西方志馆二期项目初步设计方案；2021年12月广西方志办与中标单位签订项目承建合同。经过5年的努力，投资将近1亿元的广西方志馆二期项目进入施工阶段，一旦建成，将跻身全国省级方志馆一流方阵。

深入调研，系统谋划，持续推进《广西历代方志集成》项目建设。从2018年以来，广西地方志办公室新领导班子持续推进《广西历代方志集成》项目调研、论证、申请立项等工作，2021年9月项目获自治区政府审批，项目建设取得重大突破。项目已完成投资评审进入公开招投标阶段。项目建成将成为广西历史文化建设的标志性工程。

三、着力打造"三化"（高端化、特色化、大众化）"桂志"品牌，积极主动服务经济社会发展

聚焦领导决策资政参考，高起点编纂《八桂地情参阅》内刊，着力打造地情开发高端品牌。利用广西重要历史契机，挖掘重要文化特质。如结

合广西壮族自治区成立60周年的契机,对民族区域自治制度和广西12个世居民族进行历史溯源,挖掘并梳理各民族共建壮美广西、铸牢中华民族共同体意识的辉煌历程;结合建党100年的重要时间节点,深入梳理八桂地名的得名之由及演绎历程,深入挖掘区情及区域文化内涵,为建党100年献礼;结合国家"一带一路"倡议和"西部陆海新通道"建设,刊发《广西历代对外通道考》,为当今对外开放提供重要借鉴;等等。该刊各期编印后,报送自治区四大班子以及中指办,并抄送广西地方志编纂委员会各成员单位,各市、县(市、区)地方志编纂委员会,《广西通志》专志承修单位,得到了自治区领导的批示以及各部门、各市县的普遍认可,成为广西地情资源开发利用的高端化引领平台。

结合中心工作,结合广西实际,结合当下所需,深入挖掘广西历史文化特质,推动一批特色志书编纂和专题史料收集并取得实质进展,着力打造地情开发特色品牌。如编纂《灵渠—合浦:海上丝绸之路历史溯源史料选编》,挖掘广西合浦作为中国古代海上丝绸之路始发港的重要地情,服务"一带一路"建设;编纂《广西边务志》,挖掘广西作为边疆省区的重要地情,全面梳理历代边疆治理的历史;编纂《广西海外华侨华人志》,挖掘广西作为全国第三大侨乡的重要地情,以更好地服务广西融入"一带一路"建设和粤港澳大湾区建设;等等。

依托地情网、微信公众号等平台,利用"线上+线下""传统+现代"手段,讲好广西史志故事,着力打造"桂志"大众化品牌。如在《八桂地情参阅》的八桂地名系列文章的基础上,编纂通俗读物《广西地名文化》;利用地方志资料年报、年鉴等资料成果,编纂《广西地情》等年度社会普及读物,利用图说、数说、热榜等形式,以"休闲装"的面貌走近社会大众;与"广西云"平台和广西新闻网等合作,利用方志广西等新媒体平台,挖掘系列地情资源,设置《打卡红色胜地》《八桂人物》《八桂乡愁》《名优特产》等系列专栏,让方志文化进入寻常百姓家。推动方志文化"五进"行动,即进机关、进农村、进社区、进校园、进企业,推动城乡方志文化建设,培育地方历史记忆。

四、推进重点工作取得"四大突破",为地方志事业高质量发展提供有力保障

推动《广西地方志工作办法》由自治区人民政府颁布实施,依法治志取得新突破。《广西壮族自治区实施〈地方志工作条例〉办法》(以下简称《实施办法》)自2008年9月1日实施以后,广西的志、鉴、史、馆、库、网、用、会、刊、研等得到了全面推进,部分工作走在了全国前列。同时,随着党和国家对地方志事业发展的日益重视,地方志事业从"一本书"向一项事业转型升级的步伐加快,《实施办法》在一定程度上已经不能满足地方志事业发展需要。因此,将对《实施办法》进行修订摆上议事日程。2017年5月18日,自治区主席陈武到地方志办公室调研,同意开展《实施办法》的修订工作。2018年,修订《实施办法》被列为自治区人民政府年度立法工作计划确定的政府规章立法项目,随后,广西志办会同自治区法制办着手开展《实施办法》修订工作,先后完成征求意见、立法论证、修改完善等程序,形成《广西壮族自治区地方志工作规定(草案)》(以下简称《规定(草案)》);2018年10月31日,自治区法制办公室以《关于提请审议〈广西壮族自治区地方志工作规定(草案)〉的请示》报自治区人民政府。文件上报自治区人民政府时,由于广西志办的"三定方案"尚未出台,自治区人民政府办公厅暂停《规定(草案)》的审议程序。2019年9月12日,自治区副主席黄俊华在自治区人民政府参事室报送的《关于加强地方史志工作和史志立法的建议》上批示:"立法工作要继续积极推进,争取早见成效。"2019年11月,为落实自治区副主席黄俊华的批示精神,结合机构改革面临的新情况新问题,广西志办主要领导主动带队到自治区司法厅对接,组织各内设机构负责人再次对《广西壮族自治区地方志工作规定(草案)》认真研究提出修改意见。2020年1月7日,自治区十三届人民政府第48次常务会议审议通过《广西壮族自治区地方志工作办法》(以下简称《工作办法》);1月22日公布,自2020年4月1日起施行。结合《工作办法》颁布实施,广西志办组织召开新闻发布会,并利用中央和自治区主要媒体开辟专题专栏予以宣传,不断扩大《工作办

法》影响，积极营造依法治志氛围。

推动地方志核心工作纳入自治区"十四五"规划并由自治区政府审定印发地方志新一轮发展规划，顶层设计取得新突破。一是积极争取自治区各部门支持，将"启动第三轮修志工程，实施乡村史志编修"列入《广西壮族自治区国民经济和社会发展第十四个五年规划和2035年远景目标纲要》。二是"启动第三轮修志工程，深入挖掘广西历史文化资源，整理出版《八桂文库》《广西历代方志集成》。实施乡村史志编修工程，深入挖掘、传承乡村文化，重塑乡村文化生态，在保护传承的基础上推进乡村文化创造性转化和创新性发展"写入《广西"十四五"文化和旅游发展规划》。三是在深入调研并借鉴兄弟省市成功经验的基础上，经过多次修改完善，形成《广西地方志事业发展规划（2021—2025年）》（征求意见稿），于2021年底提请自治区人民政府审议，2022年1月，自治区人民政府办公厅印发《广西地方志事业发展规划（2021—2025年）》，《发展规划》着力实施"六大工程"（三轮修志启动及年鉴精品编纂工程、乡村史志编修与乡村振兴"铸魂"工程、旧志古籍整理系统集成工程、地情资源开发利用创新工程、方志馆及地方志平台品牌建设工程、人才队伍建设提升工程），强化"四大保障"（组织保障、法治保障、制度保障、经费保障），为全区地方志事业高质量发展作出顶层设计，描绘发展蓝图。

加强合作，修志为用，服务中心取得新突破。一是由广西地方志办牵头，会同广西卫生健康委员会、广西档案馆，全面发动天津支边医生及其家属、当事人、志愿者等，开展"天津支边医生在广西"史料收集整理及后续开发研究，挖掘20世纪60年代末众多天津医生支边广西的史实，弘扬"天津医生"精神，梳理广西医疗卫生事业的发展历程。二是开展《上海支边企业在广西史料汇编》等专题史料收集，挖掘20世纪50年代至60年代上海企业支边广西的史实，梳理广西工业的发展历程，为广西工业振兴提供参考。三是以《红七军北上"小长征"史料收集》为载体，组织沿线21个市县（区）地方志机构开展现场体验与专题史料收集活动，并取得100万字的前期成果，得到了中指办主要领导的批示肯定和自治区党委党史学习教育第五巡回指导组的表扬,成为党史学习教育的一大亮点。四是加强合作,协力推进乡村史志文化建设。他们紧紧围绕中央和自治区党委、政府关于乡村振兴的重要部署,主动作为,前瞻谋划,并创造性地开展工作。争取将乡村史志编修工作写入《广西壮族自治区文化和旅游发展"十四五"规划》;在全国率先与住建部门联合印发《广西历史文化名镇名村(传统村落)史志文化工程实施方案》,以广西历史名镇、名村、传统村落为重点,以乡村史志编修和镇村史馆建设为切入,以点带面,协力推进乡村史志文化建设,成为全国首创;在全国率先与住建系统联合举办全区乡村史志文化建设现场交流会暨培训会,以桂林市临桂区为试点有序推进各项工作。截至 2021 年 11 月底,全区共出版乡镇村志(史)155 部,其中乡镇志 43 部,村史村志 112 部。

以业务"大练兵、大比武"为抓手,持续实施人才梯队建设工程,队伍建设取得新突破。一是通过集中开展地方志业务"大练兵""大比武",探索建立以练代训、以比代训的干部队伍培训成长新机制,努力在全区地方志系统营造干一行、爱一行,学一行、精一行的浓厚氛围,促使全区地方志干部职工尤其是年轻干部不断提高学习能力,打下较为扎实的业务根基,熟稔各地丰富的地情资源,掌握娴熟的实务操作技能,具备较强的理论研究功底,着力打造一批地方志工作业务骨干和方志名家。二是持续实施地方志人才梯队建设项目,近年共立项课题 38 项,以课题研究为抓手努力调动干部队伍开展理论研究积极性。三是持续打造"一会"(广西地方志协会)、"两刊"(《广西地方志》期刊、《八桂地情参阅》内刊)、"一堂"(桂志文化讲堂)、"一训"(地方志业务培训)等重要平台,加强年轻干部培养,全面提升干部队伍综合素质能力。

五、主要经验体会

(一)党委、政府重视是地方志事业高质量发展的重要保障

在"两全目标"攻坚中,在自治区党委、政府的高位推动下,市县两级党委、政府不仅在思想上提高了对志鉴编修工作重要性、紧迫性的认识,更在行动上加强了对存在问题的协调解决力度,为"两全目标"的顺

利推进提供了坚强保障。广西方志馆二期和《广西历代方志集成》两大重点项目建设也是在自治区人民政府主要领导及分管领导高度重视下才能取得重大突破，相继进入立项审批、投资评审、公开招标、具体实施等环节。

（二）各方支持配合是地方志事业高质量发展的重要支撑

"两全目标"进入攻坚阶段，各承修单位充分发挥主体作用，在做好本部门专志编修的基础上，大力支持配合"两全目标"攻坚工作，主要负责人亲自过问，分管工作的负责人亲自挂帅，协调各方力量，加快推进"两全目标"攻坚。各市县有关部门全力配合支持地方志机构开展工作，为"两全目标"任务顺利完成发挥了重要作用。人力资源和社会保障部在机构改革中进一步优化机构配置和人员编制，财政部门在编修经费上给予大力支持，新闻出版部门提前介入，在书号供应、质量把关上提供支援，为工作顺利推进提供了切实保障。在自治区发展改革委、财政厅等部门的支持配合下，广西方志馆二期和《广西历代方志集成》两大重点项目建设方可顺利推进；在自治区司法厅的支持配合下，《广西壮族自治区地方志工作办法》顺利出台。

（三）科学谋划、有序推进是地方志事业高质量发展的重要法宝

"两全目标"编修工作牵涉面广、体量庞大、时间跨度长、材料收集难，是一项大工程，必须科学规划、稳步扎实推进。在中指组的正确领导下，自治区地方志工作坚持分步推进、强化统筹、精准攻坚、稳扎稳打原则，分年度制定工作目标，把任务分解落实到各级各有关部门，在前期全面铺开打好资料收集战并完成部分任务的基础上，中期加强资源整合、指挥调度，后期加强堡垒攻坚，打好收官战、歼灭战，取得了预期效果。在2020年初"十三五"规划即将收官之时，已开始深入调研、着手编制全区地方志"十四五"发展规划。在二轮修志即将完成时候，组织开展一、二轮修志评估，总结经验得失，为第三轮修志提供借鉴；认真制定第三轮修志工作方案，试点推进第三轮修志工作。

（四）创新是地方志事业高质量发展的第一动力

引领地方志事业高质量发展的根本动力也是创新。我们创新思路，首

创乡村史志文化建设新模式。将乡村史志编修工作写入《广西壮族自治区文化和旅游发展"十四五"规划》、地方志机构与住建部门联合印发《广西壮族自治区历史文化名镇名村（传统村落）史志文化工程实施方案》、地方志机构与住建系统联合举办全区乡村史志文化建设现场交流会暨培训会等做法都很有特色，成为全国首创。

（五）修志人员的担当奉献、奋发作为是地方志事业高质量发展的根本保证

面对繁重艰巨的编修任务，全区广大修志工作者以深厚的史志情怀、强烈的使命担当、执着的奉献精神，始终保持不怕苦、不服输的拼劲干劲，始终保持迎难而上、攻坚克难的品质风格，始终保持一张蓝图干到底的坚定决心，满怀把"冷板凳"坐成"暖平台"、在"冷部门"干出"热事业"的信念和激情，默默坚守在平凡的工作岗位上，为"两全目标"的顺利推进付出了大量心血。实践证明，这是一支特别能战斗、特别有潜力、特别能奉献的方志桂军。

安徽：地方志资政辅治

> 盛世修志，志载盛世。新时代以来，安徽省三级地方志机构和全体地方志工作者，坚持以习近平新时代中国特色社会主义思想为指导，坚定不移讲政治，积极主动担使命，开拓创新谋发展，踔厉奋发干事业，不断开创全省地方志事业高质量发展新局面，为建设现代化美好安徽资政辅治，发挥出重要作用，形成了"五个坚持"的安徽经验。
>
> ——题记

党的十八大以来，安徽省地方志部门在省委、省政府的坚强领导和中指组及其办公室的有力指导下，聚焦主责主业，强化"五个坚持"，开拓进取，守正创新，不断开创全省地方志工作高质量发展新局面，有效发挥了"存史、资政、育人"作用。

一、坚持以"两全目标"为重要抓手

到2020年全面实现"两全目标"，是国办《规划纲要》的明确要求。党的十八大以来，全省地方志部门把如期实现"两全目标"作为重中之重，全力打赢"两全目标"攻坚战。特别是2018年底组建省地方志研究院后，及时调整省志编委会，由省委副书记任编委会主任，省政府相关副省长任第一副主任，省直相关部门主要负责人为成员。同时，果断调整省志总编室，组建强有力工作班子。对尚未出版的17部分志，加强统筹协调，优化工作流程，逐一明确时间表、路线图，倒排工期，压茬推进。院主要领导亲自部署、亲自上门，逐一参加志稿评审会，有力推动了省志编纂出版进度。加强对市县综合年鉴编纂出版工作的指导，实施省市县三级联动管理，每月通报工作进度，对落后市县进行重点督办。针对市县综合年鉴书号紧张问题，积极争取省委宣传部、省新闻出版局的支持，悉数予以保障。截至2020年底，全省规划的219部二轮志书（87部省志、132部市县区志、山湖志、开发区志）全部出版，122部综合年鉴（2020卷）实现"一年一鉴、公开出版"全覆盖，"两全目标"进度走在全国前列。2020年12月，中指组特向中共安徽省委致信祝贺。"两全目标"的完成，是安徽地方志事业发展的一个里程碑，更是安徽文化发展史上的一项盛举，标志着全省地方志事业实现了第一次转型升级，为新时代全面推进地方志事业高质量发展奠定了良好基础。在完成"两全目标"的同时，积极推进乡镇志、村志、专题志、旧志编纂出版工作。截至2021年底，全省有200多个乡镇、村开展修志工作，已出版志书70余部。积极参加中国名志文化工程，出版中国名镇志9部、中国名村志5部，数量居全国第3位。完成《安徽抗日战争志》初稿169万字。点校出版清·道光《安徽通志》。组织出版"安徽历代方志"丛书95部。编纂出版《安徽历史文化概要》《安徽地区城镇历史变迁研究》《语出淮南子》等一批地情图书。按照中指办统一部署，在全省全面启动重大专题志《扶贫志》《全面小康志》编纂工作。

二、坚持以服务大局为根本遵循

近年来，安徽省地方志工作始终坚持围绕中心、服务大局，积极承担记录新时代、书写新时代、讴歌新时代的使命。围绕改革开放40周年、新中国成立70周年、中国共产党成立100周年等重大主题活动，编写出版《安徽改革开放40年风云人物》《新中国70年安徽大事回眸》《新中国70年安徽典范人物》《安徽解放战争图志》《中国共产党安徽建党图志》《驻村扶贫干部口述》等一批图书，拍摄专题片《信仰的力量》，深入开展史志"六进"活动200多场。《安徽年鉴》聚焦中央重大决策部署和省委省政府重点工作，先后开设习近平总书记考察安徽、改革开放40周年、新中国成立70周年、贯彻落实长三角一体化高质量发展战略、全面打造水清岸绿产业美丽长江（安徽）经济带、打赢脱贫攻坚战、新冠肺炎疫情防控、全面建成小康社会等特载、特辑，有力发挥了地方志存史资政作用，提升了年鉴的文化传播力和社会影响力。注重在乡村振兴中发挥优势、彰显担当，制定《关于党史地方志工作服务乡村振兴的意见》，从助推乡村基层党史学习教育常态化长效化和"四史"宣传教育、支持乡村旅游发展、指导乡镇村志编纂、加强志书资源开发利用、服务乡村传统文化传承和发展等5个方面落实具体举措。

三、坚持以提升质量为关键环节

多年来，全省地方志工作始终坚持把质量为本贯穿于修志编鉴全过程，严格把好政治关、史实关、体例关、保密关、文字关、出版关，着力打造经得起实践和历史检验、具有鲜明时代特征和地域特色、堪存堪鉴的方志成果。强化制度建设，制定二轮安徽省志编纂细则、省志分志稿编纂审定程序规定、省志稿评议审定出版工作细则、责任编辑质量跟踪服务制度、地方综合年鉴编纂出版规定等文件，并汇编成册，发至各承编单位及责任编辑，为编纂工作提供有力遵循。强化业务培训，先后开展各类业务培训20余次，并通过召开评议会、点评会、研讨会、审稿会等形式，提升编纂人员的业务水平和志稿编纂质量。强化研讨交流，举办全省党史地方志学界庆祝新中国成立70周年学术研讨会，连续举办6届"皖冀方志理论研讨会"，与沪苏浙地方志机构联合举办"地方志与长三角一体化论坛"，着力打造地方志学习交流平台，推进志鉴编纂理论和实践研究。强化评选表彰，机构改革后，连续3年组织开展全省党史地方志部门优秀科研成果评选表彰活动，110余部地方志著作获奖，有效发挥了激励作用。积极参加中指办举办的地方志优秀成果评比活动、全国年鉴精品工程活动，多部著作获奖，《安徽年鉴》多次获评全国一等奖。

四、坚持以开拓创新为不竭动力

多年来，全省地方志工作不断适应新形势新任务的需要，坚持守正创新，促进提质增效。在推进《安徽省志》编纂工作中，首先选择较为成熟的《交通志》作为"标准稿",从封面设计、图片排版、目录条目确定、英文目录翻译、纸张选择等全方位进行规范,使省志编纂出版有了"样板"和"标杆"。在推进市县区志编纂过程中,注重发挥"层层试点、以点带面"的示范作用,提出"以人力换时间、以人才换质量"办法,明确"精心设计、政府分工、一次成稿、限期完成"的总体思路,有力推进了市县志编纂进度,形成了志书编纂的安徽经验。在推进年鉴全覆盖过程中,建立包保责任制,省市县三级联动,同时创新工作思路,引导各地采用"服务外包＋质量管控"模式,有效解决相关市县地方志机构人手短缺问题。2021年11月,专门召开全省实现地方志"两全目标"总结交流会,认真回顾工作历程,全面总结实现"两全目标"、推进地方志事业发展的8条重要经验,为做好新时代地方志工作提供了重要遵循。在信息化大背景下,我们坚持顺势而为,加快构建"互联网＋"工作格局,积极推动地方志资源开发利用,着力发挥好安徽党史方志网、安徽党史方志微信公众号的阵地作用,大力推进安徽史志数据库建设,完成二轮三级志书约2.5亿字数据化处理并上网发布。聚焦打造省情展览展示中心、地情资料收藏保护中心、地情研究中心、地方文化交流中心,高标准推进省方志馆建设,目前已进入布展阶段,2022年底将向社会开放。

五、坚持以队伍建设为有力支撑

人才队伍是地方志事业高质量发展的决定性因素。党的十八大以来,全省地方志部门把干部和人才队伍建设摆在突出位置,着力打造一支政治过硬、能力过硬、作风过硬的高素质、专业化队伍。突出政治引领,广大地方志工作者坚持以习近平新时代中国特色社会主义思想为指导,牢记"为党立言、为国存史、为民修志"的初心使命,自觉把个人学术追求同党和人民的事业发展紧密联系起来,努力在为党和人民述学立论中实现自身价值。加强能力建设,研究制定人才培养规划,大力弘扬优良学风、文风,加强教育培训和实践锻炼,着力培养地方志领军人才、地方志专家和编修业务骨干,干部能力素质得到有效提升。坚持开门修志,将省内外史志部门专业水平高、业务能力强的编研骨干和高校、研究院所、出版社、杂志社中从事史志工作的专家纳入省级人才库，充分发挥其在史志编纂、研究、宣传、咨询、评审等方面的重要作用，凝聚地方志工作合力。加强作风建设，坚持全面从严治党，深入贯彻中央八项规定精神及省委实施细则，扎实开展"对照先进找差距 奋勇争先创一流"大讨论活动，自觉对标对表，进一步改进作风，提振干事创业的精气神。坚持鲜明用人导向，加强人才选拔、培养、交流和使用，突出实践实干实效，激励广大干部新时代新担当新作为。

陕西：稳步推进地方志事业高质量发展

> 进入新时代，陕西省地方志办公室以习近平新时代中国特色社会主义思想为指引，认真贯彻落实中指组的各项工作部署，从大格局、高层次谋划推动全省地方志工作高质量发展，在完成"两全目标"任务，地情丛书编纂，旧志整理，方志馆、村史馆建设，拓展地情网站和信息化建设，服务文化强省建设等方面取得良好成绩。
>
> ——题记

近年来，陕西省地方志办公室在中指组及其办公室的指导下，按照省委、省政府的部署要求，在完成"两全目标"任务，地情丛书编纂，旧志整理，方志馆、村史馆建设，拓展地情网站和信息化建设，服务文化强省建设等方面取得良好工作质效，推动全省地方志事业高质量发展。

一、营造氛围，积极开展国务院《地方志工作条例》颁布10周年纪念

在国务院《条例》颁布10周年之际，陕西省志办组织省直各厅局与各市志办联合召开全省纪念《条例》颁布实施10周年座谈会。系统总结了10年来全省贯彻《条例》，推进地方志法治化建设取得的成绩、积累的基本经验和存在的问题，听取了各市各部门有关方面的意见，就下一步推进法治化建设提出了思路和工作安排。为大力营造舆论氛围，在《陕西日报》和陕西省地情网分别开设了宣传专栏，对全省各地开展纪念活动进行接续宣传。西安市组织开展学法专项活动，积极利用网站和刊物开展依法

治志宣传，普及地方志知识。宝鸡市依托全市法制宣传月和法制宣传日开展《条例》《规划纲要》等法规及地方志知识宣传。铜川市在《铜川日报》刊登纪念《条例》颁布实施10周年纪念文章，制作宣传片在电视台和大型广场滚动播出。榆林市在《榆林日报》刊登《条例》及《十年耕耘 十年收获》《奋力书写地方志新篇章》等纪念文章。汉中市、县（区）联动制作全市地方志工作10年成就展示宣传牌，持续一周在市政府广场展出。安康市在《安康日报》开设纪念《条例》颁布10周年、《规划纲要》印发1周年专版，印制《党和国家领导人关于地方志工作论述摘编》宣传册向政府部门及社会发放。商洛市印发了《关于规范部门（专业）志编纂出版工作的通知》，严格审查规范部门志编纂出版行为，增强了依法修志意识。这些活动和措施为《条例》宣传，积极推动依法治志，扩大地方志事业影响产生了积极作用。

二、立足主业，圆满完成"两全目标"任务

陕西省志办凝心聚力、全力以赴，圆满完成"两全目标"任务，各级地方志书、综合年鉴编纂连创佳绩。2020年，省志办成立了8个调研组，围绕承编单位法定职责落实、志鉴编纂进度、出版印刷工作等，深入全省各地沟通协调、解决问题；编印《第二轮〈陕西省志〉编纂指导手册》《陕西省第二轮市县志编写指南》《陕西省第二轮三级志书出版印刷规范》《〈陕西年鉴〉编校规范》，严把志鉴质量关，做好服务保障。此外，不断细化工作方法、加强业务指导，帮助工作进展较慢的市县和单位组建专家班子，加快工作进度。多次召开出版座谈会和业务培训会，与相关单位当面对接、明确问题、倒排工期，不断查找难点，争取相关资源，推动全省地方志"两全目标"任务顺利完成。至2020年底，省市县三级志书187部（册）、全省各级地方综合年鉴119部全部移交出版印刷，"两全目标"全面完成，位居全国前列，受到中指组和省委、省政府领导的充分肯定。积极组织第二轮三级志书参加各地哲学社会科学优秀成果评选，其中《陕西省志》的《政务志》《财政志》《商务志》等获陕西省第十五次哲学社会科学优秀成果二等奖、《文化艺术志》《气象志》《工会志》《水利志》获三

等奖,《宝鸡市志》获宝鸡市第十六次哲学社会科学优秀成果一等奖。

三、服务中心,发挥"主题志鉴"社会功能

陕西省志办以笃行实干诠释方志人"为党立言、为国存史、为民修志"的责任担当,策划编纂形式多样的主题志鉴。一是组织编纂《陕西年鉴》增刊《2020·陕西省抗击新冠肺炎疫情纪实》。收录2020年1月1日至2020年12月31日全省抗击新冠肺炎疫情的资料,记录了陕西人民同全国人民携手并肩开展的这场跌宕起伏、波澜壮阔的疫情防控人民战争,讴歌了生命至上、举国同心、舍生忘死、尊重科学、命运与共的伟大抗疫精神。二是完成《纪录小康工程·陕西大事记》工作。内容上聚焦全省深入学习贯彻习近平新时代中国特色社会主义思想的担当作为,忠实记录好、生动反映好陕西全面建成小康社会的光辉历史,为新时代中国留好"小康印记",获得中宣部、新华社认可,并接受新华社专访介绍编纂情况及工作经验。

四、适应"互联网+"创新浪潮,地情网站和信息化建设不断拓展

为做好网站群建设,2013年陕西省志办下发《陕西省地方志办公室关于印发〈2013年陕西省地情网站群建设以奖代补项目实施办法〉的通知》和《关于确定2013年陕西省地情网站群建设以奖代补项目实施单位的通知》,在当年的全省政府部门网站绩效评估中,陕西省地情网被评为2012年度"全省政府网站建设管理先进单位"。2015年,"百度百科·陕西数字方志馆"上线开通。当年在百度平台上传志书、年鉴和地情丛书达410部(册),百度百科词条600余条。2017年,省志办按照《政府网站发展指引》要求,对省地情网站群进行整改,完成陕西地情网站群的迁移、陕西省情网网站改版和手机版上线工作,申请政务二级域名,网站更名为陕西省地方志办公室门户网站,下设6个一级栏目,上网资料约18亿字。开通方志陕西微信公众号,传播推介陕西地方志和地情信息。目前,陕西省方志数据库不断充实,数字化书籍累计1141部(册),约10亿字,并为

近20家省内政府网站进行链接。

五、发掘历史智慧，彰显地域文化魅力

一是地情丛书彰显独特魅力。陕西省各级地方志机构以《陕西地情丛书编纂规划》为抓手，充分开发地情资源，深入挖掘历史文化底蕴，弘扬优秀传统文化，成果丰硕。省志办完成了《中国地情报告》（陕西部分），出版《陕西故事》《西部大开发陕西志》《陕西帝王陵墓志》《古今故事话陕西》《周秦汉唐法制史》等一大批优秀地情丛书。西安市出版《西安史话》《西安通史》；咸阳出版"咸阳历史文化"丛书；铜川编纂《印台革命老区发展史》《印台地理》《宜君地名志》；渭南编纂出版《东雷抽黄志》《渭南简史》《临渭改革开放二十年大事记》《话说潼关》等10余部地情书籍；延安编写了名胜诗歌选《诗景延安》；榆林出版《榆林方志文萃》；汉中编纂《汉中通史》《汉中故事》；安康精选编辑《安康文存》、出版《安康七十二行》地情专著；商洛出版《商州老字号》。这些都极大丰富了地情文化资源，很好展示了地域文化魅力。二是旧志整理成果显著。旧志整理是国务院《条例》《陕西省实施〈地方志工作条例〉办法》赋予各级地方志工作机构或部门的基本职责。据统计，陕西历代旧志有521部。2013年以来，省志办按照注重保护、系统整理、注重质量、注重帮扶的原则，先后指导整理了明隆庆《蓝田县志》、明嘉靖《耀州志》、明万历《富平县志》、明万历《重修汉阴县志》、明万历《郿志》、明万历《渭南县志》、明正德《武功县志》、明天启《同州志》、明崇祯《醴泉县志》，清康熙《中部县志》、清雍正《镇安县志》和清乾隆《镇安县志》、清乾隆《甘泉县志》、清乾隆《兴平县志》、清乾隆《咸阳县志》、清乾隆《醴泉县志》、清道光《续修咸阳县志》、清光绪《乾州志稿》、清《忠武侯祠墓志》，民国《重续兴安府志》、民国《宝鸡县志》和《宝鸡大关》、民国《同官县志》、民国《重修咸阳县志》、民国《重纂兴平县志》、民国《续修醴泉县志稿》、民国《乾县新志》、民国《黄龙设治局民国三十五年概况》等100余部。其中，明正德《武功县志》、明万历《富平县志》、明万历《郿志》为明代"关中八大名志"；明嘉靖《耀州志》为孤本，天一阁仅存；清乾隆《甘泉

县志》为孤本，现存台湾；明万历《渭南县志》是国内少见版本；民国《黄龙设治局民国三十五年概况》《续修醴泉县志稿》为稿本；民国《同官县志》是著名教育家黎锦熙所著的民国名志。其中，省志办原副主任董建桥总校点的嘉靖《陕西通志》、汉中市志办原主任郭鹏点校的嘉庆《汉中府志》分别荣获全国古籍整理一等奖、二等奖。

六、强化资政功能，服务文化强省建设

一是"三个经济"研究。2018 年，陕西省志办围绕"三个经济"建设，发挥智库作用。成立专门课题组，组织有关专家研究论证，查阅大量史料，召开陕西地方志与"三个经济"研究研讨会，撰写的《明清陕西商贸经济的枢纽和门户地位》一文，分别在《当代陕西》第 19 期和 10 月 16 日的《各界导报》上发表，在省政协全会上引起热议。2019 年，又有《陇海铁路的历史角色——近代关中商贸经济的构建与发展》在《当代陕西》刊出。"三个经济"理论研究，为省委、省政府领导决策和经济社会发展提供历史智慧和有益借鉴，得到时任省委书记胡和平高度肯定和有关部门的好评。二是讲好"陕西故事"。根据省政府重点工作部署安排，自 2017 年起，在全省组织开展三届"坚定文化自信 讲好陕西故事"系列活动。活动被陕西主流媒体及网络媒体报道 800 余次，并成为陕西省干部网络学院的微课程，网络总点播量 300 余万次。2020 年，省志办组织各市积极参加全国"讲述黄河故事 传承黄河文化"系列活动。开展的征文比赛征集作品 500 余篇，从中遴选 111 篇以《陕西地方志·黄河故事专刊》形式出版发行，并向学习强国陕西平台推送"讲好黄河故事"专题文章 7 篇。在全国沿黄九省（区）评选出的 100 篇获奖作品中，陕西省占 45 篇，省志办、西安市、延安市、榆林市、韩城市各有 1 篇获一等奖。在全国讲述大赛线上组比赛中，延安市推荐选手获一等奖，渭南市、榆林市推荐选手获二等奖，省志办荣获"最佳组织奖"。各市组织开展了"坚定文化自信 讲好西安故事""讲述渭河故事 传承渭河文化""讲好咸阳故事 传承红色基因""庆祝建党百年 讲好铜川故事""讲好黄河故事 永远跟党走""讲好商洛故事 发掘地情文化"摄影赛等活动，结合建党百年系列庆祝活动，以地

方志视角讲好陕西故事，助力全省推进文化强省建设。三是开展"读志用志"活动。省志办组织在全省大力开展读志用志系列活动，通过志书宣传推介、志鉴成果"六进"、书评撰写、志书开发利用等形式，有力扩大地方志工作的社会影响力和关注度。省志办在网站和微信公众号开辟《志鉴评论》专栏，在全省征集书评定期刊出，利用互联网和新媒体进行方志文化宣传。宝鸡市读志用志活动经验材料被省志办转发全省各市（区）推广学习。西安、渭南、铜川、安康、杨凌等地分别组织第二轮志书出版座谈研讨、成果交流推广等活动，提高了第二轮修志成果运用水平。2021年，全省地方志工作机构共向各级部门、企事业单位、农村、社区、部队等赠阅各类地方志书籍25000余册，充分发挥以文化人、以文育人、以文聚力作用。《中国影像方志·陕西卷》的宜川、勉县、清涧、洛川、镇巴、佳县、米脂、石泉、泾阳、三原10篇在中央电视台十套播出。宝鸡持续推进《宝鸡影像方志》拍摄，累计拍摄18集，播出10集，社会反响良好。商洛市宣传文化重点工程《商於古道》纪录片获第十五届陕西电视金鹰奖优秀纪录片二等奖，山阳县利用志鉴资料为"山阳天麻"地理标志农产品申报提供历史依据。这些都为读志用志做了积极探索，扩大了地方志工作影响。

七、提升公共文化供给，助力乡村文化振兴

一是推进方志馆建设。按照中指组《方志馆建设规定（试行）》的要求，积极推进全省地方志馆建设和管理。2021年，省委编办正式批复设立陕西省方志馆，为全省方志馆建设打开了新局面，发挥了良好示范效应。全省地方志馆建设取得积极成效，西安方志馆建设步伐加快，成立工作专班，由分管副市长带队考察选址，已完成基础论证工作。延安方志馆建设稳步推进，正在进行陈列资料大纲编写。榆林方志馆馆藏图书全部到位，具备开馆条件。汉中以汉中通史馆建设为契机，设置汉中方志馆，已经完成方志馆布展方案，建馆工作有序推进。安康利用方志馆资源和平台，宣介和传承地方志文化，在2019年全国方志馆建设经验交流会上发言，受到中指办肯定。二是着力打造村史馆。贯彻落实《关于实施中华优

秀传统文化传承发展工程的意见》，弘扬中华优秀传统文化，助力乡村振兴，2021年省志办组织召开全省村史馆工作培训会，就全省地方志工作机构因地制宜开展村史馆工作进行安排部署，积极推动全省村史馆建设。各地也做了不少卓有成效的工作：西安市率先出台《西安市村史馆建设指导性意见（试行）》，确定长安区为村史馆建设试点单位，并向学习强国西安平台推送《村史馆选介》专栏文章；汉中市成立村史馆建设推进指导小组，为实施乡村振兴战略提供文化支撑；安康市印发《全市村史馆工作指导意见》，支持村史馆建设中地情资源挖掘与开发；商洛市尝试"名村试点先行"的做法，推动村史馆建设。目前全省共建有村史馆403个。三是抓好村镇志编修工作。村镇志既是地方志事业的扩展和延续，又是认识中国基层社会的必要工具性文献。省志办认真组织做好中国名村志文化工程实施，共有《高家堡镇志》《党家村志》《东岭村志》3部中国名镇名村志出版。咸阳市出版了《南韩村志》《窦家村志》《唐家村志》。铜川组织编纂了《耀州区北街村志》《印台区阿庄镇志》《陈炉镇志》《邵家沟村志》《宜君县棋盘镇志》。渭南市编纂出版《渭南名镇志》。延安编纂出版《黄陵县桥沟村·村志》《黄陵县仓村村史》《宜川县落东村志》。汉中市出版《汤房社区志》《莲花村村志》《白渡社区志》。省志办协调指导富平县《庄里镇志》和石泉县《熨斗镇志》申报中国名镇志文化工程，神木市《西豆峪村志》申报中国名村志文化工程。这些对梳理村镇历史、释怀乡愁发挥了重要作用。

湖南：先行先试典范*

  我在地方志工作8年，湖南留给我最深刻的印象是湖南方志人敢为人先、敢于先行先试的精神。2017年，我在湖南调研时，与时任湖南省地方志编纂委员会办公室党组书记易介南同志、长沙市地方志编纂委员会办公室党组书记王习加同志，就"让地方志走进千家万户"、编纂"居民小区志"一拍即合，不久，在湖南省、长沙市、浏阳市三级地方志机构的共同努力下，全国第一部城镇小区志书《梅花小区志》精彩问世，为全国小区志提供了编修模式、规范和样本。2019年，我与湖南省地方志编纂研究院党组书记、院长江涌同志、时任湘西州地方志编纂研究中心主任刘克兴同志，就把湘西州列为全国地市级扶贫志编纂试点单位，达成高度一致，他们率先在全国拉开了地市级扶贫志的编纂序幕[1]，近期《湘西州扶贫志》将出版发行。新时代地方志要实现创造性转化、创新性发展，先行先试尤为重要，也实属不易。

——题记

  2021年4月19日至23日，应中共湖南省湘西土家族苗族自治州委员会的邀请，我与邱新立巡视员等一行5人在湖南省地方志编纂院党组书记、院长江涌的陪同下，出席《湘西州扶贫志》专家评审会，并先后深入

---

* 根据2021年4月在湖南考察时的讲话整理。

〔1〕 第五届中指组确定的全国扶贫志省级试点单位是贵州。《贵州扶贫志》由省地方志编纂委员会办公室、省扶贫办、省社科院三家编纂完成，于2016年10月由方志出版社出版，时任中国社会科学院党组成员、副院长，中指组常务副组长李培林作序。

花垣县十八洞村、龙山县苗儿滩镇、吉首市坪朗村和凤凰县禾库村易地扶贫搬迁集中安置点调研考察精准扶贫情况,到永顺县双凤村调研指导《双凤村志》编纂工作,在龙山县召开了有湖南省、湘西州和龙山、花垣、永顺等部分县市地方志机构负责人及地方志干部参加的工作汇报座谈会,对湖南地方志工作有了更新认识,对《中国扶贫志》编纂有了更大决心,对新时代地方志资政辅治有了更多想法。

一、对湖南地方志工作有了更新认识

这次到湖南,通过开会座谈和实地调研,边听边看边思考,感受很深、收获很大,对湖南地方志工作有了全新的认识。深切感受到我几年前就有的一个判断:一个地方的地方志工作开展得好坏,与这个地方是不是经济发达地区没有直接关系,与机构、体制、规格、人员的多少也没有直接关系,而是与这个地方党委政府重视不重视有直接关系,与有没有一支素质高、本领强、想干事、能干事的干部队伍,以及队伍里面有没有一个好的"领头羊"有直接关系。

一直以来,湖南省的各级党委、政府高度重视支持地方志工作。湖南省委、省政府、省政协、省委宣传部等领导同志走访省地方志编纂院,听取工作汇报,多方协调排忧解难,并就地方志工作多次作出批示。领导重视是做好修志工作的关键。这是湖南地方志工作之所以能够做得出色的一个主要原因。

湖南在推动地方志大省迈向地方志强省的进程中,不断推出新举措,不断取得新成效。江涌院长担任湖南地方志的班长后,湖南地方志工作让人耳目一新,展现了全新面貌,特别是在推动地方志"五起来"(用起来、立起来、活起来、热起来、强起来)方面,提出了很多新思路,呈现了很多新亮点,以党建促业务,以业务促党建,实现工作双丰收,让我们明显感受到了湖南方志人做好新时期地方志工作、推动地方志第二次转变升级、服务好经济社会发展的满腔热情、昂扬斗志和十足干劲。

(一)推进"两全目标"卓有成效

湖南省地方志编纂院以致函通报、座谈交流、实地调研督导等方式,实地指导志鉴编修，争取当地党委政府的支持。按照国办《规划纲要》的"两全目标"任务计划，截至2020年底，湖南省第二轮三级志书规划编修《湖南省志》51部，市州综合志9部，县级综合志104部，已全部完成，进入全国排名前10。138部省市县地方综合年鉴编纂启动率和移交出版率均为100%，完成《中国地方志年鉴》组稿任务，在第八届全国（全省）地方志优秀成果（年鉴类）评审中，湖南向中指组推荐的13部年鉴全部获奖，为近年来获奖成果数量之最，同时继续在长沙市打造全省乃至全国精品年鉴工程示范市。为了顺利完成"两全目标"，湖南省地方志编纂院积极作为，针对各地经费不足、出版费用大幅上涨的情况，对51个民族地区和贫困地区县级年鉴公开出版给予资助，2019年至2021年累计资助645万元。这一举措值得肯定和推广。

（二）机构改革中保持队伍稳定

在新一轮机构改革中，市县两级地方志工作机构全部纳入涉改对象，确定为公益一类事业单位，在不明确能否继续参公管理的情况下，出现了人心不稳的情况，工作开展非常被动。对此，湖南省地方志编纂院积极向省委、省政府领导汇报，主动与组织、编制等部门衔接，力争机构性质不变，以稳定人心。同时为解决人员编制问题，省地方志编纂院以专函、面对面工作交流等形式，协调有关地方合理增加人员编制。这种主动作为的工作态度值得肯定。在机关内部，开展干部职务职级晋升工作，自2020年12月以来，共职级晋升44人次，提任正、副处实职各1人，公开遴选1人，激发了干事创业的热情。同时，为年轻干部提供锻炼平台，通过项目参与、《韩公亭》编辑业务参与、理论征文参与等方式，逐步形成积极作为、干事创业的氛围。

（三）夯实地方志事业发展根基

在新一轮的议事协调机构精简优化中，省地方志编纂委员会作为省委、省政府的议事协调机构，予以保留；省人社厅和省方志院联合印发了《关于建立地方志专家库的通知》，开全国先河；组织起草并争取颁布《湖南省地方志工作办法》。湖南地方志在工作机制、队伍建设、法治环境三个方面为地方志事业可持续发展提供了坚强保障。

（四）方志资源开发利用全面展开

按照中指组的要求，湖南省地方志机构广泛开展特色志书编修工作，积极开发利用方志资源，取得了很多成绩。印发《湖南历代方志集成》《湖南通志》编纂方案，《湖南通志》设91篇，已累计评审63篇；服务文化旅游工作，编纂了《洞庭湖志》等湖南特色志；完成《中国影像方志·湖南卷》衡南县篇、资兴市篇等38部电视片文稿的审稿工作；《湖南乡镇简志》、中国名镇名村志文化工程（湖南）推进有序；试点编修社区志、小区志，浏阳市《淮川街道朝阳社区梅花小区志》已交付出版；指导《湖南省水库移民志》《湖南省水文志》等编纂工作；"湖南数字方志馆"已上传各类志鉴数字化地情文献近4.4亿字，浏阳市方志馆因优秀的公共文化服务意识、建设水平和显著影响力获得中指组通报表扬；积极组织筹备编纂《万山红遍——百年大党的湖南征程》和《年鉴里的新湖南——辉煌"十三五"》两部献礼图书，以庆祝中国共产党成立100周年为贯穿全年工作的鲜明主线，弘扬湖湘热土上的红色文化，"把党的声音传递好，把奋进力量凝聚好"。

（五）加强地方志理论研究和品牌宣传

打造"韩公亭"品牌，根据中指办的安排，组织开展了首届"韩公亭杯"方志理论征文活动，将内刊《湖南地方志》更名为《韩公亭》，经过改版升级，社会反响良好；与《湖南日报》签署战略合作协议，加大与中央驻湘媒体、省内主要媒体及各大商业网络平台的合作，不断扩大地方志宣传范围和影响深度；充分利用会议、活动和线上线下等平台，积极宣传地方志工作的性质和功能，宣传方志文化在服务"三高四新"战略、建设现代化新湖南中的独特作用；拍摄湖南地方志宣传片《山水相逢，志敬湖南》。

湖南地方志工作全面铺开，在志鉴编修、资源开发、服务中心、队伍建设、人才培养等方面取得累累硕果，可以看到湖南方志人新时代展现的新作为，新时期展现的新风貌，特别是在扶贫志编修上，积极与中指办、湘西州、花垣县协调对接，倾力组织编修《湘西土家族苗族自治州扶贫志》《十八洞村志》，两部志书被中指组列为扶贫样板志书进行打造，在扶贫志编纂方面进行了可供借鉴、可供推广的有益探索。

二、对《中国扶贫志》编纂有了更大决心

湖南的各个市州都在提前部署、及早谋划《中国扶贫志》《中国全面小康志》的有关工作，或收集资料，或编纂手册，或已进入修志阶段。其中，湘西自治州更是一马当先。2019年12月，中指组在湘西州召开第四届全国名镇志论坛期间，我征求刘克兴主任对把《湘西州扶贫志》作为全国扶贫志编纂试点的意见，他高兴答应，我从内心感觉到少数民族干部有股精神，那就是干地方志工作不惜体力，用个人感情推动事业发展的"三牛"精神。

湘西州虽然经济不发达，但是地方志工作做得有声有色，州、县市齐头并进，按照中指组、中指办的工作部署，在湖南省地方志编纂院的精心指导下，在州委州政府的坚强领导下，认真贯彻落实国办《规划纲要》，取得了诸多骄人成绩：提前高质量完成"两全目标"，整体推进名镇名村志文化工程成效斐然，被评为"全国地方志系统先进集体"，州委主要领导赞誉是"冷部门"做成了"热事业"。特别是率先在全国启动编纂《湘西州扶贫志》，全州先后有近200人参与组稿和编纂，仅用9个月时间的艰辛努力，优质高效地编纂了一部断限37年、87万字的《湘西州扶贫志》。我不禁为湘西州扶贫工作取得的辉煌成绩和湘西方志人的拼搏赶超精神由衷赞叹。

2020年4月，湘西州正式被中指组确定为全国地市级扶贫志编纂试点单位，率先在全国拉开了扶贫志的编纂序幕。《湘西州扶贫志》的成功编纂出版，推动了湘西志鉴编纂工作进入有地位、有经费、有人才和组稿编纂较快、质量标准较高、地域特色明显的良性发展轨道，为全国地方志系统巩固"两全目标"成果，编纂扶贫志提供了可鉴经验。

（一）提高政治站位，彰显方志人政治担当

中国的脱贫攻坚事业是人类减贫史的创举，能够成为这项伟大事业的参与者、实践者、见证者和记录者，是人生之幸事。湘西州作为习近平总书记"精准扶贫"重要论述首倡地，提高政治站位，积极主动作为，率先在全国启动编纂《湘西州扶贫志》，客观真实地将全州各族人民在这项伟

大事业中的奋斗足迹和巨大成效载入史册,是湘西方志人深入学习贯彻落实习近平总书记关于地方志工作重要论述精神,彰显首倡之地勇担首倡之责、敢作首倡之为的政治担当,符合习近平总书记等中央领导同志关于编纂《中国扶贫志》的重要批示要求,对全国扶贫攻坚工作经验的总结提炼有很好的启示作用,为全国扶贫志的编纂探索了路子、积累了经验、提供了借鉴,也可以讲是为中国的扶贫事业作出了贡献。

(二)各级领导重视,整合扶贫志编纂合力

编纂出版《湘西州扶贫志》是一项具有实践创新和示范引领意义的重大政治任务,单靠地方志部门一家的力量无疑是力不从心、难以顺利推进,必须依靠党委政府领导的重视支持,充分整合社会各方面的力量,形成上下齐抓共管、各方配合协作的编纂合力。近年来,湘西州每年都谋划实施几个能够紧贴党委政府中心工作、助推地方经济社会发展、彰显史志部门职能作用、引起党委政府领导重视的史志项目。2019年10月谋划编纂出版《湘西州扶贫志》,得到了州委、州政府的重视支持。州委办公室向各县市委、州直有关单位党组(党委)印发了《关于做好〈湘西州扶贫志〉编纂出版工作的通知》,成立了高规格的《湘西州扶贫志》编委会和编辑部,州委书记和州长任编委会主任,州委常委、州委秘书长任《湘西州扶贫志》编辑部主任。州委办公室召开了《湘西州扶贫志》编纂工作启动协调会议,州、县市有组稿初编任务的单位负责人共70多人参加会议。会后,各责任单位都明确了一名分管领导,指定了一名干部具体承担本单位组稿初编工作,确保了组稿初编工作有领导抓、有专人做。为快速有序推进编纂工作,州委还召开了湘西历史上最高规格的全州史志工作会议,会后,8县市都先后召开县市委常委会会议听取史志工作情况汇报,其中花垣、永顺、泸溪3县还同步启动编纂《十八洞村扶贫志》《永顺县扶贫攻坚志》《泸溪县扶贫志》。州财政先后两次调整预算,解决《湘西州扶贫志》编纂出版专项经费115万元。

(三)强化业务指导,着力提升扶贫志编纂质量

中指办、湖南省和湘西州三级地方志机构凝心聚力,集中人力物力支持《湘西州扶贫志》编纂出版工作。2020年8月7日,中指办在北京听

取湘西州地方志工作汇报，审定《湘西州扶贫志》篇目设计，指派中指办邱新立巡视员和王丹林副处长负责篇目和志稿的终审把关，共同把《湘西州扶贫志》打造成全国首部扶贫志样板书，并适时在湘西州召开《中国扶贫志》启动仪式暨《湘西州扶贫志》首发式。这次，中指办、省志院主要领导和专家一行7人专程出席《湘西州扶贫志》专家评审会，认真审读志稿，撰写评审意见，对志稿进行专业点评，并深入部分县市和贫困乡村现场考察调研。州地方志编纂室举办了《湘西州扶贫志》组稿撰稿人员专题培训班，并组织专家上门对12个组稿初编任务较重的单位进行"开小灶"精准培训，详细讲解各篇章组稿的责任分工、相关条目的组稿初编要求。在各单位组稿初编过程中，编辑部主动提前介入做好跟踪指导和催收稿件工作，有效提高了组稿初编质量和效率。编委会、编辑部和各供稿单位牢固树立政治意识和精品意识，从启动策划、篇目设计和编纂出版等全过程高标准，从政治、体例、史料和文字等各方面严把关，用实际行动践行了"修志问道，直笔著史"的方志人精神。

（四）精心设计篇目，彰显了扶贫志地方特色

篇目框架是志书编纂的基本构架，既要符合志书的体例规范，又必须立足当地实际，彰显个性特点和地域特色。《湘西州扶贫志》是率先在全国启动编纂，如何拟定编目设计、合理确定断限是没有成熟的先例可循、没有规范的范本可鉴的，只能"摸着石头过河"。刘克兴主任介绍，当时大家意见比较一致是将下限确定为全国脱贫攻坚收官之年的2020年12月31日，但对上限的确定却各抒己见，共有7种不同的建议。结合湘西州扶贫开发历程，最后将上限始于中共中央、国务院"9·30"通知印发之年的1984年1月1日，得到了湘西州相关领导和老同志的认可，中指办和湖南省志院的专家也觉得这样的断限是科学合理的。《湘西州扶贫志》篇目从以下四个方面彰显了湘西特色，避免了志书"千志一面"的弊端。一是突出了时代特色。我国几十年的扶贫开发历程，由输血式扶贫到造血式扶贫，由政府部门扶贫到社会各界扶贫，由粗放式扶贫到精准扶贫，《湘西州扶贫志》客观真实地记述了这个历史进程，具有鲜明的时代特色。二是突出了地域特色。湘西州是习近平总书记"精准扶贫"重要论述首倡地、武

陵山片区的深度贫困地区和湖南省扶贫攻坚主战场，党和国家领导人多次深入湘西视察调研，作出许多重要论述和指示，湘西州扶贫攻坚成果登上了中华人民共和国成立 70 周年国庆阅兵车，接受了党和人民的检阅。这些具有湘西州地域特色的历史内容，都在相关篇目中进行了客观记载、充分体现。三是突出了扶贫特色。篇章节目结构始终围绕记述湘西州扶贫开发事业来展开，从宏观扶贫到微观扶贫，再到精准扶贫脱贫，从点到面，都有事例、有数据，体现了实实在在的扶贫成效。记述的扶贫范例和典型人物，体现了湘西贫困群众自力更生、自强不息的奋斗精神。四是突出了专志特色。从篇目设置到志书编纂的全过程谋篇布局，始终紧扣扶贫开发和精准扶贫这一专志主题来确定选材方向与记述范围，包括卷首总述、篇前概述和章节前无题小序等，通篇没有任何的旁逸斜出，突出了"专志贵专"原则。

三、对新时代方志资政辅治有了更多想法

千里追得梦圆时，万里征程今日始。今年是国家开启"十四五"规划和第二个百年目标的开局之年，我提出地方志工作要进入第二次转型升级期，要从原来的"有没有"的数量化、规模化，转向新时代的"好不好"的优质化、法治化。2016 年元旦，我写了题为《什么是方志人的贡献》新年献词，请全国方志人思考：党的十八大以来，以习近平同志为核心的党中央带领全国各族人民致力实现中华民族伟大复兴的中国梦，我们是"修志问道，直笔著史"的方志人，记录新时代，书写新时代，讴歌新时代，"为当代提供资政辅治之参考，为后世留下堪存堪鉴之记述"是党中央、国务院赋予地方志的时代使命，是新时代方志人义不容辞的神圣职责。

今年 2 月 25 日，习近平总书记在全国脱贫攻坚总结表彰大会上向全世界庄严宣告，我国脱贫攻坚战取得了全面胜利！这是中华民族伟大复兴征程上的又一个重要的里程碑和标志性事件，是当代中国共产党人、当代中国人民对中华民族发展历史的重大贡献，将这一丰功伟绩载入史册、彪炳千秋，无疑是我们方志人肩负以"中国之志"记录传

承"中国之治"责任担当和生动实践。全国地方志系统当前和今后一个时期的重要政治任务，就是深入贯彻党的十九届五中全会精神，在新的时代背景和任务要求下，充分发挥自身职能优势，精心谋划好并扎实推进中国扶贫志编纂工程、中国全面小康志编纂工程、中国抗击新冠肺炎疫情志编纂工程，用志书这种中华文化的特有载体，全面、系统、客观地记录好脱贫攻坚和全面建成小康社会的伟大历史进程以及抗击新冠肺炎疫情斗争取得的重大战略成果，为中国特色社会主义新时代增光添彩。

习近平总书记就编纂《中国扶贫志》作出重要批示，汪洋、王沪宁、丁薛祥、黄坤明等中央领导同志先后就编纂《中国扶贫志》《中国全面小康志》作出批示，所以讲，编纂《中国扶贫志》《中国全面小康志》是国家重大决策部署，是全国地方志系统的重大政治任务，中央领导同志高度重视，全国人民高度关注，在国内外影响深远、意义重大。全国地方志系统要切实提高认识，凝聚共识，把思想和行动统一到习近平总书记的重要批示精神上来，统一到党中央的决策部署上来。要充分认识编纂《中国扶贫志》的重大意义，以高度的责任感、使命感、紧迫感推进中国扶贫志编纂工程，深刻总结脱贫攻坚经验，为深化巩固脱贫成果、实施乡村振兴战略提供智力支持。要以"修志问道，直笔著史"的方志人精神、责任、觉悟、担当、能力、情怀，坚决贯彻好、落实好党中央的决策部署，在记载中国伟大扶贫事业的光辉伟业中展现新作为，不辜负党中央对全国地方志系统的信任、对全体方志人的重托。

中指组常务副组长高翔同志几次叮嘱我，一定要抓好地方志编纂出版质量，特别说到了《湘西州扶贫志》试点和《十八洞村志》编纂，要求我和邱新立巡视员抓好这两本专志的编纂出版质量。中指组把《湘西州扶贫志》作为中国扶贫志编纂工程的编纂试点，将加大编纂指导力度，与湖南省、湘西州共同努力，严把《湘西州扶贫志》政治观、史实关、体例关、出版关，高质量完成《湘西州扶贫志》编纂出版工作，把《湘西州扶贫志》打造成中国扶贫志编纂工程的一面旗帜，编修成全国扶贫志的学习标杆，为全国扶贫志编纂提供范本。同时，还要特别重视《十八洞村志》的编纂出版质量，省州县三级都要严格把好关，共同把《十八洞村志》编纂成精准扶贫第一志。同时，要通过扶贫志的编纂，积极探索创新新时代重大专题志编纂模式，为实施中国全面小康志编纂工程、中国抗击新冠肺炎疫情志编纂工程等国家重大专题志工程积累经验。

河南：新时代的地方志成就

> 河南是文化大省、方志大省。党的十八大以来，河南省史志办党组高举习近平新时代中国特色社会主义思想伟大旗帜，按照省委省政府和中指组及其办公室的要求，把讲政治、顾大局贯穿到地方志工作全过程，把守纪律、保质量作为完成"两全目标"的基本保障，把问题通报与成绩喜报作为完成"两全目标"的引领和示范，把政府推动和针对性督查作为完成"两全目标"的重要抓手，主动担当，积极作为，带领全省史志系统取得了巨大成绩，开创了河南史志事业新的历史性成就。
>
> ——题记

党的十八大以来，河南省地方史志系统在省委、省政府坚强领导和中指组及其办公室的有力指导下，坚持以习近平新时代中国特色社会主义思想为指导，全面贯彻落实国务院《条例》、国办《规划纲要》和中指办各项要求，坚持党委领导、政府主持、地方志机构组织实施、社会各界参与的工作体制和"一纳入、八到位"的工作要求，围绕史志事业高质量发展谋篇布局，主动担当作为，不断改进工作方法，整合资源和力量，上下同心、克难攻坚、履职尽责，各项工作稳步推进。

一、落实依法治志要求，及时制定河南规划

国办《规划纲要》下发后，河南省高度重视，在认真学习贯彻的同时，及时调研起草了《河南省地方史志事业发展规划（2016—2020）》，并提请省政府于2016年4月25日由省政府办公厅予以印发。河南《规

划》除刚性要求落实好全国《规划纲要》外，还加入了河南的新要求，为河南全面刚性落实全国《规划纲要》奠定坚实基础。事实证明，这一措施效果明显。

二、突出攻坚重点，河南"两全目标"在全国首家完成

全面完成"省市县三级第二轮综合志书全部出版、三级综合年鉴编纂全覆盖并公开出版"，是国务院确定的"十三五"时期全国地方志工作刚性任务。河南省因地域广、欠账多，"两全目标"完成难度巨大。5年来，省史志办新领导班子，明确咬定重点不放松，主动担当作为，定出"时间表、路线图"，高效统筹史志事业和其他各项工作。全省史志人在各级史志机构党组织的坚强带领下，破釜沉舟克难攻坚，担当作为不遗余力，决战决胜"两全目标"，提前于2020年9月全面完成河南"两全目标"。其中，有省市县三级综合志书169部，包括省志1部（15卷）、市志18部、县区志150部；2020年卷三级年鉴176部。河南省鹤壁市于2020年6月4日就完成报送，成为全国首家完成"两全目标"的地级市，河南省成为全国第一个完成"两全目标"的省份，中指组向全国通报表扬并特向省政府发专函予以祝贺。

三、地方志质量体系建设不断深化

河南省史志办一直强调质量是史志成果的生命线，不能有丝毫马虎。强调质量和进度的关系是"两手都要硬"，但"质量一票否决"，最终结果是"进度服从质量"。因此，省史志办不断推进地方志质量体系建设。

在省级层面上，省史志办通过制定业务规范、加强培训研讨、精心设计篇目、认真评议志稿、严格送审验收、反复纂审校对、协调出版印刷等措施，严把质量关。同时，严格执行三级审核验收制度，对不符合省志、市志、县志评稿条件的，决不轻易评议。不符合《河南省志》《河南年鉴》送审要求的，坚决退回。不符合市志、县志合格标准的，坚决不予批准出版。5年来，先后拟定质量方面文件规范近10个；平均每个市县的评审稿或送审稿退回不少于3次，省志、省年鉴送审稿退回不计其数。

在市县层面上，各地在市县两级志书的编纂、审核、校对出版过程，建立了严格的质量责任体系：落实承编责任制、主编责任制、志书质量岗位（编辑）责任制、志稿三级评审和审核验收制度，从资料核实、内容编辑、出版校对等各个环节做到责任明确。

四、创新库馆网建设，信息化步伐稳步推进

省史志办谋划并申报成功国家方志馆中原分馆和南水北调分馆项目，推动方志馆建设走进全国第一方阵。全省建成、在建的县以上方志馆70余家，以国家分馆和省馆为引领、以地市馆为纽带、以县区馆为前沿、以乡村馆室为补充的中原特色的方志馆体系逐步建立。

在省级层面上，5年来，"互联网+史志"工作模式成为新常态，史志工作活力得到充分释放。网站和省情数据库建设方面，《河南省情网》实施第三次改版，完成"迁云"工作，成功进驻省政府统一技术平台，实现功能完善和提升，栏目更加合理，内容更为丰富，时效性更强，影响力更大；省情数据库系统全面升级扩容，访问量显著提升。截至目前，网站一级栏目7个，二级栏目33个。网站共发布和转载动态信息5000余条，访问量突破100万余次。全省首轮志书已全部数字化并入库，入库总量达到12亿多字。数字方志馆建设方面，为拓展读志用志途径，同时配合方志馆升级改造，在省方志馆一楼展厅，增设了60寸数字触屏，以直观、互动的形式展现各类地情信息，收到良好效果。新媒体建设方面，加强官方微信"河南记忆"的管理，注重抓信息推送质量和推送频率，充分利用这一新途经，让民众了解地方志、了解地情，5年来，河南记忆微信公众号推送信息1000余条。

在市县层面上，截至目前，郑州、鹤壁、安阳、焦作、周口、商丘、济源等市的地情网站管理系统相继迁移到当地政府网站统一技术平台。网站规模进一步扩大，台前县、太康县等县开通了"县情网""地情网"等网上窗口。新媒体应用取得新进展，漯河、汝州、尉氏等市县开通史志漯河、汝州史志、尉氏县志等微信公众号或官方微博，其中尉氏县志公众号在全国史志系统一直排名靠前。全省微博微信等新媒体日益活跃，微信公

众号推送内容更加多彩，服务能力大幅提升，正能量导向更加明确。

五、地方志资源开发利用水平不断提高

省史志办主动作为，积极探索创新做好服务大局工作，为中原文化高地及华夏文明传承创新区建设做出了贡献。

在省级层面上，用志开发方面，2015年5月，省地方史志办公室新一届领导上任后，组织完成多项引起省政府领导和社会各界注目的成果，河南史志事业影响力得到明显提升。《河南历代方志集成》（565卷）、《"传承——河南省非物质文化遗产项目代表性传承人实录"丛书》（40卷）、《中原出彩故事》之《豫见——改革开放四十年》（3卷）、《河南省抗疫实录》（8卷）和《平原省志》等一批大型文化项目顺利完成。还组织编纂了《河南省人民政府历届领导名录》、《乡镇志编纂手册》、《河南家训家规》（第二卷）以及《河南名匠》《中州典故》《一姓一故事》等以服务百姓生活为内容的省情单本相继问世，赢得各级领导和社会各界的认可和点赞。配合中心工作、为各级领导的决策提供咨询服务和资料借鉴依据方面，省史志办充分发挥和体现史志部门的地情资料优势及重要作用，为经济决策、资源开发、市场调研、自然灾害预测、传统名产的恢复及爱国主义教育等服务。

同时，积极倡导支持省直各单位立足实际情况，大胆改革，勇于探索，充分利用史志成果和积累的地情资料，积极编印出版各类地情丛书、地方史书、乡土教材、专题资料、开发项目报告等，编纂一些剧本、影视剧本、画册、大事记、人物名录、概览、土特名产汇编等。2014年以来，郑州铁路局大胆创新，编印了《见证·家园》局情信息系列"口袋书"，在全局及铁路系统引起很大反响。2019年，省志承编单位出版了《河南商务蓝皮书（2019）》《河南文化发展报告（2019）》《河南移民史》《河南考古史》《河南水利史》《河南哲学史》《河南省情问题专题研究》等地情书。2020年，出版了《河南水文化史》《河南行政区划史》《简明河南党史》《中原战疫实录》《2020大众热点话题》《在一起》《河南农业气候概论》《司法裁判社会主义核心价值观研究》《四季气象》《登封：大禹故里故都》

等地情书。全力做好中指办安排的《中国地情报告》《中国方志发展报告》工作。发挥公共文化服务作用方面，参加《河南省实施中华优秀传统文化传承发展工程工作方案》《中国影像方志》等项目的讨论论证，为优秀传统文化的研究、普及、传承出谋划策。2021年，为配合全省党史学习教育，向130多家省直机关发放首轮《河南省志·共产党志》2000多本、二轮《河南省志》500多套，在河南记忆微信公众号上持续推送《河南省志·共产党志》专题内容；积极开展地方志"六进"活动，努力推广方志文化。

在市县层面上，5年来，河南省史志办坚持"修志用志两手抓两手都要硬"，在做好市县乡村修志业务指导等基础性工作的同时，协调指导各地"围绕中心服务大局"做文章，在实施中华优秀传统文化传承创新工程与方志资源开发利用方面取得大量成果。一是旧志整理。市县两级各地共整理旧志35部，在整理方式、印制形式、政治观点、版本甄别等方面进行研究，并予以及时指导。二是地方文化。郑州、开封、洛阳、安阳、三门峡、驻马店、信阳等地持续不断挖掘整理地方文化资源，陆续推出一批在地方有重大深远影响的骨干项目，主要有《郑州名典系列丛书》《驻马店历史文献丛刊》《河洛文化文献丛书》《开封地方文化全书》《安阳历史文化丛书》《三门峡市地方志文献资料汇编》等。三是地情书。省史志办主动唱响"文化自信"这个旋律，推出"出彩中原系列"后，带动平顶山、洛阳、鹤壁等地开展当地相关地情书的编纂工作开展。省史志办指导下市县及时开展抗击新冠肺炎疫情资料收集整理工作，为编纂抗疫工作志书、年鉴、实录等做好积累。郑州市、周口市开展抗击新冠肺炎疫情志编纂工作，开封市印刷出版开封特色志系列丛书《汴绣志》《开封黄河图志》《豫菜志》，平顶山市编写出版了《出彩鹰城故事》《图志平顶山》《平顶山大事记（1953—2013）》等地情书籍，濮阳市编纂了《濮阳杂技志》，三门峡市启动《三门峡黄河志》《三门峡市脱贫攻坚志》编纂工作，新乡市启动《新乡地区志》编写工作，信阳市编写《鸡公山常见药用植物志》，济源市出版《黄河流域生态保护和高质量发展——济水篇》，焦作市编写《焦作资政通鉴》，南阳市正在编写《南阳通史》，汝州市编写了《汝滋汝味》《汝瓷史》等地情书，长垣市启动《长垣君子文化志》编纂。

六、"一纳入、八到位"和法治化建设有效落实情况

在省级层面,按照中指组关于"一纳入、八到位"的要求,"十三五"期间,省史志办本身已经到位,同时对省志各承编单位提出明确要求,务实做好相关任务承接工作。一要尽快调整、健全或建立分志编委会或领导小组,各承编单位至少要有一位领导主持编委会或领导小组工作;二要抓紧组建分志编辑室,明确主编(编辑室主任)和编写人员,解决好必要的办公条件,包括办公经费、办公地点、一般办公设备和电话、计算机、复印机、打印机、扫描仪、办公用车等专项用品。指导各单位按照管理与专业结合设置办公机构,按照专岗与兼职搭配组建队伍,同时推行承编责任制与主编负责制,双轨运行,相辅相成。要求各单位重点放在选配好主编,充分发挥熟悉情况、身体健康、有志于修志的老领导、老专家的作用。沿用首轮省志成功做法,提请省政府领导出面,与各省志承编单位负责人签订《承编责任书》,明确责任和奖惩。截至2020年底,省志88个分志承编单位全部调整到位。

在市县层面,"十三五"期间,17个省辖市和济源示范区、10个省直管县(市)的史志工作均形成了党委领导、政府主持、地方志机构组织实施、社会各界广泛参与的体制机制,基本做到了"一纳入、八到位",依法治志工作得到普遍加强。

七、一批亮点项目顺利实施

乡镇志编纂扎实推进。作为每年工作重点,质量与进度齐抓,通过现场会、培训会,提高编纂人员业务水平和操作技能,加大跟踪支持力度。全省已启动乡镇1200多个,约占二分之一;已出版乡镇(街道)志214部、村志477部。为优秀传统文化传承、中原乡村文化振兴发挥了独特作用。

推动实施省市县三级《大事月报》编辑和扩面工作,全省已有18个地级市和60多个县(市、区)编发《大事月报》,在领导决策中的资政作用日益增强。

顺利推进《河南抗日战争志》。该志是重要文化工程和政治工程，2018年启动，目前已完成300万字，将正式出版。推动各市县地方史志机构克服新冠肺炎疫情影响，立足实际编纂出版了一批史志成果，提升了史志事业向心力和影响力。

注意加强中原方志文化宣传交流工作。积极发挥《河南历代方志集成》在助力中原出彩方面作用，实现社会效益最大化，向影响力较大的中央党校、国家图书馆、武汉大学、复旦大学、厦门大学、河南大学等各类机构进行了重点推送，受众面大幅扩大，社会效益明显。

倾情做好定点扶贫获褒奖。高度重视机关精神文明建设工作，创建模范平安机关，不断提升机关干部职工精神风貌和机关工作软实力。始终把省委省政府安排的驻村帮扶当作头等大事来抓，主动担当作为，持续推进文化扶贫"六个一"项目，全力确保帮扶村浚县邢固村脱贫和稳步提升，受到驻地一致好评，省史志办也因此在2020年省委省政府总结表彰脱贫攻坚工作时被授予"河南省脱贫攻坚先进集体"大奖，实现了"力小也要扛大梁"的当初誓言。

江苏：不断开创地方志工作新局面

　　我在中指组、中指办工作8年多，江苏省地方志办公室主任从方未艾，到漆冠山，又到左健伟，3位同志留给我的印象都是讲政治、顾大局，有能力、有作为，做事扎实、真抓实干。党的十八大以来，3位省地方志班长带领全省地方志工作者，在中指组的指导下，按照省委、省政府的部署要求，立足主业，服务大局，主动作为，开拓创新，上下联动，多业并举，在服务中心工作、服务人民群众、宣传地情文化、即时记录历史等方面进行了积极探索，取得了良好效果。

——题记

　　党的十八大来，江苏省地方志办公室在中指组的指导下，按照省委、省政府的部署要求，立足主业，服务大局，按时间节点圆满完成全省二轮志书编纂任务，形成110部、3.35亿字的丰硕成果；省市县三级综合年鉴实现全覆盖，《江苏年鉴》多次获评全国特等年鉴；完成全国体量最大的省域旧志整理工程《江苏历代方志全书》。在此基础上，江苏省志办主动作为，开拓创新，上下联动，社会参与，在服务中心工作、服务人民群众、宣传地情文化、即时记录历史等方面进行了积极探索，开创了一系列"第一"和"唯一"，取得了良好的社会反响。

一、以"主题志鉴"服务中心工作

　　江苏省志办紧紧围绕党和政府中心工作，主动担当"争当表率、争做示范、走在前列"重大使命，策划编纂形式多样的主题志鉴。2019年，为庆祝中华人民共和国成立 70 周年，启动并编纂完成《江苏重大基础设施工程图志（1949—2019）》。2020 年，启动《江苏省对口支援西藏建设志》《江苏省对口支援新疆建设志》编纂工作，全面记录江苏为全国决胜脱贫攻坚、全面建成小康社会的担当与贡献。2020 年，正值习近平总书记主持召开推动长江经济带发展座谈会并提出"共抓大保护、不搞大开发"总基调 5 周年来临之际，江苏省志办编纂的《长江历史图谱》在南京首发，为实施长江经济带发展、长三角区域一体化发展战略提供历史借鉴。2021 年，编纂《江苏 100 个红色地名》专刊，献礼党的百年华诞。2022 年，启动编纂《"强富美高"新跨越——十九大以来江苏经济社会发展纪事》，迎接党的二十大胜利召开。主题志鉴的编纂，大大提升了地方志在党和政府中心工作中的地位。

二、以"即时记录"提升志鉴时效

为改变被动等稿工作模式，弥补传统志鉴时效短板，从 2019 年 1 月起，江苏省志办逐月编纂《江苏微记录》，通过对新华社、《新华日报》等权威媒体资讯的挖掘、整理，同步记录江苏高质量发展的进程和轨迹。每年年底，再汇辑成一本 20 万字的《江苏记录》，全面、系统、及时地反映当年度经济社会情况。《江苏记录》以其时效性、丰富性连续 3 年入选江苏省"两会"会议资料。目前，江苏已经形成月度《江苏微记录》、当年《江苏记录》、次年《江苏年鉴》、每 5 年《江苏五年纪事》的全时序年鉴系列产品。

在做好月度、年度即时性记录产品的同时，2020 年初面对突如其来的新冠肺炎疫情，第一时间启动资料搜集工作，同步记录、同步编纂、同步出版《生命至上：江苏抗击新冠肺炎疫情实录》，全景式反映了在江苏与湖北两个战场、疫情防控和经济社会发展两个领域江苏抗疫的艰辛历程。该书在编纂时还留有"后续抗疫"二维码，便于持续跟踪记录，以更加全面系统地记录这一重大事件全貌。2020 年 11 月 26 日，抗疫实录亮相在全省抗击新冠肺炎疫情表彰大会上。这是重大事件专题志即时性编纂的全新尝试，也是地方志发挥存史资政、服务中心作用的一次实践探索。

三、以"全覆盖"为目标推进镇村志编纂文化工程

为留存乡愁记忆和文化根脉,更好服务乡村振兴和新型城镇化建设,2022年江苏省政府办公厅印发《关于实施镇村志编纂文化工程的通知》,提出乡镇(街道)志编纂全覆盖的目标。该工程分两个阶段实施:到2025年,全省乡镇(街道)志编纂覆盖面达到70%以上,列入中国传统村落名录的村和省政府批准公布的历史文化名镇、名村的镇村志实现应编尽编;计划到2030年,全省乡镇(街道)志编纂实现全覆盖。截至2021年底,全省共有53.7%的乡镇(街道)编纂完成或正在编纂乡镇(街道)志。

四、以"全媒体"形式打造喜闻乐见的志鉴佳品

适应现代人阅读习惯,创造性地将音视频纳入志书内容,让读者在有限版面获取更大信息量。在常规框架体例不变的基础上,把皮书报告的严谨分析、文学性文字的优美描述、新闻报道的场景重现、口述史的生动细节作为拓展资料、延伸阅读,提升志鉴产品的深度与内涵。邀请国内一流设计师参与装帧设计,按照时尚书籍打造志鉴产品,提升品位和传播力。目前,融合文字、图片和音视频打造的《东山镇志》《马庄村志》等首批17部"江苏名镇名村志"已完成出版,受到社会一致好评。2021年出版的《江苏省对口支援西藏建设志》和正在编纂的《江苏省对口支援新疆建设志》,均收录主流媒体相关报道、大量历史图片以及高原风光美图,并以二维码形式收录大量珍贵历史影像资料,绘声绘色再现历史场景。

五、以"史志馆联盟"聚合社会资源

为发挥方志馆的龙头作用,整合全省史志馆资源,积极组建江苏省史志馆联盟。史志馆联盟将由方志馆、镇史馆、村史馆、厂史馆、校史馆、专题特色馆等各种形态的史志馆组成,把藏在单位内部的、限定在一个区域和领域的史志资源,作为公共文化资源向社会推介。在不增加政府投资的情况下,大幅提升公共文化供给数量,提高场馆传播力和社会影响力。目前,宿迁市和南通市海门区作为史志馆联盟市级和县级试点单位已正式

挂牌，宿迁市有联盟单位 108 家、海门区有 13 家。据初步统计，全省史志馆达 2000 家以上。

六、以"公众号+大讲堂"满足人民群众精神文化需求

转变发展理念，将微信公众号由小众互动向大众传播转变。方志江苏微信公众号自 2019 年 4 月 22 日改版提升后，始终聚焦历史文化、紧抓时事热点，坚持日更，打造原创，连续三次被省政府办公厅通报表扬。2019 年，创办"江苏方志大讲堂"，打造传统文化宣讲高地。邀请高校学者、文化名人等到史志场馆或历史遗迹、地标建筑所在地实地讲述江苏故事，并与新闻媒体合作进行线上直播。截至目前，已累计举办 33 场，线下观众近 5000 人次，线上辐射观众 400 多万人次。公众号之"微"与大讲堂之"大"，互相结合，互为补充，不断满足人民群众日益增长的精神文化需求。

七、以方志江苏馆融入全民阅读大潮

2020 年起，江苏省志办连续在省政府主办的第十届、第十一届江苏书展上设立方志江苏馆，集中展示地方志编纂成果。除静态展示外，通过新书推介研讨活动、舞台剧表演等形式，充分推广方志文化。同时，将南京金箔、秦淮灯彩、扬州雕版等非遗技艺及其传承人请到书展现场，让志书中记述的传统技艺"活"起来、"走"出来，反映江苏的悠久历史与深厚底蕴。方志江苏馆以丰富的展品、精彩的活动、古典与现代融合的独特气质，在书展上独树一帜，成为热门打卡地。

八、以学会、期刊为依托打造地域文化研究宣传高地

依托江苏省地方志学会和《江苏地方志》杂志，发挥其对高校学者、地情研究专家的粘性作用，运用地方志的资料优势，努力在地域文化研究方面有所作为。一是加强地方史研究。全省有 7 个设区市已编纂完成或正在编纂地方通史，江苏地方志工作进入志、鉴、史"三驾马车"并驾齐驱的局面。二是将《江苏地方志》杂志打造成地域文化研究主阵地。经过三

次大幅度改版，目前每期杂志不仅专注一个地域文化主题，还同步汇编一本地域文化研究论文集。三是加强与高等院校的战略合作。与南京师范大学等6所省内高校签署战略合作协议，与江苏省委党校共建"江苏省情资料中心"，在南通大学设立方志研究院，与三江学院共建江苏省历史与文化地图研究中心。四是联合省社科联开展"江苏省社科应用研究精品工程地方志专项课题"研究，推进地方志学术理论创新。五是积极参与举办高层次地方文化活动。连续承办两届中指办"志说江南·苏州圆桌会议"，参与江苏省委宣传部组织的"第三届江南文脉论坛"筹备工作。

九、以"资助出版"打造重点史志作品

按照《江苏省"十四五"地方志事业发展规划》要求，2022年制定了《江苏省重点史志作品编纂出版资助计划》。面向全省各市、县（市、区）地方志工作机构，每年安排专项经费，重点资助以江苏重大地理标识类、文化标识类、历史标识类为记述主体，深入阐发、提炼和展示中华优秀传统文化、革命文化精神标识的优秀史志作品，形成省市县协同编纂重大题材史志作品的格局，挖掘吴韵汉风、水韵江苏的深厚底蕴，讲好江苏故事。江苏省志办对资助项目给予全程指导和帮助，努力确保史志作品的严谨性和权威性。

海南：把地方志修到祖国大陆最南端

  海南的毛志华主任，与我同龄，性情相投，他比我早几个月到地方志系统工作，比我晚几个月离开地方志岗位。他温文尔雅，老成练达，思路敏捷，善于创新，作风坚实，坚持原则。党的十八大以来，海南省方志人高举习近平新时代中国特色社会主义思想，按照中指组及其办公室的统一部署，立足海南省实际，强化法治思维，坚持依法治志，加强组织领导，完善体制机制，坚持创新驱动，激发内生动能，用好督查利剑，倒逼任务落实，坚持统筹兼顾，全面推动发展，不仅圆满完成"两全目标"，而且建成成为海南省文化地标的海南省史志馆，积极推动《中国南海志》《三沙市志》的编纂，实现了地方志工作在海南省的转型升级。

  海南儋州国际马拉松赛是经中国田径协会评定的金牌赛事。2019年是海南儋州国际马拉松赛举办的第10个年头，组委会受邀赴希腊采集马拉松圣火，并将于12月21日举行火炬传递活动，标志着海南儋州国际马拉松赛的办赛水平得到了国际认可。机缘巧合，我有幸参加，但因为雨中道路湿滑摔倒，仅获得年龄组第4名。

——题记

  党的十八大以来，海南省以优质高效完成"两全目标"作为重要抓手，全面推动地方志事业高质量发展，取得了显著成绩。2017年27部省市县（区）三级地方综合年鉴率先实现"全覆盖"，2020年规划编修的55部省志分志和22部市县（区）志全部完成编纂出版，顺利完成地方志"两全目标"任务。

一、强化法治思维,坚持依法治志

按照法治国家、法治政府、法治社会一体建设要求,全面推进依法治志。2006年国务院《条例》颁布,海南省人大常委会于2011年颁布施行《海南省地方志工作规定》(以下简称《规定》)。省委办公厅、省政府办公厅先后印发《海南省史志资料年报制度》《海南省2016—2020年史志工作规划》《海南省史志事业发展规划(2021—2025年)》;海南省委党史研究室(省地方志办公室)先后制定《海南省地方志书行文规范》《海南省地方志书审查验收办法》《方志编纂案例教程》等一批规范性、指导性文件,形成国家条例、地方法规、部门规章相协调,宏观、中观、微观层面相统一的完整的地方志法规规章体系。在实践中,坚持以贯彻落实《条例》《规定》为主线,注重运用法治思维、法治方式推进工作,有力地推动了海南地方志事业持续健康发展,也为"两全目标"工作提供坚强法治保障。

二、加强组织领导,完善体制机制

坚持党委领导、政府主持、地方志工作机构组织实施、社会各界广泛参与的地方志工作体制;明确将地方志工作纳入各地国民经济和社会发展规划、各级政府工作任务之中,做到认识到位、领导到位、机构到位、编制到位、经费到位、设施到位、规划到位、工作到位的工作机制。一是加强组织领导。坚持高起点谋划、高标准规划、高规格推动,成立由省长任编委会主任的海南省地方志编纂委员会,及时研究解决地方志工作重大问题,各市县各部门均参照省里做法,实现高位推动。二是完善编修机制。各市县各部门通过制定编纂方案、审定编纂大纲等关键环节的严格把控,将修志工作牢牢抓在手上。同时充分发挥社会力量作用,采取项目化运作方式,积极组织退休老同志、相关专家、专业团队等社会力量参与修志工作。三是强化工作保障。尽管大多数部门没有专门的修志机构,但都安排专人负责修志工作,特别是省旅文厅、省公安厅、省军区、农垦集团等单位,专门组成工作专班,专司修志工作。各市县各部门都能足额拨付修志资金，确保修志资金需求。省高院、省气象局等部门主要领导亲自组织协调志书编纂，亲自督促解决修志中碰到的困难问题；省公安厅三次发文调整编委会和编辑部成员；省外事办、海口海关等部门层层分解任务，省委组织部坚持每月召开编修推进会；等等，有力促进第二轮志书编修工作。四是加强进度管控。第二轮修志启动后，海南就明确了修志工作的任务书、时间表、路线图。特别是2015年国办印发《规划纲要》明晰"两全目标"要求之后，海南地方志办公室坚持统筹协调、靠前指导，动态调整志书编纂时间表、路线图，指导各承编单位倒排时间，明确阶段性目标任务，准确掌握编修动态情况，合理安排进度，做到责任明确，任务明确，目标明确，不讲价钱，不留退路。

三、树牢精品意识，全面提升质量

海南始终绷紧质量这根弦，将志鉴成果质量控制作为系统工程，既抓编纂流程控制，也抓严格审核把关；既抓志稿撰写细节，也严把政治关、史实关；既抓编纂人员业务素质提升，也抓质量规章制度建设，做到常抓常新、紧抓不懈。一是抓业务培训。坚持集中培训与分散指导并进，组织志鉴编纂综合培训70余次，有针对性地召开个性化、小型化培训班、研讨会、组稿会、评稿会300余场，深入各市县各承编单位开展沟通指导600余次。二是抓节点控制。开展志鉴质量控制专项调研，严格初审、复审、终审质量把控，明确规定质量不过关的志稿不得进入下一环节的审核；严格执行三审三校制度，筑牢质量防火墙。三是抓提质增效。各市县各部门也在实践中不断探索质量提升新路径，如海口等地实行了"三个统一"（统一编写规范、统一整体风格、统一部门稿件）、"三个把关"（把好方向关、把好源头关、把好审核关）等经验做法，全力加强质量建设。经过努力，志鉴编纂水平稳步提高。第二轮《陵水黎族自治县志》获海南省社科成果三等奖；《海口年鉴》连续4年获评全国市级一等年鉴；《陵水年鉴》《万宁年鉴》获评全国县级特等、一等年鉴；《海南年鉴》2019年、2020年连续获评全国省级一等年鉴，实现志书质量过硬、年鉴成果斐然。

四、坚持创新驱动，激发内生动能

海南把创新作为引领事业发展的第一动力，着力破解"两全目标"推进不同阶段的共性问题和最直接、最迫切难题。一是创新工作思路。2008年前后，市县地方综合年鉴编纂工作相继启动，但工作时断时续。到2015年时，全省编纂工作出现大面积滞后，有的市县只编纂到2007卷；由于三亚刚刚设区，各区年鉴编纂工作尚未启动，距"全覆盖"要求相差甚远。为此海南坚持稳增量，协调三亚市辖区全面启动年鉴编纂工作，要求各市县（区）确保当年年鉴当年出版。同时，清存量，对存在未编年鉴历史"欠账"的市县每年明确其"补课"任务，加大工作力度，集中审改编校，集中印刷出版。至2019年，市县（区）年鉴"欠账"全部清零。二是创新工作方法。随着第二轮志书相继进入出版环节，为提升品质、扩大影响，海南改变第一轮修志中终审一部出版一部的传统做法，创新提出将第二轮志书作为一个整体打造，统一规格、统一标准、统一样式，并与方志出版社深度合作，实现集中打造、集中出版。

五、用好督查利剑，倒逼任务落实

海南坚持把加大督查力度摆在特别重要位置。2014年，针对一些市县和省直部门第二轮修志工作出现停滞甚至"熄火"情况，海南专门开展督促检查，及时推动儋州、昌江等重启第二轮修志工作；按照"不换思想就换人""不敢担当就挪位"的思路，推动一些市县及时调整配强地方志机构领导班子，成效立竿见影。2016年以后，"两全目标"推进进入最吃紧阶段，海南成立了"两全目标"督查小组，实行月通报制度；建立"两全目标"完成情况督查台账，实行督查销号，通过签订责任状、召开推进会、集中提醒谈话、书写亲笔信等方式开展督促检查。2018年，省委督查室将"两全目标"工作列入省委重大决策督查项目，采取全面督查与重点督查相结合，书面督查与实地督查相促进方式，有力促进编修工作。万宁、儋州、五指山等市县实行每月抽查、每阶段检查，及时汇总报告，限期整改问题；澄迈、乐东、保亭等市县深入滞后单位进行督促，并提请纪委监委对久推不动的单位领导进行提醒，有效推动任务落实。

六、加强队伍建设，实现凝心聚力

海南坚持高标准与守底线相结合，涵养史家精神与矫正行为习惯相统一，着力加强队伍建设，努力实现凝心聚力。一是高标准要求。加强思想政治教育，大力弘扬淡泊名利、默默坚守、志存高远、甘于奉献的史家传统精神，教育引导广大地方志工作者坚定理想信念，树牢宗旨意识，用事业心和责任心把"冷板凳"坐热，把"冷事业"做热。二是严纪律规矩。以常治本，把转作风融入日常，落实到每一个环节、每一个步骤上；以细克难，具体抓、抓具体，见事见人、落细落小；既重视建制度立规矩，更下大气力抓落实强执行，实现自律与他律相结合，治标与治本相促进。三是创团结集体。千方百计创造学习培训机会，提升地方志工作者业务能力；通过举办研讨会、运动会等多种形式，搭建沟通交流平台；出台编研成果奖励办法、科研工作促进办法等，营造事业留人、感情留人浓厚氛围，打造高效履职尽责的战斗集体。

七、坚持统筹兼顾，全面推动发展

海南始终坚持围绕中心、服务大局，在扎实有力推进"两全目标"工作的同时，深入开展地情研究，出版《海南省情概览》等；推进海南地方史研究，出版《海南黎族苗族自治州史》等；围绕乡村振兴、全域旅游等中心工作，深入开展脱贫攻坚专题口述史料征集整理，谋划《海南铁路史》《海南岛最美灯塔》等编研项目；大力开展乡土文化研究，大力推动乡镇志村志编修；传承文化根脉，启动族谱、家谱征集保护利用工作。同时，全力打造海南省史志馆，将其作为展现海南省党史地情文化的重要窗口，推动其成为海南省史志事业发展的重要依托和新增长点。该馆2020年4月26日正式开馆运营后，免费对公众开放，截至目前，共接待1500多个团队，参观人员达17.4万人次。

回顾近年海南地方志工作，主要有以下5条经验：

1.政治引领是根本。地方志是"官修""官责"，旗帜鲜明讲政治对做好地方志工作有着特殊重要意义。必须始终坚持以习近平新时代中国特色社会主义思想为指导，深刻学习领会习近平总书记关于修史修志重要论述精神，对"两个大局"了然于胸，对"国之大者"特别是海南的"国之大者"心中有数，坚持学思践悟、践履知行合一，用科学理论体系指导地方志工作，切实在认识上不断深化，行动上坚决落实，确保地方志事业始终沿着党中央指引的正确方向前进。

2. 领导重视是关键。志鉴编修耗时久、涉及面广，是一项系统工程，关键是要有人管、有人推、有人干。"两全目标"实践反复证明，只要领导重视，进度滞后可以迎头赶上、实现超越；质量不高可以完善提升、成为精品。必须强化"领导抓""抓领导"的工作思路，地方志机构要多向党委政府汇报工作，争取最大限度支持，要把资料库建设、业务骨干培养、编修人员培训等基础性工作夯实，实现思想上不松懈、工作上不松劲。

3. 依法治志是保障。推动工作必须师出有名、于法有据。有了法治保障，布置任务有底气、推动工作有抓手。必须毫不动摇地坚持依法治志，准确理解依法治志内涵外延，努力做到依法修志、依法研志、依法用志、依法管志、依法存志和依法传志，更好地推动地方志这一中华优秀传统文化创造性转化、创新性发展。

4. 志鉴质量是生命。修志问道、以启未来。志书年鉴不是昙花一现的应景文章，而是历久弥新的文化瑰宝。如果志鉴编纂粗制滥造、审核把关降格以求，不仅贻笑大方，更要贻误后人。必须将精品意识贯穿志鉴编纂全过程各方面，坚持质量标准，严格审核把关，多出佳志佳鉴，努力"为当代提供资政辅治之参考，为后世留堪存堪鉴之记述"。

5. 团结协作是法宝。志鉴编纂"众手成书"。无论是大纲篇目拟定、志鉴书稿编写，还是修改完善、出版印刷等，都涉及相当多的人、相当多的部门，需要密切配合、相互补台才能做好。必须在各司其职、各负其责的基础上加强协作、相互支持，把激发内力和借助外力结合起来，切实增强动力、形成合力，共同推动地方志事业高质量发展。

福建：方志，从宁德出发[*]

宁德，对于地方志而言，有着特别重大的意义。1989年8月12日，时任宁德地委书记习近平同志在全区地方志工作会议上发表重要讲话，提出"了解历史的可靠的方法就是看志"，要把地方志"作为一种有文化的表现，也作为一种有远见的表现"等著名论断。2018年4月19日，第五届中指组在宁德师范学院建立首个全国地方志系统培训基地，举办首期全国地方志系统行政管理干部培训班，要求认真深入学习领会贯彻习近平总书记关于地方志系列重要讲话精神，提出让地方志从宁德再出发。

党的十八大以来，福建省党史方志工作以习近平新时代中国特色社会主义思想为指导，认真贯彻落实习近平总书记关于地方志工作的一系列重要论述，围绕中心、服务大局，跳起摸高、争创一流，突出"为党立言、为国著史、为民修志"，坚持"政治建室、研究立室、制度治室"，努力打造党史研究和历史文化的思想库、文献库、资政库，当好新时代新福建建设的记录者、资政者、传播者。

——题记

1989年8月12日，时任宁德地委书记习近平同志在全区地方志工作会议上发表重要讲话说："我来这里的第一件事，就是要看府志、县志。要马上了解一个地方的重要情况，就要了解它的历史。了解历史的可靠的

---

[*] 根据2018年4月19日在全国地方志系统行政管理干部培训班暨福建方志与地情文献人才培养专修班开班式上的讲话，以及近年多次到福建调研地方志工作讲话修改整理。

方法就是看志，这是我的一个习惯。"

习近平总书记指出，修志是一项很有意义的工作。其意义，说通俗一点，就是使我们做一个明白人。"以古为鉴，可知兴替。"对于我们，只有加深对历史的掌握和理解，才能"以古为鉴，鉴古知今"，不重复历史上的错误，才能使人们从一种混沌状态，转为一种清楚明白的状态，才能知道过去人类社会种种事件的发生、发展和消亡的过程。

习近平总书记强调，修志是一件十分艰巨的工作，是一项系统工程，工作量浩大，要靠上下同步、左右协作。各级领导务必充分重视这项工作，加强修志工作的领导，分管领导要具体抓这项工作。修志人员要刻苦学习，顽强工作，真正进入角色。

习近平总书记要求，要把地方志当个事业来办，把它作为社会发展的基础工程，把它作为一种有文化的表现，也作为一种有远见的表现，一定要把这项工作摆在议事日程上。"各级领导、各部门领导，在你离任之后，仍然还能够使人们想起来的一项工作，我看也莫过于此。比如交通部门编一个《交通志》，你本人任期内的许多东西随着时间的推移而消失了，而唯有这本《交通志》能够永久保存下去。所以你抓这项工作，也是一个很长远的事。它的意义不下于我们建座大桥、修一个博物馆，甚至更久远一点。"

习近平总书记借古喻今，说李拔任福宁知府的时候，百废待兴，工作很忙，"修城垣、建桥道、筑三坝、禁停棺、劝农桑、课书院"。可是他"案牍之暇，犹复考献征文，集五邑官绅商榷《福宁府志》一书"，他调任福州，把《福宁府志》初稿资料带到福州编纂完成。冯梦龙修《寿宁待志》也很有紧迫感，他说自己为什么"亟亟乎待志之刻"，因为"天运如轮，昼夜不停，人世如局，胜负日新"，"司牧者可以不竞竞乎哉"。那么，共产党的领导干部难道不应超过封建时代的地方官吗？

党的十八大以来，福建省党史方志工作以习近平新时代中国特色社会主义思想为指导，认真贯彻落实习近平总书记关于党史文献和地方志工作的一系列重要论述，围绕中心、服务大局，跳起摸高、争创一流，突出"为党立言、为国存史、为民修志"，坚持"政治建室、研究立室、制度治室",努力打造党史研究和历史文化的思想库、文献库、资政库,当好新时代新福建建设的记录者、资政者、传播者。

一、服务中心、为党立言,心怀"国之大者"

福建省党史方志工作心怀"国之大者",围绕中心、服务大局,自觉融入新时代新福建建设,记录新时代、书写新时代、讴歌新时代,为党立言,从党的百年奋斗历程中汲取智慧和力量,充分发挥以史鉴今、资政育人的功能。

(一)围绕中心,积极撰写《资政报告》,提供资政参考和咨询服务

紧跟中央重大战略部署和省委的中心工作重点工作,紧贴省情实际,紧盯民生热点,发挥建言献策优势,《资政报告》创刊以来先后编发140多期,努力在探究党的历史经验和挖掘地方历史文化中,为省委省政府决策提供咨询参考。其中,"我为群众办实事"系列(《兄弟省市中小学生课后服务政策与实践简述》《兄弟省市社区老人康养政策与实践简述》)、《大力营造"三个生态",是谱写新时代福建发展新篇章的有力抓手》《共享史料、共写史书——〈妈祖文化志〉入台首发系列活动综述》《雄安新区、浦东新区、福州新区:比较分析与经验启示》《高质量推进福州新区规划建设的若干建议》等资政报告获得省领导的批示肯定。此外,"贯彻习近平总书记关于'非对称'赶超战略的重要论述,全方位推动高质量发展超越"系列、"碳达峰、碳中和"系列、"保持经济发展韧性"系列、"民营企业高质量发展"系列等,得到省政府领导和省直相关部门的肯定和决策参考;《弘扬伟大建党精神,沿着习近平总书记指引的方向奋力谱写福建篇章》《改革开放以来历届中央全会专题研究部署党的建设的简况》《改革开放以来历次福建省委全会专题研究部署党的建设的简况》等,得到省委领导的肯定。

(二)深耕主业,服务庆祝改革开放40周年、新中国成立70周年、建党百年等重大活动,让党史方志工作与时代同频共振

在庆祝改革开放40周年方面,推出"历史性变革:福建改革开放四十年大事记""历史性成就:福建改革开放四十年成就""第二次革命:

福建改革开放四十年历程"系列丛书。在庆祝新中国成立70周年方面，承办"新时代 新福建——福建省庆祝新中国成立70周年"大型主题展，累计接待观众23.2万人次；推出"福建与新中国一起走过"丛书《站起来》《富起来》《强起来》，荣获华东地区图书出版一等奖；推出35集微视频《福建与新中国一起走过》，获"理想照耀中国——纪念中国共产党建党百年"暨"第27届中国纪录片十佳十优"作品。在庆祝建党百年方面，承办"奋斗·启航——福建省庆祝中国共产党成立100周年主题展"，累计接待观众近30万人次。

（三）立足主责，服务"不忘初心，牢记使命"主题教育、党史学习教育和红色资源保护利用等方面，让党史方志资政育人功效有高度有温度

主动服务"不忘初心，牢记使命"主题教育，推出"廖俊波生平事迹展""四有干部——谷文昌""新中国成立70周年——福建印记主题图片展"等展陈，开展党史、新中国史和优秀传统文化宣讲约150场次，组织编纂"福建党史公开课"精品丛书第一辑。主动服务党史学习教育，组织编纂福建党史学习教育特色教材5种13部；完成《发挥福建省党史事件多、红色资源多、革命先辈多的优势，推动党史学习教育走深走实》的工作报告，得到党史学习教育中央第六指导组的肯定。主动服务红色资源保护利用，积极配合做好长征国家文化公园福建段建设工作；通过履责《红色文化遗存保护条例》《革命文物保护利用实施办法》等，对设区市相关红色遗址、革命文物和纪念设施进行核查调研，有针对性地提出整改意见；及时回复办理省政协重点提案督办调研组《关于加强我省红色文化遗产保护利用建议的调研报告》；推出《推动红色福建文旅全域高质量发展》《红色福建文旅串点联线综合项目》调研报告，得到省发改委充分肯定和采纳；制定印发《福建省委党史方志办关于进一步加强红色资源保护利用工作的通知》，指导基层党史方志机构参与红色资源的保护利用工作。

二、服务大局、为国著史，写好红色"家谱"

福建省党史方志工作充分利用福建党史事件多、红色资源多、革命先辈多，以及福建是习近平新时代中国特色社会主义思想的重要孕育地和实

践地的独特优势，围绕党委政府中心工作、围绕经济社会发展大局、围绕人民群众需要，写好红色"家谱"，讲好红色故事，传承红色基因，努力推动党史方志编研成果创新性发展、创造性转化。

（一）研究阐释福建是习近平新时代中国特色社会主义思想的重要孕育地和实践地的深刻内涵及时代意义

福建省委党史方志办被确定为福建省习近平新时代中国特色社会主义思想研究中心首批研究基地，积极组织省市县三级党史方志部门，深入研究阐释习近平新时代中国特色社会主义思想的历史地位、科学体系、核心要义，开展习近平总书记最新重要讲话重要指示批示精神跟踪研究，开展马克思主义基础理论与创新实践问题研究，开展习近平总书记在福建工作时的重要理念和重大实践的梳理总结与研究阐释，开展习近平总书记对福建工作的重要讲话重要指示批示精神的对策研究和应用研究，总结推广新发展阶段新福建建设的成功经验和创新模式等。目前已推出《坚持学史明理，深刻领悟党的创新理论的科学性真理性》《弘扬伟大建党精神，让革命事业薪火相传、血脉永续》两篇理论文章，积极参与省委办公厅牵头的工作专班，搜集整理习近平在福建纪事纪实文集、习近平在福建研究阐释文集等，着手《中国特色共同富裕——福建从摆脱贫困到共同富裕的理论经纬与实践探索》的研究，并积极申报国家社科基金课题。

（二）精心编纂福建党史学习教育特色教材

组织工作专班，编写完成《中国共产党福建简史》《建党百年福建党史故事》、"红色福建"丛书（《古田会议永放光芒》《万里长征第一步》《一切为了苏维埃》）、"建党百年 福建党史"丛书（《风展红旗——福建历次党代会纪略》《奋斗华章——福建重大党史事件》《遍地英雄——福建革命英雄纪略》《英雄赞歌——福建建设楷模时代先锋纪略》《百炼成钢——中共福建省委旧址图志》）等福建党史学习教育特色教材共5种13本，其中《万里长征第一步》被评为2021年第三季度影响力书单。

（三）坚持开门著史修志，整合社会资源力量

与福建农林大学合作共建中共党史党建研究院正式挂牌启动，融合双方的研究、人才、资料优势，共同打造中国共产党"三农"思想与实践

的研究高地。与宁德师范学院合作，开设全国首个方志培训基地、首个高校方志文献中心、首个方志与地情文献人才培养专修班，培养党史方志人才。

（四）创新宣传传播手段，用好用活党史方志资源

配合省委宣传部推出"党史上的今天"万屏联动，推出"党史上的今天"400余条的条目内容，点击量约27亿次，让党史学习教育"天天见""处处见"，受到社会各界好评。组建党史和地方志宣讲师资队伍，涵盖省市县三级党史方志部门，深入机关、企业、学校、医院、农村、社区、军营开展党史宣讲，仅机关干部就进行了100余场次的党史教育辅导讲座，受到干部群众好评。积极参加"知史爱党、知史爱国——全国党史故事短视频展播活动"，荣获优秀组织奖。省革命历史纪念馆发挥"红色福建""中央苏区·福建"主题展作用，围绕党的宣传工作重点和社会热点适时推出各类临时专题展，开馆至今已举办76个展览，成为近90家单位的政治教育基地、德育教育基地和爱国主义教育基地，完成50多个策展项目，累计接待国内外观众930万人次，充分发挥了红色基因库在党史宣传教育中的独特作用。办好福建党史方志网站群、微信公众号和《福建党史月刊》《福建史志》，构建"三位一体"党史方志宣传矩阵。

三、服务发展、为民修志，传承历史文脉

福建省党史方志工作坚守人民至上的价值观，坚守人民情怀，聚焦"两全目标"，传承历史文脉，挖掘地方志资源的历史价值和现实价值，努力推出一批既突出历史文化的脉络与主体、又彰显地域特色和时代精神的方志文化产品。

（一）坚持提质提速，全力完成"两全目标"

把完成"两全目标"作为地方志工作的"重中之重"，进一步强化工作专班，持续实施"一志一策""因志施策"，优化出版流程，强化责任担当，加强科学谋划，补齐短板弱项，确保序时进度。第二轮修志规划编纂的77部省志分志和93部市、县（区）志已全部编纂完成，2020卷全省三级综合年鉴（共94部）全部开编并进入出版阶段。连续多年在全国地方

志优秀成果（年鉴类）评选中获奖率居全国前列，其中在第八届评选中，《福建年鉴》等 5 部年鉴获评特等年鉴，刷新历史最好成绩。在全国率先开展以设区市为单位的全域年鉴精品工程试点工作，重点以厦门市、三明市作为全域精品工程试点项目，全面提升区域年鉴编纂质量，试点的做法经验在全国交流，得到中指组的肯定。

（二）坚持修志为用，开发特色方志文化产品

深入挖掘八闽大地丰富多元的方志地情资源，深入挖掘全面建成小康社会、乡村振兴、对台工作、加快现代化建设等新时代新福建新成就，推进特色志和地情书的编纂工作。服务脱贫攻坚、全面建成小康社会工作大局，编纂完成《福建全面建成小康社会大事记》，约 40 万字，记录福建省全面建成小康社会的光辉进程，反映全省人民在全面建设小康社会过程中的奋斗和智慧。服务发展"海洋经济"、建设"海上福建"，组织编纂"蓝色福建"丛书《海上福建》《海洋福建》《蓝海福建》，记录福建海洋发展的资源空间与发展位势，梳理福建经略海洋的大事要事，提出"海上福建"建设的对策建议。助力两岸文化融合发展，在全国率先组织两岸学者合编《妈祖文化志》并入台首发，国台办编发专刊，反响热烈，福建省委省政府多位领导批示表扬，该志获福建省第十三届社会科学优秀成果二等奖。服务朱子文化传播，编纂出版《闽学志》，受到专家学者好评。服务乡村振兴，组织拍摄《中国影像志·福建名镇名村影像志》三季（共 20 集）和《美丽乡村·政和石圳影像志》，其中第一季荣获第八届"光影纪年——中国纪录片学院奖"，福安廉村篇在第七届亚洲微电影艺术节上荣获"金海棠奖"（最佳作品奖），建阳麻沙篇荣获第十届"光影纪年——中国纪录片学院奖"；指导帮助全省有条件的乡镇村申报、编纂中国名镇名村志；推进《下党乡志》《赤溪村志》编纂工作。深入挖掘福建特色文化资源，持续推进《福建建盏志》《福建茶业志》《福建寿山石志》等特色志编纂，完成《闽台历代方志集成》"福建省志辑""台湾志书辑"整理出版工作。支持基层开展特色志编纂，出台《省委党史方志办关于支持特色志书编纂出版经费的暂行规定（试行）》，首部支持长汀编纂出版《长汀县水土流失治理志》。省方志馆有序推进

省情展览和开放等，打造省情展示教育和地情文献收藏服务的综合文化场馆。

四、跳起摸高、争创一流，加强"三室"建设

2018年12月26日，福建省委党史方志办正式挂牌成立后，持续推进"政治建室、研究立室、制度治室"，努力形成党史方志事业发展的综合优势，干部精神面貌呈现"围绕大局、跳起摸高"的进取状态，各项工作呈现稳中有进、好上趋好的局面，实现了党史方志队伍"1+1＞2"的融合效能。

（一）以政治建设推进政治建室

以习近平新时代中国特色社会主义思想为指导，忠诚拥护"两个确立"，坚决做到"两个维护"，旗帜鲜明讲政治，把政治建设贯穿到机关各项工作中，摆在更加突出的首要位置，坚持党的政治领导，把准政治方向，涵养政治生态，提高政治能力。扎实开展"不忘初心，牢记使命"主题教育、党史学习教育和"再学习、再调研、再落实""提高效率、提升效能、提增效益"、创建模范机关等活动，机关连续三届被评为省级精神文明单位，不断提高政治建室的整体水平。

（二）以服务大局推进研究立室

坚持正确党史观和大历史观，深入学习宣传贯彻党的百年奋斗的重大成就和历史经验，突出新时代新福建的历史研究，即时跟进党的十八大以来以习近平同志为核心的党中央治国理政新理念新思想新战略，即时跟进省委贯彻落实习近平新时代中国特色社会主义思想在福建的生动实践。持续推动机构改革后的深度融合，特别是注重以业务专项和应急任务，带动党史方志业务融合、人才融合、机制融合、平台融合等。围绕服务庆祝建党百年特别是承办主题展、党史学习教育等大局任务，围绕服务全方位推动高质量发展超越、统筹疫情防控和经济社会发展等省委省政府和省领导关注关心的工作，通过组织工作专班，融合专业力量，以高质量完成中心工作的项目任务为目标，激励干部队伍跳起摸高，提升研究立室的整体能力和质量。

（三）以落细落深推进制度治室

坚持按照制度履行职责、行使权力和开展工作，为促进党史方志事业高质量发展夯实基础。以巩固深化巡视整改成果为契机，加强建章立制，特别是对机构改革后制定的制度进行梳理、修改、充实和完善，形成制度汇编，同时加强追责问责，促进各项制度的落细落地落深，提高制度治室的整体水平。

当前，全国地方志系统正在深入贯彻落实习近平新时代中国特色社会主义思想和党的十九大精神，全面贯彻落实全国两会精神，以功成不必在我的历史担当，为全面建成小康社会、谋求人民幸福生活而努力奋斗。在这样一个可以激荡澎湃干事创业的伟大时代，地方志工作怎样才能被党委政府重视、为社会各界认可，从而站得稳、立得住；地方志事业怎样才能不停滞、不退步，从而继续保持高位运行的良好态势，是我们必须要思考的重大课题。回顾总结党的十八大以来地方志事业的丰富实践和成功经验，下面我谈几点意见，供大家参考：

1. 以习近平新时代中国特色社会主义思想为指引，明晰地方志事业发展中的重大理论问题。党的十八大以来，中指办根据党的十八大及历次全会精神和习近平总书记、李克强总理对地方志工作的重要指示、重要批示精神，提炼出"修志问道，直笔著史"的方志人精神，提出依法治志这一关系到地方志事业长远发展的战略举措，提出方志文化自信的重大课题并进行了系统的理论探索。强调地方志工作要突破"一本书主义"的束缚，实现志书编修、年鉴编纂、地方史编写、方志馆建设"四驾马车"统筹并进、协调发展，志书、年鉴、地方史、方志馆、数据库、地情网、地方志资源开发利用、学会、期刊、理论研究"十业并举"，在全国范围内全面推进地方志工作从一项工作向一项事业转型升级。这些理论、理念和举措，已经普遍为方志界所接受，并成功地运用于地方志工作实践，引领推动了地方志事业的快速发展。

中国特色社会主义进入新时代，也引领地方志事业进入了新时代。新时代呼唤地方志事业要有新的气象、新的作为，更要有新的理论、新的方向。中指办审时度势，在学懂弄通习近平新时代中国特色社会主义思想和党的十九大精神的基础上，提出了新时代地方志事业的五大内涵，即新时代是地方志承前启后、继往开来，在新的历史条件下进入实现在全国范围内全面推进地方志从一项工作向一项事业转型升级的时代；是地方志实现省省、市市、县县有志有鉴，实现国志、省志、县志、乡镇志、村志、社区志和综合年鉴从中央到社区（村）的全覆盖，地方志成为国家、民族、社会、各级党委政府不可或缺的伟大事业的时代；是全国方志人不懈奋斗、开拓创新、不断扩大地方志的功能和影响力，让每一个中国人都能在地方志中找到自己的位置，地方志实现家喻户晓，方志人挺直腰杆的时代；是全体方志人勠力同心，弘扬精神，奋力挖掘弘扬方志文化，继而助推建设社会主义文化强国的时代；是方志文化引领中华文化日益走向世界文化舞台中央，向世界贡献中国智慧和中国方案的时代。确立了地方志事业发展的"两个一百年"奋斗目标，即在中国共产党成立 100 周年时，实现省省有志鉴、市市有志鉴、县县有志鉴的伟大世界文化创举；到中华人民共和国成立 100 周年时，完成《中华人民共和国志》的编纂，实现志鉴各系统、各领域的全覆盖，让地方志成为不可或缺的事业。这些宏观理论和宏伟目标，是着眼于党和国家事业发展全局而提出来的，是为了保持地方志事业的长盛不衰而提出来的，全国地方志系统要认真学习领会，努力实践这些理论，奋力完成这些目标。

2. 以如期实现"两全目标"为核心，高质量完成 2015 年 8 月国办印发《规划纲要》提出的工作任务。这是在国家层面上首次对全国地方志事业发展进行全面系统的顶层设计，是党中央、国务院关心支持地方志事业的集中体现，在中国方志发展史上具有里程碑式的意义。《规划纲要》提出到 2020 年，全面完成第二轮修志规划任务，实现省市县三级综合年鉴编纂出版的全覆盖，即"两全目标"，是全国地方志系统向全面建成小康社会的献礼，是方志人向党中央、国务院和全国人民立下的军令状，更是衡量方志人公信力和检阅全国地方志系统实力的标杆，是政治硬指标、硬任务。全国各级地方志工作机构都要以事业发展大局为重，切实增强使命意识、责任意识，明确完成"两全目标"的时间表、路线图，确保志鉴如期按时编纂出版。

《规划纲要》还提出了地方史编写、人才培养、理论研究和学科建设、信息化建设、地方志资源开发利用以及方志文化传播等工作任务,其核心就是中指办组织实施的民族地区与贫困地区志书出版资助工程、中国志书精品工程、中国年鉴精品工程、中国名镇志文化工程、中国名村志文化工程、全国地方志"一体两翼"用志工程、全国信息方志与数字方志建设工程、方志馆研究建设及全国地方志专业出版基地建设工程、中国地方志学科建设与人才队伍建设工程、中国方志文化走向世界工程,即全国地方志"十大工程"。各级地方志工作机构要积极配合,确保"十大工程"顺利实施。

2018年是高质量完成《规划纲要》提出的目标任务承上启下的一年,是关键的一年。中指办决定将2018年作为全国地方志系统"攻坚年""质量年",计划按季度通报各省(区、市)"两全目标"完成情况,组成督查组检查"两全目标"完成情况,从编纂、出版等环节提升志鉴质量,力争集中全国地方志系统的力量,打一场志书编修、年鉴编纂的攻坚战、质量战,努力推动地方志工作又好又快向前发展。

3. 以服务党和国家利益、各级党委政府中心工作、人民群众需要为目标开拓创新,充分发挥地方志推动经济社会发展的重要作用。党的十八大以来,党和国家对地方志工作提出了明确要求,习近平总书记将修史修志提升到激发民族自豪感和自信心,坚定全体人民振兴中华、实现中国梦的信心和决心的高度。李克强总理希望地方志"为当代提供资政辅治之参考,为后世留下堪存堪鉴之记述"。中共中央办公厅、国务院办公厅下发的《关于实施中华优秀传统文化传承发展工程的意见》《国家"十三五"时期文化发展改革规划纲要》,将地方志作为国家文化发展战略的重要组成部分来看待,强调地方志工作要为建设社会主义文化强国发挥更大作用。

按照党和国家要求,中指办高举开拓创新的大旗,努力盘活地方志资源,做"热"做"活"地方志事业。围绕捍卫中国南海主权和海洋权益,举办了南海主权与地方志论坛,启动编纂《中国南海志》《三沙市志》;以习近平总书记关于中国人民抗日战争的系列重要讲话精神为指导,紧紧围绕"铭记历史、缅怀先烈、珍爱和平、开创未来"的主题,组织实施国家社科基金抗日战争研究专项工程项目《中国抗日战争志》和中国地方抗日战争志工程；为推动各地经济发展、社会进步和文化繁荣，举办了中国地情论坛、全国名镇论坛、全国名村论坛，大力实施中国名酒志文化工程、中国名山志文化工程；为推动全社会共享地方志成果，让地方志走进寻常百姓家，建成了中国国情网、中国地情网，启动中国名镇影像志拍摄工作，有序推动中国名村影像志开展，与中央电视台合作拍摄并播出《中国影像方志》。各级地方志工作机构也积极利用掌握地方文献、熟悉当地地情的独特优势，编纂专题志和地情资料书，从事经济社会发展专题研究，参与旅游开发、招商引资、减灾防灾、申报世界文化遗产等工作，为党和政府决策服务提供了重要参考，有力推动了经济社会发展。

进入新时代，围绕党和国家事业发展大局、党和政府中心任务开展地方志工作，是各级地方志工作机构必须做好的一篇大文章。我们要主动作为，继续发挥优势，使地方志工作机构成为党委、政府科学决策的重要咨询部门，成为经济社会发展改革的资源信息库，使地方志成果成为广大人民群众的精神食粮。

4. 以积极稳妥推进史志法立法为抓手，全面加快地方志法治化进程。2006年5月，国务院颁布施行了《条例》，标志着地方志工作从长期依靠行政命令推动到实现有法可依，开启了依法修志、依法治志的新局面，在稳定地方志工作机构队伍，调动社会各界支持和参与地方志工作，繁荣发展地方志事业等方面发挥了重要作用。但是，在中国特色社会主义进入新时代以后，随着党和国家各项改革的深入推进，地方志事业面临新的机遇和挑战，《条例》作为一部行政法规，已经不能适应依法治国、依法治志的要求。基于地方志事业转型升级的现实需要，从助力中华民族伟大复兴，推动社会主义文化强国建设，维护国家安全，反对历史虚无主义，为党和国家管好史志的高度出发，迫切需要制定一部《中华人民共和国史志法》，把为党立言、为国存史、为民修志依法落到实处，为地方志事业发展提供坚强的法律保障。

近2个月来，中指办先后在京召开《中华人民共和国史志法》立法专家论证会、《中华人民共和国史志法（立法建议稿）》专家研讨会和《关于史志立法的建议》《中华人民共和国史志法（立法建议稿）》法学专家论证会，听取全国人大常委会法制工作委员会有关负责人和法学界、方志界的意见和建议，并在黑龙江哈尔滨、江苏扬州召开立法调研座谈会，最大范围地征求各方面的立法意见。目前，根据全国人大常委会法制工作委员会和中国社会科学院要求，中指办起草完成《关于史志立法的建议（代拟稿）》《中华人民共和国史志法（立法建议稿）》，并报送到全国人大常委会法制工作委员会。

应当指出，史志法立法是一项艰巨复杂的工程，需要一个稳步推进的过程。史志法立法的完成，也绝不是轻轻松松、一蹴而就的，中间会出现曲折反复甚至中断。中指办将努力争取各方支持，将这项史志伟业坚持不懈地做下去，为史志事业的百年大计提供坚定的法律支撑。

地方志事业发展第一位的要素是人才，永葆地方志事业生机活力的关键是人才，成功实现地方志事业转型升级的基础是人才，推动地方志事业发展的不竭动力还是人才。因此，当前和今后一个时期，我们不仅要培养一批业务素质高的地方志专业技术人才，还要培养一批管理能力强的行政干部队伍，更要造就一批业务和管理兼备的复合型人才。宁德是习近平新时代中国特色社会主义思想重要发源地之一，是习近平同志任宁德地委书记期间发表重要讲话的地方，可以说是习近平新时代中国特色社会主义思想关于地方志重要内容形成与发展的起点，也是第五届中指组建设全国地方志系统培训基地的起点。在宁德举办首期全国地方志系统行政管理干部培训班，是我们针对地方志事业发展的需要，培养行政管理人才和复合型人才的一个重要举措，我们要从这里启航，全面开启全国地方志人才培养，让地方志在新时代从宁德再出发。希望各位代表、各位学员珍惜这次培训机会，认真听讲，互相交流，互相切磋，共同提高，拓宽视野，增长知识，提升水平，成长为新时代优秀方志人。

最后，祝贺首个全国地方志系统培训基地、首个设在高校的方志文献中心（福建省方志委宁德师范学院方志文献中心）成立，祝愿首个由方志机构和高校合作开办的福建方志与地情文献人才培养专修班取得圆满成功，在实现中华民族伟大复兴中国梦的伟大征程中，奏响方志梦的新乐章，书写方志梦的新篇章。

第四章　方志经验

宁夏：小马拉大车

  在一次全国地方志系统"两全目标"推进会上，我谈到这几年在地方志工作的几点感受：一是一个地区的地方志工作做得怎么样，与它的地理位置和经济发展条件没有直接因果关系，但是，与当地的党委政府是否高度重视地方志工作有直接关系；二是一个地区的地方志工作做得怎么样，与这个地方的地方志机构的领导体制、级别高低、人员多少没有直接因果关系，但是，与有没有选好地方志工作的"头狼"有直接关系；三是一个地区的地方志工作做得怎么样，与地方志机构隶属关系、机构名称也没有直接因果关系，但是，与有没有一支讲政治、有家国情怀和责任担当、能够干事创业的地方志队伍有直接关系。宁夏地方志，这三点都"位列其中"——处于边远地区，经济不发达；与河北省地方志办公室一样，是全国仅有的两个正处级机构；同浙江地方志办公室，隶属于省社会科学院。然而，宁夏的地方志工作却是红红火火、风生水起。

——题记

  1985 年，宁夏回族自治区政府成立宁夏地方志编审委员会，下设宁夏地方志办公室，负责指导全区地方志编修工作。宁夏地方志办公室自设立之初，挂靠宁夏社会科学院管理，15 名编制，为正处级编纂处，设主任 1 名，副主任 2 名，内设综合科、业务科、年鉴科、资料科 4 个科室。综合科负责部门内部行政运行综合管理；业务科负责协调自治区层面的修志业务，并负责面向全区地方志编修业务指导；年鉴科协调主持《宁夏年鉴》的编纂出版，并负责全区各级地方综合年鉴和行业、部门年鉴编纂业务指导；资料科负责资料和信息化建设工作。全区各市县（市、区）均设置地方志编纂机构，或独立，或与档案、党史等部门合署开展工作，个别市辖区修志机构内设于县（市、区）政府办公室。宁夏各级修志机构人员编制相对紧张，流动性大。截至 2021 年底，全区 25 个市、县（市、区）共有从事地方志专职工作人员 120 余人。

  1985 年，宁夏首轮社会主义新编地方志工作开展以来，宁夏地方志办公室克服机构、编制、经费以及修志力量薄弱等困难，历经 30 年全面完成"两轮"修志任务，积极开展全区各级地方综合年鉴和行业、部门年鉴编纂工作，扎实践行国务院《条例》，颁布实施《宁夏回族自治区〈地方志工作条例〉实施办法》，坚持依法修志总基调。贯彻落实国办《规划纲要》精神，制定《宁夏回族自治区地方志事业发展实施方案（2016—2020年）》，努力实现修志编鉴"两全目标"全覆盖。方志信息化建设、方志馆建设、方志理论研究、期刊编辑、旧志整理等各项工作取得了较好成绩。宁夏地方志创新工作一度走在全国前列，得到自治区党委、政府和中指办的充分肯定。2018 年，宁夏地方志办公室获得宁夏"五一劳动奖状"。2020 年、2021 年，自治区党组书记、主席咸辉两次对地方志工作作出批示："对全区地方志工作取得成绩点赞""宁夏地方志办公室主动作为，勤勉工作，获得全国地方志系统先进集体实属不易，值得点赞！希望取得编修史志的更好成果。"与此同时，2010 年、2021 年，宁夏地方志办公室两次被人力资源和社会保障部、中指组联合授予"全国地方志系统先进集体"荣誉称号。在中指办开展的历届中国地方志优秀成果（年鉴类）评比中，《宁夏年鉴》《银川年鉴》《红寺堡年鉴》《宁夏军事年鉴》《金凤年鉴》先后分别获得特等、一等、二等、三等年鉴。

  新时代宁夏地方志主要做法和经验有以下几点：

一、整合全区修志资源，集体攻关开展地方志工作

  宁夏地处西部欠发达地区，地方志工作起步较晚，面临诸多困难，为高质量开展工作，在中指组的指导下，在自治区党委、政府领导下，在自治区地方志编审委员会的直接领导下，宁夏地方志办公室梳理整合全区修

志资源，集中开展地方志工作，不断弘扬盛世修志、服务经济社会发展的奉献精神，全面开启贯彻落实地方志事业发展规划纲要各项工作任务。宁夏地方志办公室充分发挥组织协调作用，规划做好全区业务培训工作、地方志宣传工作、组织评审工作、协调对接出版工作，组织开展全区修志编鉴现场观摩学习交流活动，开展全区地方志系统年度业务考核工作等，为全区依法修志做好服务保障工作。各市县（市、区）地方志机构组织修志力量进行互帮互助，与宁夏地方志办公室实现上下联动，整合全区修志力量进行集中攻关。

（一）组织完成《宁夏通志》编纂任务

2001年，《宁夏通志》（全25卷）编纂工作正式启动。截至2017年初，完成全部出版任务。《宁夏通志》结合宁夏实际情况，各卷按学科分类，分别由自治区党委办公厅等19个单位牵头，全区70多个厅、局和其他相关单位参与编修，牵头单位的主要负责人担任分卷编纂领导小组组长或主编。在《宁夏通志》各卷启动编纂过程中，大部分牵头与参编单位认真贯彻自治区政府的文件精神，组织人员，落实经费，加强领导，按照与自治区政府签订的责任书的目标和要求，积极开展编纂工作。《宁夏通志》各卷启动以来，为了更好、更快地完成该项重要工作任务，自治区地方志办公室在不断实践中摸索出一整套行之有效的工作方法和经验。一是坚持"党委领导，政府主持，自治区地方志办公室组织实施，专家修志，社会参与，众手成志"的修志工作机制。二是成立专家库，聘请有修志经验的离退休专家为宁夏地方志专家库成员，参与到志书编纂工作中来，并全程对志书编纂工作进行业务指导。三是编辑部实行分工负责制。《宁夏通志》每一分卷都分派一名副主编和若干名责任编辑，对志稿从前期的联络协调到后期的出版校对进行把关。四是《宁夏通志》坚持三统一方针，即统一排版、统一印刷、统一出版，最大程度地解决了编校过程中可能出现的问题，做到各分卷编印规范统一。五是《宁夏通志》制定了严谨的编纂原则、行文规范和凡例，对各卷计量单位、历史纪年、表格制作、彩页设计等加以统一规范。六是建立特邀编审制度。《宁夏通志》编辑部对每一分卷都派一名修志经验丰富的老专家进行指导，对志稿进行"一支笔"总纂，从而保证了各卷的编纂质量。七是严格执行三审制度。对《宁夏通志》各分卷送审稿进行初审、复审、终审三审制，在各个送审环节对志稿存在的问题进行梳理，充分吸收专家意见建议。八是建立侧重内容评审模式。为了解决人手不足的困难，编辑部将送审稿按类分送评审专家侧重评审，保证了志书的质量，提高了评审效率。九是持续开展修志业务培训工作。为了提高《宁夏通志》各分卷编纂人员的业务水平，编辑部利用评审会以及专家授课的方法，积极为各分卷的编纂人员提供修志理论学习机会，为各分卷的顺利编纂打下了良好的质量基础。

（二）推动市县（市、区）和行业二轮志书编纂

为加强全区市县（市、区）级二轮志书编纂出版工作顺利开展，宁夏地方志办公室每年督导调研修志工作存在的问题，全面落实中指办提出的"一纳入、八到位"工作方针，每年定期组织开展一次全区地方志系统业务培训工作，邀请全国方志界修志编鉴专家授课，全力支持各级修志机构开展地方志业务培训。截至2005年底，70余部市县（市、区）志和行业部门志先后付梓出版，宁夏首轮志书编修任务基本完成。截至2020年底，宁夏编纂出版二轮市县（市、区）志书20部，行业（部门）志书30多部。截至2020年底，宁夏全面完成志鉴"两全目标"全覆盖任务。

（三）加大对全区三级综合年鉴指导编纂工作

宁夏地方志办公室对全区各级地方综合年鉴实行三审定稿制和责编负责制。国务院《条例》《宁夏回族自治区〈地方志工作条例〉实施办法》《宁夏回族自治区地方志工作发展实施方案（2016—2020年）》对年鉴评审进行明确规定。自治区地方志办公室制定了《各级各类志书、年鉴和地情资料类书籍送审制度》，将质量定审工作纳入自治区地方志办公室统一管理、统一定审并批复出版。依法依规对全区各级年鉴进行三审制，组织专家进行评审，定稿后批复出版。每年年初要求各志办报送年鉴篇目，由宁夏地方志办公室年鉴科进行把关，以避免在征集资料及编写过程中的失误，为年鉴的质量及出版周期提供保障。年鉴初稿完成后，要求编写单位初审后，报宁夏地方志办公室复审，复审工作采取内部业务人员和外聘专家评审、集体汇稿、统一制定综合评审意见等流程。通过复审，对各年鉴

的编写体例及内容规范等问题以书面形式提出修改意见和建议，并与编写单位共同商讨制定修改方案。年鉴修改完善后，再报送宁夏地方志办公室终审并批复出版。宁夏地方志办公室为每部年鉴指定责任编辑，全程负责指导该年鉴的编写修改，直至印刷出版。经过严格审查，全区各级年鉴的编写质量得以整体提高。

宁夏地方志办公室采取以会代评、以评代培的方式加强队伍建设。虽然全区各级年鉴编辑出版工作实现了全覆盖，但年鉴编写队伍不稳定，业务不成熟，人才培训显得极为紧迫。宁夏地方志办公室先后利用全区地方志工作会、表彰会、每年"5·18地方志工作宣传日"活动之际举办年鉴编辑培训班，邀请区内外年鉴专家对全区年鉴工作者、参与《宁夏年鉴》供稿人员进行培训。各级修志机构在每年启动年鉴工作时都会举办不同规模的年鉴编辑培训班，邀请宁夏地方志办公室及区外年鉴专家授课。同时，宁夏地方志办公室又摸索出一种以会代培、以评代培的方法，利用召开年鉴评审会或会稿会的方式，与编写人员面对面就实际操作中出现的问题和疑惑进行商讨，双方达成一致后，制定出符合各地实际情况的修改方案，这样编出的年鉴有效避免了千鉴一面，更能体现其地方特色和年度特色。实践证明，审稿人员和编纂人员就年鉴稿件中的具体问题进行探讨，促进了双方的业务水平的提升，并保证了年鉴的编写质量。

宁夏地方志办公室严格工作流程，全面提升《宁夏年鉴》编纂质量。《宁夏年鉴》2000年创刊至今已连续公开出版21部，在全国年鉴评比中屡次获奖，对全区各市县（市、区）综合年鉴的编纂发挥着重要的导向和引领作用。《宁夏年鉴》经过多年摸索实践，探索出一套严格的编辑工作流程，主要包括：制定修改审定篇目、上报自治区政府下发征集资料通知、编辑部任务分工、向全区征集资料、编辑修改加工、编辑部负责人统稿、特邀编审审稿、反馈原单位核实、出版社审稿、报送自治区保密局和民委审查、编委会终审、自治区分管领导审查并签印、印刷前编辑部三审三校、印刷装订前的样书检查、出版后交流交换等工作。资料反馈是自创刊至今一直坚持的重要环节，年鉴资料一般年初就开始征集，有些单位的统计数据还不准确，内容还有缺漏，在完成编辑、统稿后，将资料反馈各单位审核，保证年鉴内容的准确、全面、权威，提升年鉴的整体质量。《宁夏年鉴》体量较大，涉及单位多，为节省时间，每道编辑程序实行流水作业并有严格的时间进度要求，在严格的工作流程中认真把好政治关、编辑关、审稿关、保密关、印刷质量关，编出了高质量的年鉴。

（四）积极开展专题志编纂工作

宁夏地方志办公室紧跟形势，与时俱进，资政辅治，为科学决策提供参考，回应社会关切。2015年，为响应生态环境保护而编纂出版了《贺兰山志》；2016年，为庆祝闽宁扶贫协作事业和福建对口帮扶宁夏20周年而编纂《闽宁扶贫协作志》；2018年，为建设黄河流域生态保护和高质量发展先行区而编纂《宁夏黄河志》；2019年，为助力乡村振兴战略，促进农村文化建设和记载乡村历史文化而启动"宁夏村志"系列丛书编修工作；2021年，在全面完成脱贫攻坚任务、全面建成小康社会的关键节点，响应中宣部号召，启动宁夏全区范围内的扶贫志、小康志编纂工作。

二、加强理论研究、旧志整理和信息化建设为高质量发展地方志夯实根基

（一）扎实推进地方志理论研究

经过多年努力，宁夏地方志理论研究取得了一定的成绩。在旧志校注整理、旧志理论研究、新编志书理论研究、地方志文化传承和资源开发利用等方面，推出一批优质的研究成果。宁夏地方志办公室积极组织开展地方志理论研讨，理论工作者和实践工作者围绕主题交流讨论，定期邀请方志界专家学者指导工作并开展讲座。积极主动申报地方志研究课题，整合社会资源，开展理论研究。努力提升《宁夏史志》（双月刊）办刊质量，搭建地方志理论研究平台。编纂出版《宁夏地方志编纂研究》，全面总结30年来宁夏地方志关于方志理论研究成果。深入开展地方历史文化研究，连续7年编纂出版《宁夏地方历史文化论丛》，积累了一批基础性研究成果。创新开展地方志理论培训工作，走出宁夏，利用北京师范大学、复旦大学等高校师资平台，联合举办方志理论研修，不断加强全区修志队伍建设。

由于宁夏地方志办公室设在宁夏社科院，工作人员积极发挥业务指

导与科研工作双肩挑作用。先后编纂出版《全面抗战与宁夏》《宁夏方志二十年》《年鉴百问》《宁夏地方志编纂研究》《宁夏老字号考究》和《宁夏地方历史文化论丛》（已出版 7 辑），累计承担国家社科基金项目 6 项，自治区课题 9 项，宁夏社科院课题及重大现实问题研究 10 余项，在各类期刊发表文章 50 余篇。

（二）组织开展宁夏旧志整理工作

宁夏虽是西部小省区，但历史上编修方志的文化传统并不落后于发达省区。宁夏地方志编纂始于元代，盛于明代，清代和民国继之，延续不断。现传世的旧方志为 30 种（其中，明代 6 种、清代 18 种、民国 6 种）。宁夏旧志虽然数量、种类不多，但保护好、传承好这些珍贵的文化古籍，对其文化内涵进行深入研究、利用，清晰展现宁夏的历史变迁有着深远的历史和现实意义。从 20 世纪 80 年代起全区方志工作者先后点校出版了（宣德）《宁夏志笺证》《嘉靖宁夏新志》《万历朔方新志》《乾隆宁夏府志》《银川小志》等多部旧方志。

2015 年初，宁夏地方志办公室启动《宁夏旧方志集成》的编辑、整理、影印出版工作。通过目录核对，厘清家底，运用目录学、版本学等传统古籍文献整理方法及现代数码出版技术，全方位搜集整理、版本鉴定，并逐页进行扫描拍照、修版、编辑等处理，使得宁夏的历代传世方志得以完整集成。2016 年，正式出版《宁夏旧方志集成》，收录宁夏现有传世旧方志 30 种（其中，明代 6 种、清代 18 种、民国 6 种、其他 3 种），按明代编、清代编、民国编排序，共 35 册。《宁夏旧方志集成》将宁夏存世旧志应收尽收，基本上是原刻本（不乏初刻本、孤本、抄本），创造了以省区为范围的旧方志集成整理之先河，为宁夏方志学、文献学、地方史研究完成了一项基础性工程。这项工作为研究宁夏地方文化提供了第一手原始文献，使宁夏旧方志得以传承、保护和利用，提升了宁夏旧方志整理的深度，对宁夏地方史志传承研究具有重要意义。

（三）加强方志馆和信息化建设

宁夏方志馆利用宁夏社科院的场地布展。吴忠市方志馆利用吴忠市博物馆的部分场地建成。灵武市方志馆正式建成（和灵武市档案馆两馆合一)。固原市方志馆建成开馆。银川市方志馆正在筹建。青铜峡市、金凤区等多个市县(市、区)设置了方志展室。宁夏地方志办公室加大"互联网＋地方志"信息化建设，推出方志宁夏微信公众号和宁夏方志网。银川市建成银川档案方志网，银川、灵武、贺兰、大武口、红寺堡、青铜峡、泾源、彭阳等市县(市、区)陆续开通微信公众号，方志信息化建设得到加强。

三、启动编纂"宁夏地方史话"丛书，努力开创地方志资源开发利用新途径

为充分利用大量的地方志成果，编纂出符合大众阅读品味，既能传播地方历史文化的优秀著作，又能满足人民群众不断增长的文化需求。2009年3月，宁夏地方志办公室启动了"宁夏地方史话"丛书编纂工作，以地方历史文化资料为基础，以地方志专家学者为主笔，致力于打造一批史话精品著作，开创开发利用地方志资源新途径。

"宁夏地方史话"丛书由宁夏地方志办公室、全区市县地方志机构、有关行业、厅局修志机构承担编纂出版任务。宁夏地方志办公室指定责任编辑，负责各分册协调、联络和业务指导工作。"宁夏地方史话"丛书编纂出版程序严格，史稿初审由各分卷编辑部完成后，聘请专家进行复审，修改完善后报送"宁夏地方史话"丛书编辑部，统一审定达到出版质量要求的，同意批复出版。丛书各分册在充分占有历史资料的基础上，做到雅俗共赏、通俗易懂、图文互见，用生动的语言记述历史的真实面貌。截至2022年6月，已正式出版史话39部。

"宁夏地方史话"丛书集知识性、真实性、史料性、趣味性于一体，是宣传家乡的重要载体，在增进人们对家乡的了解，提升人们的精神文明水平，增强人们热爱家乡、奉献家乡的意识，为宁夏经济社会发展提供精神文化支撑等方面，起着不可替代的作用。各分册独立成书，不仅是宣传一个地域或一个行业的重要载体，也填补了宁夏没有市县(市、区)、山川或行业史话的空白。编纂"宁夏地方史话"丛书是宁夏地方志办公室实施的一项文化创举，其意义非同寻常。

（一）"宁夏地方史话"丛书是实现宁夏文化大发展大繁荣的创新之举

"宁夏地方史话"丛书是系统记述宁夏历史方方面面的资料丛书，不仅具有志书独特的严谨性、真实性，而且具有一定的文学性和趣味性。文化事业要想大发展大繁荣，必须不断扩大读者群，使历史文化知识最大程度地传播到基层，传播到普通群众中去，使人们对宁夏悠久灿烂的历史文化有所了解，有利于增进人们对宁夏这片热土的感情，从而激发人们爱祖国、爱家乡的朴实情感，这正是文化最珍贵、最独特的魅力所在。

（二）"宁夏地方史话"丛书是方志界努力开拓地方历史文化研究的新途径

地方志是祖国宝贵的文化典籍和精粹，传承2000多年的方志文化是祖国文化宝库中的奇葩。但是地方志也有着一些不可忽视的缺憾和不足。如资料陈旧、体例呆板、编纂耗时过久、文字枯燥、缺乏可读性，等等。这些不足使志书编纂出版后，往往被束之高阁，鲜有人读，无疑是传承地方历史文化的地方志专家所不愿看到的。为了改变这种被动现状，只有充分利用地方志系统掌握的大量宝贵历史资料，编纂出符合大众阅读品味、通俗易懂又能传播地方历史文化的著作，才能满足人民群众不断增长的文化需求。

（三）"宁夏地方史话"丛书为宁夏地方历史文化深入研究打下了良好基础

深入挖掘宁夏地方历史文化是宁夏方志工作者义不容辞的重要职责。方志工作者往往是一个地区的地情专家，是最熟悉地情、区情、市（县）情的学者。由这些专家学者编纂的"宁夏地方史话"丛书具有一定的科研水平和学术价值，可以为地方经济社会发展提供坚实的历史文化基础。地方志历史资料虽然全面，但往往只注意资料的收集、整理，忽视了历史资料的深入研究和开拓挖掘，宁夏地方志办公室正是通过翔实的历史资料，编纂成"宁夏地方史话"丛书，来展现地方历史文化的亮点和精华。

四、持续开展"5·18地方志工作宣传日"活动，不断营造地方志工作氛围

2006年5月18日，国务院正式颁布《条例》。在2007年11月9日自

治区人民政府颁布的《宁夏回族自治区〈地方志工作条例〉实施办法》第二十三条中规定"每年5月18日为自治区地方志工作宣传日",将地方志工作宣传日列入政府法规。宁夏"5·18地方志工作宣传日"活动也由此成为宁夏地方志工作创新的一大亮点,多次得到中指组领导的充分肯定。

自2008年起至今,宁夏地方志办公室联合全区各市、县(市、区)地方志机构探索运用多种形式,已连续15年在5月18日当天在全区范围内组织开展地方志工作宣传日活动。为扎实开展该项工作,延续好的做法和经验,充分调动全区各市、县(市、区)地方志工作部门的积极性,确保宣传活动取得成效,体现特色。每年4月中上旬,宁夏地方志办公室下发《关于开展"5·18地方志工作宣传日"活动的通知》,对活动意义、目的、内容和形式明确要求,各市县(市、区)上报活动方案与总结。其间,宁夏地方志办公室业务人员分赴各市县(市、区)进行现场指导。"5·18地方志工作宣传日"活动也被纳入全区地方志系统年度考核内容。通过精心策划、周密组织、上下联动和认真督查,多年来宁夏地方志系统不断探索活动形式,先后探索开展多种形式的宣传。

(一)座谈交流,学习研讨《条例》《规划纲要》

通过举行座谈会,宣传解读《条例》《规划纲要》《宁夏回族自治区〈地方志工作条例〉实施办法》,通报各市、县(市、区)地方志工作情况,使各级领导干部能够准确把握时代脉搏,充分了解和认识地方志工作的重要历史地位与当代价值,全力支持关心地方志工作发展。

(二)集中宣传,有型有物扩大影响

地方志作为一种公共文化产品,为使其走进"寻常百姓家",更好地为社会大众服务。全区各市、县(市、区)地方志工作机构通过在人员密集的公共场所,利用悬挂横幅、布置展板、分发传单等方式,集中开展政策法规宣讲、志鉴成果展示,满足人民群众对地情文化的需求,促进社会形成"读志用志"的浓厚氛围,扩大地方志工作的社会影响力,持续打造惠及广大人民群众的方志文化传播体系。

(三)依托媒介,努力营造方志氛围

通过各级广电新闻、报纸、微信公众号、史志刊物、宁夏方志网等媒体进行多渠道宣传，让地方志更加贴近大众。通过开展全民有奖竞答，传播方志知识，引导广大党员干部、人民群众及青少年从方志中汲取知识营养，进一步增强对方志文化和地情的认识，激发爱国爱乡热情，促进地方经济社会全面发展。

（四）业务培训，提升志鉴编修水平

为推动地方志事业高质量发展，持续提升全区地方志系统工作人员的业务能力和水平，多年来，宁夏地方志办公室坚持组织开展年度全区地方志系统业务培训，邀请全国方志界专家就志书编纂、精品年鉴、地情资源开发利用、方志馆建设、乡镇村志编修、编辑出版等主题进行授课，取得了成效。通过培训不断提升全区志鉴业务编纂水平，同时也扩大了宣传效果。

（五）成果"六进"，努力营造读志用志氛围

通过开展志鉴成果进机关、进校园、进党校、进企业、进社区、进乡村活动，积极推进志鉴成果转化，提高了方志文化普及的深度和广度。总体上，通过持续开展地方志工作宣传日活动，不断加大宣传力度，使得各级领导干部认识到方志工作的重要性，加强读志、用志、修志，有助于提升决策水平；使得社会各界对地方志有了更加深入的了解和认识，初步形成了"读志用志"的良好社会氛围，地方志在全区经济社会发展中的作用日益凸显，受到了广大群众的好评。

内蒙古:"两全目标"攻坚组

我在地方志工作期间,先后3次到内蒙古调研地方志工作,一次是出席内蒙古区情网蒙古文网站、内蒙古区情网手机网站、方志内蒙古微信公众平台首发仪式暨蒙古文多功能数据库启动仪式,一次是出席全国地方志工作机构新任负责人培训班,一次是参加第二次全国地方志科研工作会议暨中华一统志编修可行性论证会议,内蒙古方志人对地方志事业炽热的情怀、执着的精神、宽阔的视野、踏实的作风给我留下了深刻印象。几年来,内蒙古自治区地方志办公室在自治区党委政府的领导下,按照中指组及其办公室要求,认真贯彻落实习近平总书记系列重要讲话精神,谋划长远,思路清晰,敢于担当,真抓实干,效果明显,成绩突出,抓"两全目标"力度、队伍建设、信息化工作,蒙古文志书翻译等工作走在全国前列,取得了一系列经验。特别是,2018年7月,在完成"两全目标"形势严峻的情况下,内蒙古自治区地方志办公室采取果断而有效措施,成立6个"两全目标"攻坚组,在自治区政府办公厅领导下全力攻坚,夺取"两全目标"任务胜利,值得肯定。

——题记

2015年8月,国办印发《规划纲要》,明确部署"两全目标"任务,要求到2020年,完成第二轮地方志书规划任务,省市县三级地方志书全部出版;做到地方综合年鉴由地方志工作机构组织编纂,一年一鉴,公开出版,实现省市县三级综合年鉴全覆盖。内蒙古自治区共规划二轮三级志书 188 部。其中，自治区分志 73 部，盟市志 12 部，旗县（市、区）志 103 部。全区应公开出版三级综合年鉴 116 种。其中，《内蒙古年鉴》1 种，盟市级综合年鉴 12 种，旗县级综合年鉴 103 种。2020 年底，内蒙古自治区完成"两全目标"任务。内蒙古自治区地方志办公室攻坚克难，在完成"两全目标"任务的过程中，取得了很多经验。

一、强化组织领导，提高思想认识

领导重视、部门支持是完成"两全目标"任务的有力保障。近年来，内蒙古自治区党委、政府高度重视地方志工作，自治区政府按时召开全区地方志工作会议，自治区主席多次对地方志工作作出批示，贯彻落实"一纳入、八到位"要求。2016 年，经请示自治区人民政府同意，调整成立以自治区党委副书记、自治区主席任主任，人大、政府、政协、军区主要领导任副主任，12 个盟（市）长和 39 个部门主要负责人任委员的地方志编纂委员会，进一步强化了地方志工作的组织领导。2019 年，经多次向政府分管领导汇报全区地方志工作后，自治区政府高度重视地方志工作，自治区副主席亲自调度地方志工作，坚持每月听取地方志工作情况汇报，先后 10 余次对"两全目标"工作作出具体批示，并亲自协调部分盟市主要负责人督促工作，将地方志工作提升到全区重点工作层面。2019 年 11 月和 2020 年 3 月，政府办公厅先后印发《关于进一步推进全区第二轮三级志书和地方综合年鉴编纂工作的通知》《关于推进完成地方志"两全目标"任务的通知》，要求各地区、各有关部门（单位）全面推进地方志"两全目标"工作。两个《通知》的印发，使各盟市、各有关部门（单位）进一步提高了对地方志工作的重视，认识到完成地方志"两全目标"的重要性和紧迫性。内蒙古自治区地方志研究室全体干部职工进一步统一思想，提高政治站位，凝聚共识，加强组织领导，强化工作措施。在实行分组攻坚的基础上，实施"一书一计划"工程，为每部志鉴设立台账，倒排工期、挂图作战，确保了"两全目标"任务的圆满完成。实践证明，只有党委、政府领导高度重视，充分发挥体制的力量，自上而下地动员社会力量积极参与编修，并为修志工作提供必要条件，才能最大限度地激发社会各方面的编纂热情，营造浓厚的修志氛围，从而保证志书按时保质完成任务。

二、完善制度建设，推进依法治志

健全工作机构、完善工作制度，推进依法治志进程，是完成"两全目标"任务的关键。针对基础薄弱、欠账较多的局面，健全工作机构，大力加强制度建设。2012年，自治区人民政府颁布《内蒙古自治区地方志工作规定》。2015年，自治区人民政府办公厅印发《内蒙古自治区地方志事业发展实施方案（2016—2020年）》。2016年，"高度重视编史修志"写入内蒙古自治区"十三五"规划。2017年，自治区人民政府办公厅印发《关于全区地方志工作"三全目标"任务"时间表""路线图"的通知》，自治区人民政府与12个盟市、2个计划单列市以及58个委办厅局签订地方志工作目标责任书。2018年，印发《志鉴编纂工作攻坚方案》，全面攻坚地方志"两全目标"。2019年，召开全区地方志工作会议，自治区分管副主席亲自部署"两全目标"工作任务。2020年，印发《"'两全目标'一书一计划"工作方案》，倒排工期，挂图作战。几年来，修改完善《内蒙古自治区地方志行文规则》《内蒙古自治区地方志书评审验收及出版规定》，制定《〈内蒙古自治区志〉编纂通则、编纂细则》《内蒙古自治区地方志办公室志稿审读规定》《内蒙古年鉴编纂规范细则》（试行）等制度规定，编辑了《地方志政策法规汇编》，为圆满完成"两全目标"提供制度保障。

三、坚持目标导向，加强统筹调度

为全面完成"两全目标"任务，自治区地方志研究室不断加大工作力度。2018年，实行"月调度、季通报"制度。2019年下半年，开始实行"周汇报、月调度、季通报"制度，各攻坚组每周汇报工作进展情况。每月召开重点工作调度会议，每季度向全区通报工作进度排名情况。2020年，实行"每周调度、半月汇总、每月通报和挂账销号"制度。各攻坚组每周全面督促志鉴编纂工作两次，地方志"两全目标"工作领导小组每周对"两全目标"工作调度一次，办公室每半月对"两全目标"工作形势研究分析一次，每月对进度滞后地区和部门（单位）通报一次。近3年以来，内蒙古自治区地方志办公室先后召开"两全目标"工作调度会议43次，印发季度通报8期，印发点对点月工作情况通报10期149份，印发全区工作情况通报1份，极大地加快了各地区、各有关部门（单位）"两全目标"的推进速度。

四、紧盯滞后地区，强化督导检查

几年来，内蒙古自治区积极创新督导手段，深入开展督导检查。2018年，地方志研究室先后3次召集各有关部门（单位）召开二轮志书编纂座谈会议；办公室主要负责同志带队赴4个盟市、5个旗县区、6个部门督导工作；各攻坚组分赴10个盟市、45个旗县、33个部门（单位）督导工作。2019年，以政府分管秘书长和地方志办公室主任名义，给工作进度滞后的6个部门（单位）、2个市、10个旗县主要负责人致督导信；班子成员带各攻坚组分赴6个盟市、13个旗县、20个部门（单位）督导工作。2020年，先后对进度滞后的14个部门（单位）、2个盟市、3个旗县，以自治区人民政府办公厅名义致督导函；班子成员带各攻坚组先后深入11个盟市、28个旗县（市、区）和33个部门（单位）进行实地督导。通过信函催办、实地督导、重点约谈等手段，有力地推动了工作滞后地区（部门）的志鉴编纂出版进程。

五、主动服务基层，解决重点难题

近年来，内蒙古自治区受客观因素影响，部分地区志书年鉴编纂出版经费难以保障，志鉴出版书号申请难度大。2020年1月，自治区地方志办公室全面调研存在问题，以编委会名义向存在经费困难的1个盟、27个旗县党委（政府）主要负责人通报情况，要求解决本级地方志工作机构存在的经费问题；6月，向财政厅申请专项经费，编纂出版81种盟市、旗县两级2018年、2019年卷综合年鉴。针对书号申请难问题，自治区人民政府办公厅先后向自治区党委宣传部、新闻出版局致函协调解决书号；地方志研究室主要领导亲自协调多家出版社扩大志鉴书号资源渠道，为按时完成"两全目标"任务提供了有力保障。

六、打造过硬队伍，夯实发展根基

几年来，自治区地方志研究室采取"走出去""请进来""以会代训""以评代训"等方式，不断加强人才队伍建设，培养和增强编修人员的责任心、事业心。2018年至今，累计选送150余名业务骨干参加中指组及其办公室组织的培训、交流、座谈和各类会议，3次组团到先进省区考察学习。每年坚持举办1期志书编纂业务培训班和1期年鉴业务培训班，每次培训均邀请中指办和系统内知名专家授课。4年来，累计培训全区业务人员1500余人次，利用召开志书编纂启动会议之机，对40余部志书的2000余名编纂人员进行培训；累计召开评审会130余次，全区300余名各级业务骨干均不同程度得到锻炼提升。同时，进一步优化干部队伍，通过考录、遴选等方式，陆续吸收一批优秀干部加入地方志队伍，逐步形成专兼职并重、老中青结合的人才队伍建设格局，有力确保了"两全目标"任务的有序推进。

辽宁：出奇制胜完成"两全目标"

如果说，重庆地方志的主要经验是"事在人为""后来居上"的话，那么，辽宁省在看来已经不可能的情况下，能够按照《规划纲要》要求，按时完成"两全目标"，也是"后来居上"，让人耳目一新。不过，辽宁完成"两全目标"办法是"出奇制胜""集中兵力打歼灭战"，在地方志专项攻坚克难工作中有可借鉴性，但是，在地方志常态化工作中具有不可复制性。

——题记

2016：迎头赶上，勿做短板[1]

实事求是地说，我以前对辽宁地方志工作开展情况是不太了解的。听了大家的情况介绍后，对辽宁省地方志工作的总体情况有了一定的认识，有些地方给我留下了比较深刻的印象。

下面，我先就大家较为关心的、在全国具有共性的三个问题，简单做个回应。第一，关于加大对地方志基层工作人员培训的力度。2014年11月，中国社会科学院党组书记、院长，中指组组长王伟光同志在福建省调研地方志工作时就发现了这个问题，提出要把2015年确定为培训年，加大对全国地方志人才队伍的培训。根据王伟光同志的要求，我们从2015年至今已举办了14次全国性的培训，本月16日至20日还要在呼伦贝尔

---

[1] 2016年8月14日，在辽宁省地方志工作调研座谈会上的讲话。

市鄂温克族自治旗举办全国地方志工作机构新任负责人培训班，年底前还要举办民族地区地方志工作、地方志信息化建设、史志期刊编辑、省级年鉴编纂等方面的培训，以及志鉴政法篇目编修方面的业务指导。辽宁省志办要加强和中指办的沟通，及时掌握信息，将省里的工作安排和上述活动结合起来，同时也要把存在的困难和有关要求提出来，我们一起想办法来解决。第二，关于加强对全国地方志工作的顶层设计。第五届中指组自2013年12月组建后，就一直在积极推动这方面工作。2015年8月，国办印发《规划纲要》，这是我国地方志发展史上具有里程碑意义的事件，充分体现了中指组及其办公室在顶层设计方面作出的努力。为了贯彻落实《规划纲要》，进一步强化顶层设计，中指组及其办公室研究推出"十大工程"，包括民族地区与经济欠发达地区志书出版资助工程、中国志书精品工程、中国年鉴精品工程、中国名镇志文化工程、中国名村志文化工程、全国地方志"一体两翼"用志工程、全国信息方志与数字方志建设工程、方志馆研究建设及全国地方志专业出版基地建设工程、中国地方志学科建设与人才队伍建设工程、中国方志文化走向世界工程。《规划纲要》明确了11项主要任务、77项具体任务，落实这些任务的最主要抓手就是"十大工程"。我希望辽宁省能将自身工作与中指组及其办公室的统一安排协调一致起来。第三，关于年鉴出版书号改刊号问题。根据国家政策，现在申请刊号非常困难，取得书号则相对容易，但也需要钱。为此，中指办在向财政部申请的明年预算经费中，已经在"十大工程"中民族地区与经济欠发达地区志书出版资助工程的基础上，增加民族地区与经济欠发达地区年鉴出版资助工程，计划申请经费300万元，以便为到2020年省市县三级综合年鉴全覆盖提供坚强的保障。辽宁省有符合条件的年鉴，也可以进行申请。

  本次调研给我印象深刻的是，近年来，辽宁省地方志的工作在人员少、任务重、经济发展遇到困难、地方志工作开展不平衡的情况下，新一届班子开动脑筋、主动作为，取得领导重视和社会支持，工作起色明显、后劲很足。但是，在地方志工作立法、方志馆建设、信息化建设等方面依然存在一些不足。通过刚才的汇报了解到，2016年在全省财政经费整体压缩70%的情况下，省志编修经费不但没有减少，而且还有所增加。另外，省政府领导也已经同意将地方志工作纳入省政府督查工作中,这对辽宁省地方志工作是很大的支持,使得我们推进工作有了重要抓手,也使得完成《规划纲要》的"两全目标"有了保证。可以说,这是一把"尚方宝剑"。汇报中还提到,本溪、辽阳等市地方志工作机构的主要负责人已成为市委、市政府调研的重要随行人员,还有一些地方志工作机构负责人参与接待考察团,这充分反映了各级党委、政府对地方志工作的重视。这些都是非常可喜的现象,值得充分肯定。

下面,我就下一步做好辽宁省地方志工作谈几点意见:

一、加强沟通,抓住机遇

辽宁省志办编制只有20人,长期以来一直是"小马拉大车",在人员少、任务重的情况下,借鉴"他山之石",弥补自身不足,就显得比较重要。比如,山东、广东、四川、河北等地都有一些很有特点的经验,值得学习。希望辽宁省志办既要加强与中指办的沟通交流,也要加强省际、市际、县际之间地方志工作机构的交流,将内挖潜力与学习借鉴相结合,乘势而为,顺势而上。

二、克服困难,完成任务

《规划纲要》颁布实施马上就到一周年了,中指组及其办公室正在着手与国务院办公厅联系沟通,计划联合对《规划纲要》贯彻落实情况进行督查。从今年开始,中指组及其办公室还要通过编写发布《中国方志发展报告》《中国年鉴发展报告》,在每年年初公布各省(自治区、直辖市)第二轮志书完成情况和年鉴全覆盖情况,各方面情况要分类进行排名,并上报国务院办公厅。希望辽宁省志办认真分析辽宁省地方志工作现实,采取切实可行措施,攻坚克难,确保《规划纲要》任务完成。

三、立足长远,提高质量

刚才参观辽宁省地方志成果小型展览,发现编纂出版的地方志成果很多,但在出版环节上还存在一些比较明显的质量问题。比如,关于志鉴政法部分记述中存在的问题及其纠正,我已在全国性的培训上讲过多次,刚才在翻阅你们在一些出版社出版的志鉴时,发现这些问题几乎普遍存在。我们不仅要在数量上完成修志编鉴任务,还要高度重视志鉴编纂出版的质量。所以希望你们在志鉴编纂出版环节上,要立足长远,加强学习,可以考虑与专业出版机构加强联系与合作,通过他们的业务指导,进一步提高志鉴出版质量。

四、更新理念,紧跟步伐

现在,全国地方志事业已进入依法治志的时代,正在实现从依法修志到依法识志、依法研志、依法用志、依法管志、依法存志和依法传志等的转型发展。《规划纲要》明确将"坚持依法治志"作为六大基本原则的第二条,适应了当前我国建设社会主义法治国家的要求,把依法治志纳入依法治国范畴之中,使得地方志工作成为依法治国中必不可少的组成部分。这是推进依法治志的最根本的落脚点。国务院《条例》和国办《规划纲要》都规定了各级政府、各级地方志工作机构在地方志工作中的法定职责,《规划纲要》更规定了要坚持和健全"党委领导、政府主持、地方志工作机构组织实施、社会各界广泛参与"的工作体制,都明确了贯彻落实《规划纲要》,首先是各级党委、政府的任务,而不仅仅是地方志工作机构的职责,这才是"依法治志"的要义所在。希望辽宁省地方志工作者要打开视野,更新理念,紧跟步伐,主动融入全国地方志事业转型发展的大趋势之中,尽快实现从依法修志到依法治志的转变。

当前,全国地方志事业发展迎来了春天,并且进入高位运行态势,希望辽宁省地方志工作者以贯彻落实《规划纲要》为中心任务,以"一纳入、八到位"为核心目标,以"十大工程"为重要抓手,以依法治志为工作保障,扎实推动各项工作的开展。同时,也希望辽宁省志办在下一步工作中进一步加强与中指办的沟通和联系,与全国地方志工作机构一起,共同圆满完成《规划纲要》各项任务,为下一个五年的地方志事业发展规划纲要制定奠定良好的基础。

第四章　方志经验

2020：弯道超车，出奇制胜[1]

此次到辽宁调研是一个必然，也是一个偶然。所谓必然，就是辽宁的地方志"两全目标"完成情况，曾处于全国后进的位置，甚至是相当后进的位置，已经被中指组纳入重点督办范围，所以，我肯定要来。所谓偶然，就是本次是借中指办在本溪召开"中国抗日战争志暨中国地方抗日战争志工程研讨会"之机，顺便安排调研辽宁地方志工作。2019年，按照党中央、国务院要求，中指组对各省"两全目标"完成情况实行督办通报制度，发现辽宁的情况比我们预料的更加严重。为此，中指组给时任辽宁省委副书记、省长唐一军同志写了一封信，请他予以关注。周国春主任、杜伶处长领命，可以说是"受命于危难"；地方志机构撤销后并入省档案馆，成为档案馆的一个处级单位，何素君馆长也是接下了一个大包袱。这段时间，我十分关注辽宁"两全目标"任务进展情况，切身感受到辽宁的工作每个阶段都有新的变化、新的成效。

截至目前，辽宁的省市县三级312部志书和年鉴全部移交出版，其中236部志鉴已正式出版或取得书号，占全部任务的76%，到年底所有的312部志鉴将全部正式出版或取得书号。如果说已交付出版社作为编纂任务完成的标志，那么你们已经算完成任务了；如果按照中办、国办2017年印发的《国家"十三五"时期文化发展改革规划纲要》的要求，必须出版才完成任务，你们还差最后不到一公里。可以说，辽宁在克服体制、人员、经费、历史欠账等多重困难的情况下，大家凝心聚力、攻坚克难，"两全目标"任务后来居上，取得了令人瞩目的成绩，打了一个翻身仗，让我们为之一振。这是我们没有想到的。两周前，就落实习近平总书记的重要批示精神，我向中国社会科学院党组汇报《全国〈扶贫志〉和〈全面小康志〉编纂实施方案》的时候，中国社会科学院党组书记、院长，中指组组长谢伏瞻同志专门问了辽宁的工作情况，我做了简短汇报，谢伏瞻同志对辽宁取得的成绩表示满意，让我过来看一下。正好也在这个时候，辽宁不

---

[1] 2020年11月6日，在辽宁省地方志"两全目标"推进座谈会上的讲话。

仅在"两全目标"任务的完成上后来居上，取得了令人肯定的成绩，同时还在落实习近平总书记提出的地方志要在编写中国人民抗日战争权威著作专著和通俗读物作出贡献的重要指示要求，启动了《辽宁抗日战争志》的编纂并且基本完成初稿，所以中指办特意把中国抗日战争志暨中国地方抗日战争志工程研讨会两个会议放在辽宁，一方面是对这段时间辽宁地方志工作的充分肯定，同时也是借这个机会来进一步地了解调研辽宁的情况，并看望大家。

刚才听了国春主任以及辽宁省扶贫办、省卫健委、省发展改革委以及市、县地方志机构等共15位同志的情况介绍后，我觉得辽宁地方志工作的成绩是值得充分肯定的。辽宁的地方志工作在短时间内之所以取得如此令人瞩目的成绩，再一次印证了我这几年到地方志工作以后的切身感受。第一，一个地区的地方志工作做得怎么样，与它的地理位置和经济发展条件没有直接因果关系，但是，与当地的党委政府是否高度重视地方志工作有直接关系。辽宁地处边远，不是经济发达地区，但是最近一段时间的地方志工作为什么突飞猛进呢？反观有些经济发达地区，地方志工作却如同"温水煮青蛙"。类似这样的例子还有青海、新疆、四川等。第二，一个地区的地方志工作做得怎么样，与这个地方的地方志机构的领导体制、级别高低、人员多少没有直接因果关系，但是，与有没有选好地方志工作的"头狼"有直接关系。辽宁的情况再一次告诉我们，无论是省，还是市、县，选对了"头狼"尤其重要。按照《条例》的规定地方志一般20年修一次，辽宁为什么之前那么多年没有完成，但是在最近一年多完成了？我觉得与我们省市县的地方志"头狼"有直接关系。山东的刘爱军、新疆的廖运建、江苏的左健伟、苏州的陈兴南、黑河的田桂珍、东营的杜金华等都是例子。第三，一个地区的地方志工作做得怎么样，与地方志机构隶属关系、机构名称也没有直接因果关系，但是，与有没有一支讲政治、有家国情怀和责任担当、能够干事创业的地方志队伍有直接关系。我注意了一下今天参会人员的名单，这是我到各省去调研看到的最眼花缭乱、最具有"百花园"意义的机构名称——党史（地方志办公室）、党校（地方志办公室）、档案馆（党史、地方志办公室）、综合事务服务中心（地方志办公室)、档案和老干部服务中心(地方志办公室)、还有党务服务中心、政研和信息中心、机关事务服务中心等,很多名称我都没见过,让我想都想不出来,可谓"众手成志"。可以说,辽宁这一轮改革给地方志工作带来了新的挑战,但是,辽宁地方志的同志经受住了考验,证明我们是一支讲政治、有家国情怀和责任担当,有"修志问道,直笔著史"方志人精神的队伍。在此,我代表中指组、中指办,代表伏瞻同志和高翔同志,对辽宁省在这样的情况下把地方志工作做到这样的程度表示感谢,也对全省的地方志工作者表示慰问。

辽宁在"两全目标"任务完成过程中,能够实现"弯道超车"、出奇制胜,很不容易,像一场地方志的"突击战"。从省级的层面来看,省政府办公厅、省档案馆两个职能分离的部门,能够开展有效合作,通过提升政治站位、提高思想认识、强化统筹调度、科学调整规划、落实保障条件、纳入绩效考核、充实评审人员、创新审稿模式等一系列的做法,摘掉了"拖全国地方志后腿"的帽子,成绩可圈可点。具体来讲,我认为有以下几点:

一、提升政治站位,提高思想认识,全力推动地方志事业向前发展

辽宁省政府办公厅和省档案馆(以下简称两单位)坚持以习近平新时代中国特色社会主义思想为指导,深入贯彻习近平总书记关于地方志工作重要论述精神,全面落实国办《规划纲要》,按照中指组各项工作部署,积极适应地方志机构改革后行政职能与编纂职能相分离的新形势,进一步完善顶层设计,坚决打赢"两全目标"攻坚战,努力推动地方志事业高质量发展。省市县地方志机构全面改革后,地方志行政职能由省政府办公厅信息处承担、编纂业务由省档案馆地方志编纂中心负责,全省地方志系统面临体制不顺、机构零散、人员流失的困难局面。省政府办公厅作为新的行政主管部门更是情况不熟、业务不懂、底数不清、人手不足,面对十几年任务一年完成的严峻形势,辽宁的同志清醒地认识到地方志工作事关历史传承、关系未来发展,全省上下的地方志工作者,不讲困难、不讲条

件，坚决扛起责任，确保完成任务。

二、强化统筹调度，科学调整规划，为实现"两全目标"奠定基础

从 2019 年开始，两单位对承编单位开展了 3 轮走访调研，答疑解惑，围绕重视不够、经费未落、人员不足等问题，给省志承编单位以及 14 个市市委市政府提出 359 条调研反馈建议。先后召开省市县三级修志工作推进会议、第二轮志书编修未完成县区座谈会议、各市地方志工作会议等，统一思想、部署任务、压实责任、督促落实。同时，倒排工期、挂图作战，针对每部志书、年鉴逐一制定时间表、路线图，着力形成有人抓、有人管、有人干的工作格局。在充分调研基础上，按照"依法审慎规范"原则，经承编单位申请、两单位召开工作会议审议，在确保省级志书"四梁八柱"稳固的基础上，以省委办公厅、省政府办公厅名义印发了第二轮修志工作规划调整的文件。调整后，62 部省级志书、35 部市级志书、100 部县级志书向中指组备案，2020 年底前公开出版，接受国家考核；10 部省级志书、22 部市级志书纳入省级修志任务，2020 年底前完成修编，由省委、省政府考核。辽宁本着对历史负责、对人民负责的原则，没有因时间紧、任务重就大幅削减规划志书，实际上仅《武警志》《中小企业志》《人物志》3 部志书因机构改革等客观原因确实无法完成编修任务，调整出本轮修志任务。

三、落实保障条件，纳入绩效考核，为实现"两全目标"保驾护航

新时代的修志工作，经费、人员和出版是三个重要保障条件，尤以经费最为关键。在经费保障方面。从 2019 年开始，省级修志专项经费实行两单位提出经费标准、承编单位直接向省财政申请的办法，市县两级修志专项经费比照执行。这样既减轻了地方志工作机构的日常负担，又激发了承编单位的工作动力。同时，中指办将辽宁《东洲区志》《新抚区志》《大洼区志》《新宾年鉴》4 部志鉴纳入全国志鉴资助工程范围，切实减轻了困

难县区的财政压力。

在人员方面。各承编单位通过聘请专家,解决了不会干的问题;通过聘请本单位退休老同志、动用在岗精干力量、外包高校科研机构等方式,解决了无人干的问题。特别是在中指办的大力支持下,2019年史无前例地在沈阳举办了大规模的志鉴编纂业务培训班,辽宁省市县三级编修人员系统掌握了志鉴的编纂理论及方法,少走了很多弯路,确保编纂工作顺利推进。

在出版方面。针对书号少、费用高等普遍性问题,争取辽宁省出版集团支持,省政府办公厅统一协调,年初预留出版书号、压减出版费用,由各承编单位与出版社点对点对接,10月11日省政府办公厅主持召开了地方志编纂中心、出版社、承编单位的对接座谈会,逐一研究出版环节面临的问题困难,确保出版环节精准到位,实现了从编写到出版的全链条闭环管理。

在考核方面。经省委、省政府同意,2020年地方志"两全目标"作为共性考核指标纳入省委、省政府绩效考核,形成了激励与约束并行的工作机制。未实现季度节点任务的,省直部门季度考核奖金作降档处理,县区考核成绩按隶属纳入所在市考核成绩并通报。同时,面对新冠肺炎疫情,采取各市每月视频调度、省志每周工作报告、省市县排名通报,交流经验、找出差距、改进工作、倒逼进度,形成比学赶帮超的势头。

四、充实评审人员,创新审稿模式,为实现"两全目标"把好关口

为适应今年集中审核志书和年鉴的需要,调整了省地方志编纂委员会,充实了《辽宁省志》评审委员会和专家库,总人数达到100名。探索建立了"1个责编管规范、1个主编抓统稿、1个团队写初稿、1个内审把业务、1个复审把全面、1个终审把方向"的工作机制,总结推广了"初稿要快,修改要精,出书要慎"等经验,完善了报审、反馈、保密、出版等相关规定,建立健全质量管理制度,合理安排志稿审读流程,切实提高工作效率。

同时，为进一步提升志稿质量，对省档案馆地方志编纂中心现有人员进行合理搭配，创建了初审、复核把关的3人"审稿小组"制度。每个小组包括1名外聘编审专家、1名中心指导专家、1名责任编辑，提前介入志稿的初审和复审，使每一部报审的志稿都有一个小组专门负责。今年年初，在原3人"审稿小组"的基础上，又增加了1位出版社的编辑提前介入，进一步把好出版关，便于提升编纂质量和出版效率。仅今年以来，省档案馆地方志编纂中心"审稿小组"进驻承编单位，现场反馈审稿意见60余次。目前，所有志书和年鉴编纂出版工作均达到预期效果。

从省直部门来看，省委统战部为了完成"两全目标"任务，每两个月给各民主党派专职副主委开一次协调会、分管日常工作的省委统战部常务副部长马辉同志每次都了解地方志的进展情况，并强调地方志的重要性；省工信厅去年11月才启动《工业志》编纂，但是成立了省工信厅主要领导担任组长的《工业志》编纂工作领导小组，目前120万字的志稿已经基本完成终审修改，不到一年的时间。从市一级层面看，沈阳市的二轮志书2019年就完成了任务，年鉴今年10月底也已完成；抚顺市除第四卷经济卷刚刚完成二校，其余的志书都已完成出版；营口的档案史志管理中心韩晓东主任讲了一句话我是非常认可的，他说："非常幸运，在'两全目标'完成的关键时候由省政府办公厅直接指挥这项工作。"我觉得他说的是心里话，当然他也提到了一个独特的方法，叫"争取领导支持"。地方志工作如果不主动争取领导的支持，领导那么忙，不会主动想到我们地方志工作，也就是在韩晓东主任争取领导支持之后，感动了分管的副市长，所以领导3个月内主持了3次调度会，并且有一次专程到老大难的单位进行了调研指导，这都是非常鲜活的例子；阜新市的政治卷下个月初就将交出版社，县级的12月底前都要完成出版，8部年鉴已经在今年的9月上旬就交付出版社，保证年底之前出版，而且阜新市不仅圆满完成了市级任务，还主动帮助县级完成任务，非常不容易。从县区层面看，大连的金普新区也是非常有特点，在辽宁地方志工作排在全国末尾的情况下，居然有一本《金州年鉴》荣获全国特等年鉴。全国每年进行一次年检评比，这是我到地方志工作后，顶着很大压力、克服很大困难设立的制度，其目的就是为了地方志事业高质量发展，同时调动大家的工作积极性。《金州年鉴》的参评，没有任何后门可走，这本年鉴我印象很深，这是我们第一年评比，那一年二等奖以上的年鉴我都亲自看过。我从事了多年的出版工作，担任过方志出版社的社长和总编辑，如果发现硬伤，我这里一票否决，不需要和任何专家商量。这本年鉴没被我否决掉，并且拿到了特等奖，说明他们的工作确实是扎实的。

刚才，还就《中国扶贫志》《中国全面小康志》《中国抗击新冠肺炎疫情志》的编纂，听了省扶贫办、省卫健委、省发展改革委3家单位同志的意见，对这三个工程的实施，我心里比较有底，大家所谈的问题很切合实际，与我之前到其他几个省调研的情况基本一致，所以，也感谢大家。

国家"十三五"规划正在收官，小康社会即将全面建成，党的十九届五中全会已审议通过"十四五"规划和2035年远景目标，《地方志事业发展规划纲要（2021—2025年）》已经完成了国家发改委、教育部、财政部等相关部门的会签。在这种情势下，结合辽宁的实际，就下一步工作，我想与大家从以下几个方面交流一下：

1. 要深入学习贯彻落实习近平总书记关于地方志工作的一系列重要讲话和批示精神，切实学懂弄通做实。我一直在讲，地方志作为一个"冷部门"，今天能遇到这样的发展机遇，是千载难逢的。很多同志知道我是搞法学研究的，在党的十八届四中全会通过《中共中央关于全面推进依法治国若干重大问题的决定》的时候，我们法学界是振臂高呼、欢欣鼓舞，认为法学界的春天来了，认为这是一个百年不遇的机会，因为从清末沈家本变法到现在也不过是百余年的时间，所以我们叫百年不遇的法学繁荣发展机会。但是，对于地方志而言，我们不是百年不遇，而是千载难逢。可以说，从2000多年前有地方志开始持续到现在，历朝历代中，没有哪一朝哪一代，有习近平总书记这样的有史志情怀的党和国家最高领导人。习近平总书记从正定县县委书记，到厦门当常务副市长，到宁德当地委书记，到浙江去当省委书记，到上海去当市委书记，再到总书记，是一以贯之地重视地方志。在正定，他从正定古志中研究在夏季暴雨到来的时候怎么对玉米、地瓜等庄稼排涝；在厦门，他与厦门地方志办公室副主任彻夜长谈，从史志里面寻找发展厦门经济的资政资料；在宁德，1989年8月12日他亲自出席宁德地区的地方志会议，在会上第一句话就说，他有一个习惯，就是到一个地方先找这个地方的志书来看，因为地方志是了解这个地方历史的最直接最可靠的方法。在福州、浙江、上海，都有他关心重视地方志的故事，我就不一一列举了。今年7月15日，习近平总书记亲自就《中国扶贫志》的编纂做出重要批示，让我们备受鼓舞，这对于地方志来说是一个千载难逢的机遇。习近平总书记每到一个地方，就先找这个地方的志书看，如果有一天习近平总书记到了辽宁或者到抚顺或者到了哪个地方，要找这个地方的志书看，结果你说志书还没有编出来，但是国办2015年印发《规划纲要》要求2020年要编出来，你为什么没有编出来呢？你是怎么学懂弄通做实的呢？我们怎么样学懂弄通做实习近平总书记关于地方志一系列重要讲话精神，不能光在口头上，而是要体现在实际行动上。方志馆建设虽然在国办第一个《规划纲要》里没有作硬性要求，只有一句话"要加强方志馆建设"，但是，在第二个《规划纲要》里，我们力度有一些加大，但是仍没有强制要求省市县必须建方志馆，还是具有一定的弹性。我们为什么要做这样的规划？就是要学懂弄通做实习近平总书记关于地方志的系列重要讲话精神——有条件的，到一个地方，就先找志书看，那么没有看志书条件的，或者时间比较紧张怎么办？比如我这次到宜昌，我只有一个小时左右的时间，想了解一下宜昌经过疫情、经过汛情之后，经济社会情况怎么样，我挤出了40分钟时间，你给我120万字的《宜昌市志》，我看不完，那怎么办？要看方志馆啊！志书里面的自然、经济、政治、社会、文化等各方面的情况都以方志馆的形式展现出来了。方志馆不是图书馆、不是资料馆、不是档案馆，也不是文化馆、规划馆，方志馆是一个地方的地情展示馆，这就是为什么党的十八大以来，国家楼堂馆所严格管控的情况下，中央还强调要加强方志馆建设的一个重要原因。建方志馆不是因为志书和年鉴编了很多，没有地方放，要放进方志馆，因为志鉴可以放在图书馆或者档案馆，为什么要建方志馆呢？就是要用方志馆的形式把地方志"立起来"，看书能了解这个地方的历史，看方志馆照样能有这样的效果，这才是建设方志馆的意义。要学懂弄通做实总书记的关于地方志的系列重要讲话精神，当我们"两全目标"完成的时候，方志馆建设一定就会提上议事日程。近几年，全国已经建成了605家国家、省、市、县方志馆，国家方志馆黄河分馆、国家方志馆知青分馆已经建成，长江分馆、"一带一路"分馆、中原分馆、黄金分馆等都在积极的推进之中。所以，从切实学懂弄通做实习近平总书记关于地方志工作系列重要讲话、重要批示精神的视野，地方志工作还大有作为。

2. 要咬紧牙关、开足马力，坚决跑完、跑好"两全目标"最后一程。因为辽宁的志鉴已经交付出版社了，所以说距离出版就剩最后一程。我是一个马拉松业余选手，今天早上我绕着北陵公园跑了13公里，中国最虐马拉松赛道是泰山赛道，最后5到6公里是"撞墙期"。我去年跑"泰马"，跑了36公里后，到了身体的一个极限期，就想停下来，这个时候我就想起了我们的"两全目标"，已经到了最后一程的关键时期，决不能放弃。前面好弄的志鉴都完成了，我们来啃的都是硬骨头，就是跑这最后一段。"泰马"在距离终点5公里的地方，组委会组织了拉拉队员，有人喊加油，有人举着写有"再坚持5公里，你就可以发微信朋友圈了"的牌子，然后咬咬牙，再坚持一下，5公里就过去了。辽宁要完成"两全目标"，要重视出版社这个环节。出版社的出版周期一般在3个月左右，如果催得紧，还能更快完成。所以我们要跑好这最后一程，实现"两全目标"圆满收官。等到辽宁"两全目标"圆满收官的时候，中指组再给辽宁省委省政府写一封信，这封信不再附上"两全目标"辽宁排名倒数的通报，而是一封贺信，祝贺辽宁圆满完成"两全目标"任务。[1]

3. 要谋划好下一步地方志工作，致力于地方志的第二个转型升级。特别是怎么样落实好全国地方志第二个规划纲要，尤其是要继续坚持好党的十八大以来提出的地方志三个围绕，即围绕党和国家利益、围绕经济社会发展、围绕以人民为中心开拓创新地方志工作。我写的2019年元旦

---

[1] 我没有食言，辽宁如期完成"两全目标"后，我安排以中指组名义致函辽宁省委省政府，对他们表示祝贺和感谢。省委省政府领导批示："全省地方志机构再接再厉"。

献词，题目是《我有一个梦想》，其中有两句话，我的一个梦想，是到今年年底国家全面建成小康社会的时候，我们能够实现地方志的"两全目标"，实现省市县的地方志志书和年鉴全覆盖，实现一项前无古人的伟大文化创举。我们有2000多年的地方志编纂历史，但是从来没有实现地方志省市县三级全覆盖。辽宁当然也是这个情况，那么这个目标将要在我们身上实现，这将是一个伟大的文化创举。我还有一个梦想，到我们国家建国100周年的时候，我们将建成富强、民主、文明、和谐、美丽的社会主义现代化强国，地方志的第二个一百年目标就是在省市县三级志鉴全覆盖的基础上，让志鉴走进各行业、各系统、各部门、各乡村、各居民小区，走进千家万户，实现地方志的向下延伸。同时，地方志还要实现向上努力，完成间隔了200多年的《中华一统志》编纂，完成《中华人民共和国志》编纂。这是一个更大的事情，当一个一个地方志任务像泰山一样不断压下来的时候，也怕把我们自己压垮了，但是作为一个梦想，我想还是应该要有的。所以，在"两全目标"即将完成的时候，在我们第二个地方志《规划纲要》即将开始实施的时候，在我们小康社会即将建成的时候，在远景目标即将开始的时候，我们全面总结一下地方志工作这些年的经验教训，全面谋划好地方志的短期、中期和远期目标，是非常有必要的。

4. 要及早聚焦、着手准备《中国扶贫志》《中国全面小康志》《中国抗击新冠肺炎疫情志》的编纂。扶贫志、全面小康志两个系列志书的编纂已经是确定的事情，这次我们不是调研编不编的问题，而是怎么编的问题。计划明年启动，5年内完成。建党100周年党史任务很重，但是编纂扶贫志是习近平总书记亲自作出的重要批示。明年启动这项工作，开始开展培训、确定体例等。明年是建党100周年，搞地方志的同志都清楚，地方志包括政治、经济、文化、社会、生态文明5大部类，党史是地方志政治部类中的重要内容，中国共产党作为执政党相当重要，所以在地方志篇目中占有重要位置。关于抗疫志的编纂，我们还在调研中。我赞成多数同志的意见，目前就着手准备，不能等疫情结束以后再编写，因为如果疫情结束以后，抗疫指挥部一撤，资料都很难找。相信大家在编写志书的时候都有同感，找资料是非常难的。所以，要趁着指挥部还在，地方志的同志要赶紧行动起来，把资料搜集好，把数据库建起来，等待中指组的统一部署。

5. 要围绕党委政府的中心工作，把地方志的职能向部门、向基层逐步延伸。刚才，金普新区的同志提出要争创中国名镇志文化工程、中国名村志文化工程，我大力支持。辽宁不仅"两全目标"要后来居上，在全国的精品志鉴和名志工程系列里面也要有一席之地。中国名镇志、中国名村志、中国名山志、中国名水志等系列名志文化工程，以及中国年鉴精品工程、中国志书精品工程的大门也向我们辽宁敞开着。今天我之所以带着我们方志处、年鉴处的两个处长过来，也是来表示对辽宁争创精品志鉴和名志工程的支持。

我事先没有准备，听了大家的情况介绍以后，想到哪里就说到哪里。就说这些，不对的地方请大家批评指正。

天津：使命呼唤担当[*]

> 天津地方志办公室主任关树锋不是地方志科班出身，但是，他在武警部队养成了军人铁血担当的精神，并把这种精神带到了地方志工作中。几年前，他接过苏长伟主任的接力棒，加速奔跑，不仅致力实现"两全目标"，而且打造出了《北辰区志》《天穆镇志》等精品佳志。天津档案馆与地方志机构合并后，闫峰主任、吴爱民副主任开拓创新，审时度势，馆志优势互用，取得了骄人成绩。
>
> ——题记

这几年来，天津市地方志工作既有成绩，也有不足。所谓成绩，是说我们有些工作走在了全国的前列。比如说，《天穆镇志》入选首批中国名镇志文化工程。首批11部名镇志的首发式和首届全国名镇论坛已于今年5月12日在北京人民大会堂举行，第十届全国政协副主席、中国名镇志文化工程专家委员会名誉主任徐匡迪出席并发表重要讲话，天津的《天穆镇志》入选。同时，天津的《北辰区志》也是首批入选中国志书精品工程的志稿。这部志稿质量上乘，现在已经通过专家评审，正在稳步推进。此外，尤其值得一提是，昨天我参加了《天津市志·公安志》的评审会，天津市公安局党委和局领导班子目光长远、做事踏实，不仅专门设置方志科，从机构上保障公安修志工作，还从人力、物力、财力上大力支持。天津市公安局方志科的同志和地方志专家勇于创新，志稿编纂

---

[*] 2016年6月8日，在天津市地方志工作会议上的讲话。

既符合志体要求,又体现天津市公安机关特点,并且在很多方面有新的探索。据我了解,在市地方志办公室的大力支持下,公安局的领导班子高度重视公安修志工作,特别是指挥部档案处的相关同志废寝忘食,有的老同志甚至累倒在工作岗位上,拨打 120 进行抢救。通过多方努力,终于编成了这部质量上乘的志稿。我认为这部志稿可以申报中国志书精品工程。如果申报成功的话,这部志书可能是全国第一部入选中国志书精品工程的省级专志。所以,这个成绩是很突出的,经验值得在天津市推广,也值得在全国地方志系统推广。但是,我们也要客观、冷静地看待天津地方志工作存在的不足。尤其是与全国兄弟省市自治区相比较,天津市地方志工作在某些方面还比较落后。刚才关树锋主任讲到,天津市还有 16 个县区综合志书要么没有启动,要么停滞了;还有的县区综合年鉴没有启动;方志馆建设、信息化工作、法治化建设也有很大的提升空间。

在此,我想借助这个机会,对今后天津市地方志工作的开展提几点希望:

一、认清形势,抓住机遇

应该说,目前全国地方志工作迎来了千载难逢的发展机遇。历史上没有哪一朝、哪一代在国家层面上如此重视地方志。从 2014 年到现在,习近平总书记两次对地方志工作作出重要指示。一次是 2014 年 2 月 26 日,在视察首都博物馆时,他明确提出"高度重视修史修志"。这句话写进了前不久通过的《中华人民共和国国民经济和社会发展第十三个五年规划纲要》,地方志能够写到国家的发展规划当中,这是空前的。第二次是在 2015 年 7 月 30 日,习近平总书记在第十八届中共中央政治局第二十五次集体学习讲话中,指出地方志要在抗战研究以及编写中国人民抗日战争权威著作专著和通俗读物方面作出贡献。李克强总理三次对地方志作出重要批示,在第五次全国地方志工作会议上,提出"修志问道,以启未来",就《汶川特大地震抗震救灾志》编纂出版作出重要批示,在全国地方志系统先进模范座谈会对地方志作出"直笔著信史,彰善引风气"的重要指示。刘延东副总理两次接见参加地方志会议的代表，出席地方志工作会议，并发表重要讲话。她讲到，在世界浩瀚的历史长河中，只有中国的方志文化，用连绵不断的官修方式，来记录与传承中国人民的智慧与辛劳奉献。因此，我认为，在中国文化走向世界的过程中，中国方志文化应当起引领和影响的作用。因为，在世界上，没有哪一个国家，像今天的中国一样，从中央到省市县，成立专门的机构，规定省市县三级同时修志，以这种官修的方式来记载和传承我们的历史；在中国，从隋朝建立地方志官修制度以来，没有哪一个朝代，像今天的党中央、国务院如此重视地方志工作，发表这么多重要讲话，作出这么多批示，甚至制定全国地方志发展规划。所以，我们现在应该认清这样一个形势，抓住这样一个机遇。

二、明确任务，围绕中心

党和国家领导人都这样重视地方志工作，我们还有什么理由不重视？2015年8月25日，国办印发了《规划纲要》，要求到2020年省市县三级志书必须全面完成，省市县三级综合年鉴必须要一年一鉴，公开出版，我们叫"两全目标"。这是一个规划，是国办给各级政府下的一个硬性任务指标，不是可完成、可不完成的。这个《规划纲要》，它不是地方志工作机构来制定的，而是国办印发的。地方志工作格局是党委领导、政府主持、地方志工作机构组织实施、全社会参与。地方志事业是党委领导工作的重要组成部分，所以党委要用心。按照国务院2006年5月18日颁发的《条例》规定，政府主持编修地方志是政府的法定职责。地方志工作机构具体组织实施这项工作，做不好也不行。各单位、各部门、全社会都要参与。这就要求，一方面，天津市方志办和各区县的方志办把这项工作组织好；另一方面，天津市地方志工作要围绕天津市经济社会发展的中心任务和目标来开展，不要满足于或者埋头于修一本志书，要看看我们这个县、这个市、这个区它的定位和发展目标是什么，地方志在这里面能有何作为？山东省2015年一年内省委省政府领导28次对地方志工作作出批示，不包括讲话，其中时任省委副书记、省长郭树清8次对地方志工作作出批示。为什么山东省地方志能得到省委省政府这样的重视，就是因为他们抓住了服务山东中心工作的"牛鼻子"。比如说，最近山东省搞旅游大开发，那么，史志部门就立即组织专家进行座谈，史志工作如何在山东旅游开发中发挥作用，然后拿出一系列举措。所以，一方面，我们各级党委政府的领导要重视地方志工作；另一方面地方志工作的开展也要围绕中心工作进行。

三、赶学比超，攻坚克难

尽管我们各项工作都在开展，有的还走在了全国先进行列，处在全国"排头兵"的位置，甚至还有的在"排头兵"的"标兵"位置上，比如说天津市公安局，就是全国公安系统修志里的"排头兵"中的"标兵"。但是我们还存在很多问题，这就需要我们上下一致、团结协力、并肩作战、攻坚克难，用弯道超车的方式，以我们身边的这些先进单位为榜样，迎头赶上，把地方志工作做得也像天津这样一个大都市一样，在国内能够赢得人们充分的肯定。这里我就非常赞赏天津市公安局修志的同志谈到的，要把《天津市志·公安志》编成精品佳志，"不成精品誓不休"。这既是我们新时期人民警察的精神，更是我们方志人的精神，也是我们各级党委政府在地方志工作当中应当学习的精神。

四、立足天津，放眼全国

天津市地方志工作的开展，要立足于天津市经济发展现实，也要面向全国。现在，中指办已围绕《规划纲要》的贯彻落实推出了"十大工程"。在"十大工程"推进中，天津市地方志工作都应该有所作为，有所参与，有所成绩。今年，全国第一次地方志工作经验交流会将要在广东召开。在全国的会议上，天津地方志工作机构能拿出什么经验在会上介绍，这都是需要我们去总结思考的。年底，全国地方志机构主任工作会议又要召开，二轮志书完成情况、综合年鉴覆盖情况、条例制定情况、方志馆建设情况都要一一排名，我们需要早做考虑。中指组、中指办愿与天津市委、市政府一起，全面贯彻落实习近平总书记、李克强总理、刘延东副总理关于地方志的重要讲话、重要批示精神，也愿意从地方志的角度为天津经济社会发展作出贡献。天津是大都市，定位是全国的经济中心和生态建设中心，地方志要为美丽天津建设作贡献。

李克强总理在批示中要求，地方志要"为当代提供资政辅治之参考，为后世留下堪存堪鉴之记述"。当下地方志不仅要资政、育人，更要注重记载中国共产党带领全国各族人民实现中华民族伟大复兴的中国梦的历史进程。再过十年、一百年、一千年，让我们的后人通过志书都能看到我们是如何为实现中华民族伟大复兴的中国梦而努力的。

第四章 方志经验

西藏：方志人的使命与坚守

  西藏位于我国青藏高原西南部，虽然空气稀薄，气压低，含氧量少，但是地理位置重要，修志编鉴意义特殊而重大。2014年农历腊月，我带杨海峰、詹利萍去西藏调研地方志工作，自治区党委秘书长感动地说，这个季节到拉萨，一看就不是来旅游的，我们是中指组、中指办第一个到拉萨调研地方志工作的。党的十八大以来，在汪德军同志的带领下，自治区地方志办公室认真贯彻落实自治区党委、政府部署要求，"不忘初心，牢记使命"，科学谋划、主动作为，以传承弘扬中华优秀传统文化为己任，克服时间紧、任务重、人员少、经验缺、环境差等困难，2020年如期完成121部三级志书编纂任务，82种三级地方综合年鉴实现一年一鉴、公开出版，乡镇村志和《布达拉宫志》等专志编纂稳步实施，顺利圆满完成"两全目标"任务，填补了西藏志鉴编纂多项历史空白，开启了自治区"盛世修志、志载盛世"文化发展史上新的里程碑。已出版志鉴以其特有的"存史、资政、育人"功能，成为全区各级领导干部汲取历史智慧、进行科学决策的有效参考，开展意识形态斗争、涵养爱党爱国情怀的重要阵地，完整记载国家领土、切实维护国家主权的重要依据，传承优秀文化基因、厚植自信自强底气的重要平台。

——题记

  党的十八大以来，西藏方志人在自治区党委、政府的坚强领导下，在中指组及其办公室的有力指导下，自治区地方志办公室坚持以习近平新时代中国特色社会主义思想为指导，深入贯彻落实习近平总书记关于地方志工作重要论述精神，聚焦"为党立言、为国存史、为民修志"职责使命，深刻认识新时代地方志工作的新任务、新使命、新要求和新内涵，紧密结合西藏实际，围绕科学统筹规划、严把质量关口、深化依法治志等重点工作，不断强化顶层设计、狠抓督促指导、强力推进落实，推动自治区地方志事业不断向纵深发展。全区各级修志机构和广大地方志工作者围绕中心、服务大局，讲政治、讲大局、讲奉献、讲创新，奋力推进全区地方志事业不断迈上新台阶。

一、西藏地方志事业取得的主要成绩

1997年，自西藏社会主义新方志编修工作启动以来，历届自治区党委、政府高度重视，将地方志工作作为一项基础性任务，纳入重要议事日程、履行法定职责义务，严格落实"一纳入、八到位"总要求，确保了志鉴编纂工作稳步有序推进。2015年国务院"两全目标"刚性任务下达后，自治区党委、政府认真研究贯彻落实举措，先后多次召开专题会、部署会等强力推进任务落实，推动出台相关系列规范性文件，并与各地市、各区志承编单位签订目标责任书。自治区地方志办公室认真贯彻落实自治区党委、政府部署要求，科学谋划、主动作为，以质量建设为重心、以传承弘扬中华优秀传统文化为己任，克服时间紧、任务重、人员少、经验缺、环境差等困难，奋力促进志鉴编纂工作不断提速增效。经全区各级各部门和广大志鉴编纂人员共同努力，2020年如期完成121部三级志书编纂任务，82种三级地方综合年鉴实现一年一鉴、公开出版，乡镇村志和《布达拉宫志》等专志编纂稳步实施、加快推进，顺利圆满完成"两全目标"任务，填补了西藏志鉴编纂多项历史空白，开启了自治区"盛世修志、志载盛世"文化发展史上新的里程碑。已出版志鉴以其特有的"存史、资政、育人"功能，成为全区各级领导干部汲取历史智慧、进行科学决策的有效参考，开展意识形态斗争、涵养爱党爱国情怀的重要阵地，完整记载国家领土、切实维护国家主权的重要依据，传承优秀文化基因、厚植自信自强底气的重要平台。地方志服务自治区党委、政府中心工作和全区经济社会发展大局、助力人民群众开拓创新的能力日益提升,以文化人、以志育人的功能愈加凸显。

二、主要经验做法

（一）自治区党委、政府的高度重视是关键因素

2015年8月,国办印发《规划纲要》后,自治区党委、政府坚决贯彻落实中央决策部署,积极研究贯彻落实举措,先后召开自治区地方志编纂委员会专题会议、全区地方志工作会议、自治区政府常务工作会议和全区地方志工作推进会议,自治区党委书记、自治区主席、自治区党委常务副书记和自治区党委常委、秘书长等领导同志亲自担任编委会总顾问、主任、副主任,出席相关会议并讲话,就全区地方志工作作出系列批示指示,对落实"两全目标"任务进行全面安排部署,力度之大、规格之高、成效之显著,浓墨重彩地载入了自治区地方志事业发展史册,受到中指组充分肯定,并在全国地方志系统中宣传推广。在自治区党委、政府强力推动下,自治区建立健全了推进地方志事业全面持续深入发展的制度体系,相继出台《西藏自治区贯彻落实〈全国地方志事业发展规划纲要（2015—2020年）〉的实施意见》《西藏自治区实施〈地方志工作条例〉办法》《西藏自治区党史、地方志专家库管理办法（试行）》《西藏自治区地方志工作考核办法（试行）》等系列规范性文件,营造了浓厚的依法修志环境,为全区志鉴编纂工作提供了重要规范和保障。自治区党委、政府的高度重视极大提振了全区地方志工作者的斗志热情,是推进地方志工作的强力"助推剂",有效促进了全区地方志事业高质量发展。

（二）夯实地方志事业发展基础是核心要务

西藏历史文化悠久,地域色彩鲜明,宗教氛围浓郁,传世著作多与宗教文化相关,无官方修志传统。在自治区党委、政府的坚强领导下,自治区各级修志机构和广大志鉴编纂人员始终以习近平新时代中国特色社会主义思想为统领,把社会主义新方志编修工作作为一项重大的政治工程、战略工程、文化工程和固边工程,作为开展意识形态斗争的主战场,准确把握西藏历史发展的主题主线和主流本质,在维护国家领土主权、进行反分裂斗争和反对历史虚无主义等重大问题上,主动发声、敢于"亮剑",坚

决抵制错误观点、错误倾向，通过志鉴廓清迷雾、正本清源，始终确保地方志工作正确政治方向；克服基本无经验可循、搜集资料难度大等困难，边学边干、摸索前进，在制度设计、力量保障、业务建设、质量把关等方面进行科学规划，构建党政主要负责同志亲自部署、亲自推动、亲自审核、亲自把关，分管领导细化安排、主抓落实，地方志工作机构和人员具体编纂，各有关单位部门积极参与配合的良好工作格局，推进了全区地方志事业科学规范发展；充分发挥"存史、资政、育人"功能，通过志鉴全面记述中国共产党解放西藏、建设西藏、发展西藏、经略西藏的恢弘历程，深度挖掘伟大建党精神、老西藏精神、"两路"精神和孔繁森精神等共产党人精神谱系，努力做到用党的伟大成就鼓舞人、用党的优良传统教育人、用党的成功经验启迪人，真正将志鉴打造成进行爱国主义教育的生动教材、激励全区各族干部群众踔厉奋发的精神读本。

（三）有针对性开展督促指导是重要保障

2016年1月，全区地方志工作会议召开后，自治区连续数年由自治区党委办公厅、政府办公厅牵头，自治区地方志办公室组织实施，自治区党委督查室、政府督查室共同参与，组成联合督查考核组，围绕志鉴承编单位坚持依法修志情况，修志工作组织机构、队伍建设和责任落实情况，修志计划和总体设计制定情况，资料收集与编写评审情况，落实"一纳入、八到位"情况，编委会履职尽责情况，志鉴编纂进度与质量情况，修志长效机制建立健全情况，地方志工作围绕中心、服务大局情况等在全区范围内开展专项督查考核。各市（地）、县（区）和相关行业部门相应开展督导工作。在督查考核工作中，综合运用承编单位自查、听取报告、调阅工作台帐、查阅书稿、召开座谈会、个别访谈等多种方式，对发现的编纂水平有限、资料收集困难、志鉴质量不高等问题，及时进行分析研判，实时开展业务指导，有针对性解决修志工作中的难题，帮助进度滞后单位增强信心、鼓足干劲、担当尽责，奋力推进志鉴编纂工作。综合运用督查考核结果，对志鉴编纂进度快、书稿质量高的单位在全区范围内进行通报表扬，推动地方志系统形成学习先进、争当先进的浓厚氛围；对修志进度滞后单位，自治区地方志办公室明确专人一对一定期跟踪了解进展情况，对推进不力单位主要领导及时发送《工作提醒函》，对始终进展缓慢单位在一定范围内予以通报。

(四) 严把政治史实等各项关口是根本要求

西藏作为边疆民族地区，是祖国的西南门户，是重要的国家安全屏障、生态安全屏障、战略资源储备基地、高原特色农产品基地、中华民族特色文化保护地、世界旅游目的地和面向南亚的重要通道，是维护祖国统一、加强民族团结、进行反对分裂斗争的前沿阵地，在国家战略全局中具有重要地位。在社会主义新方志编修过程中，全区地方志工作者始终立足特殊区情和地方志特性，牢记正本清源、守正创新、唱响主旋律、弘扬正能量的职责使命，以对党、对历史、对人民负责的政治担当、历史担当和责任担当，突出强化政治引领，严把志鉴编纂政治、史实、体例、文风等各项关口特别是政治关，深入挖掘西藏自古以来就是中国领土不可分割的一部分有关史实史料，全面记述历代中央政府对西藏地方的有效管辖；以维护国家利益为导向，通过志鉴完整记载国家领土，推进文化润边，切实筑牢守边固边强边的志鉴防线；系统呈现本域或行业源起发展演变历程，重点记述党治边稳藏的宏阔实践、伟大成就和宝贵经验；全面展示中央对西藏的特殊关怀和兄弟省市对西藏的无私援助。以大量事实为依托，以读志用志为抓手，将志书打造成为加强党员干部和各族群众党史、新中国史、改革开放史、社会主义发展史、西藏地方和祖国关系史，牢固树立正确国家观、历史观、民族观、文化观、宗教观，不断增强对伟大祖国、中华民族、中华文化、中国共产党、中国特色社会主义的认同，推动习近平总书记关于西藏工作重要指示和新时代党的治藏方略落实落地的重要平台，确保了志书编纂正确的政治方向和自治区社会主义新方志的鲜亮底色。

(五) 增强志鉴队伍内驱动力是基础工程

自治区县（区）一级基本未设立专门地方志工作机构，志鉴编纂人员都是临时抽调，且为数不多，专业知识更是匮乏，这为自治区修志工作造成了极大困难。针对该情况，自治区地方志办公室不断加大志鉴编纂培训力度，定期举办地方志业务培训班，邀请区内外专家，采取集中授课、互动问答、分组讨论、分享交流等多种形式，对市（地）、县（区）地方志工作分管领导、承编人员进行志鉴编纂理论与实务培训，切实提升了从业人员的业务水平，持续扩大了志鉴编纂工作影响，有力促进了自治区地方志事业高质量发展。全区各志鉴承编单位认真贯彻落实自治区党委、政府关于地方志工作的部署要求，抽调精兵强将组建地方志工作专班，严格落实"一纳入、八到位"工作要求，切实保障工作经费、不断优化办公环境，为志鉴编纂工作创造了良好条件；树立鲜明用人导向，对地方志干部从严要求、从严管理，高看一眼、厚爱三分，关心关爱地方志干部成长，营造了地方志干部干事创业、健康成长的良好环境。全区地方志工作者克服高寒缺氧、工作环境差、资料收集难度大等不利因素，发扬艰苦不怕吃苦、缺氧不缺精神、海拔高境界更高的意志品格，默默无闻、勤奋耕耘，踔厉奋发、笃行不怠，在志鉴编纂领域争做伟大建党精神、老西藏精神、"两路"精神和孔繁森精神忠实践行者，在聚焦"四件大事""四个确保"、聚力"四个创建""四个走在前列"上出新招硬招实招，不断开创自治区地方志事业发展新局面。

（六）中指组及其办公室关心支持和兄弟省市无私援助是地方志事业发展的推动力量

自治区地方志事业的快速发展，离不开中指组及其办公室的关怀指导，离不开全国地方志系统的支援帮助。2015年1月，我带杨海峰、詹丽萍；2015年9月，时任中国社会科学院党组书记、院长，中指组组长王伟光，时任中国社会科学院党组成员、副院长，中指组常务副组长李培林一行专程赴藏调研，对推进新形势下西藏地方志事业科学发展作出系列指示，极大鼓舞了全区地方志工作者的信心和决心。2017年8月，中指组组织召开全国地方志系统援藏援疆工作座谈会；2018年9月，中指组印发《关于全国地方志系统支援西藏、新疆地方志工作的意见》，对全国地方志系统援藏工作作出总体安排部署，方志援藏工作如火如荼展开。中指办坚决贯彻落实中央第六次、第七次西藏工作座谈会、第五次全国地方志工作会议和全国地方志系统援藏援疆工作座谈会精神，在政策、人才、项目等方面给予大力支持，先后在林芝、山南两市举办援藏志鉴编纂业务培训班,自治区 300 余名地方志工作者参训。选派 1 名经验丰富、能力突出的王会世同志到自治区地方志办公室开展为期 6 年的援藏工作;将《浪卡子县志》《八一镇志》纳入经济欠发达地区志书出版资助工程,积极帮助《八一镇志》编纂出版,一系列的支援帮助为自治区地方志事业快速发展和转型升级注入了强大动力。北京、山东、重庆、广东、福建、陕西和浙江等省市主动将地方志援藏纳入对口支援工作总体规划,采取请进来与走出去相结合、一对一与组团式相结合、驻点指导与跟班学习相结合、集中培训与个别指导相结合、统筹指导与具体参与相结合的形式,在人员培训、业务指导、经费支持、设施配备、交流学习等方面给予无私援助,极大加快了自治区志鉴编纂进度,有效推动了地方志事业发展。

湖北：坚决完成"两全目标"

> 湖北是方志大省，历届省地方志机构领导班子都很有作为。2019年，湖北省地方志办公室在机构改革中并入湖北省文化和旅游厅，地方志工作发展遇到新的挑战。但是，湖北方志人没有退却，而是迎难而上，想方设法，克服种种困难，顺利完成了"两全目标"，实践了"即使剩下一个人，也要干到底"的"湖北佬"精神。
>
> ——题记

2016年至2020年，湖北省以贯彻落实国办《规划纲要》和《湖北省贯彻落实〈全国地方志事业发展规划纲要（2015—2020年）〉实施方案》（以下简称《实施方案》）为抓手，积极推进第二轮省市县三级地方志书、省市县三级地方综合年鉴编纂全覆盖工作和省情资料信息化工作，不断拓展地方志工作领域，进一步深化地方志在文化自信建设中的作用，全省地方志事业呈现出良好的发展态势。

一、强化顶层设计，积极推进依法治志

近几年来，省委、省政府针对湖北地方志工作实际，通过召开会议、出台文件等方式，就第二轮地方志书编纂、地方综合年鉴编纂、地情资源开发利用、信息化建设、方志馆建设等方面，制定了一系列政策措施，为全省地方志事业发展提供了强有力的支撑。2014年，省政府下发《省人民政府办公厅关于进一步加强全省地方志工作的意见》；2015年，省政府下

发《湖北省贯彻落实〈全国地方志事业发展规划纲要（2015—2020年）〉实施方案》（鄂政办函〔2015〕100号），对全省地方志事业"十三五"时期的发展作出了全面规划。同时根据国务院《条例》、国办《规划纲要》和《实施方案》，结合湖北年鉴事业发展实际，制定《湖北省年鉴事业发展规划（2016—2020年）》。《实施方案》下发后，武汉市、宜昌市、襄阳市、孝感市、黄冈市、咸宁市、黄石市等市州及大部分县市都以两办或政府办名义下发加强地方志工作的意见或实施办法，明确了全省"十三五"时期地方志事业发展的目标任务。2017年3月，省政府在《湖北省地方志工作规定》颁布实施10周年之际召开座谈会，时任副省长郭生练出席座谈会并讲话，进一步明确依法治志的重要意义。原省方志办与省政府研究室合作开展《充分发挥方志功能 服务湖北发展大局》调研报告项目。通过充分挖掘湖北方志资源，有力地助推了湖北文化强省建设。2020年，以省地方志编纂委员会的名义起草并印发《致全省地方志工作机构的一封信》，要求各地开展《条例》《规划纲要》学习，进一步明确职责任务，增强法治意识。通过贯彻落实《条例》《规划纲要》，使地方志工作体制机制得到不断完善，同时认真学习贯彻党的十九届五中全会和省委十一届八次全会精神，紧密结合《规划纲要》，立足中长期，抢下先手棋，在广泛调研的基础上形成《湖北省贯彻落实〈全国地方志事业发展规划纲要（2021—2025年）〉意见》（草稿）。

全省各级基本形成了"党委领导、政府主持、地方志工作机构组织实施、社会各界参与"的地方志工作领导体制和工作机制。"一纳入、八到位"得到落实，部分市县还将地方志工作纳入年度考核目标，为地方志事业发展提供了良好的体制机制保障。

二、立足多措并举，圆满完成"两全目标"

湖北省政府高度重视"两全目标"工作，对中指组"两全目标"情况通报第一时间作出批示，要求省文化和旅游厅抓好落实。省文化和旅游厅党组多次召开党组会对"两全目标"工作进行研究，并向省政府做专题报告。2017年9月28日，借全国"两全目标"会议东风，湖北省地方志系统召开"两全目标"工作推进会,及时传达贯彻全国地方志系统"两全目标"工作推进会暨援藏援疆工作座谈会的精神,明确志书出版任务是法定职责,必须完成,并强调完成出版任务的市县要进一步做好总结工作。2018年5月,湖北就"两全目标"工作对17个市州开展交叉督查,进一步促进"两全目标"的落实。2019年,召开未完成地方综合年鉴公开出版的36个县(市、区)推进会,再次明确相关责任。2020年,针对仍有部分地方年鉴没有实现一年一鉴公开出版的情况,采取厅领导带队,对未完成地方综合年鉴公开出版地区开展调研、召开推进会、下发情况通报、协调公开出版书号等方式进一步压实完成"两全目标"的责任。

截至2020年12月,省市县三级志书和地方综合年鉴全部实现公开出版,"两全目标"任务如期圆满完成。《湖北省志(1979—2000)》于2016年底正式进入出版阶段,2018年底全部完成编纂任务,并经总纂时任党组书记、省长王晓东审核签字;2020年12月,《湖北省志》共83部专志,约4000万字,实现一次性统一出版。2018年底,17部市、州、直管市、神农架林区志和97部县(市、区)志已全部公开出版。

《湖北年鉴》作为省政府主管的省情政刊,至今已编纂32卷。同时编印《简明湖北省情手册》并发送给省"两会"代表,进一步强化年鉴的社会服务功能。在编纂好《湖北年鉴》的同时,积极推动市县年鉴全覆盖。根据2016年市县年鉴公开出版率不足50%的情况,对年鉴公开出版问题进行重点攻关。2018年,向各市州转发中指办《关于启动民族地区与贫困地区年鉴资助工程的通知》,积极组织省内民族地区与贫困地区年鉴编纂单位申报年鉴资助工程,2018年至2020年,共向中指组报送年鉴21部并获得资助。2020年12月初,全省117部2020年卷三级地方综合年鉴全部取得书号或刊号。

在确保完成本省"两全目标"的同时,积极做好援疆援藏对口地区地方志援助工作。组织专家对西藏自治区《工会志稿》及山南市《乃东区志》等4部志稿进行审读,并到山南市开展面对面指导交流。援疆方面,组织专家对《博州志》《博乐市志》等5部志稿进行审读,宜昌、襄阳等对口援助市帮助《温泉县志》《精河县志》修改志稿,通过新疆维吾尔自治区组织的终审，同时与农五师及其所属团场开展对接。给予博州市县及农五师修志工作资金支持，仅2020年支持工作经费10万元，协助其如期完成"两全目标"任务。在2019年11月举办的全省地方志业务工作负责人和新进人员培训班上，特意给西藏、新疆的方志同仁参训名额各10个。

三、加强质量建设，着力打造精品志鉴

严格执行《地方志书质量规定》《地方综合年鉴编纂出版规定》等有关要求，不断健全地方志编纂质量保障体系，完善志书、年鉴的质量评议、审查验收制度，严把质量关。

（一）规划程序

原省方志办先后印发三级地方志书编纂指南、行文规则、质量标准、评审办法等规范性文件，对志书编纂的技术规范和程序进行规定。并分别针对省志和市县志，适时出台若干具体问题的处理意见，及时解决了各地各部门在志书编纂中存在的各种问题。

组建《湖北省志》总纂委员会和市州志评审委员会，具体负责第二轮省志的总纂和市州志的评审工作，实行层层把关，分级负责。特别是《湖北省志》所有的志稿，在出版付印前，均经历4个三审程序和总纂委员会的审定。4个三审程序分别是承编单位的三审、出版社提前介入进行三审、省志总编室三审和出版三审。经过以上程序，确保《湖北省志》在总体质量基本做到观点正确、史实清晰、内容完整、资料丰富。《湖北省志》总纂工作基本完成后，2015年9月，省政府组织召开《湖北省志》总纂终审会，时任省长王国生亲自参加，提出要以严的标准、实的作风，将《湖北省志》编纂成一部精品佳志。按照总纂终审会的要求，《湖北省志》又经过3年的精心打磨，于2018年完成全部编纂。严格按照市州志书必须通过省级组织的终审会方可进入出版程序；市县志书在出版前必须将清样报原省方志办进行审核后方可出版的程序进行把关，保证市县志书质量。

《湖北年鉴》一直坚持"出精品，创名牌"的战略，不断创新年鉴编纂的形式和内容，坚持三审制度，严格把关，并在年鉴编审过程中邀请年鉴编纂专家对稿件进行审校，进一步提升年鉴编审质量。2017年，开始采用

全彩页印刷，大量穿插随文图片，信息更丰富，可读性更强，进一步提升了《湖北年鉴》的品位。另一方面，对市县年鉴编纂工作不断规范。2013年，原省方志办制定印发《湖北省地方综合年鉴编纂出版工作规定（试行）》，规范市县地方综合年鉴和专业年鉴的编纂出版工作。2017年，编印《湖北地方综合年鉴编辑工作手册》，为全省年鉴工作机构和年鉴工作者提供操作规范。

（二）组织评奖

为有效组织专家学者参与地方志书、地方综合年鉴、省情地情丛书等编纂出版工作，切实落实党委领导、政府主持、社会各界广泛参与的工作体制，制定下发《湖北省地方志专家库建设方案》，建立由137位省内外专家组成的省级专家库，并实行动态管理，为全省地方志事业提供人才支撑。2017年至2020年，在中指组组织的4次全国地方志优秀成果（年鉴类）评审中，湖北省共有32部年鉴获奖。其中，2017年共有10部获奖，2018年共有5部获奖，2019年共有6部获奖，2020年共有11部获奖。除积极向中指组推荐先进年鉴外，省级地方志工作机构还于2017年和2020年组织全省编纂出版质量评审活动，全面展示全省年鉴编纂成果，进一步提高了全省年鉴的编纂质量。

（三）开展培训

组织不同层次的业务培训，进一步提升全省地方志工作人员业务水平。邀请方志界有关专家、学者在湖北省地方志系统新任主任和业务骨干培训班上授课。参训学员一致认为，通过学习培训，提振了信心，统一了思想，交流了经验，收获颇丰。

四、拓宽发展方向，不断丰富地方志资源开发利用

2016年至2020年，全省地方志系统围绕经济社会发展和乡村振兴战略，通过编修乡镇村志、部门志鉴、专业志鉴、特色志鉴、旧志整理、地情书籍等多种方式不断丰富地方志资源开发利用，拓宽地方志工作领域，激发发展活力。

(一)乡镇村志工作全面铺开

2014年,原省方志办下发《关于全面开展全省乡镇(街道)、村志编纂工作的通知》,乡镇(街道)、村志编纂工作在全省全面启动,推动地方志书编纂工作由省、市、县三级延伸到省、市、县、乡、村五级。2015年5月4日,原省方志办下发《湖北省乡镇(街道)、村(社区)志编纂工作试点工作方案》,明确将荆门市京山县作为全省乡镇(街道)、村(社区)志编纂工作的试点。各市县也积极动员,制定乡镇村志编纂工作规划和方案,采取试点推进的方法,掀起编纂乡镇村志的热潮。目前,全省17个市州、直管市、神农架林区均已启动乡镇村志编纂工作。为了更好地为乡村振兴战略服务,他们不断探索和创新乡镇村志编纂工作思路,以突出特色来打造浓郁的乡土气息,先后到孝感、襄阳、恩施等地开展乡镇村志编纂工作调研,出版《洛阳镇志》《胜利村志》等9本湖北省乡镇村志系列丛书。同时加大文化扶贫力度,支持指导原驻点村曾都区洛阳镇编纂《胡家河村志》。截至目前,全省出版的乡镇村志已达400多部。

同时,积极组织中国名镇志文化工程和中国名村志文化工程的申报和志书编纂工作,协助中国名镇论坛暨第三批中国名镇志出版座谈会在孝感市召开。《三阳镇志》《保安镇志》《烟店镇志》《马口镇志》《杨店镇志》《杨岭镇志》《汤池镇志》《伍洛镇志》《唐崖镇志》9部镇志入选中国名镇志,《青林寺村志》《尧治河村志》《城畈村(社区)志》3部村志入选中国名村志。

(二)以综合志鉴为主体,其他志鉴百花齐放的格局全面形成

省内各有关单位积极开展部门志、行业志和特色志的编纂工作,《湖北省人大志》《湖北省政协志》《湖北检察志》《湖北省审计志》《湖北省发展改革志》《湖北高校志》《湖北省体育志》《湖北机械设备成套局志》等50多部行业志、部门志以及《湖北省湖泊志》《黄鹤楼志》《荆江堤防志》等20多部特色志相继出版。其中,《湖北省湖泊志》由省政府直接督促协调,由省水利厅、原省方志办联合组织编纂,时任省委书记李鸿忠、省长王国生亲自听取专题汇报并明确指示,是湖北地方志工作的重大成果,2015年9月,获第三届湖北出版政府奖。同时支持劲酒和黄鹤楼酒申报中国名酒志文化工程。

全省各级各类专业年鉴也得到了长足发展，目前有《湖北发展改革年鉴》《湖北卫生年鉴》《湖北建设年鉴》《湖北安全生产年鉴》《湖北教育年鉴》《长江年鉴》《武钢年鉴》《东风公司年鉴》等200多部行业、部门年鉴坚持按年编纂出版，质量不断提升，基本形成各级地方综合年鉴与各类专业年鉴协调发展、覆盖全省的年鉴工作格局。

（三）服务中心，做好地情书籍编纂

为进一步转化志鉴成果，全面宣传介绍湖北省情，用"口袋书"的形式简练地介绍各地的主要特色和精华内容。2016年，湖北启动了"湖北要览"系列地情丛书编纂工作，计划编纂出版117册（省级1册，每个市、县、区各1册）。目前，襄阳、咸宁等59部要览已出版，潜江、竹山等24部要览编纂任务已完成，正在进入出版程序。2015年起，开始编辑出版《湖北省情概览》（英文版），在"华创会"广泛发行，为对外宣传湖北、研究湖北，助力湖北实施"走出去"战略提供基本省情资料信息。2017年，又创新性编纂出版《湖北年鉴资料汇编》，对29年来《湖北年鉴》刊载的重要信息进行汇编，全书共计约410万字。编辑出版《湖北概览》（中英文版），为对外宣传湖北、研究湖北，助力湖北实施"走出去"战略提供基本省情资料信息。加强与台湾湖北文献社的交流，承办"2017年湖北武汉·台湾周"分活动"情系楚天——湖北文史两岸交流座谈会"，开展两岸文化交流，扩大了地方志的影响力。

新冠肺炎疫情爆发后，开展相关资料的搜集和留存，目前已完成抗疫志的编纂方案和资料外包的方案。作为全国抗疫的主战场，全省各市州也及时启动了抗疫志、抗疫大事记、抗疫实录等相关书籍的编纂。武汉市被纳入全国抗疫志编纂试点，并在中国抗击新冠肺炎疫情志资料收集编纂研讨会上做典型发言。黄冈市编写完成《黄冈抗击新冠疫情大事记》《"永远红"的时代照鉴——黄冈抗击新冠肺炎疫情主要作法与启示》，荆州市新型冠状病毒感染的肺炎防控指挥部、荆州市史志研究中心联合编纂出版《荆州抗疫实录》，鄂州编纂出版《战疫楷杼——鄂州抗击新冠肺炎纪实》一书，全面展现了英雄的湖北人民奋力夺取疫情防控和经济社会发展双胜利的实践举措和经验总结。

（四）做好旧志整理及交流工作

持续做好旧志整理工作培训与交流，参与《荆楚文库》方志篇书目整理，并对全省旧志目录进行更新。加强与高等院校、科研院所的交流与合作，完成通志府志提要、旧志书院、湖北关隘等专题性资料汇编并整理出版。同时，对市县旧志整理工作开展指导，并按计划赴台湾开展了旧志整理文化交流。进一步开展对海外收藏的湖北旧志的调查和搜集工作，加强国际交流与合作，组团赴美国、日本等国开展海外湖北历代旧志调查和交流活动。

五、全力补齐短板，方志馆和信息化工作稳步发展

机构合并后，将 2 万册馆藏图书移交至省图书馆并完成整理。宜昌市史志馆作为全市公共文化基础设施的重点项目，于 2019 年 9 月 6 日建成开放。总面积约 3000 平方米，分为方志馆展厅、党史馆展厅、史志阅览室和专业功能区 4 个部分，集地情展示、文献收藏及开发利用、学术交流等功能于一体。目前共接待中外参观者 80 多万人次，日均约 5000 人次，最高峰 1.2 万余人次。孝感市文化中心方志馆于 2019 年 9 月底开始试运行，为人民群众更全面地了解孝感提供了一个全新平台，获得群众广泛好评。

全省地方志系统充分利用互联网、微信公众号等新媒体手段，展示湖北省情、地情，让社会各界更多更好地了解湖北的前世今生。2017 年 1 月，湖北方志网新版上线，全年更新各类信息 1300 余条，网站年点击率 29 万余人次，总点击率近 170 万余人次，社会效益显著。继续与拥有 6 亿用户的今日头条新闻资讯类手机客户端合作，在今日头条 App 上建立了覆盖省市县三级的方志系统矩阵，用于推广地方历史文化及介绍地情信息。湖北省方志系统是全国第一家入驻并建立矩阵的方志机构，并荣获"全国最具突破力政务头条号矩阵"称号。2017 年，原省方志办获评中指办"全国信息化建设先进单位"称号。原省方志办还与湖北日报传媒集团签署战略合作协议，在地方志资源开发利用、平面媒体、新媒体及图书期刊出版，数据库、云平台建设，宣传报道以及重大活动等各方面开展

全方位紧密合作。做好《湖北方志》期刊的编辑工作。机构合并后，争取设置省文化和旅游厅网站《志说湖北》栏目和《文旅湖北》期刊《方志揽胜》栏目，加大对市县的宣传力度，支持鼓励各市县推进"十业并举"工作。

第四章　方志经验

江西：地方志"五起来"*

> 我提出新时代地方志要实现"五起来"，即把地方志"用起来"，将地方志"立起来"，让地方志"活起来"，使地方志"热起来"，叫地方志"强起来"。江西是文化大省，也是方志大省，梅宏同志和甘根华同志两任省地方志办公室主任，在地方志"五起来"方面贡献突出。虽然，由于政府财政原因，江西没有如期完成"两全目标"，但是，江西省地方志工作者在新时代的作为不可磨灭。
>
> ——题记

梅宏是个好班长

今天，我们相聚一堂，回顾江西省地方志系统一年来的工作，展望未来的发展，并纪念《江西省实施〈地方志工作条例〉办法》颁行10周年，是一件很有意义的事情。首先，我代表中指组、中指办对会议的召开表示祝贺，对孙菊生副省长在繁忙工作之中抽出时间莅临会议并讲话表示感谢。

党的十八大以来，地方志迎来了历史上最好的发展机遇。我经常在

---

* 2019年1月23日，在江西省地方志工作会议暨纪念《江西省实施〈地方志工作条例〉办法》颁布10周年座谈会上的讲话。

不同场合下讲，这个机遇是千载难逢。很多同志知道，我是法学专业出身，从事法学研究与法律实践30多年。在法学界，党的十八届四中全会通过《中共中央关于全面推进依法治国若干重大问题的决定》，都认为是法学的春天到来了，是百年不遇。但是，对地方志而言，我认为我们的机遇远远不止百年不遇，而是千载难逢。在世界四大古文明中，之所以只有中华文明未曾间断，赓续至今，很重要的一个原因就是国有史、郡有志、家有谱。连绵不断地编修地方志，是世界历史文化长河中最具有中国特色的文化传统。但是，即使在几千年的传承衍变之中，也没有哪一朝哪一代像党的十八大以来如此重视地方志工作。习近平总书记在2014年的2月考察首都博物馆的时候，强调要"高度重视修史修志"。2015年7月，习近平总书记在主持第十八届中央政治局第二十五次集体学习时，又对地方志工作提出明确要求。李克强总理几次对地方志工作做出重要批示。2015年8月，国办印发了历史上第一个《规划纲要》。2016年的3月，"加强修史修志"写入国家"十三五"规划。2017年1月，中共中央办公厅、国务院办公厅联合颁发的《关于实施中华优秀传统文化传承发展工程的意见》提出要"做好地方史志编纂工作"。2017年5月，中共中央办公厅、国务院办公厅颁发《国家"十三五"时期文化发展改革规划纲要》，明确提出要"完成省、市、县三级地方志书出版工作。开展旧志整理和部分有条件的镇志、村志编纂"。2018年的9月，中共中央、国务院印发《乡村振兴战略规划（2018—2022年）》，明确提出"鼓励乡村史志修编"。我们看，从2014年习近平总书记强调要高度重视修史修志，到2015年、2016年、2017年、2018年，每年党中央、国务院都有重要的纲领性文件规划地方志事业，这是历史上罕见的，所以，我们说地方志迎来了千载难逢的发展机遇。

在这样一个千载难逢的机遇之下，中指组及其办公室按照党中央、国务院的要求，顺势而为，陆续推出全国地方志"十大工程"，提出把地方志从一项工作向一项事业全面转型升级。这几年来，国办《规划纲要》提出"两全目标"；开创地方志"三大主题"创新，即地方志围绕党和国家利益、经济社会发展和以人民为中心开拓创新；提出志、鉴、史、馆"四驾马车"齐驱并驾；提出"方志六有"，即方志精神、方志效率、方志担当、方志情怀、方志自信、方志梦想；提出要彻底摒弃地方志"一本书主义"，开创志、鉴、史、馆、库、网、用、会、刊、研"十业并举"等。在中指组及其办公室顶层设计与指导下，全国地方志事业发展形成综合效益，发生深刻变化，国家层面开通中国国情网、中国地情网、方志中国微信公众号等，省市县三级开通地情网站近850个、数字方志馆250多个、新媒体账号460多个；建成各级方志馆603家。其中，国家方志馆1家、国家方志馆分馆3家、省级方志馆25家，地市级方志馆131家，县区级方志馆443家；各地先后出台本地地方志事业发展规划或规划纲要、贯彻国办《规划纲要》的实施意见或方案等，统筹规划本级的地方志事业发展，构建地方志事业发展新格局，取得了历史性成就。全国编纂完成首轮、二轮省市县志书1万多种，编修部门志、行业志、专业志、乡镇志2万多种，编纂地方综合年鉴3万多种，打造了我国有史以来最大的社会科学成果群和地情资料库，完整记述了我国改革开放40年来所取得的辉煌成就和经济社会高速发展的壮丽篇章。

江西省委省政府高度重视地方志工作，特别是孙菊生副省长分管地方志以后，给了地方志更多的厚爱。刚才梅宏同志讲，一年的时间，孙菊生副省长就十几次听取地方志的工作汇报，做出若干指示和批示。今天，孙菊生副省长能来参加全省地方志工作会议，再次表明江西省委省政府对地方志工作的重视和支持。

江西的地方志工作让我印象深刻。我是2013年8月到地方志系统工作的，在这5年多的时间里，目睹了江西省地方志工作发生的深刻变化，我认为有以下几个特点。

一、有一个好班长

2012年7月，组织安排梅宏同志任省地方志办公室党组书记、主任。他没有抱怨，也没有消极等待，而是扑下身子就做，撸起袖子就干，很快摸清了情况，找到了问题，分析出了原因，制定出了对策，地方志工作成绩越来越突出。7年的时间，他把江西省的地方志工作带上了一个新的台阶。我给他的评价是：有谋略，敢担当，真抓实干。另外，梅宏同志有大局观，敢于建言献策，这几年中指组、中指办有重大政策出台、重大工程推出，都请他去建言献策。例如，近期梅宏就全国地方志机构改革撰写调研报告，提出意见建议。在这几年的地方志工作体会中，我发现有这样一个特点：组织用对一个好班长，就能搞活一个单位，搞活一项事业。江西就是一个很好的例证。

二、有一支好队伍

江西这几年之所以取得了这样的工作成绩，梅宏同志作为班长固然重要，但是更离不开有一支好队伍。江西省地方志工作者政治素质高、业务能力强，这从今天会议上大家的精神面貌就可见一斑。有人说，地方志工作辛苦、艰苦、清苦，有泪水、汗水、苦水，但是，江西的地方志工作者都有"为党立言、为国存史、为民修志"的情怀，有在"冷部门"干出"热事情"的壮志。如果没有这情怀和壮志，就不可能在"冷板凳"上一坐就是10年、20年、30年，乃至一生。所以，今天我们不仅应该向获得"修志问道 以启未来"荣誉牌匾的几位同志表示钦佩，我们也给在座的地方志同仁，并通过你们向全省地方志工作者，包括已经离退休的老同志，表达关心和敬意。

三、有一个好氛围

江西省的地方志工作之所以这几年发生了深刻的变化，取得了显著的成绩，除去有一个好班长、一支好队伍外，还有一个好氛围。党的十八大以来，江西方志人紧密团结在以习近平同志为核心的党中央周围，按照省委省政府的要求和中指组的统一部署，"不忘初心，牢记使命"，凝心聚力，砥砺前行，发扬方志人"修志问道，直笔著史"的方志人精神，形成了一个干事创业的氛围，这是事业成功的一个关键性因素。除此之外，近年来，全国范围内把地方志"用起来"，将地方志"立起来"，让地方志"活起来"，叫地方志"热起来"，使地方志"强起来"的氛围，是江西省地方志工作取得突出成绩的"活水之源"。

中指办对江西省地方志工作给予充分肯定，对以梅宏同志为主任的领导班子给予充分认可，对江西省委省政府对地方志工作重视支持给予衷心感谢。对今后江西省地方志工作发展，我有几点想法供大家参考：

1. 要坚定政治立场，旗帜鲜明地唱响地方志讲政治的主旋律。自古以来，地方志书的属性就是官书，地方志工作的属性就是官修，官修官书的属性就是政治性。新时代地方志的属性就是政治性，就是在地方志工作中始终坚持以习近平新时代中国特色社会主义思想为指导，在志鉴编纂中充分体现中国共产党的领导是中国特色社会主义最本质的特色，做到不断增强"四个意识"，坚定"四个自信"，做到"两个维护"。方志人直笔著史的品格特点和精神追求与地方志讲政治是一致的，不是对立的。近几年我一直强调这一点，我们必须要有清醒认识，绝不能含糊。

2. 要履行法定职责，坚决完成江西省"两全目标"任务。完成"两全目标"是国务院办公厅规定的省市县三级政府的法定职责，法定职责必须为。当然，我们还要看到"两全目标"任务虽然艰巨，但这是一项前无古人的世界伟大文化创举，我们在2020年完成这项任务之后，将是2000多年以来，祖祖辈辈没有干成的方志伟业，是世界上的一项文化创举。我们一定要坚定信心，坚定目标，丝毫都不能动摇。

3. 要加大地方志资治、教化功能的开发力度。地方志有"存史、资治、育人"三大功能。长期以来，我们更多的是注重了地方志的存史功能，但是，在地方志资治、育人功能上关注不够、措施不多、效果不佳。在"两全目标"即将完成的时候，我们必须提前谋划。我认为，今后相当长的一个时期内，地方志工作的重点就是转移到资治、教化功能发挥上。我提出要把地方志"用起来"，将地方志"立起来"，让地方志"活起来"，叫地方志"热起来"，最终实现使地方志"强起来"的意义就在于此。我们必须要改变社会民众对地方志就是一本书，这本书用的人还不多的认识。近几年，我们通过多种形式从地方志中挖掘智慧供各级党委政府资政辅治，让地方志进学校、进社区、进军营等，就是要将地方志"用起来"；我们搞方志馆建设，就是要把地方志"立起来"；我们拍摄影像志，就是要让地方志"活起来"；我们实施名镇志、名村志、名山志、名水志、名酒志等文化工程，就是使地方志

"热起来"。通过地方志"用起来""立起来""活起来""热起来",最终实现地方志"强起来"。"强起来"的地方志是文化强国的重要标志,"强起来"的地方志是"冷部门"也能干出"热事业"鲜活典范。

最后,给大家拜个早年,希望大家在2019年,少一点泪水、苦水,多一点收获、幸福。让我们进一步团结起来,高举习近平新时代中国特色社会主义思想伟大旗帜,总结过去,面向未来,凝心聚力,担当作为,开创地方志事业更加美好的未来。

奋力拉长地方志短板

在江西省委、省政府的正确领导和中指组及其办公室的有力指导下,全省地方志工作者坚持以习近平新时代中国特色社会主义思想为统领,认真贯彻落实国务院《条例》《江西省实施〈地方志工作条例〉办法》和地方志"一纳入、八到位"要求,围绕中心工作,主动服务大局,坚持依法治志,创新工作方法,积极进取、攻坚克难,各项工作都取得了较好成绩,全省地方志事业进一步繁荣发展。

一、围绕中心,提高站位,事业发展基础更加牢固

(一)加强学习,进一步提高履职能力

近年来,全省地方志系统始终以习近平新时代中国特色社会主义思想为指导,把深入学习贯彻党的十九大和十九届二中、三中、四中、五中、六中全会精神、习近平总书记视察江西重要讲话精神和江西省第十五次党代会精神,作为首要的政治任务。深入学习习近平总书记在哲学社会科学工作座谈会上的重要讲话、关于地方志工作重要论述精神,深刻领会江西省《政府工作报告》和"十四五"规划提出的目标、任务,统一思想,提高认识,坚定方志文化自信,切实提高履职尽责能力,紧紧围绕省委、省政府的重大决策部署,谋划全省地方志事业新发展,进一步增强了干事创业的责任感和使命感。

（二）科学谋划，强化顶层设计

为更好地推动新时代全省地方志事业高质量发展，贯彻《江西省国民经济和社会发展第十四个五年规划和二〇三五年远景目标纲要》中"加强地方志工作"的要求，省地方志院编制了《江西省地方志事业发展"十四五"规划纲要》（讨论稿）（以下简称《纲要》）。为做好《纲要》编制工作，一是系统总结了"十三五"时期全省地方志事业发展情况，对标对表落实国办《规划纲要》进行自查，对全省地方志工作机构情况做了摸底，对全省各设区市、县（市、区）"一年一鉴，公开出版"情况进行了统计，为《纲要》编制工作摸清了"家底"。二是深入开展调查研究。年内，他们先后赴南昌市、九江市、赣州市、吉安市、西湖区、濂溪区、德安县、宁都县、于都县、吉水县、吉安县等地召开座谈会并实地调研，听取基层地方志工作机构对做好"十四五"时期地方志工作的意见建议，为《纲要》编制工作探明了方向。三是积极学习借鉴。先后比较借鉴了国办《规划纲要》；《江苏省"十四五"地方志事业发展规划》；《安徽省地方志事业发展规划（2021—2025年）》（讨论稿）。在比较借鉴的基础上，结合省地方志事业发展实际，形成了《纲要》。

（三）以学促行，开展主题宣教活动

根据中指办的要求和部署，省地方志院在全省地方志系统内广泛开展"学习吴志宏、建功新时代"主题宣教活动，印发了《在全省地方志系统开展"学习吴志宏、建功新时代"主题宣教活动实施方案》。全省各级地方志工作机构迅速贯彻落实，做到了"规定动作"保质量，"自选动作"有特色。为进一步做好主题宣教活动，全省地方志系统相关刊物、微信公众号通过设立专栏等方式广泛进行宣传。方志江西微信公众号陆续刊发了《矢志不渝扶贫路 殷殷为民赤子心》《追记红河州驻村扶贫干部吴志宏》和《向先进看齐》系列文章。《江西地方志》设置专题彩页，集中宣传江西省活动开展情况，取得良好反响。

二、立足本职，聚焦主业，志鉴编纂工作稳步推进

（一）省志编纂即将全面完成

为坚决打赢第二轮《江西省志》编纂收官之战，省地方志院制定了

《关于加快第二轮〈江西省志〉编纂进度的工作方案》，并报送省政府。2021年2月，省地方志院向二轮省志相关承参编单位印发了《关于加快第二轮〈江西省志〉编纂进度的工作方案》，进一步明确了任务要求和时间节点。3月，二轮省志首部分志《烟草志》公开出版，标志着江西省二轮省志编纂工作实现历史性跨越。为确保年内二轮省志编纂工作全面完成，省地方志院倒排工期、挂图作战，统筹推进首批22部分志出版、第二批75部分志出版招标和各分志复审、验收等工作。目前，江西省千方百计迎头赶上，第二批75部分志出版招标工作也将于12月中旬完成，从而按中指组要求在今年底全面完成江西省二轮省志97部分志的编纂和提交出版社的艰巨任务。为此，他们只花了9年时间，编纂完成了97部分志，约1亿字的第二轮省志任务，时间之紧、任务之重，全国罕见。

（二）年鉴编纂迈上新台阶

一是持续巩固"年鉴全覆盖"成果。根据国办《规划纲要》要求，江西于2020年如期实现了地方综合年鉴"一年一鉴、公开出版"全覆盖的阶段性目标。省地方志院与各设区市地方志工作机构签订年鉴工作承诺书，并实行年鉴工作进度月报制度。根据中指办上半年的情况通报，江西2020年卷省市县三级地方综合年鉴出版率全国排名第一；2021年卷启动编纂率全国排名第一。二是加强年鉴质量建设。2021年6月，省地方志院举办市县年鉴业务视频培训班。各设区市、县（市、区）地方志工作机构的撰稿人员共340余人参加视频培训。7月，组织开展江西省第六届年鉴质量评比活动专家评审会。在获奖年鉴中推选14部到中指组参加第八届全国地方志优秀成果（年鉴类）评审，推选数量远超往年。此外，赣州以市带县，积极推动《安远年鉴（2021）》打造其进入"中国年鉴精品工程"，目前已通过第二轮国家级专家评审。

（三）专志编纂取得新突破

一是在全国率先启动两志编纂工作。江西是中宣部确定的全国"纪录小康工程"首批两个试点省份之一，编纂江西省扶贫志和全面小康志是全省"纪录小康工程"的重要组成部分。该工程规划编纂省市县三级扶贫志37部，省市两级全面小康志12部，总字数约4500万字，编纂周期5年。

为抓好两志编纂工作，省地方志院成立"纪录小康工程"工作领导小组与编纂工作专班。第一时间印发《关于市、县（市、区）综合年鉴2021年卷重点记述脱贫攻坚和全面建成小康社会等内容的通知》，要求各设区市、县（市、区）地方综合年鉴要突出纪录好脱贫攻坚和全面建成小康社会的历史进程有关内容，并将此纳入全省年鉴质量评比标准中。提请省政府办公厅印发《江西省人民政府办公厅关于开展编纂江西省扶贫志和全面小康志的通知》（赣府厅明〔2021〕56号），明确了两志编纂的指导思想、主要任务、时间节点、组织保障等内容，并成立以分管副省长孙菊生同志任主任的两志编纂委员会，具体领导两志编纂工作。10月，江西省在全国率先召开江西省扶贫志和全面小康志编纂工作启动大会暨业务培训会，省内主流媒体均予关注报道。截至目前，各设区市先后启动了本地的两志编纂工作。二是扎实做好各类专业志鉴、乡镇村志和地方史编纂工作。南昌市系统梳理了工业发展历程，编纂出版《南昌工业史话》。全书共39万字，客观反映南昌工业从无到有、从小到大、从弱到强的发展历史，全面总结南昌工业发展百余年的历史经验，深刻揭示了南昌工业发展所蕴含的工业精神。新余埠溪艾氏族谱获评全国第七届百家姓族谱评选活动最佳编修质量一等奖。九江市编纂出版《修水县水利志》《修水县政协志》《棉船镇志》《瑞昌市人民医院志》《庐山市茶志》。都昌县编纂出版《都昌工业史》。萍乡市编纂出版《昭萍韵谱》。新余市指导编纂《人和乡志》。赣州市南康区编纂出版《南康大事记（2020年）》。信丰县编纂出版《信丰乡镇史话》。安远县编纂出版《安远县人民医院志》《安远县交通运输志》。龙南市编纂出版《龙南乡镇史话》丛书（15册）。于都县编纂出版《于都县卫生计生志（第三部）》《于都县疾病预防控制志》等5部专志。瑞金市编纂出版《瑞金大事记（2020）》。会昌县编纂出版《会昌县人物志（2004—2009）》《会昌县林业志（1986—2020）》等4部专志。石城县编纂出版"人文石城系列丛书"之《石城风俗》。宜春市编纂出版《明月山志》。丰城市编纂出版《白土镇志》《尚庄街道志》和《丰城地情大全》。高安市编纂出版《高安市独城镇志》《高安市司法行政志》《高安史志资料》。奉新县编纂出版《奉新史话》等文化系列丛书。上饶市编纂出版《三清山风景名胜区志》

《新建村志》。吉安市编纂出版《吉安撤地设市二十年大事记》《全面小康大事记》《吉安市抗击新冠肺炎疫情资料汇编》。抚州市黎川县编纂出版《黎川人物》。资溪县史志办联合县政协编纂出版《资溪面包产业发展史》。广昌县史志办联合县政协编纂并内部出版《广昌扶贫纪实》。

三、顺应时代，主动作为，方志资源开发利用成果喜人

（一）服务中心能力进一步提升

近年来，全省各级地方志工作机构围绕党委、政府工作大局，积极建言献策，服务中心能力稳步提升。一是资政辅治彰显新作为。南昌市史志办参与《南昌历史文化名城保护规划（2020—2035）》编制工作，为提高南昌历史文化名城保护工作出谋划策。九江史志办参加九江市申报国家历史文化名城文本《九江历史文化价值与特色研究》审核修改工作。永修县史志办编辑出版的《遇见吴城》为打造吴城候鸟小镇提供了资料参考。共青城市史志办编印的《档案里的共青城——重要报刊文章选编》成为市委理论中心组学习和党史学习教育的重要读本。二是助力经济社会发展取得新成效。修水县史志办协助漫江乡党委政府打造宁红茶茶码头、茶市古街、茶文化公园等宁红古镇体验区。德安县史志办为《德安地名志》等书提供史料，助力塘山辣椒、爱民花生、聂桥葡萄等一批特色农产品申报国家地理标志。庐山市史志办编写的《致敬庐山》为大庐山旅游发展规划、庐山市旅游新区发展规划编制和南康古城修复规划编制提供翔实资料。芦溪县史志办围绕全县创建"世界电瓷之都"目标，积极提供电瓷发展相关史料。赣州市地方志研究院为编写《赣州市兵要地志》、赣南引进香猪情况、赣南脐橙申报国家地理标志产品提供资料依据。

（二）方志馆建设稳步推进

省方志馆通过多种方式，继续丰富馆藏资源建设。全年共征集、接收、交换各类省志、市县区志、年鉴等地情资料3000余册。向国家方志馆和各市县方志馆等捐赠地情资料5000余册。年内，九江市方志馆开馆，场馆总面积2032平方米。展馆运用大量珍贵历史影像、照片、文物，全面展示九江市自然、政治、经济、文化、社会等各方面的历史与现状。德

安县利用现有的县规划展览馆与方志馆融合，以多功能馆为雏形对方志馆进行改造提升。景德镇市浮梁县进坑村、昌江区徐坊村建成并开放村史馆。莲花县档案史志馆将部分馆藏资料予以数字化和信息化。分宜县史志办利用馆藏资源指导钤山镇田心村、操场乡牛泥塘村村史馆完成建设并成功申报红色名村。赣州市新方志馆纳入了市政府2021年50件民生实事项目。于都县方志馆指导打造了车溪乡优胜村方志馆和梓山镇潭头村史馆。石城县推进方志馆（资料库）电子化建设，新增党史书籍和资料入馆，系统收集和整理石城县家谱电子版。

（三）旧志整理再创佳绩

年内，各级地方志工作机构运用点校、影印等方式，进一步丰富旧志整理成果，取得了新的成绩。南昌市点校明万历《新修南昌府志》，目前已点校文字66万字，形成文稿91万字，进入三审三校阶段。九江市点校出版明正德《南康府志》，全书共10卷，计20万字。贵溪市点校出版清同治版《贵溪县志》。章贡区点校出版《赣县志》（清·道光年间）《虔台志》。南康区点校出版《南康县志》（清道光三年）。宜春市影印出版清乾隆版《袁州府志》。袁州区整理出版道光版、同治版《宜春县志》，对民国版《宜春县志》进行数字化收集。樟树市重印出版已知存世的明、清时期原《清江县志》《临江府志》八部（套）旧志及《清江诗萃》。高安市重印出版清同治版《瑞州府志》《高安县志》。永丰县点校出版《永丰县志》（第十修同治十三年版）。遂川县《龙泉县志》（清康熙二十二年）点校基本完成。临川区点校出版康熙版《临川县志》（校注本）。吉安市点校出版《万历吉安府志》《光绪吉安府志》《顺治吉安府志》。宜黄县点校清道光四年版《宜黄县志》基本完成。东乡区点校同治八年版《东乡县志》、光绪年版《东乡县乡土志》。

四、拓展广度，挖掘深度，理论研究与宣传亮点纷呈

（一）理论研究成果丰硕

近年来，全省地方志工作者持续开展地方志理论研究，为做好地方志工作奠定了坚实的理论基础。省地方志院发表志鉴编纂理论及其他理论文章70余篇；甘根华主任撰写的书院系列文章上了"江西学习平台"，阅读

人数近十万；主持了省社科院"中国共产党成立100周年大会上重要讲话精神专项课题研究计划"；撰写了"江西省大力弘扬红色文化"《专报》呈送省领导参阅。省社科院专家申报的省社会科学基金项目一般项目"江西地名志编纂研究"正式立项。省地方志院徐佳佳同志在《解放军报》《学习时报》等大报上发表文章30余篇，得到广大同仁肯定。省地方志学会组织召开省地方志学会第三届理事会第三次会议（通讯会），筹办江西省地方志学会第四届会员代表大会。

南昌市开展对旧志点校的研究工作，撰写论文《万历〈南昌府志〉编纂论述》，为后续旧志点校积累经验。九江市报送的论文《浅议浔阳文化》参加九江市委宣传部向全国发起的浔阳文化征文比赛，获三等奖。石城县撰写的《新一轮修志编修通纪志的必要性》在《中国地方志》发表；《地方综合年鉴的叙事本位及实感要求》在《中国年鉴研究》发表，并承担了赣州市社科课题"赣南门额文化与传统价值观研究"。宜春市在《江西地方志》《江右宜春》《宜春日报》《宜春论坛》等各类刊物发表各类业务文章10余篇。全省学会会员还积极参加全国性学术会议，在全国地方志系统有力地传播了江西声音。

（二）期刊建设取得新成绩

《江西地方志》紧跟形势热点，适时宣传造势。连续开设"庆祝中国共产党百年华诞"专题，刊登了获省社科院征文二、三等奖的全省地方志学会会员的文章等，抒发了对于党的崇敬和热爱，热情讴歌了建党百年的辉煌成就。刊物进一步重视志鉴理论研究，选登了来自全国地方志系统和其他行业人员的地方志方面的研究文章数十篇，达到了交流地方志理论，推进地方志工作的目的。刊物深入挖掘赣文化，刊载了《璀璨壮丽的江西戏曲文化》《十八滩：千里赣江上的人文坐标》等地情文化文章。为讲好萍乡抗疫的故事，萍乡市编辑出版《萍乡史志·抗击新冠肺炎疫情专辑》，刊登60余篇文章，图文并茂，约30余万字。

（三）新媒体宣传矩阵初步形成

省地方志院进一步优化方志江西微信公众号制作。方志江西围绕服务中心工作，持续深度挖掘江西地域文化，提升核心用户体验，从2020年底以来，在300多个全国地方志系统微信公众号中排名稳定在20名左右，文章的阅读量有大幅度提升。截至目前，全省绝大多数设区市均已开设微信公众号，这些平台成为深入挖掘地方志资源，传播赣鄱文化的重要载体。其中，于都县借助微信公众号、抖音、快手和微信短视频等新媒体形式宣传地方历史文化。"于都县地方志办公室""方志于都""于都故事会"微信公众号，抖音、快手、微视频等短视频平台推送的于都地情资料，阅读量达百万人次，进一步增强了地方志工作的社会知晓率。

（四）方志"六进"如火如荼

全省地方志系统坚持修志为用宗旨，深入开展地方志"六进"活动。省地方志院继续在省两会期间向人大代表和政协委员赠送《江西年鉴》，为代表和委员参政议政提供权威性、系统性的参考资料。2021年4月，省地方志院向省委党校捐赠了一批首轮《江西省志》，这批志书将成为省委党校教学科研的重要工具，成为主体班学员学习了解省情、汲取历史智慧的重要资料。7月，为深入推进"我为群众办实事"工作的有效落实，省地方志院向社会免费赠送了一批志书年鉴，扩大了志鉴社会影响力。

南昌市史志办与市委《决策参考》、南昌日报社、大江网等媒体联动，合作开设专栏，共刊登文章30余篇，向广大读者讲述党史、国史、地方史，不断拓展史志文化的受众群和覆盖面。景德镇市昌江区史志办指导丽阳镇拍摄《昌江十里过丽阳》地情资料片，用于宣传展示古镇新貌。萍乡市史志办开展"进村宣讲""送书下乡"活动，向芦溪县珠亭村、萍乡学院赠送《萍乡年鉴》《萍乡史志》《昭萍韵谱》等志鉴书籍1000余册。鹰潭市史志办向社区赠送年鉴、《鹰潭地方史》等志鉴书籍30多套（本），向社区宣讲地方史等内容。高安市史志办向企业赠送《高安市志》《瑞州府志》等志书，得到了读者好评。

江西省地方志工作者要继续牢记初心使命，锐意开拓进取，聚焦"作示范、勇争先"目标定位和"五个推进"重要要求，更好地服务中心大局，服务经济社会发展，服务人民群众文化需求，从党的百年奋斗重大成就和历史经验中汲取智慧和力量，以史为鉴、开创未来，昂扬斗志、勇毅前行，全面推进新时代地方志事业高质量发展，为夺取全面建设社会主义现代化江西的伟大胜利提供"志"力支持。

香港：编纂地方志的开创性意义

  1997年香港回归祖国后，作为负责统筹规划、组织协调、督促指导全国地方志工作的国家地方志工作指导机构，中指组及其办公室一直在推动香港编纂地方志。香港的有识之士也呼吁编纂香港地方志。2007年2月，时任第四届中指组常务副组长朱佳木赴香港，就香港地方志编纂进行学术交流。党的十八大以来，党中央、国务院高度重视地方志工作，《规划纲要》提出到2020年实现全国省市县地方志书全覆盖，香港当不例外。2016年12月、2018年11月和2019年6月，我两次带领中指办调研团队，一次陪同中国社会科学院副院长、中指组常务副组长高翔赴香港，与有关机构和人员沟通交流，推动香港编纂地方志工作，期间，我撰写《关于编纂〈香港志〉的建议》的要报内参报中央。2018年11月27日，时任中指组组长谢伏瞻在香港与行政特首林郑月娥就编纂香港志深入交谈。2019年8月，香港地方志中心成立，专门负责组织编纂《香港志》。2020年12月，《香港志》首册《总述·大事记》正式出版，填补了香港地方志历史空白。按照规划，《香港志》8卷于2027年完成编纂出版。

——题记

  "治天下者以史为鉴，治郡国者以志为鉴。"连绵不断地编修地方志，是中华民族的优秀文化传统。香港作为我国的特别行政区，自然也应传承和弘扬这一文化传统。香港历史上没有编修过地方志。清代，香港属广州府新安县管辖，现存主要涉及香港的地方志仅有由靳文谟和舒懋官分别于康熙二十七年（1688）和嘉庆二十四年（1819）编纂的《新安县志》，这两部旧志是研究香港历史的主要文献，但今日之香港仅为当初新安县一部分，涉及香港的内容也并不详赡。而香港自 1842 年英国管治至 1997 年中国恢复行使主权之间的经济社会发展情况，更是一直没有专门全面系统的记录。在新时代，编纂香港地方志，传承好地方志编修这一古老的文化传统，更好地弘扬中华优秀传统文化，使其实现新的价值，推进广大香港同胞团结、增强中华民族凝聚力具有重要意义。

一、推动香港地方志工作的必要性和迫切性

1997 年回归前后，香港社会一些有识之士已开始关注香港修志的问题。2003 年 3 月，香港文化委员会在《文化委员会政策建议报告书》中提出："我们必须先了解自己的历史，才能向别人介绍香港的文化遗产。我们建议政府编纂《香港地方志》，让更多人更有系统地认识香港的人文和风土历史。"

一个时期以来，受各种内外复杂因素影响，反中乱港活动猖獗，香港局势一度出现严峻局面。香港反中乱港势力勾连外部敌对势力，屡屡阻挠香港特别行政区民主的发展。他们以争取"民主"为名，行分裂国家、颠覆政权之实，意图把香港变成实施"颜色革命"的桥头堡，严重冲击国家宪法和香港基本法确定的宪制秩序，危害国家安全，损害香港繁荣稳定。[1]我们亟需站在与本土分裂势力争夺意识形态领域的高度，以高度的责任感和紧迫感看待香港地方志工作。香港的本土分裂势力已炮制出《郁躁的城邦——香港民族源流史》《香港独立论》等系统虚构、歪曲香港历史的书籍，误导香港年轻一代。如果在编纂地方志问题上让他们占了先机，炮制出一部鼓吹宣告独立的地方志，后果将更为严重。

党的十八大以来，习近平总书记就新形势下坚持"一国两制"方针等重大问题作出一系列重要论述，为推进"一国两制"实践行稳致远提供了根本遵循。习近平总书记指出，香港特别行政区的民主发展必须遵循"一国两制"方针和香港基本法，从本地实际出发，依法有序进行。针对近年

---

[1] 国务院新闻办公室：《"一国两制"下香港的民主发展》白皮书，2021 年 12 月。

来香港出现的政治乱象及其造成的严重危害，中国共产党和中央政府审时度势，作出健全依照宪法和基本法对特别行政区行使全面管治权、完善同宪法和基本法实施相关制度机制的重大决策，推动建立健全香港特别行政区维护国家安全的法律制度和执行机制，完善香港特别行政区选举制度，坚定落实"爱国者治港"原则。这一系列标本兼治的举措，推动香港局势实现由乱到治的重大转折，推动香港特别行政区民主发展重新回到正确轨道。[1]编纂一部由爱国爱港人士主导的香港地方志，让港人从认识自己生活的环境和知道自己从哪里来开始，从香港本土的历史发展去解读香港与国家的关系，消除外国势力不良影响等，意义重大。这不仅是一个文化工程，实际也是一个人心回归工程，有助于香港市民和内地同胞全面地理解"一国两制"，也有助于增强香港市民的国家认同。

二、香港地方志工作概况

2004年起，爱国爱港人士在香港推动地方志工程，得到香港社会较普遍赞同，也得到中央领导以及国务院港澳办、中联办和中指组及其办公室的大力支持。

据新华社总社提供的消息，2008年4月时任中央政治局常委（分管港澳工作）的习近平同志，就曾在新华社有关香港修志的内参做出批示，要求予以支持。中联办对香港地方志编修工作也非常重视和支持，对编纂地方志工作的意义有清晰的认识，一直努力推动香港政府相关机构尽快落实地方志编纂工作。

2018年以前，在香港推动编纂地方志的是在特区政府注册的香港地方志基金会，这是一个由爱国爱港人士组成的非营利团体。基金会前后两任主席陈智思和马豪辉是港区全国人大代表。其中一位副主席马逢国既是港区人大代表，也是香港立法会议员。基金会主要负责筹集经费，全面支持香港地方志的编纂。香港地方志基金会设有香港地方志办公室，该办公室从2004年开始筹备，2007年正式挂牌成立，与香港岭南大学的香港与华

---

[1] 国务院新闻办公室：《"一国两制"下香港的民主发展》白皮书，2021年12月。

南历史研究部是一个机构两块牌子，聘有工作人员10余名，在推动香港地方志编纂过程中发挥了应有作用。

2007年2月14日，时任中国社会科学院副院长、中指组常务副组长朱佳木赴香港参加香港调研地方志工作，并计划着手编纂《香港通志》。

香港地方志办公室在参考借鉴海峡两岸修志经验的基础上，结合香港社会实际情况，编制了初步的《香港通志》篇目，但限于人力、财力等条件，《香港通志》始终未正式着手编纂。

三、三次赴港推进地方志工作

2016年12月、2018年11月和2019年6月，我两次带领中指办调研团队、一次陪同中国社会科学院副院长、第六届中指组常务副组长高翔赴香港调研，与有关机构和人员沟通交流，推动香港编纂地方志工作。利用调研成果，我撰写了《关于编纂〈香港志〉的建议》要报内参报中央。

（一）2016年12月首次赴港

2016年12月8日至15日，应澳门大学澳门研究中心林广志教授和香港地方志办公室刘智鹏教授的邀请，我率中国地方志学术交流团一行6人，赴香港、澳门特别行政区进行学术访问和交流，进一步了解香港和澳门特别行政区地方志、地方史的编修和收藏利用情况。其间，交流团访问了澳门大学、澳门理工学院、香港地方志办公室、香港大学图书馆、中央人民政府驻香港特别行政区联络办公室、香港特别行政区政府新闻处，拜会了香港岭南大学校长郑国汉，还顺访了澳门博物馆、香港历史博物馆、香港新界邓家祠堂博物馆。通过访问和交流，对香港和澳门的地方志工作情况有了进一步了解。

交流期间，交流团一行受到香港和澳门特别行政区受访机构的热情接待，并与相关机构人员和专家学者进行深入地切磋与交流。通过座谈和交流，交流团不但宣传介绍了当前全国地方志事业发展的情况和内地经济社会发展取得的巨大成就，而且还进一步了解到香港和澳门两地地方志缘起、志鉴编纂与收藏利用、编纂模式、编纂团队以及特别行政区政府和社会对地方志工作的支持等情况。交流团成员一致认为，在交流中共谋全国地方志事业发展，密切了相互关系，为今后进一步加强交流与合作开辟了更广阔的舞台和更美好的前景,收获颇丰。

1. 进一步了解了港澳地区地方志机制。内地的地方志编修一直沿用传统的官方修志做法,坚持"党委领导、政府主持、各级地方志工作机构组织实施,社会各界广泛参与"的工作体制。2006年5月18日,国务院颁布的《条例》明确规定:"以县级以上行政区域名称冠名的地方志书、地方志综合年鉴,分别由本级人民政府负责地方志工作的机构组织编纂,其他组织和个人不得编纂。"而在"一国两制"方针下,香港和澳门修志有着自己的特点和模式。澳门由政府提供经费支持和资料方便,委托高校组建项目组负责具体实施,项目组通过招聘全职教授和访问学者,或者招标方式邀请目标专家参与编纂。香港则采用"政府支持、社会参与、学者主修"的修志模式,主要依托大学和研究机构,经费自筹,由学者全盘主持纂修工作,尚处于民间修志状态。

2. 进一步了解了香港地区志书和年鉴开发利用情况。通过与香港大学图书馆和香港政府新闻处及互联网资源分组的座谈了解到,高校收藏的内地志书和年鉴,以及香港政府新闻处编辑的《香港年报》开发利用率不高。香港大学图书馆收藏的旧志和新编志书在香港高校中收藏量最大,近20年也在收集新编志书,尤其是内地南方省份的志书,但利用率也不高。分析造成这种状况的原因,主要是香港地区的教师和学生对地方志学科研究较少,对地方志认识不深,即使相关课题有需要从地方志书查找的史料,他们也会选择通过网络快捷查询。随着电子化时代的到来,香港大学图书馆也致力于信息化建设,不断完善网络服务体系,提高馆藏书籍利用率。

3. 进一步了解了港澳地区编纂地方志存在的困难。目前香港采取学者主修、经费自筹模式,编修团队由香港地方志办公室的刘智鹏和刘蜀永两位教授牵头,工作人员仅十几名,而香港地方志牵涉的方面很广,内容繁杂,需要多方收集资料,需要一个更有力的组织和专业团队。尽管目前已有一些热心的社会贤达向香港地方志基金会捐款,但数额不足。

(二)2018年11月第二次赴港

为有效推动《香港志》编纂工作,中指办申请了中国社会科学院赴香港开展专题调研项目"香港地方志编修情况及建议"。该项目由我作为项目主持人，周勇进、周全作为项目组成员，于2018年11月26日至30日赴香港开展香港地方志编修专题调研。调研期间，项目组拜访中央人民政府驻香港特别行政区联络办公室、香港中国学术研究院、香港地方志基金会、香港地方志办公室、香港历史博物馆等机构，沟通调研香港地方志工作情况，完成《香港地方志编修情况及建议报告》。

（三）2019年6月第三次赴港

2019年3月，时任香港特区行政长官林郑月娥致函时任中国社会科学院院长、中指组组长谢伏瞻，希望中国社会科学院就香港编纂地方志工作予以支持。为落实谢伏瞻院长批示要求，2019年6月4日，我陪同中国社会科学院副院长、中指组常务副组长高翔赴香调研地方志工作。6月5日，拜会了全国政协副主席、团结香港基金主席董建华先生以及香港特区政府政务司、团结香港基金人士，围绕编纂香港地方志工作开展进行交流。会见董建华先生后，我又与团结香港基金相关负责人就地方志编纂程序、人员培训、内地专家业务指导等方面进行了深入交流，并对《香港志》编纂方案和篇目设计提出了指导性意见。6月6日，我与香港中文大学相关专家学者就《香港志》编纂进行座谈交流。通过此次访问和交流，对香港地方志工作情况有了进一步了解，尤其是就《香港志》编纂进行了深入交流，并就中国社会科学院、中指组及其办公室给予《香港志》编纂的支持和指导达成共识。

通过三次调研，认识到香港地方志编纂存在的主要问题。一是香港社会缺乏对地方志工作的全面认识，也无修志传统，虽然中联办、特区政府对修志工作一直持支持态度，但在社会舆论引导上还存在一定不足，像内地一样公开由政府主导存在一定困难。二是缺乏一个强有力的编纂协调机构，目前具体从事修志工作的是香港民间机构和爱国爱港的专家学者，号召力和权威性不够。三是经费问题。目前香港采取学者主修、经费自筹模式，经费是亟待解决的重要问题。四是资料问题。据了解，编纂《香港志》所需很多资料储存在特区政府各部门内，因尚未有法律保障，所以很多政府部门的资料都由各部门自行保存，并不对公众开放，资料搜集、使用存在一定困难。调研认为，经过各方面若干年的努力，编纂《香港志》的时机已经成熟，用适合香港特点的方式启动《香港志》编纂工作，《香港志》编纂在社会环境、政府组织、经费筹措和资料搜集上存在的困难，需要统筹解决。

四、《香港志》编纂启动并初见成果

党的十八大以来，以习近平同志为核心的党中央高度重视地方志工作，全国地方志工作者以习近平新时代中国特色社会主义思想为指导，实施"两全目标"，推动地方志转型升级，地方志工作发生历史性变化、取得历史性成就，对香港地方志工作开展产生了重大影响。

从2018年1月22日起，香港《大公报》连续三天以头版位置，并配有两篇社评，敦促特区政府支持香港修志。

2018年11月27日，时任中国社会科学院院长、中指组组长谢伏瞻在港与特首林郑月娥具体交流了香港修志问题。

2019年8月成立香港地方志中心，专门负责组织编纂《香港志》。其后，香港地方志中心与中指办密切联系，中指办对香港志的编纂提供有力指导，邱新立教授等多次审读志稿。

2020年12月，《香港志》首册《总述·大事记》正式出版，填补了香港在编修地方志方面的历史空白，正式拉开了《香港志》编纂文化工程的帷幕。时任中指组组长谢伏瞻应邀专门为《香港志》首册出版录制了祝贺视频。

2021年4月29日，我受邀参加"以史为炬，照亮香港未来：香港修志现状、功用与前景"研讨会，并作大会主旨发言，认为编纂《香港志》，有利于增强香港同胞对香港的认识，有利于提高香港同胞爱国爱港的意识，有利于增加香港同胞对中华民族的认同感，对凝聚人心，提升民族自信心和自豪感，真正实现文化回归、人心回归，具有深远意义。

2021年9月22日，《香港志》首册《总述·大事记》正式对外发布，产生了良好社会影响。

《香港志》规划8卷，计划于2027年香港回归30周年时全部完成编纂出版。

我还在想，与香港隔海相望的澳门，目前也还没有一部客观、系统记述澳门历史文化的志书。《香港志》的编纂与出版，对推动澳门地方志工作应有良好示范作用。希望澳门能借鉴《香港志》编纂模式，在不久的将来，编纂出版《澳门志》，真正实现我国志书编纂的全覆盖，创造更加辉煌的文化壮举。

兵团：文化润疆的基础文化工程

2014年4月29日，习近平总书记在主持召开兵团座谈会时发表的重要讲话中指出，兵团的存在和发展绝非权宜之举，而是长远大计。新形势下兵团工作只能加强，不能削弱。要让兵团成为安边固疆的稳定器、凝聚各族群众的大熔炉、汇集先进生产力和先进文化的示范区。兵团作为实行党政军企合一体制的特殊社会组织，始终坚持完整准确贯彻新时代党的治疆方略，牢牢扭住新疆工作总目标，坚持依法治疆、团结稳疆、文化润疆、富民兴疆、长期建疆，谋长远之策，行固本之举，成为维护新疆社会稳定和长治久安的重要战略力量。兵团党委高度重视史志工作，将其作为基础文化工程，加强顶层设计，聚焦主责主业，强化作风建设，注重能力提升，不断推进史志事业实现高质量发展。自2018年以来，组织编纂出版75部兵师团三级志书、64部兵师综合年鉴、10余种党史成果，近2亿字。其中，6种史志成果获中国出版政府奖提名奖等国家级奖励；建成涵盖兵团史志工作开展40余年以来的史志成果数据库，4亿余字，为文化润疆工程实施、兵团履行先进文化示范区功能提供厚实的史志成果基础，为挖掘好兵团红色资源、弘扬兵团精神、胡杨精神和老兵精神提供丰富素材。"十四五"期间，兵团史志事业发展将聚焦兵团维稳戍边职责使命，积极参与文化润疆工程，充分发挥兵团红色资源优势，以史鉴今、资政育人，不断巩固和完善"志、鉴、史、馆、库、网、用、会、刊、研"多业并举的事业发展新格局，实施"六大工程"，构建"五大体系"，全面推动史志事业实现转型升级。

——题记

兵团史志系统坚持以习近平新时代中国特色社会主义思想为指导，深入贯彻落实党的十九大和十九届历次全会精神，贯彻落实习近平总书记关于史志工作的重要论述精神，完整准确贯彻新时代党的治疆方略，在兵团党委的坚强领导下，在中指组及其办公室的指导下，增强"四个意识"、坚定"四个自信"、做到"两个维护"，加强顶层设计，聚焦主责主业，强化作风建设，注重能力提升，不断推进史志事业实现高质量发展。

一、争取兵团党委重视，深入贯彻落实"一纳入、八到位"工作要求

自2018年以来，史志办有10余项工作提请兵团党委常委会研究通过，有1项工作提请兵团行政常务会议研究通过。兵团党委主要领导、兵团分管领导近30次对史志工作作出专门批示，极大地鼓舞了史志工作者的士气。2018年6月，兵团党委办公厅、兵团办公厅印发《关于进一步加强新形势下兵团史志工作的实施意见》，是兵团史志工作近40年来首个以两办名义印发的文件。2019年，兵团史志工作"两全目标"任务被纳入兵团党委29项专项督查项目之一，也属首次，对促进"两全目标"按期保质完成起到重大促进作用。2021年12月，经兵团党委同意，兵团党委办公厅、兵团办公厅印发《新疆生产建设兵团"十四五"史志事业发展规划》。此外，兵团史志办不断加强对各师市史志工作的业务指导，充分发挥统筹规划、组织协调、督促指导作用，要求各师市严格落实"一纳入、八到位"工作要求，推送各师市史志工作实现主责主业固化提升、机构队伍素质提升、经费保障能力提升的"三提升"，工作局面得到较大改善。通过努力，兵团史志办预算经费从2017年的100余万元，至2022年增加到1000余万元；为各师市争取中指办和援疆省市地方志工作机构培训人员500余人次、援疆资金600余万元；争取兵团财政局设立专项资金，向各师市下拨1000余万元支持团场志编纂。经过数年努力，兵团史志工作实现三级联动、上下联通，建立起师市之间横向联系的工作机制，凝聚力向心力得到大大增强。

二、锐意创新、开拓进取、统筹规划，以规划为龙头实现史志事业多业并举的转型升级

自2018年起，兵团史志事业发展就按照"十个一"的思路，谋划和推进史志工作发展，包括："完成一轮修志、实现一年一鉴"，按照国办《规划纲要》规定，按期保质完成"两全目标"任务。"建设一个数据库、一个地情网站"，将自20世纪80年代以来兵团史志系统的成果全部数字化，建立兵团史志成果数据库，在此基础上，适时建立兵团地情网站向公众开放，打造了解兵团历史的重要窗口。"建一批史志馆、成立一个史志专家库"，在兵团档案馆辟出一定面积作为史志馆，推进师市史志工作和档案馆建设融合发展，争取在各师市档案馆建设史志馆；成立优秀史志专家组成的专家库，为兵团史志工作提供智力支持。"建设一套史志编纂系统、出台一个资料年报制度"，在2020年建立兵团机关各部门年度资料报送机制，同时结合信息化、数字化发展，通过史志编纂系统实现在线编纂志鉴，减轻部门和编纂人员工作负担，提高效率。"建立一个兵团典型人物口述史资料库"，与兵团党委宣传部共同组织对兵团典型人物的采访，留存原始历史资料。"出台一系列内部规章制度"，用制度管人管事管根本，把史志办的内部管理用制度进行全面规范。

为推动"十四五"时期兵团史志事业高质量发展，贯彻中共中央对新形势下党史工作要求，贯彻国务院《条例》，根据《新疆生产建设兵团国民经济和社会发展第十四个五年规划和2035年远景目标纲要》安排，结合兵团史志工作实际，完成《新疆生产建设兵团"十四五"史志事业发展规划》（以下简称《规划》）编制工作并正式印发。《规划》深入科学分析了兵团史志事业的发展基础和面临的形势，明确了"十四五"时期兵团开展史志工作的总体要求、工作任务和保障措施，对兵团史志事业高质量发展作出系统谋划和全面部署。《规划》明确"十四五"时期是兵团史志工作实现高质量发展的关键阶段，兵团史志系统要聚焦兵团维稳戍边职责使命，积极参与文化润疆工程，充分发挥兵团红色资源优势，以史鉴今、资政育人，不断巩固和完善"志、鉴、史、馆、库、网、用、会、刊、研"

多业并举的事业发展新格局。同时，确定实施"六大工程"，构建"五大体系"为今后五年兵团史志事业发展的主体任务。一是实施记载研究工程，记载总结研究习近平新时代中国特色社会主义思想在兵团的实践；二是实施优秀成果工程，推出一批高质量编研成果；三是实施服务提升工程，提高史志资源开发利用水平；四是实施宣传教育工程，提升史志工作影响力；五是实施协作创新工程，实现"大史志"工作格局新突破；六是实施固本强基工程，夯实史志事业发展基础。全面构建史志编修体系、理论研究体系、质量保障体系、资源开发利用体系、工作保障体系，赓续红色血脉，挖掘红色资源，讲好兵团故事，提升围绕中心、服务大局能力。

三、聚焦主责主业，大史志事业发展新格局基本形成

自 2018 年以来，组织编纂出版 75 部兵师团三级志书、64 部兵师综合年鉴、10 余种党史成果，近 2 亿字，其中 6 种史志成果获中国出版政府奖提名奖等国家级奖励；建成涵盖兵团史志工作开展 40 余年以来的史志成果数据库，4 亿余字，为文化润疆工程实施、兵团履行先进文化示范区功能提供厚实的史志成果基础，为挖掘好兵团红色资源、弘扬兵团精神、胡杨精神和老兵精神提供丰富素材。

（一）围绕中心、服务大局能力得到提升

完成中央党史和文献研究院组织的 10 余项课题研究和供稿任务。参与兵团党委的课题研究工作，组织人力为《兵团简史》供稿等。积极推介兵团红色旅游资源，参与兵团题材影视剧的拍摄、审稿，组织人力对兵团有关历史图书出版进行史实把关，确保意识形态领域绝对安全。联系中央电视台《中国影像方志》栏目拍摄了一师阿拉尔市、八师石河子市纪录片，已在央视纪录频道播放。配合兵团党委宣传部做好中宣部布置的全面小康记录工程的大事记、全景录等编纂工作，大事记即将出版。

（二）不断创新党史工作，开辟口述史工作新领域

编纂出版《兵团史料选辑》《兵团改革开放口述史》《兵团大事记（1949 年—2021 年 7 月）》《新疆生产建设兵团抗击新冠肺炎疫情纪实》等书籍。通过几年的努力，口述史已固化为党史工作的组成部分，成为工作

亮点。2022年，正在组织开展脱贫攻坚口述史采访工作，已完成向中央党史文献研究院国家级表彰对象的采访稿报送。组织开展国家社科基金课题"兵团精神研究"的撰稿工作。积极参与建党百年、国家级和兵团级文化宣传等工作，包括参与新华社、央视、兵团党委宣传部、兵团文体广电和旅游局、兵团电视台组织的相关大型主题采访、纪录片专题片拍摄；审核兵团近百部剧本、电影、舞台剧、秦剧、展览展陈、小学读本等；与兵团日报社合作推出《百年百期特刊》《重走兵团路》《文物里的兵团》等大型系列报道，截至目前已刊发100余篇稿件；为中央广播电视总台，兵团党委宣传部、发改委、文体广电和旅游局、退役军人事务管理局、总工会、妇联和旅游局等部门提供涉及兵团历史事件和兵团历史人物史料。完成《新疆生产建设兵团第三师图木舒克市简史》《第一师阿拉尔市大事记》等党史成果审读工作。

（三）紧紧围绕完成"两全目标"，志鉴编纂工作实现提质增效

截至2020年底，按期保质完成国务院确定的地方志工作"两全目标"任务，走在全国前列。出版规划内志书20部、兵团级综合年鉴5部、师市综合年鉴46部；编纂出版团场志书50余部、团场年鉴12部、专业年鉴5部。与兵团党委宣传部联合，做好《兵团扶贫志》《兵团全面小康志》编纂的组织工作，正在申报小康志作为全国试点。坚持质量第一原则，加强对各师市志鉴编纂工作的业务指导，印发《兵团综合年鉴管理办法（试行）》等3项工作制度，建立兵团年鉴三审验收制度；实现师市年鉴编纂全流程管控，从篇目设计、到初稿撰写和最后的终审层层把关，年鉴实现质量建设实现重大突破。《兵团年鉴（2020）》获中国出版政府奖提名奖，是全国地方志系统唯一一部年鉴，也是兵团获得的出版政府奖唯一奖项；《第十师北屯年鉴（2019）》获第七届全国地方志优秀成果（年鉴类）一等年鉴奖项，《兵团年鉴（2019）》获二等奖；《兵团年鉴（2020）》《第三师图木舒克市年鉴（2020）》分别荣获全国省级、市级综合年鉴一等奖，《兵团统计年鉴（2020）》获专业年鉴二等奖。

（四）夯实信息化建设基础，史志馆建设取得阶段性成果

建成兵团史志成果数据库和史志编纂系统，将自20世纪80年代以来兵团史志系统的成果全部数字化，达4亿余字。兵团史志资源数据库、兵

团年鉴在线编纂系统分别于2021年11月上旬、12月中旬开通试运行，为史志资源开发利用提供信息化保障。在兵团档案馆开辟展厅展示40余年来的史志成果，确定专门书库和办公室作为史志书库和阅览室，解决了数十年来兵团史志成果无固定收藏场所问题。第一师阿拉尔市、第二师铁门关市与档案馆连署办公，积极筹划史志展；第八师石河子市正在建设专题史志成果馆，史志馆建设在探索中前进。

（五）吸引外力建立史志专家库，通过表彰先进树立业务典型

建立史志专家库，聘请中指办和部分省市自治区地方志专家作为兵团史志专家，为兵团史志工作提供智力支持。完成与兵团人力资源和社会保障局联合开展的"兵团史志系统2015—2019年度先进集体、先进工作者和优秀成果"评选表彰工作，共评选出14个先进集体、24个先进工作者和10部优秀成果接受表彰。完成向人力资源和社会保障部及中指组联合表彰的先进集体和先进个人的推荐，第十师地方志办公室被评为全国地方志先进集体，一师阿拉尔市史志办宋元杰被评为先进个人（全国地方志系统共10名，自2005年开展第一届以来兵团首次评选上）。完成向人社部及中央党史和文献研究院联合表彰的先进集体、先进个人的推荐工作，第五师双河市史志办被评为先进集体。

（六）践行初心使命，积极为基层和群众做好事实事

2019年、2020年，牵头组织爱心企业家赴第五师双河市、第九师开展爱心捐赠和投资考察活动，捐赠价值150万元的物资；7月28日，联系确定举办第九师2021年上海招商引资推介会暨上海百位企业家交流会，签署合作协议7份。2022年1月，联系组织华能新疆公司在二师铁门关市落地光伏项目。积极和兵团发改委沟通构建生物质产业链，利用兵团丰富生物质资源为职工群众增收，巩固脱贫攻坚成果，助力乡村振兴。深入开展"访惠聚"和"民族团结一件亲"活动，派出5人次参加"访惠聚"工作，组织数百人次到49团开展结亲活动。

四、加强政治机关建设，狠抓兵团史志办作风能力建设

按照党史学习教育"学史明理、学史增信、学史崇德、学史力行，教

育引导全党同志学党史、悟思想、办实事、开新局"的总要求，组织史志办全体党员干部认真开展好党史学习教育；史志办主要负责人作为兵团党史学习教育宣讲团成员赴兵团开放大学、第四师可克达拉市宣讲，受邀为兵团援疆干部、交通局、水利局等讲授党课。通过在《兵团日报》、学习强国平台发表文章等，宣传好党史学习教育。

全面加强兵团史志办的政治建设，每年支部组织集体学习30余次。全面加强组织建设，坚持"三会一课"制度，常态化组织主题党日活动，发展多名党员和入党积极分子。全面加强作风建设，印发《史志办"能力提升年"工作方案》，对全体同志在提高守纪律讲规矩能力、学习能力、围绕中心服务大局能力、依法行政能力、抓班子带队伍能力等方面提出明确要求，要求强化自觉学习，定期撰写心得体会。全面加强党风廉政建设，组织党员观看教育警示片、参观兵团党风廉政教育基地、开展节假日党风廉政提醒、签订党风廉政责任书等。全面加强队伍建设，史志办共晋升一调1人次、二调3人次，形成干事创业的良好氛围。

坚持以制度管人管事，印发《兵团党委党史研究室 兵团志办公室管理制度汇编》，分别从党务工作、行政工作、信息宣传工作、保密安全工作等四个方面制定了20多项制度，把权力关进制度的笼子里，进一步规范工作行为、改进工作作风、提高工作效率。

第四章　方志经验

军队：军事志与退役军人入志[*]

新时代以来，中指组与全军军事志指导小组（军队体制改革后改为中央军委党史军史工作领导小组）、中指办与军事科学院军事志研究室密切交流、融合发展，开展了一系列卓有成效的工作，取得了显著效果。仅2017年、2018年，军事志研究室就有近20人次参加中指办组织的方志学业务培训、年鉴理论研讨、年鉴主编培训、年鉴理论学术研讨会等活动，军事志研究室专家在推动地方志鉴军事部类的质量提升方面做出重要贡献，不仅规范了长期困扰地方志鉴军事类目名称不统一的问题，而且进一步提高了各级地方综合年鉴编纂人员对保密问题的重视程度。特别是在加强军民深度融合共同推动国家方志事业方面，2018年6月，中指办经认真研究，同意军事志研究室提出的关于编纂《烈士纪念设施志》的设想，给予立项批复，这是中指办历史上第一个与军队全方位合作开展的科研项目。除此之外，在中指办的主导下，有效推动退役军人事务部、中指组、中央军委政治工作部、中央军委国防动员部联合印发《退役军人名录和事迹载入地方志实施办法（试行）》。

——题记

欢迎军事科学院解放军党史军史研究中心军事志研究室李涛主任一行，到中指办座谈交流工作。军事志是全面系统、客观准确地记述全国各

---

[*] 2019年1月30日，在军事科学院解放军党史军史研究中心军事志研究室交流座谈会上的讲话。

行政区军事历史和现状的资料性文献，乃地方志的"军事篇"，为方志这一中华民族独特文化瑰宝之花的绚烂一瓣。作为地方志工作不可或缺的有机部分，军事志工作这些年在全军军事志指导小组、中央军委党史军史工作领导小组及其办公室的有力领导下，取得的成绩有目共睹。

一、领导高度重视，健全工作机制

1997年，经中央军委批准，正式成立全军军事志指导小组，对全军军事志工作实行统一宏观指导；各军区成立相应的军事志指导小组，对所辖战区的军事志编纂工作进行业务指导；各省军区成立军事志领导小组，具体负责组织实施本级、军分区和人武部三级军事志编修工作，逐步形成三级组织领导机构和三级修志体系。这次军改后，军事志工作由中央军委党史军史工作领导小组直接负责，进一步加强了指导力度。

二、坚持质量第一，打造精品志鉴

截至2014年底，军队已完成两轮修志任务，共编纂各类军事志书6000余部、军事年鉴1000余部、军事大事记3000余册，挖掘开发、编纂出版史料读物460余部，充分发挥了"资政、存史、育人"之功效。在全国地方志优秀成果（年鉴类）评审活动中，共有上百部军事年鉴被评为特等奖和一至三等奖。

三、狠抓理论研究，推动编纂工作

先后编辑出版了数十部理论著作和工作用书，发表了数百篇军事志鉴理论文章，为编纂工作提供了强有力的理论支撑，提高了编纂人员的理论水平和业务素质。

四、加强法规建设，实现依法治志

依据《条例》《规划纲要》，制定《军事志编纂工作规定》《军事年鉴编纂工作规范》等法规文件，为军事志工作的法规建设和实现依法治志奠定了坚实基础。

五、拓展研究领域，填补志书空白

原全军军事志指导小组明确的《中国边海防志》《中国军事地理志》编纂任务，是加强国防和军队建设、做好军事斗争准备的一项重要基础性工作，也是填补我国志书空白、传承军事文化的开创性事业。军事志研究室目前正在组织编纂的《中国革命纪念建筑设施志·国家级烈士纪念设施卷》（以下简称《烈士纪念设施志》），是我国第一部全面反映国家级烈士纪念设施的专题志书，也是贯彻落实《传承红色基因实施纲要》《中华人民共和国英雄烈士保护法》的有力举措。

刚才，李涛主任介绍了军事志工作机构改革后军事志工作面临的主要问题，军事志研究室在志书年鉴编纂、成果开发、理论研究、教育培训等方面的工作以及下一步的工作打算，我听后很振奋。

近年来，中指办与军事志研究室交流密切，开展了一系列卓有成效的工作，也取得了显著效果。尤其是在军事志工作机制发生重大变化的情况下，作为全军唯一一个专门从事军事志编纂研究的工作机构，军事志研究室积极适应职能定位由办公室向研究室、由组织协调向学术研究的根本性转变，加强与全国地方志系统的合作交流，大力开展理论研究，努力提高自身科研能力，在多出成果上下功夫，切实发挥全军志鉴工作理论引领和学术指导作用。仅2017年、2018年就有近20人次参加中指办组织的方志学业务培训、年鉴理论研讨、年鉴主编培训、年鉴理论学术研讨会等活动；在《中国地方志》《中国年鉴研究》上发表学术文章3篇，另有8篇文章入选"依法治志与依法治国"征文活动、全国年鉴理论研讨会，做大会交流；在推动地方综合年鉴军事内容的质量提升方面做出重要贡献，去年军事志研究室派2名专家参加第五届全国地方志优秀成果（年鉴类）评审会议，对地方综合年鉴军事内容进行了认真把关，针对存在问题提出了解决措施。不仅规范了长期困扰地方综合年鉴军事内容类目名称不统一的问题，而且进一步提高了各级地方综合年鉴编纂人员对保密问题的重视程度。特别是在加强军民深度融合共同推动国家方志事业方面，进行了深入探索和有益尝试。去年6月，中指办经认真研究，同意军事志研究室提出的关于编纂《烈士纪念设施志》的设想，并正式印发立项批复。这是中指办历史上第一个与军队全方位合作开展的科研项目，意义重大。下面，我就如何做好《烈士纪念设施志》的编纂工作谈几点意见：

1. 要全面认识编纂《烈士纪念设施志》的重要意义。作为国家的"烈士记忆"，烈士纪念设施关乎一个国家的尊严与形象，更事关一个民族对自身历史的集体认同。习近平总书记深刻指出："新中国是无数革命先烈用鲜血和生命铸就的"，要传承好革命先烈的红色基因，并高度重视烈士纪念设施的保护和开发利用工作。去年4月27日，十三届全国人大常委会第二次会议全票表决通过了《中华人民共和国英雄烈士保护法》，从国家层面鼓励、支持开展对英烈事迹和精神的研究，要求加强对英烈遗物、史料的收集、保护和陈列展示工作，组织开展英烈史料的研究、编纂和宣传工作。编纂出版《烈士纪念设施志》使命光荣、责任重大。这既是贯彻落实习近平总书记重要指示的具体行动，又是为国家级烈士纪念设施编史修志，解决这一领域长期以来存在的史料分散，记载不够准确、系统和全面等问题；既是用实际行动向苍松翠柏掩映下的忠骨英魂致敬，更是为了把英烈事迹和革命精神永续传承。编纂出版《烈士纪念设施志》，就是要让每一处烈士纪念设施都成为一支永不熄灭的精神火炬，使英雄故事化作"国家记忆"；让每一处烈士纪念设施都成为一座世代守望的灯塔，用信仰之光照亮前行道路；让每一处烈士纪念设施都承载着党和人民的深厚情感，以英烈精神滋润民族心灵。

2. 要把编纂《烈士纪念设施志》作为深化军民融合推动方志事业的有力抓手。习近平总书记在党的十九大报告中强调要"坚持富国和强军相统一""形成军民融合深度发展格局"，从而把军民融合发展上升为国家战略。当前，中国特色社会主义进入新时代，我国发展站到了新的历史起点上，为军民融合深度发展提供了历史性机遇，同时也提出了更高战略要求。地方志工作者要抓住这一历史性机遇，多措并举实施军民融合发展战略，勠力同心书写志鉴事业新篇章。《烈士纪念设施志》所收录的277处国家级烈士纪念设施涉及全国31个省（自治区、直辖市），在编纂过程中，各级地方志工作机构除做好相关资料服务保障工作外，同时要以此为契机，主动加强与本地区军事志工作机构的协调沟通，保证今后军地双方的无缝衔接、协调发展、资料共享，实现方志编纂的军民融合，共创我国方志事业新的美好未来。

3. 要切实把《烈士纪念设施志》打造成精品力作。目前277处国家级烈士纪念设施多建于二十世纪五六十年代，近年来进行了大规模的扩建、重建和修缮，不仅许多数据需要更新完善、许多史实需要核准订正，而且需要深入挖掘蕴含其中的红色资源，以缅怀和弘扬英烈们的光辉业绩，教育启迪后人。在中指办批准立项后，《烈士纪念设施志》也得到了中央军委政治工作部和国家退役军人事务部的大力支持。《烈士纪念设施志》已被列入全军"十三五"军事理论科研重点项目[1]，国家退役军人事务部提供了"中华英烈网"的相关数据，并要求各地烈士纪念设施管理单位提供反映纪念设施建设的第一手史料、最新信息和图片。以军事科学院解放军党史军史研究中心军事志研究室为主成立的课题组，走进烈士纪念设施实地调研，反复印证，补充完善，并依据党史军史权威著作进行认真核实。这是一部集国家退役军人事务部、军事科学院、中指组三支"国家队"合力编纂的"国家级"专题志书，必须打造成精品之作、传世之作。要对烈士纪念设施的建立背景，地理方位，建筑特色，建设与修缮的历程、现状，承载的革命历史，记录的烈士事迹，缅怀革命先烈的活动以及纪念设施的开发利用等情况做出详细记载，力求资料图片真实准确、信息数据权威可信，成为了解国家级烈士纪念设施、学习中国革命史的史志精品，同时为抵御历史虚无主义侵蚀和敌对势力污蔑诋毁革命英烈提供有力武器。

最后，在2019年新春佳节即将到来之际，对军事志研究室全体同志表示新春祝福，并预祝军事志事业在新的一年里取得更大的成绩，共同推进全国地方志事业的繁荣发展。

---

[1] 该项目2020年入选"十三五"国家重点图书出版规划项目。

煤炭系统：为"煤炭"方志人点赞*

> 我畅想，到 2020 年，我们全面建成小康社会时，实现省市县三级志书全覆盖，是地方志的第一个一百年目标。到 2050 年，建成富强民主文明和谐美丽的社会主义现代化强国时，实现行业志、专业志、乡镇志、村志、居民小区志，以及名山志、名水志、名街志等系列方志成果全覆盖，是地方志的第二个一百年目标。届时，一个庞大的地方志数据智库，将涵盖自然、政治、经济、文化、社会等各个领域，这是方志人向中国、向世界贡献的一个巨大文化宝藏。
>
> ——题记

很高兴参加煤炭工业第二轮修志工作总结会。按照 2015 年 8 月 25 日国办印发的《规划纲要》，在明年全面建成小康社会的时候，我们将要完成一项伟大的世界文化创举，即实现每个省、每个市、每个县，都要有地方志。《规划纲要》要求，"加强对已开展和准备开展志鉴编纂工作的行业、部门、单位等的业务指导和管理"。从 2012 年起，有关煤炭部门、企事业单位、社团组织和广大煤炭史志工作者共同努力，勠力同心，不辞辛苦，克难求进，用五六年的时间，形成了较为完善的包括省级志、专业志、企事业单位志三个系列的煤炭工业志书体系，成果丰硕，基本完成了煤炭工业第二轮修志任务。这意味着在省市县三级志书全面完成之前，煤炭工业系统率先完成了省级志、企业志和专业志。这是一件难能可贵的事情。在

---

* 2019 年 5 月 13 日，在煤炭工业第二轮修志工作总结会上的讲话。

此，我代表中指组及其办公室，向中国煤炭工业协会、向参与本次修志工作的每一位同志表示衷心祝贺和感谢。今天上午，大会已经给修志工作先进集体和先进工作者颁发了奖牌和荣誉证书，在此我对获奖的单位和个人表示衷心祝贺！

编修地方志是中华民族延续2000多年的优秀文化传统，历史悠久，连绵不断。中华文明传承延续到现在，一直没有间断，其中有一个重要的原因，就是因为"国有史、郡有志、家有谱"。但是从纵向来看，在2000多年的地方志编修过程中，没有一朝一代能够做到省市县所有的志书全部编修出版。古人没有做到的一件事，我们即将要做到。从横向来看，世界范围内，也没有哪一个国家、行业、部门，能够用"志"这样一种中华文化最特殊的载体来记载一定行政区域和行业部门的自然、政治、经济、社会、文化等多方面的情况。在全世界197个国家里，地方志是我们独有的一种文化特征。所以到2020年，我们实现省市县三级志书全覆盖，还有行业志、专业志，以及名山志、名水志、名街志等大量方志成果的面世，这些构建了一个巨大的中国哲学社会科学的方志数据库，涵盖了自然、政治、经济、文化、军事等若干领域。这也是方志人向中国、向世界贡献的一个巨大文化宝藏。

由于方志的资料性、地域性、权威性等，地方志在规划编制、旅游开发、环境治理、人口控制、历史文化遗产发掘保护、宣誓国家领土主权等各方面切实发挥了"参谋""资治"的作用，地方志的"存史、资政、育人"的价值将会越来越彰显。屠呦呦从东晋葛洪编著的《肘后备急方》看到："青蒿一握，以水二升渍，绞取汁，尽服之"，从而获得灵感，提出了抗疟疾单体"青蒿素"，获得了诺贝尔奖。在南海仲裁案中，我们在东汉时期资料里就找到了我们古人关于治理南海诸岛的记载，比越南早了1400多年，比菲律宾早了1500多年，从而有力地回击了南海诸岛到底是谁先发现谁先管理的问题。关于《西游记》著作权的争执，四川省高级人民法院在评判这个案件的时候，被告律师依托《淮安府志》里面的一句话"吴承恩写西游记"，才赢得了这场官司。这样的例子真是举不胜数。

党的十八大以来，以习近平同志为核心的党中央高度重视地方志工作。从 2014 年到 2018 年，连续 4 年，党和国家领导人，党和国家的重要文件都对地方志事业发展作出重要指示或者规定，提出明确要求，这是史无前例、绝无仅有的。2014 年 2 月，习近平总书记在考察首都博物馆时强调，要高度重视修史修志；2015 年 7 月，习近平总书记在中共中央政治局第二十五次集体学习时指示，地方志要与党史、军史、档案、政协文史资料、社科院、高校等部门和机构一起，对抗战进行系统研究；李克强总理三次作出批示，提出"修志问道，以启未来"；希望地方志工作者"直笔著信史，彰善引风气，为当代提供资政辅治之参考，为后世留下堪存堪鉴之记述"；2015 年 8 月，国办印发《规划纲要》，首次对全国地方志事业发展作出了全面科学的顶层设计；2016 年 3 月，"加强修史修志"写入国家"十三五"规划，地方志工作被纳入了国民经济和社会发展规划，纳入了党中央、国务院部署的工作任务序列；2017 年 1 月，中共中央办公厅、国务院办公厅印发《关于实施中华优秀传统文化传承发展工程的意见》，在重点任务中明确要求"做好地方史志编纂工作，巩固中华文明探源成果，正确反映中华民族文明史，推出一批研究成果"，地方志工作被纳入中华优秀传统文化传承发展工程；2017 年 5 月，《国家"十三五"时期文化发展改革规划纲要》明确规定，"开展旧志整理和部分有条件的镇志、村志编纂"，地方志工作被纳入社会主义文化强国建设任务之中；2018 年 9 月，中共中央、国务院印发《乡村振兴战略规划（2018—2022 年）》，明确提出"鼓励乡村史志修编"，要求地方志工作向基层延伸，地方志工作被纳入乡村振兴战略。地方志在中华民族伟大复兴征程中的作用愈加明显，地位大大提升，地方志事业迎来了千载难逢的发展机遇期，这是地方志走进新时代的重要标志。

在党中央、国务院的亲切关怀下，在第五届中指组的坚强领导下，中指办在学习贯彻习近平新时代中国特色社会主义思想和党的十九大精神上，注重学懂、弄通、做实，不摆花架子，不唱高调，做到真学、真用、活学、活用。围绕全面深化改革，提出围绕党和国家利益、经济社会发展、以人民为中心三个方面开拓创新，彻底摒弃一本书主义，开拓志、鉴、史、馆"四驾马车"并驾齐驱，志、鉴、史、馆、库、网、用、会、刊、研"十业并举"新局面,在全国范围内全面推动地方志从一项工作向一项事业转型升级;围绕全面依法治国,提出并实施依法治志,积极推动国办印发《规划纲要》等;围绕文化自信,提出并践行方志文化自信;围绕中国特色社会主义进入新时代,落实地方志如何在新时代新担当新作为;围绕国家"两个一百年"奋斗目标,倡导方志人应树立"两个一百年"奋斗目标,即在2020年全面建成小康社会之时,实现省省、市市、县县有志有鉴的"两全目标",实现世界文化创举,在本世纪中叶中华人民共和国成立100年即建成富强民主文明和谐美丽的社会主义现代化强国之际,编纂《中华人民共和国志》,实现省市县三级志书,乡镇志、村志、社区志、小区志和地方综合年鉴全覆盖;围绕国家扶贫战略,编纂扶贫志,实施民族地区与贫困地区志书出版资助工程以及年鉴出版资助工程、地方志援藏援疆工程;围绕乡村振兴战略,启动中国名镇志文化工程、中国名村志文化工程,建立村史馆、村情网等,拍摄中国影像方志、中国影像志·名镇名村系列影像志等。以敢闯敢干的勇气和自我革新的担当,抢抓机遇,主动作为,扎扎实实,一步一个脚印,使全国地方志形势发生了很大变化,实现了跨越式发展,得到了全国地方志系统和社会各界的一致肯定。

2019年是全国地方志系统的拼搏年、冲锋年。下一步中指办将按照《规划纲要》的要求,在狠抓完成"两全目标"的基础上,加大对行业、部门志书、年鉴工作的督查指导和统筹规划。史志工作在各行业都要占有一席之地。

行业部门的史志鉴工作是地方志"十业并举"中的重要组成部分。中国煤炭工业协会主动牵头组织行业修志,这几年做了这么多的工作,例如煤炭第二轮的修志工作取得了重要成果,编纂史、志、鉴、记、图册等近千部,成绩斐然,且来之不易。这说明协会领导是有眼光、有胸怀、有担当的领导,否则就没有煤炭行业史志今天的成绩。煤炭工业第二轮修志建立了省级《煤炭工业志》、专业志、企事业单位志3个系列的志书体系,"史、志、鉴"三位一体,协调推进,基本实现了行业修志工作的全覆盖。在事业的推进过程中,也培养了一支从上到下的"不怕吃苦、任劳任怨、作风硬朗"的修志队伍。把煤炭人艰苦卓绝、甘于奉献、励精图治的历史记录下来，向后人、向世界传递的情怀，充分体现了煤矿工人"特别能战斗"的精神。

对煤炭行业下一阶段的地方志工作，我提几点希望：

1. 坚持正确的政治方向。地方志是官书，是在党领导下的一项意识形态工作。学懂弄通做实习近平新时代中国特色社会主义思想是当前乃至今后都要抓牢的管总、紧迫的政治任务。要自觉用习近平新时代中国特色社会主义思想武装头脑、指导实践、推动工作。要牢固树立"四个意识"，坚定"四个自信"，坚决做到"两个维护"，更加紧密地团结在以习近平同志为核心的党中央周围，更加坚定地维护以习近平同志为核心的党中央的权威，更加自觉地在思想上政治上行动上同以习近平同志为核心的党中央保持高度一致，更加扎实地把党中央的各项决策部署落到实处。这就要求我们全面贯彻落实习近平总书记关于加强修史修志工作的重要指示精神，着重把握其精神实质、基本内涵和主要观点，坚持理论联系实际，深刻领会习近平新时代中国特色社会主义思想对全国地方志事业转型升级的重大指导意义，准确理解全国地方志事业进入新时代的内涵与外延，努力谱写地方志事业发展的新篇章。

2. 坚持依法治志。《条例》颁布尤其是《规划纲要》的印发，标志着地方志工作步入法治化轨道，编志编鉴是政府的法定职责。煤炭行业也要抓住这一机遇，进一步完成第二轮修志的扫尾工作，在系统内全面推进志、鉴、史、馆、用、刊等全面发展。要紧紧围绕服务行业发展，做好志鉴开发利用工作，做好方志馆的建设工作。我看了议程，我们今天下午还要举行"中国煤炭工业史志馆"揭牌仪式。这个是行业依法开展史志工作非常好的实践。

3. 认真总结经验。要对中国煤炭工业协会这些年来组织煤炭工业开展史志工作的情况进行全面总结，形成部门、行业如何开展史志工作的经验材料，提出可借鉴、可推广、成型的一整套规章制度，适时在全国其他系统推广。

4. 加强交流合作。通过建立交流合作等多种形式，将煤炭行业史志工作和中指办工作结合到一起。借助全国地方志系统的力量和平台，进一步做好煤炭系统史志工作，扩大影响，扩充队伍、增强实力，产生更多、更大的影响力。欢迎煤炭系统史志机构参与中指办的"名志系列"文化工程、"一体两翼"用志工程等。欢迎煤炭工业文献委和《中国煤炭工业志》编纂办公人员参加中指办组织的工作会议、学术年会，论坛以及培训班等各项活动，加强联系互动，进一步推进煤炭史志事业全面发展。同时，双方要建立密切的沟通联系机制。全国地方志的重要活动和信息在《煤炭史志简讯》和煤炭史志网得到及时报道，煤炭行业修志工作的情况在全国地方志通讯及网站中也得到反映，实现了互联互通。煤炭行业史志工作者与全国地方志工作者共同努力，在新时代修志工作中实现新作为。

最后，我希望借着这轮志书完成的契机，借着领导对史志工作的支持和钟爱，借着史志同仁积累的宝贵经验，还有身上保持的修志热情，在这项工作即将画上圆满的句号的时候，开始展望我们下一轮的工作，为第二个一百年目标做出方志人应有的贡献。我也希望到第二个一百年目标实现的时候，煤炭方志人又能走到其他行业的前面。我还希望那个时候大家都能参加这样的表彰会。

东营：修志得志[*]

> 1989年8月12日，时任宁德地委书记的习近平同志在全区地方志工作会议上，发表题为《深刻认识修志意义，认真做好修志工作》重要讲话，指出地方志工作者承担着历史的重任，修志是一项很有意义的工作，是一件功德无量的善政，其意义不下于建座大桥、修一个博物馆，甚至更久远一点，强调修志是一件相当"得志"的事情。东营市史志办公室在党的十八大以来开拓创新、奋发有为，着力推动国家方志馆黄河分馆永远屹立在黄河入河口，成为东营市一张亮丽名片，受到党委政府和社会各界的充分肯定和大力称赞。2017年，在全国精简机构编制的形势下，东营史志办由副处级单位升格为市政府直属正处级机构，编制由11人增加到17人。2018年机构改革后，市地方史志研究院编制增加到31人，科级干部职数增加到11个，可谓"修志得志"。
>
> ——题记

党的十八大以来，党和国家领导人高度重视地方志工作，习近平总书记两次对地方志工作做出重要指示，李克强总理三次对地方志工作作出批示，刘延东副总理两年中两次接见地方志的代表并出席地方志会议，包括今年12月29日在北京人民大会堂的会议。5月12日这一天，我们在北京人民大会堂开了两个会议，全国政协副主席徐匡迪和王勇国务委员参加会议。尤其是最近一段时间，在国际形势复杂的背景下，习近平总书记在多

---

[1] 根据2015年至2020年几次到东营市调研指导地方志工作时的讲话整理。

个场合讲到，西方国家要颠覆、西化一个国家的时候，都是先从否定他的历史开始，苏联的瓦解、苏共的解体就是先从否定他们的历史开始，所以在这样一个重要的关头，地方志以其"存史、资政、育人"的特殊功能，要发挥不可替代的作用。习近平总书记指出，要总结中国经验，推广中国制度，推行中国模式，讲好中国故事，让世界了解真实的中国。在世界文化的历史长河中，地方志是一颗独特的灿烂明珠。包括西方国家在内的历史，多是一些传说和故事的编纂，没有以官修志书的方式予以客观真实的记载，所以在中国共产党带领我国各族人民实现中国梦这个伟大复兴的过程中，以地方志的形式记载这一段灿烂的历史，也是我们的使命。党的十八大以来，党和国家领导人为什么如此重视地方志工作，值得我们深入思考。

近年来，特别是爱军主任上任以后，山东的地方志工作突飞猛进、成绩突出。方志中国微信公众号刚刚转发了郭树清省长对山东史志工作的批示，史志办这样一个非一线创造GDP的部门，居然把工作搞得如此风生水起，值得充分肯定。东营史志部门在山东史志系统这几年工作取得巨大成绩的过程中，也是发挥了重要的作用，这与东营市委市政府重视地方志工作是分不开的，所以，我们在草拟《全国地方志事业发展规划纲要（2015—2020年）》初稿时，希望把刘延东副总理对地方志工作"一纳入、八到位"的要求写进去，其中，领导重视就是一个明确的要求。我觉得，东营做到了。

近年来，东营史志工作思路开阔、规划超前、开拓创新、成绩突出，能够把地方志工作纳入经济社会发展大局，与改革开放和各项事业同频共振、同向发力、同步前行，为全国地市一级地方志事业转型升级蹚出了路子，创出了典范。

一、着眼长远，构建起了政府主导、社会参与的多元化地方志工作格局

东营市通过成立地方史志编纂委员会，颁布实施《东营市地方史志工作管理办法》，明确了党委领导、政府主持、部门协作、齐抓共管的工作

推进机制。市委、市政府把史志工作列入重要议事日程，经常听取史志工作汇报，及时解决工作中遇到的困难和问题。重要事项"两办"发文推进，志鉴编修统一化管理，在全省率先实现市县（区）综合年鉴编纂全覆盖，连续10年市及县区全面出版政府综合年鉴。同时，在政府主导、地方志工作机构主持的基础上，充分鼓励、发动和引导社会各界参与修志编鉴及开发利用。建立全市各级地方志专家库和专业人才库，吸纳各领域专家、学者和离退休人员参与项目开发，为地方志事业发展提供了源源不断的智力支撑。

二、围绕中心，做活了为现实服务的文章

东营市积极拓展史志工作领域，紧紧围绕党委政府中心工作和群众需要开展服务，让地方志事业"用起来""立起来""活起来""热起来""强起来"，开创了地方志工作新局面。比如整理挖掘东营人文资源，编纂出版了《东营历史人物》《多彩东营》，丰富了东营乡土教材；配合扩大开放、招商引资，出版了《天南地北东营人》《东营市服务指南》《当代东营概览》等系列地情读物；及时跟进记录市委市政府决策部署和全市改革发展成就，推出《东营·汶川——东营市救助援建汶川特大地震灾区工作纪实》《东营图志》，等等，得到了各级领导和社会各界的广泛认可。同时，通俗易懂的新型方志产品不仅提高了方志可读性、扩大了读者群，还为新方志编纂储备了后备力量，为整个地方志工作营造了良好的大环境，形成了良性循环的科学发展态势。

三、创新形式，有力拓展了地方志公共文化服务功能

实践证明，只有把地方志工作融入到社会大文化发展格局，不断加大志类产品生产和服务，才能促使地方志事业借机发展、借势发展，才能永葆青春、充满活力。东营的特色方志馆建设、市情网站建设、方志衍生品开发，都对有效开发、利用地方文化资源，搭建完善公共文化服务平台，促进地方经济文化建设发挥了较好的促进作用。譬如东营方志馆建设的特色定位，围绕黄河、石油、生态做文章，重点打造"黄河文化"，形成了"黄河文化归

结处"特色,彰显了地方志文化魅力,很好地提升了东营城市知名度和文化软实力。创意编纂的"老字号"系列文化产品,通过挖掘民间文化资源,留住乡音,记住乡愁,形成品牌效应,有的还逐渐成为发展地方特色文化产业的源头、原创和元典,有力提升了社会关注度和文化影响力。

四、苦练内功,锻造了一支敢打硬仗的史志工作队伍

"为政之要,贵在得人。"做好史志工作,队伍建设是关键。多年来,东营史志系统一直致力于团队文化建设,通过多种途径强化团队成员的归属感和认同感。比如组织全市史志同仁人人动笔"写我评我",结集出版《东营史志人》,举办点评优秀志书业务技能大赛,组织拓展训练,等等,既对外宣传了地方志工作,又对内提升了队伍凝聚力向心力。经过长期培育,树立了"跳出来审视自我,走出来开阔视野,坐下来用心干事,融进来共筑和谐"的工作理念,锻造了"乐业、勤勉、博学、自敛"的东营史志精神,领导班子团结和谐、锐意进取,干部职工爱岗敬业、战斗力强,营造了干事创业、争先进位的浓厚氛围,形成了推动工作的强大合力。这一点,在国家方志馆黄河分馆的申报设立和建设推进过程中,得到了充分印证和生动体现。

国家方志馆黄河分馆是继临朐国情调研基地之后,山东地方志工作的一张亮丽的名片,同时,由于临朐的调研基地还没有进入实质性的发展阶段,那么国家方志馆黄河分馆在山东地方志工作中的重要位置就更加凸显。刚才听了大家的情况介绍,包括设计公司的相关汇报以后,我希望国家方志馆黄河分馆建设,在把好政治关的基础上,坚持"四性",做到"四力"。

(一)要切实注意讲政治

习近平总书记在中国哲学社会科学座谈会上提出,要充分注意意识形态的审查。国家方志馆黄河分馆在建设布展过程中,一定要讲政治。使用党和国家领导人的照片,一定要按照国家新闻出版广电总局的规定履行送审程序。

(二)要坚持方志性

方志性是方志馆的基本属性。东营有图书馆、文化馆、博物馆、地质

馆等，但是，多少馆都代替不了方志馆。习近平总书记在任宁德地委书记时说："了解历史的可靠的方法就是看志，这是我的一个习惯。过去，我无论走到哪里，第一件事就是要看地方志。这样做，可以较快地了解到一个地方的山川地貌、乡情民俗、名流商贾、桑麻农事，可以从中把握很多带有规律性的东西，可谓'开卷有益'。"方志馆是新时代把地方志"立起来"的创新，是学懂弄通做实习近平新时代中国特色社会主义思想的重要举措。方志馆建成后，要了解一个地方的历史、现实等情况，能看志书的看志书，不能看志书的可以看方志馆。任何馆的"资政、教化、育人"功能都不及方志馆，所以国家方志馆黄河分馆必须有鲜明的方志性，东营市委市政府、东营史志办和设计公司要把握好这一点。

（三）要坚持国家性

这个馆虽然建设在东营，但是，它是国家方志馆黄河分馆，是国家方志馆的组成部分，所以，必须要有国家气魄，要有广阔的视野，特别是要有中外的视野。这个馆建成后，不仅是给东营人看的，也不仅是给中国人看的，要有世界的视野。刚才我注意到，展厅里有的英文标注是错误的，这不应该有。还有，一些重要的史料，不仅要有英文注释，还要根据东营的地情特点，标注一些相关国家的语言文字。我们说让中国文化走向并影响世界，我们建立国家方志馆黄河分馆，就是要有向世界讲好中国故事的豪迈，让黄河分馆里所承载的方志文化去影响并引领世界。

（四）要坚持黄河性

黄河性当然是国家方志馆黄河分馆的主要特性之一。黄河是中华文明最主要的发源地，是中华民族的"母亲河"。这条川流不息的大河两岸，孕育了我们伟大祖国的原始文化，进而迸发出灿烂多彩的人类文明，都应该成为国家方志馆黄河分馆的重要内容。

（五）要坚持东营性

国家方志馆黄河分馆建设在东营，当然要有东营性。东营是古代大军事家孙武的故里，山东地方代表戏曲吕剧的发源地，中国第二大石油工业基地胜利油田崛起地，曾经被评为中国"六大最美湿地之一"。天鹅在这里展翅，你可以去天鹅湖欣赏湖光天色、天鹅飞翔。黄河在这里入海，你可以去我国最大的三角洲看那里的雄浑壮阔和生机勃勃。东营市虽然1983年建市，时间较晚，又是建设在一片盐碱滩涂上，但是，智慧、勇敢、勤劳的东营人民用辛勤的双手谱写了一曲曲动人的事业篇章。国家方志馆黄河分馆不仅要具有东营性的显著特征，而且应当成为东营市一张亮丽的名片。

国家方志馆黄河分馆的建设，除去要坚持上述"四性"之外，还要注意做到"四力"。

（一）榜样与传播力

国办印发的《规划纲要》规定"要加强方志馆建设"，"要加强修史修志"也史无前例地载入国家"十三五"发展规划中，在这样一个时代背景之下，方志馆作为一项新兴的事业已经开始。国家方志馆面积较小，我们就考虑建设若干国家方志馆分馆。各地热情很高，国家方志馆长江分馆、中原分馆、知青分馆、"一带一路"分馆、"南水北调"分馆，还有黄金分馆、草原分馆、茶叶分馆等，申报的地方很多。但是，我们的原则是宁缺毋滥，成熟一个，建设一个。这一届中指办党组研究决定建设的第一个国家方志馆分馆就是黄河分馆。我希望，黄河分馆要建成国家方志馆分馆的榜样，对下一步分馆建设形成良好的传播力。

（二）特色与影响力

目前，全国已经建成方志馆400多家，各有特色。国家方志馆黄河分馆的特色是什么？我们要审慎研究这个问题。要以它的特色来宣传东营，记录黄河，比如说我们黄河三角洲的开发总战略是怎样谋划布局与实现的，都要考虑进去。方志馆落成后，要有影响力，如果门可罗雀，就失败了。

（三）象征与生命力

东营市方志馆应该有东营的象征，黄河分馆要体现黄河的象征，只有有了这样的特点它才具有存在的意义。黄河文化博物馆2万多平方米，国家方志馆黄河分馆展陈面积才1万多平方米，我们搞这个馆有什么意义？馆不在于大小，而在于他有没有生命力。

（四）发展与创新力

国家方志馆黄河分馆建成后，并不是一劳永逸、一成不变的，要与时俱进，考虑它下一步的发展，要有一个创新空间，譬如留出一部分位置作动态调整，随着东营各项工作还有黄河流域的各种与方志有关的内容的拓展，方志馆也要进行适时更新，保持发展与创新力，这就需要动态与静态相结合。

  总之，东营我来过好多次，特别是我以前做律师的时候，东营开创性的几个案子都是我来代理的，十多年没来，这次来感觉变化很大。东营市委市政府对方志工作的重视，让我感到十分欣慰。其实爱军主任有很多的话要说，但是他为了让我多讲点，把时间留给了我，但是，我也不能讲得太多了，就讲这些吧。

第四章　　　　　　　　　　　　　　　　　　　　　　方志经验

黑河：谁说女子不如男[*]

在全国地方志系统，田桂珍是一个名人，不仅歌唱得好，而且工作出色，为人有情有义。自2014年1月任黑河市地方志办公室主任至今，她已从事地方志工作31年。她善抓班子带好队伍，带头迎难而上攻坚克难，2018年8月国家方志馆知青分馆在黑河揭牌，她功不可没。她积极推动《瑷珲镇志》《新生村志》入选中国名镇志文化工程、中国名村志文化工程，是东北三省首家入选国家历史文化名镇、名村志工程的地级市。为此，她多次获国家和省、市表彰，2010年被中指组授予全国地方志系统先进个人，2019年黑河市委史志研究室荣获全国地方志工作先进集体，2020年被人力资源和社会保障部、中指组授予全国地方志工作先进个人荣誉称号。

——题记

今天我们怀着非常高兴和激动的心情，齐聚黑龙江黑河市爱辉镇，共同见证国家方志馆知青分馆正式挂牌这一重要时刻。受王伟光组长、李培林常务副组长委托，我代表中指组及其办公室、国家方志馆，对多年来关心和支持地方志事业及国家方志馆建设的社会各界朋友表示衷心的感谢！对来自全国各级地方志工作机构的同志们表示热烈的欢迎！

发生在20世纪中期的知识青年上山下乡运动已经离我们远去，但是作为这段历史的亲历者、创造者，千千万万的知青在祖国的边疆、农村，

---

[*] 根据2018年8月在国家方志馆知青分馆开馆及其后几次黑河地方志办公室到中指办汇报工作时的讲话整理。

都留下了脚踏实地、战难斗险、不屈不挠、敢于牺牲的光辉足迹。他们用自己的血汗和生命，书写了一段青春奋斗史，在中华人民共和国的成长进程中写下了浓墨重彩的一笔，也为中华民族留下了宝贵的精神财富，融入并成为中华民族优秀文化的重要组成部分。

历史需要尊重，文化需要传承。坐落在黑河市爱辉镇的这座知青博物馆，就是全国广大知青倾心打造的一座旨在储存知青实物、记忆知青历史、弘扬知青文化的重要场馆。今日的知青博物馆已经成为黑河市的文化品牌、全国知青的精神家园，知青文化在这里得到凝聚、知青精神在这里得到升华。可以毫不夸张地说，知青博物馆的建设在广大知青和知青的后代心中树立了一座不朽的史志丰碑。

方志，乃一方之全史，存史是方志的要义所在，知青历史同样是方志记述的重要内容。2014年，上海市知识青年历史文化研究会还专门编辑出版了六卷本的《中国新方志知识青年上山下乡史料辑录》一书，获得了良好的社会反响。因此，记述知青历史，宣传知青精神，弘扬知青文化，也是地方志工作的一个重要组成部分，而作为传播方志文化的重要平台，全国各级方志馆更肩负着展示知青历史、宣传知青精神的重要职责。

国家方志馆是一家集地情展示、收藏保护、编纂研究、专业咨询、信息服务、开发利用、宣传教育、业务培训、文化交流等功能于一身的国家级公共文化服务机构，承担着普及国情知识，传播方志文化，助力实现中华民族伟大复兴中国梦的重要使命。为更好地发挥国家方志馆的职能和作用，中指组及其办公室、国家方志馆稳步推进分馆建设。今年5月，中指办、东营市人民政府、黄河水利委员会三方共同打造的，以传播黄河文化、展示东营地情的国家方志馆黄河分馆，在山东省东营市正式开馆。国家方志馆知青分馆的建立，是中国的第598个方志馆，也是第五届中指组批准成立的第二个国家方志馆的分馆。国家方志馆知青分馆的建设，作为国家方志馆分馆建设的又一重要成果，是可喜可贺的，是顺应时代要求的，是方志文化内涵和外延得到进一步拓宽和延伸的重要标志，是推动地方志"用起来""立起来""活起来""热起来""强起来"的又一重要探索。同时，国家方志馆知青分馆的建设，也将为知青文化的弘扬、为黑龙江省省情和黑河市市情的传播，搭建一个更加广阔的展示舞台。

今天知青博物馆被正式纳入到了国家方志馆分馆的建设序列，这是全国地方志系统全面认真学习贯彻落实习近平新时代中国特色社会主义思想的重要成果；这是地方志系统落实全面深化改革战略，尤其是地方志工作围绕经济社会发展开拓创新的重要举措；这是全国方志人全面推动地方志从传统的"一本书"的平面形象，向"十业并举"的立体事业转型升级的重要体现。是地方志文化与知青文化的有机融合。建立国家方志馆知青分馆，是对黑河市和黑龙江省地方志工作的认可，也是对黑河市和黑龙江省文化建设的肯定，更是对挖掘、研究和传承知青文化的认同。在此，希望国家方志馆知青分馆以正式挂牌作为新的历史起点，继续深入学习贯彻习近平新时代中国特色社会主义思想，在中指组及其办公室、国家方志馆的业务指导下，紧紧抓住全国地方志从一项工作向一项事业转型升级的大好机遇，牢牢把握国家性、方志性、专题性三大特性，积极探索分馆建设模式，大力整合方志文化和知青文化双重力量，推动深度融合发展，为中华文化繁荣发展、为社会主义文化强国建设做出更大的贡献。

国家方志馆知青分馆正式挂牌以来，各地知青以黑河为"基地"，回眸青春岁月，激发爱国豪情，并尽其所能为第二故乡的建设添砖加瓦。为加大知青文化宣传力度，打造方志品牌，在北京、上海、天津、重庆、山东、江苏、云南等19个直辖市和省会城市举办巡回展览，参观群众达150万余人次，举办报告会13场，征集知青文物史料7400余件。2018年7月与喜马拉雅FM联合推出知青博物馆大讲堂《树新讲知青》节目，由该馆名誉馆长刘树新主讲知青故事，截至2021年9月，已发布知青故事248集，点击量达190多万次，受到广大听众和知青朋友的热烈欢迎。2018年国家方志馆知青分馆被命名为黑龙江省中小学研学基地。2019年12月，全国方志馆分馆建设研讨会在黑河成功举办，来自全国27个省（市、区）120余名史志同仁齐聚黑河，共商方志馆建设大计。2021年9月，经中国人民解放军北部战区批准，知青分馆挂牌"北部战区陆军——红色基因代代传教育基地"。知青分馆新展览中心项目，2020年正式启动并完成基础工程，拟于2022年建成。建筑面积4000多平方米，集知青方志展览中心、中国知青专题馆、文创中心等于一体，立体化呈现中国知青精神和文化内涵。

黑河是祖国北大门，黑龙江政区肇始之地，因江得名，因边而建，因贸而兴。黑河拥有极其丰富的历史文化遗产。为宣传推介黑河，地方史志部门做了很多努力。

近年来，特别是黑河市史志档案部门组建以来，认真贯彻落实市委市政府决策和中指办、黑龙江省委史志研究室工作部署，高质量完成"两全目标"任务。全市地方志"两全目标"任务完美收官，受到省委通报表扬。截至2020年11月，全市7部二轮志书和地方综合年鉴全部公开出版发行。《黑河年鉴》（2017、2019）分别获全国地方志优秀成果（年鉴类）地市级综合年鉴二、三等奖，《北安年鉴（2017）》获县区级综合年鉴二等奖，黑河是黑龙江省唯一市县同时获国家奖的地级市。

积极申报中国名镇、名村志文化工程，记载、宣传展示瑷珲300年厚重历史文化底蕴的《瑷珲镇志》被列入第二批中国名镇志文化工程，2017年12月12日在贵州黔南州举行出版发行仪式。记载我国东北部地区人口最少的民族之一鄂伦春民族历史的《新生村志》，于2017年被列入中国名村志文化工程，2018年12月25日在云南芒市举行公开发行仪式。宣传黑河知青文化、记载北疆知青第一村历史的《外三道沟村志》，于2019年被列入中国名村志文化工程。2019年，《五大连池水志》拟申报名水志文化工程，已完成初稿编纂。

扎实开展地情资料编研。积极开展"黑河历史文化古旧典籍及地情资料搜集整理汇编规划"起草和启动工作，结合黑河实际，挖掘地方历史资源。完成民国九年（1920年）版《瑷珲县志》古籍版本和现代版本的再版工作，便于后续对近代瑷珲历史开展再研究。完成《爱辉馆藏》《爱辉古今名人传》《爱辉文史资料》等多项专辑的编纂工作，吸引大量专家、地方学者、文学爱好者参与，不断拓展了修志新路径。编辑出版《抗日烽火在黑河》《黑河史话》《苏联红军解放东北》《中国黑龙江省黑河市与俄罗斯阿穆尔州地方关系简介》等珍贵的地情资料书。组织编辑《黑河地情概览》等系列丛书，与黑河市纪委联合编写廉政教育读本《黑河红色基因传承》，为党风廉政教育提供地情教材。

坚持读志用志，服务地方经济社会发展，为黑河铁路、机场等项目和各单位提供志书、年鉴及其他地情资料，为市农委提供农产品地理标志佐证材料，增强了地方志服务经济发展的主动性和自觉性，受到相关部门和市领导的赞誉。积极发挥志书的使用价值，多次查找地区志县志和军事志资料，在中国各方友人帮助下，为俄罗斯阿穆尔州赖齐欣斯克市居民娜杰日达·库索娃及亲属，辗转寻找到了失散70余年的姑妈娜塔莉娅·加利尼琴科及后人，实现了几代亲人相聚的心愿。黑龙江省新闻夜航和黑河电视台全程报道了寻亲过程。勇于承担重任，在完成"两全目标"的非常时期，按照省委史志部门工作安排，积极承担对西藏仁布县、谢通门县和新疆阿勒泰地区富蕴县史志部门的支援工作，为对口支援单位开展业务培训，审定《谢通门县志》《谢通门年鉴》和《富蕴年鉴》，与西藏、新疆方志同行结下深厚情谊。

围绕重大时间节点，开展史志宣传活动。2019年，成功举办"庆祝中华人民共和国成立70周年暨中俄建交70周年中国黑河与俄罗斯地方友好交往成就展"，在全社会引起强烈反响，得到黑河市委市政府和俄罗斯阿穆尔州政府高度评价及社会各界的普遍赞誉。我国外交部领导、俄罗斯联邦驻哈尔滨总领事等都到展馆参观，并给予高度评价。组织举办"永远的丰碑——纪念王肃牺牲73周年"展览，协调王肃烈士的亲属王魁汉捐资100万元设立王肃奖励基金，首批6万元奖金用于奖励黑河市首届"最美退役军人"。与黑河日报社联合开设《壮丽70年、奋斗新时代——黑河发展历史成就回顾》专栏。2020年，为纪念中国人民抗日战争暨世界反法西斯战争胜利75周年，举办"中苏并肩抗战、东北全境解放"展览，收到良好的社会效果。参观单位104家、2000余人次，引起强烈社会反响，得到黑河市委市政府和俄罗斯阿穆尔州政府高度评价及社会各界的普遍赞誉。我国外交部领导、俄罗斯联邦驻哈尔滨总领事等到展馆参观，并给予高度评价。举办黑河市纪念中国人民抗日战争暨世界反法西斯战争胜利75周年座谈会。黑河市委书记马里出席会议并讲话，市委常委、市委秘书长主持座谈会。拍摄专题片，再现75年前中苏两国军民共同抗战，击溃日本关东军的历史,教育广大干部群众铭记历史,珍爱和平,开创未来,收到良好的社会效果。积极参加全省"弘扬东北抗联精神 凝聚新时代前行动力"专题研讨会论文征集工作,全市呈报论文13篇,一篇入选全省交流发言。与黑河日报社联合开辟纪念中国人民抗日战争暨世界反法西斯战争胜利75周年专栏《东北抗日联军的中流砥柱》,发表纪念抗联将士文章。黑龙江省在黑河市举办第三届旅游产业发展大会期间,黑河市志研究室勇挑重担,圆满完成大会导览线路踏查和讲解词编制等工作,为旅发大会作出了应有的贡献,被表彰为全市"承办旅发大会先进集体",3名同志受到通报表扬。

2021年,成功举办《光辉历程——庆祝中国共产党成立100周年黑河主题展》。市委决定举办庆祝中国共产党成立100周年黑河主题展后,市委史志研究室班子带头、提前谋划、统筹安排、稳步推进,制定展览方案和展览大纲,召开展览方案论证会,多方征求意见,展览大纲几易其稿。市委市政府对此次展览高度重视,市委书记亲自审定展览大纲和展出内容,并多次深入展馆实地检察指导;市委副书记、市长对此次展览给予大力支持;市委副书记对展览内容提出明确指导意见并深入展览检查指导;市委宣传部部长多次到布展现场对图片和文字进行把关;市委组织部、市委宣传部领导对展览内容进行审查也多次深入展览指导,为此次展览成功举办提供了保证。市委史志研究室领导班子团结带领档案史志干部职工,勇于担当、不畏艰辛、迎难而上、加班加点,为节约成本、提高效率,由史志业务人员组成设计团队,进行自主设计和布展,举全馆之力经过3个多月努力奋战,顺利完成此次展览任务。6月18日,黑河市市委市政府隆重举行了《光辉历程——庆祝中国共产党成立100周年黑河主题展》,展出照片1000余幅、实物150余件,全面展示中国共产党成立100周年黑河发展历程和取得的伟大成就,为全市党员干部职工和社会各界提供党史学习教育的参观学习场所。开展以来,230余个单位20000余名观众前来参观展览。

2019年,黑河市委史志研究室获全国地方志工作先进集体殊荣。2021年,黑河市委史志研究室主任田桂珍同志被人力资源和社会保障部、中指组授予"全国地方志系统先进工作者"。这些荣誉的获得，离不开中指办和黑龙江省委史志部门关心指导，也是黑河市委、市政府坚强领导和全体方志工作者团结奋斗的结果。正是在无数这样的基层地方志工作者默默耕耘、无私奉献下，才汇聚成了新时代地方志事业昂扬奋进的发展洪流。

威海：精品佳志 *

> 2013年8月，我刚到地方志工作时，朱佳木同志就告诉我，他有一个打造精品志书的愿望没有实现。2015年，我策划了中国志书精品工程，推出了《中国志书精品工程实施方案》，提出我们不仅要在2020年实现省省、市市、县县有志的奋斗目标，而且，还要编纂出若干精品佳志，流传百世。威海史志办是一支干事创业的队伍，原主任毕吉玲就是全国地方志系统先进工作者，现主任耿祥星更是一员干将，在两个人的接续努力下，《威海市志》成为我国第一部地市级的精品佳志。
>
> ——题记

众所周知，盛世修志。中国共产党从1921年成立到现在走过了97年的历程。97年来，在中国共产党的带领下，中国人民从站起来，到富起来，到现在的强起来。所谓的盛世就是一个民族强起来的时候；所谓的盛世修志，就是我们要在强起来的时候把中国共产党97年以来是如何带领全国各族人民从站起来，到富起来，再到强起来的过程，真实而客观地记载下来，并传承下去。尤其是党的十八大以来，在以习近平同志为核心的党中央的坚强领导下，全国各族人民撸起袖子加油干，全国方志人把实现中华民族伟大复兴中国梦的过程，真实而客观地记载下来并传承下去。就在这样一个盛世修志的大好形势和千载难逢的历史机遇下，我们迎来了《威海市志》的首发式，这应该说是威海建市30多年以来一项重大的文化

---

* 2018年7月6日，在《威海市志》首发式暨出版座谈会上的讲话。

成就，也是威海市委市政府、威海各单位各部门，特别是威海市史志工作者共同努力的结果。尤为难得的是，在盛世修志背景下，我们提出到2020年要实现省省有志、市市有志、县县有志的地方志"一百年"的奋斗目标，不仅要实现省市县志书全覆盖，一个都不能少，而且有条件的地方还要打造出精品志书，流传百世。《威海市志》是我国第一部地市级的精品佳志，当时第一批只评选了三部，第一部是我们中指组自己编的《汶川特大地震抗震救灾》。第二部是《威海市志》，也是唯一的地市级的精品佳志。还有一部是区志，是天津的《北辰区志》。第四部是今年刚刚发行的《常州市志》。应该说，圆满完成志书的编修工作就是一件很艰辛的事情，不仅圆满完成，而且打造出一部全国的精品佳志，尤为难得。我们可以看到志书的封面上印着"中国精品志书工程"几个大字，旁边的LOGO写的是"名志"，这不是所有的志书都可以印上的，而且志书的封底还印着六个烫金的字"中国精品志书"，《威海市志》获此殊荣，我认为值得祝贺，值得表扬，值得激动。

在我看来，《威海市志》之所以能获得全国精品佳志荣誉称号，首先得益于党的十八大以来，习近平总书记、李克强总理、刘延东副总理高度重视史志工作。习近平总书记两次对史志工作发表重要讲话，李克强总理三次为史志工作作出重要批示。刘延东副总理两次参加全国地方志工作会议并发表重要讲话。2015年8月25日，国办印发了有史以来的第一部史志事业发展规划《全国地方志事业发展规划纲要（2015—2020年）》。2016年3月，将"加强修史修志"载入国家"十三五"规划，成为破天荒的历史举措。2017年1月，中共中央办公厅、国务院办公厅联合印发《关于实施中华优秀传统文化传承发展工程的意见》，将地方志列入中华优秀文化传承重大工程的重要内容。2017年5月，中共中央办公厅、国务院办公厅印发《国家"十三五"时期文化发展改革规划纲要》，对地方志工作提出具体的指导意见，要求不仅到2020年省市县要实现志鉴全覆盖的"两全目标"，而且有条件的地方要实现乡镇村志的编纂，助推国家乡村发展战略。正是在这样一个形势下，威海史志人抓住机遇、奋发有为、敢于担当，才有了我们这部精品佳志的问世。在这期间，几代威海史志人把打造精品志书的接力棒代代相传，最终成功地跑出了精彩的一棒，创全国地级市志书编纂的楷模，所以可喜可贺。

第二，《威海市志》之所以能够编纂成精品佳志，得益于山东省史志办，特别是以刘爱军主任为班长的山东史志班子的高度重视和有力支持。爱军主任是博士、环境法学家、著名学者，在省政府办公厅工作多年。2013年7月任职地方志办公室主任以来，有效地利用了他还作为办公厅党组成员，还分管若干重要工作的平台，大力推动山东史志工作的开拓创新，尤其是围绕山东省委、省政府中心工作布局并谋划，勇于担当，主动作为。省委省政府领导从2013年7月至今对山东的史志工作作出120多次批示，其中时任省长郭树清作了23次批示。去年年底山东史志工作取得了党的十八大以来全国独一无二的"山东经验"，中指组在全国发文要求学习并且把第一届全国地方志经验交流会放在山东济南召开，重点推介"山东经验"的时候，刘家义书记对"山东经验"专门做了批示，由我在会上做了宣读。可以说山东的史志工作在党的十八大以来取得了突破性的历史性的进展。山东的史志工作也得到了中指组、中指办、全国地方志系统广大工作者以及社会各届的充分肯定和认可。在国家提出到2020年实现"两全目标"任务十分繁重的情况下，山东史志人还自我加压，敢于担当，提出要在"两全目标"的基础上完成"三全目标"，也就是增加一个方志馆省市县的全覆盖。我们知道编写一本志书已经非常困难，它和写一本小说，写一篇博士论文是不一样的，所以这次《威海市志》今天首发，世超秘书长虽工作繁忙也要出席，在座的各位领导也放下手中的工作来参会，这是因为这本书意义不同，价值不同，编纂的难度也是很大。《威海市志》就是在山东史志办这样一种敢于担当和精准发力的指导之下，才有了精品佳作的问世。

第三，《威海市志》之所以能打造成精品市志，今天能够成功发行，还得益于威海市委、市政府的高度重视。威海虽然成立的时间不是很长，但是在整个胶东文化中，威海文化占有重要的地位。威海，从文登，到荣成，到环翠，到乳山，都受胶东文化浸染，历史底蕴极厚，是文人、将军、好学、孝道等多种文化汇集交流。历届市委、市政府始终高度重视和支持史志事业,把修志工作当成威海市文化建设的重大工程进行部署,把史志工作列入全市国民经济和社会发展规划,列入市政府重点工作项目,史志工作经费更是列入财政预算。市人大常委会先后两次到市史志办视察,听取汇报,史志工作进入人大关注的范围。市政府曾多次组织召开《威海市志》编修工作专题会议,解决修志工作的困难和问题;在《威海市志》的启动、撰写分工、调整修志断限等阶段,市委办公室、市政府办公室先后4次印发文件,对《威海市志》编修工作进行部署。2006年至2008年,市委将《威海市志》编修工作列入市直机关年度目标责任制管理考核,大大提高了各部门(单位)修志工作积极性,保证了修志工作的质量和效率。毕吉玲同志是上届全国地方志系统十大劳模之一。当年,祥星主任上任后,我说压力很大,你的前任主任是个劳模。他说那我怎么能干出一个被大家认可的事?我说你可以考虑把《威海市志》打造成全国第一部精品志书。今天,我觉得祥星同志没有食言,这要感谢市委市政府领导对他的帮助和支持。

第四,《威海市志》的成功发行和打造成精品志书,要特别感谢威海史志人辛勤的付出和艰苦的努力。地方志不是发改委,不是财政局,不是法院,不是检察院,长期以来,虽然说地方志是不可或缺的,但是它难以进入党委政府的中心工作中。党的十八大以来,全国地方志工作者在中指组、中指办的顶层设计之下,抓住党中央、国务院高度重视地方志工作的契机,特别是抓住习近平总书记重视地方志工作的契机,我们提出,地方志工作要以党和国家利益为导向,要以经济社会发展为中心,要以人民为中心,开拓创新,把地方志"用起来",将地方志"立起来",让地方志"活起来",叫地方志"热起来",使地方志"强起来",让地方志不仅服务地方党委政府的中心工作,还要让地方志走入千家万户,所以我们提出全国地方志"十大工程",编纂《中国抗日战争志》《中国南海志》《中国名镇志》《中国名村志》《中国名山志》《中国山水志》《中国名酒志》《中国名市志》等。地方志在这五年确实"用起来""立起来""活起来",也开始"热起来""强起来"。威海市县两级地方志工作同志,就是按照中指组的顶层设计,按照省史志办的统一规划,按照市委市政府的要求,把这些要求落实到《威海市志》的编纂中。《威海市志》编修工作由市史志办组织实施,全市有180余个部门(单位)参与编修。有关部门(单位)领受任务后,都能按照市委、市政府的要求,组织修志班子,安排分管领导,指定撰稿人负责修志。全市广大史志工作者的责任感不断提升,对历史负责、对党和人民事业负责的使命感不断增强。他们积极收集资料,认真撰写稿件,为《威海市志》编修工作付出辛勤的汗水。市人大机关、市政协机关以及建设、统计、铁路、公路等部门在为《威海市志》提供资料的基础上,还编修了部门志、行业志,全市修志的氛围越来越浓。16年的修志,不仅编修出一部精品志书,也锻造了一支优秀的修志队伍。同时,市史志办始终坚持开门修志原则,或在媒体发布启事,向社会各界征集资料,听取意见;或请各界专家到市史志办座谈,评析志稿,解疑答难。社会各界对市史志办开门修志的做法表现出很高的热情,产生良好的互动。一批地情、历史专家学者和史志工作爱好者,或成为修志工作义务顾问,或积极提供资料,或协助审稿,等等,为志书的顺利编修作出较大贡献。所以,这里我特别代表中指组,代表中指办,代表方志出版社,向《威海市志》取得精品佳绩表示热烈祝贺,向所有为《威海市志》编纂和评为精品志书付出艰辛努力的各级领导,所有参与的同志表示诚挚的问候!

对于威海史志的下一步工作,我有几点看法与大家共同商榷:

1. 抓紧机遇,认清形势,进一步推动威海史志工作的转型升级。过去一提起地方志,都认为类似编写《威海市志》一本书,甚至有些地方在这本志书编完了以后,就把地方志机构撤销了,地方志在长时间内成为一本书主义的平面印象。党的十八大以来,我们按照习近平总书记要把史志做成一项千秋功业的要求,提出了要从一本书走向志、鉴、史、馆"四驾马车"齐驱并驾,志、鉴、史、馆、库、网、用、会、刊、研"十业并举",我们提出要在全国范围内全面推动地方志从一项工作向一项事业转型升级。当前全国各地地方志事业在蓬勃发展,党的十八大以来仅方志馆就建成597家,包括今年5月在东营开馆的国家方志馆黄河分馆,建筑面积2万多平方米。目前,继国家方志馆黄河分馆开馆之后,国家方志馆长江分馆、红军分馆、草原分馆、知青分馆、黄金分馆、冶炼分馆、钢铁分馆、中原分馆等等都在积极申报和建设，地方志已经不是过去人们认为的一本书，而随着方志馆的建立，随着各级地情网的开通，已经从平面的线性形状转为立起来的一项事业。希望威海史志人要抓住机遇，认清形势，在《威海市志》取得阶段性成果的基础上再接再厉，奋发有为，在威海率先实现把地方志从一项工作向一项事业的转型升级。

2.希望威海史志办的同志认真落实市委市政府对史志工作的要求，按照山东省史志办的统一部署，按照中指组的统一要求，加大"三全目标"的推进工作，尤其是要加大方志馆建设。国家为什么要在党的十八大以来严控楼堂馆所建设的情况下，还要在规划上要继续加强方志馆建设，其意义就在于方志馆有着博物馆、文化馆、图书馆、规划馆等所有的馆不可替代的功能，那就是地情展示功能，博物馆的一个瓦罐只记住了那一个时期的某一件事情，但是它所承载的历史是碎片化的，是不系统、不完整的，而方志馆是展示一朝一夕，从事物的发端，到现在以及代代发展的情况，是不间断的，是完整的。习近平总书记在宁德当地委书记的时候说，他有一个习惯，到每个地方先找这个地方的志书看，因为志书是了解一个地方历史最直接最可靠的方法。按照习近平总书记的这样一个要求，志书是了解一个地方历史最直接最可靠的方法，那么方志馆也应当建成（这样的一个场所），要到一个地方去，要了解它的地情，其他的地方都可以不去，但方志馆不得不来，这是方志馆的功能。所以山东提出"三全目标"，意义重大，在全国有着示范和引领的作用。国家有"两个一百年"目标，到2020年建成小康社会，到2050年，建成富强民主文明和谐美丽的社会主义现代化强国，那么地方志也有"两个一百年"目标，到2020年，我们要完成省市县三级志鉴全覆盖，山东还有方志馆的全覆盖。到2050年，我们要完成《中华人民共和国志》《中国共产党志》，以及从国志，到乡镇、村志的全覆盖，同时要完成国家、省、市、县四级方志馆的全覆盖，所以希望威海史志人能够在"三全目标"的完成上加足马力。

3.希望威海史志办的同志进一步弘扬"修志问道，直笔著史"的方志人精神，发扬"山东经验"对全国的引领，用自己的实际行动践行"山东经验"。"冷部门"也能干出"热事业"，"冷单位"也能干出大成绩。当然，

《威海市志》成为精品就是一个"冷部门"干出大事业,就是一个"冷单位"干出了大成绩,但是,我们还需要继续努力。

4. 希望威海史志办的同志进一步地开拓视野,要走出去,要把外地的经验学进来,要把习近平总书记来威海的讲话精神落实到史志工作中。我们这几年,中指组及其办公室一直强调学习近平总书记新时代中国特色社会主义思想,不摆架子,不唱高调,要真学真懂,要活学活用。所以,国家四个全面战略中,要全面依法治国,我们提出要全面依法治志。国家提出"两个一百年"目标,我们提出了地方志的"两个一百年"目标。习近平总书记提出了四个字:文化自信,我们提出了方志文化自信。国家"四个全面"战略中提出要全面深化改革,地方志提出要以党和国家利益为中心,以经济社会发展为中心,以人民利益为中心开展方志工作。每一项举措都是接地气的,每一个措施都是能够开花结果的。所以,习近平总书记对威海的视察,他的重要指示,希望威海史志的同志,要按照市委、市政府的统一要求,把它落实到我们的具体工作中,再创新辉煌,再上新台阶。

常州：精品有功[*]

> 地方志办公室获集体二等功，这是不多见的。近年来，常州市委市政府高度重视史志工作，史志人敢于担当、勇毅前行，取得了许多在全国能够叫得响、立得住的成绩，地方综合年鉴先后获得全国、全省评比40余项荣誉，探索影像志拍摄，方志馆建设独辟新路，成为"了解方志、读懂常州"的重要窗口，常州地方志办公室先后被人力资源和社会保障部评为全国地方系统先进集体，被中指组评为全国方志系统先进集体。特别值得一提的是，《常州市志（1986—2010）》入选中国志书精品工程后，常州市人民政府给地方志办公室荣记集体二等功，再次说明，只要凝心聚力、主动作为、开拓创新、攻坚克难，在"冷部门"也能做出"热事业"。
>
> ——题记

很高兴受邀参加中国精品志书《常州市志（1986—2010）》首发式暨表彰会。《常州市志（1986—2010）》是中国志书精品工程实施以来结出的又一方志文化硕果，也是中国志书精品工程第二批首先入选的志书，更是中共常州市委、市人民政府高度重视社会主义文化建设的重要标志。借此机会，我谨代表中指组及办公室，向一直高度重视地方志工作的中共常州市委、市政府表示衷心感谢，向为《常州市志（1986—2010）》编纂出版付出辛勤劳动的全体编修人员致以崇高敬意，向默默奉献的常州全体地方志工作者表示亲切慰问！

---

[*] 2017年10月29日，在《常州市志（1986—2010）》首发式暨表彰会上的讲话。

新时代的地方志

刚刚胜利闭幕的党的十九大,是在全面建成小康社会决胜阶段、中国特色社会主义进入新时代的关键时期召开的一次十分重要的大会,对于党和国家事业继往开来、中国特色社会主义前途命运、最广大人民根本利益都具有重大而深远的意义。全国地方志系统要把学习宣传贯彻党的十九大精神作为当前和今后一个时期的首要政治任务,深刻领会习近平新时代中国特色社会主义思想的精神实质和丰富内涵,准确把握新时代坚持和发展中国特色社会主义的基本方略,真正用党的十九大精神武装头脑、指导实践,推动地方志各项工作。

地方志是历史智慧的结晶,是维系中华民族血脉亲情的重要力量,是传承中华民族文化的重要载体,具有"存史、资政、育人"的重要功能。习近平总书记曾讲到,"要马上了解一个地方的重要情况,就要了解它的历史,了解历史的可靠方法就是看志,这是我的一个习惯"。为深入贯彻李克强总理"为当代提供资政辅治之参考,为后世留下堪存堪鉴之记述"的重要批示精神,刘延东副总理"用地方志记载中国共产党人带领全国各族人民实现中华民族伟大复兴的中国梦的进程"的指示精神,贯彻国办印发的《规划纲要》的部署,在第五届中指组王伟光组长、李培林常务副组长的关心支持下,2015年中指办启动包括中国志书精品工程在内的全国地方志"十大工程"。实施中国志书精品工程,目的是结合当前正处于到2020年全面完成第二轮修志规划任务最为关键时期的实际,通过工程的推进,进一步提高各级地方志工作机构对志书质量建设的重视,进一步培育全体地方志工作者的质量意识,从而提高志书质量,编修出经得起时代和历史检验的志书。至2016年12月底,全国二轮志书累计出版2400多部。其中,省级志书共出版550多部,地市级志书共出版180多部。但是,从质量上看,称得上传世之作的精品佳志并不多。打造一批流传百世、有影响力的精品佳志,是所有方志人的职责和追求。在《汶川特大地震抗震救灾志》《威海市志》《北辰区志(1979—2009)》三部志书入选首批中国志书精品工程后,中国志书精品工程的影响力持续扩大,引起全国地方志系统的广泛关注。各地申报热情很高,又推荐了不少好的志稿。本着精益求精的精神,在各地申报的基础上,中指办认真组织评审,经过专家审读、召开评审会、无记名投票、全国公示和上报审批等严格程序,《常州市志（1986—2010）》脱颖而出、最终入选。

《常州市志（1986—2010）》的正式出版，是中国志书精品工程实施以来结出的又一重要硕果。它的出版，第一得益于常州市委、市政府的正确领导和有力支持。中共常州市委、市政府一直以来非常重视地方志工作，将地方志工作纳入市委、市政府重大议事日程和重要考核目标，并使之成为"官职"和"官责"。在推进过程中，市委、市政府主要领导亲自过问，分管市领导具体负责，并形成了行之有效的定期督查机制和项目进度、工作质量、操作流程科学可控的一整套措施、做法和经验。特别是这次《常州市志（1986—2010）》入选中国精品志书，市政府还给予地方志办公室前所未有的荣誉、荣立集体二等功，这在全国城市中是首例，这也充分说明常州市委市政府对修志工作的真心重视和支持、对修志人长期付出艰辛努力的由衷尊重和理解，在全国城市中开了一个好先例。第二得益于江苏省地方志办公室的有力指导和社会各界的关心支持。江苏省是方志大省，现在已经成为方志强省，工作基础好，谋划科学，社会各界重视地方志的良好风气正在形成。在《常州市志（1986—2010）》初审、复审、终审、精品工程攻坚等各个关键环节，江苏省地方志办公室两届领导及各界专家学者均给予大力支持和指导，提出众多建设性意见建议。《常州市志（1986—2010）》编纂10年，有180家单位供稿、1000余人初撰，40余位特约编审参与编修，国内10余位方志专家参与指导、评审。可以说，常州修志是众手成志，也是众"家"成志，也是江苏全力支持的结果。第三得益于常州方志人所具有的"争先、务实、礼信、致用"的城市人文传统，以及常州方志人肩负的责任意识、使命意识。《常州市志（1986—2010）》始终秉承"质量第一"的原则，全面传承常州"方志之乡"的优秀传统，精准把握改革开放以来的时代性、地域性特征，充分挖掘时代巨变背后所蕴含的历史智慧及发展规律。该志体例完备，资料翔实，篇目科学，行文规范，语言流畅，图文并茂，装帧精美，突出了改革开放主旋律，突出了经济社会发展的伟大成就，突出了厚重的人文底蕴。在修志过程中，常州还不断更新理念、改进方法、创新流程，探索出"项目化管理、工程化推

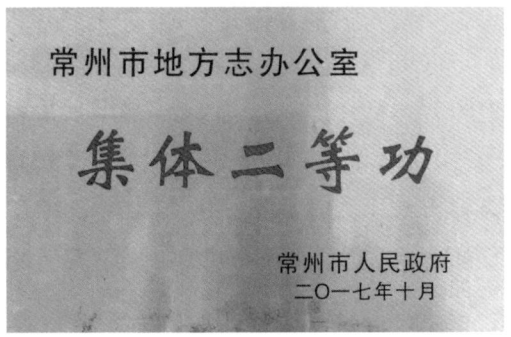

进、学术化编纂""借力借智""审读加码加餐"等行之有效的方式方法，探索出"问题导向、需求导向"等提高编纂质量的务实创新之路。这些探索、思考和实践，均值得广大修志人学习和借鉴。

近年来，常州地方志工作取得了许多在全国能够叫得响、立得住的成绩。史志结合，史志联动，率先探索方志部门"写史"；地方综合年鉴先后获得全国、全省评比40余项荣誉；修志模式再创新，探索影像志拍摄；方志馆建设独辟新路，业已成为"了解方志、读懂常州"的重要窗口；常州地方志办公室先后被人力资源和社会保障部评为全国地方志系统先进集体，被中指组评为全国方志系统先进集体。常州地方志工作近年来取得的成绩，充分说明了方志工作者只要凝心聚力、主动作为、开拓创新、攻坚克难，在"冷部门"也能做出"热事业"。常州方志人立足本职、服务大局，勇于争先、敢于创新，勤勉求精、直笔著史，默默无闻、乐于奉献的精神，值得全国方志人借鉴和学习。

在当前党中央、国务院高度重视地方志的大好形势下，全国地方志工作者要认真贯彻落实党的十九大重要精神，不忘初心，牢记使命，砥砺前行，继续保持全国地方志事业高位运行的发展态势；要充分认识地方志工作"修志问道，以启未来"的新定位和地方志工作者"直笔著信史，彰善引风气"的新定位。在这样的新形势、新定位下，要牢记到2020年实现省省有志鉴、市市有志鉴、县县有志鉴这一世界文化创举的宏伟目标，从抓住机遇、打造队伍、围绕中心、紧接地气、开发利用、构建学科、弘扬精神等举措入手，加快实现全国地方志事业的转型升级，向全面建成小康社会贡献"志"礼。

赣州：精品志书*

> 我当初设计实施中国志书精品工程、中国年鉴精品工程的目的，就是希望新时代方志人不仅要把志鉴编纂出，还要编纂好，进一步培育地方志工作者的担当意识和质量意识，从而在完成"两全目标"的同时，编修出一批经得起时代和历史检验的精品志鉴，打造一批流传百世、有影响力的精品志鉴。入选中国志书精品工程、中国年鉴精品工程，既是一种荣誉，也是地方志工作者作为史官的价值追求。赣州史志人做到了，可喜可贺。
>
> ——题记

很高兴受邀参加《赣州市志（1986—2000）》首发式。《赣州市志（1986—2000）》的正式出版，是中国志书精品工程实施以来结出的又一重要硕果，是赣州市委、市政府重视地方志工作的重要标志，是赣州市地方志办公室为全国设区市志书编纂树立的又一标杆，必将在赣州发展史上写下浓重的一笔。借此机会，我谨代表中指组及其办公室，向一直以来高度重视地方志工作的江西省委省政府、赣州市委市政府表示衷心的感谢，向《赣州市志（1986—2000）》入选中国志书精品工程表示热烈祝贺，向为《赣州市志（1986—2000）》的编纂出版付出辛勤劳动的赣州市全体地方志工作者表示亲切的慰问和崇高的敬意！

党的十八大以来，党中央、国务院高度重视地方志事业发展。2014年2月，习近平总书记在考察首都博物馆时强调，要高度重视修史修志。李

---

* 2019年12月12日，在中国精品志书《赣州市志（1986—2000）》首发式上的讲话。

克强总理三次就地方志工作作出批示，提出"修志问道，以启未来"；希望地方志工作者"直笔著信史，彰善引风气，为当代提供资政辅治之参考，为后世留下堪存堪鉴之记述"。正是在党中央、国务院的关心重视下，2015年8月，国务院办公厅印发《全国地方志事业发展规划纲要（2015—2020年）》，首次对全国地方志事业发展作出了全面科学的顶层设计。2016年3月，国家"十三五"规划中明确提出"加强修史修志"。2017年1月，中共中央办公厅、国务院办公厅印发《关于实施中华优秀传统文化传承发展工程的意见》，在重点任务中明确要求"做好地方史志编纂工作，巩固中华文明探源成果，正确反映中华民族文明史，推出一批研究成果"。2017年5月，中共中央办公厅、国务院办公厅印发《国家"十三五"时期文化发展改革规划纲要》，明确规定"完成省、市、县三级地方志书出版工作。开展旧志整理和部分有条件的镇志、村志编纂"。2018年9月，中共中央、国务院印发《乡村振兴战略规划（2018—2022年）》，明确提出"鼓励乡村史志修编"。从2014年到2018年，近5年时间里，党和国家领导人如此关心、关怀、关注地方志工作，连续对地方志工作作出重要指示、重要批示，中央的重大政策性文件如此密集地体现地方志的内容，对地方志事业发展作出部署，是史无前例的。可以说，全国地方志事业发展迎来了千载难逢的发展机遇。

在中指组的统一要求下，全国地方志工作者秉持"修志问道，直笔著史"的方志人精神，树立方志文化自信，提升方志文化自觉，抓住机遇、勇于担当、深化改革、开拓创新，凝心聚力、奋发有为，在全国范围内全面推进地方志从一项工作向一项事业转型升级，地方志事业呈现出勃勃生机。2015年以来，中指办启动了包括中国志书精品工程在内的全国地方志"十大工程"。实施中国志书精品工程，目的是结合当前正处于到2020年全面完成第二轮修志规划内任务最为关键时期的实际，通过中国志书精品工程的推进，进一步提高各级地方志工作机构对志书质量建设的重视，进一步培育全体地方志工作者的质量意识，从而提高志书质量，编修出经得起时代和历史检验的志书，打造一批流传百世、有影响力的精品佳志。入选中国志书精品工程，既是一种荣誉，也是地方志工作者作为史官的价值追求。

　　《赣州市志（1986—2000）》此次成功入选中国志书精品工程，一方面得益于赣州市委、市政府的坚强领导和有力支持，得益于江西省地方志办的精心指导和大力支持。中共赣州市委、市政府一直以来非常重视地方志工作，时刻把握发展地方志事业的重要职责和历史使命。将地方志工作纳入市委、市政府重大议事日程，使之成为"官责"和"官书"。市委、市政府主要领导亲自过问，分管市领导具体负责，志书编修经费纳入年度财政预算。成立由市长任主任、分管市领导任副主任、主要部门负责人为委员的市地方志编纂委员会，协调解决地方志工作中的困难和问题，在全社会共同营造了重视地方志、关心地方志的良好氛围。省地方志办党组书记、主任甘根华和二级巡视员、编审周慧对《赣州市志（1986—2000）》申报中国志书精品工程给予了精心指导和大力支持，他们今天也同时出席了会议。另一方面得益于赣州市全体地方志工作者的辛勤付出、担当作为。赣州市全体地方志工作者"不忘初心，牢记使命"，不求名利、兢兢业业地耕耘于地方志沃土，以高度的政治担当和历史责任感，秉持"工匠精神"，始终坚持"质量第一"的原则，将精品意识贯穿于志书编纂的全过程，编纂出无愧于人民、无愧于时代的精品佳志，为全国志书编纂树立了样板。

　　近年来，赣州市紧跟中指组及其办公室的工作部署，在江西省地方志办公室的指导下，在市委、市政府的正确领导下，取得了诸多骄人成绩，各项工作走在全省、全国前列。赣州市地方志工作提前完成"两全目标"，赣州市地方志办公室两次代表江西省在全国地方志工作会议上作经验交流。《赣州市志（1986—2000）》入选中国志书精品工程，全国只有5部（全国设区市只有4部），是江西省唯一一部，这是赣州奋力打造新时代中国特色社会主义红色样板的重要成果之一。《赣州年鉴（2017）》获评第五届全国地方志优秀成果（年鉴类）设区市级综合年鉴特等奖，《赣州年鉴（2018）》荣获第六届全国地方志优秀成果（年鉴类）设区市级综合年鉴一等奖，处在全省第一、全国领先地位。《赣州简史》是地方志工作的创新举措，开创了全省设区市地方史编纂之先河，填补了赣州历史空白，在全省起到了示范引领作用。宁都县《东龙村志》入选中国名村志文化工程，是江西省唯一一部入选该工程的丛书。赣州市年度大事记，方志馆建设，旧志整理，乡（镇）村志编写，部门志鉴编纂，方志特色记忆，影像方志等各项工作有声有色，走在全省前列。

今天召开的《赣州市志（1986—2000）》首发式，是赣州市地方志文化建设的又一件盛事，也是赣州市地方志事业新的起点，希望再接再厉，勇攀高峰。

下面，借此机会，我谈几点希望：

1.深入学习贯彻习近平新时代中国特色社会主义思想。习近平新时代中国特色社会主义思想，是马克思主义中国化的最新成果，是引领中国特色社会主义新时代的纲领、旗帜和灵魂，是全党全国人民为实现中华民族伟大复兴而奋斗的行动指南。赣州市地方志系统要结合"不忘初心，牢记使命"主题教育，将学懂弄通做实习近平新时代中国特色社会主义思想作为首要政治要务，用以武装头脑、指导工作。自觉用习近平新时代中国特色社会主义思想指导地方志工作，深刻领会其对地方志事业转型升级的重大指导意义，进一步明确方志文化的发展方向，进一步增强弘扬优秀传统文化的动力，进一步提升应对各种问题和挑战的能力，进一步掌握解决问题和困难的方法，全面推动赣州市地方志事业高质量发展。

2.各级党委政府要高度重视地方志工作。地方志编修历来是"官责"，是政府行为，国务院《条例》明确提出："政府对本行政区域内的地方志工作负有领导责任。"抓好地方志工作是各级党委政府、各个部门领导的法定职责。面对当前地方志工作的新形势、新任务，各级党委政府要提高思想认识，落实法定责任，切实加强领导，认真落实"一纳入、八到位"，特别是要在机构编制、人员经费方面，保障正常工作开展，及时研究解决遇到的困难和问题，在政治上、工作上、生活上关心支持地方志工作者队伍建设，为地方志工作提供有力保障。

3.狠抓质量建设，多出精品志鉴。在保证"两全目标"完成的同时，要确保地方志工作高质量发展。在志鉴编纂中，必须执行中指组颁发的《地方志书质量规定》《地方综合年鉴编纂出版规定》等规范要求，确保出版的各类志鉴指导思想正确、体例结构科学、内容全面完整、资料丰富翔实、行文规范流畅、时代和地方特色鲜明。要树立精品意识，切实把好政治关、史实关、体例关、保密关，实现编纂进度与质量并重，多出精品志鉴。我相信，通过各方面的共同努力，《赣州年鉴》也会早日成功申报入选为全国精品年鉴。

4. 发挥社会效益，推广方志文化。赣州有着2200多年建邑史，历史悠久，遗存丰富，文化底蕴深厚，是一座历史文化名城，在历史文化资源开发上大有可为。赣州市地方志如何发挥地方志资源优势，为赣州经济、文化、社会服好务，大有文章可做，大有作为空间。在今后的工作中要调准工作角度和切入点，为当地党委政府中心工作服务、为经济社会发展服务，充分发挥地方志资政的重要功能，成为党委政府事业发展的重要"志"库。同时，让方志文化适应快速发展的经济社会建设需要、满足广大人民群众日益增长的美好生活需要，让地方志走进寻常百姓家。深度挖掘赣州历史文化资源，服务文化建设。积极扩大地方志宣传工作，推广方志文化。"围绕中心、服务大局"，不断提高地方志的社会认知度，不断增强公共服务能力，社会效益更加显现。

新时代面临新形势，新时代需要新作为。让我们深入学习习近平新时代中国特色社会主义思想，全面贯彻党的十九大和十九届二中、三中、四中全会精神，不忘"修志问道，以启未来"的初心，牢记"为当代提供资政辅治之参考，为后世留下堪存堪鉴之记述"的使命，不断让地方志"用起来""立起来""活起来""热起来""强起来"，在全国范围内全面推动地方志事业转型升级，在全面建成小康社会、实现中华民族伟大复兴中国梦的进程中贡献"志"礼。

第四章　　　　　　　　　　　　　　　　　　　　　　方志经验

北辰：把地方志转化为文化生产力[*]

　　天津市北辰区地方志办公室是一个开拓创新、拼搏进取的团队，是一支敢于担当、富有时代责任感和历史使命感的文化建设生力军，被人力资源和社会保障部、中指组授予"全国地方志系统先进集体"荣誉称号，不仅指导编纂的《天穆镇志》入选全国首批中国名镇志文化工程，而且，《北辰区志（1979—2009）》也是首批入选"中国志书精品工程"的3部志书之一。我一直强调，修志为用，"要把地方志用起来"。唯有用志，才能体现地方志的价值，地方志才能保持旺盛的生命力；也唯有用志，地方志工作者的劳动才能转化为现实的文化生产力，才能被社会所承认。

——题记

　　地方志是中华文化宝库中的一颗璀璨明珠，在中国历史文化长河中绽放出耀眼光辉。编修地方志是中华民族独特的优秀文化传统，最早可追溯至春秋战国时期，绵延千年，历久弥新。党的十八大以来，党中央、国务院更加关心地方志工作。习近平总书记两次对地方志工作作出重要指示，强调要通过修史修志来探寻历史规律，挖掘历史智慧，激发人们的民族自豪感和自信心，坚定全体人民振兴中华、实现中国梦的信心和决心。2014年12月，习近平总书记考察澳门大学时，向澳门大学赠送了两套丛书，其中一套就是《北京大学图书馆藏稀见方志丛刊》。李克强总理三次对地方志工作作出重要批示，提出修志问道、以启未来的地方志事业发展

---

[*] 2017年1月12日，在中国精品志书《北辰区志（1979—2009）》首发式上的讲话。

新定位，资政辅治之参考、堪存堪鉴之记述的地方志编修新定位和直笔著信史、彰善引风气的地方志工作者新使命。2016年4月，他考察成都，夜访这座城市著名的宽窄巷子，提出要把过去的历史资料、成都志，特别是有关宽窄巷子的历史脉络梳理清楚。刘延东副总理多次对地方志工作作出重要批示，两次发表重要讲话，提出了"一纳入、八到位"的地方志工作新标准；2015年12月，她在北京人民大会堂接见全国地方志系统先进模范代表时指出，回顾浩瀚的人类历史长河，审视世界不同文明的源流演变，我国历代先贤圣哲通过修史修志，以文字记述为主要形式，传承着中华民族的文化血脉，这体现了中华文化和中华民族之伟大。2016年5月，国务委员王勇出席《汶川特大地震抗震救灾志》出版座谈会并发表重要讲话，充分肯定开展地方志工作的重大意义。2015年8月，国办印发《规划纲要》，在国家层面对地方志事业作出顶层设计。2016年3月，"加强修史修志"写入国家"十三五"规划，地方志被纳入国家文化战略布局中。

当前，我国地方志事业迎来了千载难逢的发展机遇。中指办抢抓机遇，乘势而上，在全国范围内全面推动地方志从一项工作向一项事业转型。一是着力加强全国地方志事业顶层设计，努力构建全国地方志事业发展大格局，比如召开第一次全国地方志基层基础工作会议、第一次全国地方志系统信息化工作会议、第一次全国方志馆工作会议、第一次全国年鉴工作会议、第一次全国地方志科研工作会议、第一次全国地方史志期刊工作会议6个全国性会议，成立中国地方志学会方志学研究会、年鉴研究会、方志馆研究会、信息化研究会、史志期刊研究会5个研究会，制定《全国年鉴事业发展规划（2016—2020年）》《全国地方志信息化发展规划（2016—2020年）》《关于加强全国地方志科研工作的意见》《关于加强全国地方史志期刊工作的意见》等全国性专项规划和指导性文件。二是进一步加大依法治志力度，贯彻落实国办《规划纲要》提出的"两全目标"，确保到2020年实现省省有志鉴、市市有志鉴、县县有志鉴的世界文化创举。三是紧紧围绕国办《规划纲要》，全力实施包括民族地区与贫困地区志书出版资助工程、中国志书精品工程、中国年鉴精品工程、中国名镇志文化工程、中国名村志文化工程、全国地方志"一体两翼"用志工程、全国信息方志与数字方志建设工程、方志馆研究建设及全国地方志专业出版基地建设工程、中国地方志学科建设与人才队伍建设工程、方志文化走向世界工程在内的全国地方志"十大工程"。通过"十大工程",我们不仅要使每一个中国人在地方志中都能找到自己的位置,共享方志文化成果,还要努力成为中华文化走出去的文化"排头兵"中的"标兵",争取地方志能站在世界文化舞台的中央。四是积极推动地方志为国家经济社会发展大局服务,充分彰显地方志的时代价值,比如完成《汶川特大地震抗震救灾志》编纂,并于2016年5月在北京人民大会堂举办了《汶川特大地震抗震救灾志》出版座谈会,国务委员王勇出席会议并发表重要讲话;按照习近平总书记在中共中央政治局第二十五次集体学习时强调的,要发挥地方志在深入开展中国人民抗日战争研究中的作用的指示精神,策划编纂10个分志、计2500万字的《中国抗日战争志》,并在国家社科基金抗日战争研究专项工程中获准立项;计划2017年1月14日在海南召开"南海主权与地方志"论坛暨《中国南海志》《三沙市志》编纂启动会,发挥地方志在维护我国海洋主权中的作用;计划启动中国名山志文化工程、中国名水志文化工程、中国名酒志文化工程,向世界展示中国的名胜古迹和独具特色的华夏文化。总体来看,通过全国各级地方志工作机构和广大地方志工作者近年来的辛勤努力,我们已经从"一本书主义"向志、鉴、史、馆、库、网、用、会、刊、研"十业并举"转型,初步形成了较为成熟的地方志事业发展综合体系。

  北辰区的地方志工作,紧跟中指组及其办公室的工作部署,在天津市地方志办公室的大力指导下,在区委区政府的坚强领导下,也取得了许多在全国能够叫得响、立得住的成绩。例如,2012年4月,北辰区地方志办公室被确定为全国第二轮修志试点单位;2015年12月,北辰区地方志办公室被人力资源和社会保障部、中指组授予"全国地方志系统先进集体"荣誉称号,并参加了在北京人民大会堂召开的全国地方志系统先进模范座谈会;指导编纂的《天穆镇志》入选中国名镇志文化工程,并参加了2016年5月在北京人民大会堂召开的全国名镇论坛暨中国名镇志丛书出版座谈会;2016年7月,《北辰年鉴(2015)》获全国地方志优秀成果(年鉴类)

一等奖;2016年8月,《北辰区志(1979—2009)》入选中国志书精品工程,成为首批入选的3部志书之一。这些成绩表明,北辰区地方志办公室是一个开拓创新、拼搏进取的团队,是一支敢于担当、富有时代责任感和历史使命感的文化建设生力军。在此,我再次代表中指办,向北辰区委区政府和北辰区地方志办公室表示敬意。

新年伊始,天津市地方志办公室和北辰区委区政府隆重举行《北辰区志(1979—2009)》首发式,这是全区文化建设中的一件喜事、盛事。我们一直强调修志为用,唯有用志,才能体现地方志的价值,地方志才能保持旺盛的生命力;也唯有用志,地方志工作者的劳动才能转化为现实的文化生产力,才能被社会所承认。因此,《北辰区志》出版后,下一步的重点工作就是要开发利用好这部志书。要利用志书中丰富的地情资料,为领导干部科学决策提供咨询,为科学研究、招商引资、旅游开发服务;要推动志书进校园、进社区、进农村、进军营,发挥志书在公共文化建设中的作用,在爱国主义教育、革命传统教育、乡土教育中的作用。

第四章　　方志经验

苏州：志说江南*

陈兴南，一个当过镇长的方志人，2015年起任苏州市方志办党组书记、主任，敢创敢试，务实探索，带强队伍，成绩突出。在中国名镇志文化工程中独领风骚。中国名镇名村影像方志《周庄》《江村》，首上央视及国际传媒。高质量承办首届中国方志馆馆长论坛暨方志中国展、全国"两全目标"推进座谈会。全国首家在省级书展上，设立"书与方志"专题展区；全国首家在当地文化论坛上设立"志说江南"专题分论坛，成为"志说中国"在地方的开山之作。6年间，陈兴南依然像个"镇长"一样，走镇访村，推动镇志基本全覆盖，近百部村志出版或在编，在昆山实现镇（区）级年鉴全覆盖。苏州地方志办公室于2019年获全国方志系统先进集体，2020年获人力资源和社会保障部、中指组联合表彰的全国先进集体荣誉称号。

——题记

金秋十月下江南。今天全国著名的文史学者、方志专家来到苏州，济济一堂，参加由中指办主办，江苏省地方志办公室、中共苏州市委宣传部协办，苏州市地方志办公室承办的"志说江南·2020苏州圆桌会议"，将为大家奉献一场场精彩的演讲，期待能在思想碰撞中激荡出智慧的火花。在此，我谨代表中指办对莅临会议的领导和专家学者朋友们表示诚挚的欢迎和由衷的感谢！对此次圆桌会议的顺利召开表示热烈的祝贺！

江南历史上曾是建置区划，如今已经成为一种固定的文化地理概念，

---

* 2020年10月10日，在"志说江南·2020苏州圆桌会议"上的讲话。

形成了共同的文化基础——江南文化。地方志是中华民族特有的客观记载国家或一定行政区域内的自然、经济、政治、文化、社会等基本状况并代际传承的资料性文献。江南文化是地方志开展区域研究、地情文化研究重要的课题之一，而地方志也是江南文化研究中的一个重要的文化门类。江南文化是中华文化的优秀组成部分，厚植于中华传统文化的丰沃土壤，是长三角共同的文化标识，对区域文明、中华文化的交流发展具有重要的借鉴价值。作为传承中华文明的重要载体，弘扬好传承好江南文化同样也是方志人义不容辞的责任担当。

近年来，中指办以习近平新时代中国特色社会主义思想为指导，努力提高政治站位，增强思想自觉，敢于担当，奋发有为，繁荣中国学术，发展中国理论，传播中国思想，加快构建地方志"三大体系"，形成了一系列方志学术文化研究成果，构建了以区域文化研究为标识的国家方志馆黄河分馆、知青分馆、中原分馆等载体，增强了方志文化的影响力、话语权。在江南文化领域，江苏省方志办、上海市方志办相继举办过"地方志与长三角一体化论坛""南社与江南文化"研讨会等，整理出版了乾隆《江南通志》。

作为典型江南之苏州，向世人展示了当代经济社会与传统文化"双面绣"的绝活。苏州方志人紧盯国办《规划纲要》和地方经济社会发展，创新探索，走在了全国地方前列，承办"中国名镇志文化工程丛书编纂指导会暨与央视联合拍摄宣传片启动仪式、中国名镇影像志启动仪式"，名镇周庄开启名镇影像志先河；承办中指组主办的中国苏州文化创意设计产业交易博览会"方志中国"展，展示中国方志魅力；承办"首届全国方志馆馆长论坛"，共商方志馆"让地方志立起来"大计；承办中指办主办的"新时代、新使命、新担当座谈会暨精品志鉴与地方志编纂创新研讨会"，探索地方志高质量发展路径；承办全国完成"两全目标"推进会和"全国名镇名村志文化工程培训"研讨会，展现苏州力量，助力事业发展。

苏州地方志工作者在当地党委政府的坚强领导下，紧抓主业，地方综合志书"两全目标"在江苏率先全面完成；几十年耕耘，接续编纂"五大系列"地情书籍，以启未来。启动《苏州援建志》编纂，为当代树碑立传。

中国名镇名村志工程已出版量占全国的近三分之一，引领全国；《周庄影像志》完成拍摄，《开弦弓村影像志》开拍，《周庄镇志》《开弦弓村志》（英文版）出版发行，向世界讲好中国美丽乡村故事。

此次中指办决定在苏州举办"志说江南·2020苏州圆桌会议"作为"志说中国"在地方的开题之举，不仅是因为苏州是重要的江南名城和长三角城市，也是因为苏州深厚的文化底蕴，优秀的方志文化传统和成果，是对江南文化最基础、最有力的观照和诠释。

今天的会议汇集了全国著名的专家学者和各个领域的大家，希望各位专家就江南文化畅所欲言，发凡举例，辨章学术。对在座的方志工作者而言也是难得的学习研讨机会，希望借此平台继续开展好对江南文化的研究、创新和传播。借此机会，我谈几点想法：

1. 提高政治站位，增强研究江南文化的责任感、使命感。习近平总书记在主持中共中央政治局就我国考古最新发现及其意义为题举行第二十三次集体学习时强调，"当今中国正经历广泛而深刻的社会变革，也正进行着坚持和发展中国特色社会主义的伟大实践创新。我们的实践创新必须建立在历史发展规律之上，必须行进在历史正确方向之上。"江南文化是在历史长河中形成的伟大民族精神和优秀传统文化之一，正值长三角区域一体化高质量发展、大运河文化保护传承利用等多项国家战略规划叠加的机遇期，研究好江南文化大有作为，研究江南文化就是要研究把握其发展历史规律，认识江南文化起源和发展的历史脉络，认识江南文化对人类文明的重大贡献和价值，才能真正作用于我们经济社会的实践创新，作用于长三角区域一体化背景的文化共融。

2. 增强角色意识，努力构建中国特色、中国风格、中国气派的江南文化体系。江南不仅是江南人的江南，更是全中国的江南。历史文化遗产不仅告诉我们过去，也深刻影响着当下和未来。广大史志工作者要立足新时代新发展，聚焦服务长三角高质量一体化发展的必然要求，对地域文化样本的江南文化深入进行理论探索，加快构筑江南文化的理论体系，增强江南文化的影响力、话语权，把江南文化的发展及其全球意义与人类价值更加清晰、全面地呈现出来，更好发挥资政育人作用，为弘扬中华优秀传统文化、增强文化自信提供坚强支撑。

3. 以人民为中心，锻造高质量的江南文化产品。人民群众需要高质量的文化产品，所有文化研究的落脚点归结点是为最广大人民群众服务。今年是第二届中国苏州江南文化艺术·国际旅游节，其主题是以文化赋能城市创新发展，用文旅产业发展激活市场快速复苏，以艺术为媒、旅游为线，内容涵盖舞台艺术、书法、美术、影视戏曲、民间工艺、群众活动等多个领域，集中展现江南文化旅游的特有吸引力。这与我们开展江南文化研究、江南方志文化研究的初衷是不谋而合的，无论是苏州或者其他江南城市，都应对历史文化资源进行深入挖掘、精心整理、创新阐释，推动文化产业与经济社会各领域深度融合创新，让收藏在博物馆里的文物、陈列在广阔大地上的遗产、书写在古籍里的文字动起来、活起来，让人民享受更多更优质的文化产品，丰富全社会历史文化滋养，为推动文化繁荣兴盛增添新动能。

江南文化是全人类的丰饶财富，是用之不竭的文化宝藏，让我们担负起当代文化工作者的历史使命，做好江南文化的守护者、研究者和传承者。

第四章　方志经验

保定：方志市长

　　河北省保定市是中国历史文化名城，历史上被称为"都南屏翰，冀北干城"，有着重要的军事、政治地位，历史悠久，文化灿烂。从2014年至2018年，我曾3次到保定市调研指导地方志工作，两次在中指组办公室听取保定市地方志工作汇报。保定市辖25个县（市、区），是全国地级市中任务量最大的，全市地方志工作者埋头苦干，以把地方志这个"冷板凳"坐热的定力和毅力，走过了地方志从一本书、到一项工作，再到一项事业的不平凡历程，给我留下了深刻印象。特别是保定市有一位被誉为"方志市长"的马誉峰同志，他无论是在保定市常务副市长、市长，还是在市人大常委会主任职务上，始终关心、关注地方志事业，倾注大量心血，做到思想上重视、行动上支持，为地方志事业在保定的发展创造了良好的条件和环境。2014年3月，王伟光同志、李培林同志到河北省调研地方志工作，对保定市的地方志工作进行了考察，认为"保定的地方志工作经验大有可以总结的"。在保定提出的地方志工作"一纳入、八到位"，成为做好地方志工作的基本经验。2015年3月31日，我和马誉峰同志共同为保定市方志馆揭幕，并在致辞中对保定市地方志事业的发展提出新的期望。实践证明，中指组提出的"十业并举"在保定市得到很好的落实，志鉴编纂、馆网建设、旧志整理、地方史编纂、地方史料纂辑、读志用志都搞得有声有色，真正让地方志"活起来""热起来"，创造出具有保定特色的地方志事业发展经验。为此，我提议并得到中指组主要领导批准，于2018年12月在保定市组织召开2019年全国地方志机构主任工作会议暨第三次全国地方志工作经验交流会，保定经验在全国引起良好反响。事业兴，荣誉来。2014年和2019年，保定市地方志办公室先后受到市政府的通报表彰。2015年，保定市地方志办公室主任孙进柱同志被授予"全国地方志系统先进工作者"荣誉称号。

——题记

保定市自21世纪初第二轮修志工作开展以来，经历了从一本书，到一项工作，再到一项事业的转型升级，向社会奉献出一份份文化厚礼，一项项地方志成果是全市改革开放的真实写照，书写出反映时代发展的历史篇章。在机构规格低、人员少、时间紧、任务重的情况下，按照中指组的工作部署，在市委、市政府高度重视下，在上级业务部门的精心指导下，以创新为引领，以实干促发展，服务现实，立足长远，以完成修志编鉴"两全目标"为先导，带动志鉴馆网用、旧志整理、地情书编辑、地方志理论及地情研究全面推进，促进了全市地方志事业的转型升级。

一、以创新打开工作局面，引领地方志事业发展

保定市是较大的省辖市，2004年第二轮修志启动时下辖25个县（市、区），都要编纂第二轮志书和年鉴。曾走过一段曲折的道路，工作进展缓慢，在全省处于落后状态。自2009年起地方志工作走上正轨，走出一条不断创新之路，促进了全市地方志事业的健康发展。

（一）创新领导体制

多年的工作实践证明，抓住地方志领导这个关键，会起到纲举目张的作用。第二轮修志以来，保定市除了发挥好市地方志编纂委员会的作用。还在地方志编纂委员会主导下，建立了两个委员会，使各级领导成为地方志事业发展的直接参与者和推动者。

1. 在工作起步阶段建立顾问委员会，聘请10位在保定市德高望重已退出一线工作岗位的市级老领导和专家，组成顾问委员会。在第一次座谈会上，由市政府主管领导代表市委、市政府向顾问颁发聘书，充分调动了老领导和专家的积极性。由第二轮修志顾问分组到各县（市、区）和相关部门督导工作，听取工作汇报，与当地主要领导或政府主管领导交换

意见，从宏观高度提出要求。修志顾问在扩大地方志工作的影响、做县（市、区）和市志承编单位领导的工作上发挥了无可替代的作用。

2. 在地方志工作向地方志事业转型升级时期，成立地方志指导委员会，由市人大常委会主要领导任主任，市四大班子都有领导参与其中，负责全市地方志工作安排和业务指导。指导委员会成立后召开了全体会议，明确了指导委员会的职责，加强了工作督导和业务指导，并要求各县（市、区）也成立地方志指导委员会，这就等于把四大班子有关领导都动员起来，不仅有利于解决全市地方志事业发展中的问题，而且更能有利于把握地方志事业发展方向，提高地方志事业整体水平和成果质量，是促进保定市地方志事业转型升级的重要举措。

3. 领导亲自动手。保定市地方志事业的发展离不开领导的重视，历任主管地方志工作的领导不仅谋地方志事业的全局，还经常亲力亲为，为地方志工作的开展解决实际问题，谋划服务现实发展和中心工作大局的项目，形成良好的传统，如被誉为"方志市长"的马誉峰同志，2009年担任保定市常务副市长，主管地方志工作后，立即着手解决制约保定市地方志工作发展的问题，迅速健全了市地方志办公室的班子，解决了办公用房、用车、经费等问题，工作步入正轨后，又亲自定选题，相继由地方志办公室编纂《保定人物志》《保定读本》"老保定"丛书（第一辑）、《保定通史》等系列地情书，并亲自披阅、修改文稿，把住文稿的质量关。每一部地情书的出版都引起良好反响。马誉峰同志担任市长后，又亲自为保定市方志馆选址，经过多方协调把方志馆建在全国重点文物保护单位光园内，既建起了方志馆，又科学利用和保护了文物，得到社会各界的广泛赞誉，成为一种成功的类型和范例。马誉峰同志担任保定市人大常委会主任后，倡导成立地方志指导委员会并担任主任，为推动地方志事业的发展倾注心力。即使是退出保定市人大一线工作岗位后，仍然担任市地方志指导委员会主任，为保定市地方志事业的健康发展作了大量各方面协调和项目谋划工作。

（二）创新制度建设

为了有力推动地方志工作，建立了督查制度，完善督查事项。2009年

11月27日，保定市政府办公厅印发《关于建立地方志工作督查制度的通知》，建立第二轮地方志工作督查通报制度。督查范围是各级、各有关部门和《保定市志》各有关承编单位。督查内容为：贯彻落实国务院《条例》和《河北省地方志工作规定》，坚持依法修志情况；修志工作的组织机构、队伍建设和责任落实情况；修志计划和总体设计的制订情况；资料收集及编写评审情况；编委会履行职责情况；组织发动、人员培训和理论研究工作开展情况；深入搜集资料情况；所撰志稿是否符合质量要求；评审制度健全情况；修志长效机制的建立情况；修志为中心工作服务情况等。并明确了方法和步骤，由市政府督查室和市地方志办公室联合组织实施。

并将县（市、区）在2010年完成第二轮修志任务列入《政府工作报告》2010年工作落实方案A类事项中，采取打分制，完成的加30分，完不成的倒扣60分，进一步加大了督查、考核力度，完善了督查体系。经过几年持续不断的督查推动，使几乎停滞的地方志工作重新启动，并迅速推进。

在国务院《条例》颁发后，结合保定市实际，于2014年6月由市政府颁发《保定市地方志工作管理办法》，为全面落实国办《规划纲要》和《河北省地方志事业发展规划（2016—2020年）》，保定市人民政府办公厅印发《保定市地方志事业发展规划（2016—2020年）》，对各项工作完成时限列出时间表。召开全市地方志工作暨年鉴培训会议，要求全面启动县（市、区）综合年鉴，抓好志鉴资料常态化收集，按照省、市规划要求实现"两全目标"。

（三）创新工作方式

在工作方法上，"先催苗、后蹲苗"，即先全力以赴抢抓进度，进度上来了，认识也上来了，再把注意力转到质量上，以对历史负责的态度，狠抓质量不放松，除了加强一对一的业务指导，还与有修志经验的主编共同研讨拟定《县志参考篇目》，规定出志书中应该体现的要素，按照中指办出台的《地方志书质量规定》，根据本地情况进行细化，制发了《志书行文规范》，对志稿质量提出全方位要求，并要求各县（市、区）加强本级评审，把好市级评审关，对在市级评审中提出的问题全面进行修改，直至能达到省级评审水平的,才批准其报省评审。所以保定市25部县(市、区)志稿在省级评审中均一次通过。

创新表现形式,列入河北省两部第二轮精品志书之一的《安国市志》,运用现代科技手段,将二维码植入志书中,使志书内容实现立体化呈现,从读志书到听志书,可以听方言,可以听地方戏曲,扩展了志书的容量,有利于特色内容的展现。

在质量建设上,及时发现典型、召开现场经验交流会,推广成功经验,并利用每次省级评审会,召集周边县(市、区)听取评审专家的评审意见,查找自身同类问题加以解决,既是评审会也是培训会。通过采取一系列措施,从根本上保证了地方志成果的质量。

实行开门办方志,广泛与各相关单位和社会力量合作,如旧志整理,采取市政府适当资助,以民间力量为主导,市地方志办公室给予适当指导的方式,对全市民国以前旧志统一进行再造出版。《保定通史》和其他大部分地情书的编写,也是采取由市地方志办公室聘请市内外文史学者或高校教师撰写。借智、借力、借资金,克服了市地方志办公室人手少、专业知识不足和资金不足的问题。

二、以实干打牢事业基础

无论在何时,实干是壮大地方志事业不变的宗旨,靠实干不断出成果,靠实干创出地方志事业的一片天地,靠实干锻炼出一支坚强的队伍,靠实干赢得领导的认可和社会各界的赞誉。

(一)将实干精神落到实处

既然是实干,就要脚踏实地,以"踏石留印、抓铁有痕"的"实劲",出实招、鼓实劲,不断地努力和付出,发扬"修志问道,直笔著史"的方志人精神,以"三心对三苦"的态度(以平常心对待清苦、以责任心对待辛苦、以事业心对待艰苦),恪尽职守,扎扎实实做好每一项工作,不仅在修志队伍中,而且在主管地方志的领导层面都形成共识,使其成为推动事业发展的不竭动力。靠实干完成"两全目标",同时编纂出版大量很有地域文化特色的地情著作,如《保定人物志》《保定读本》"老保定"丛书

（第一辑）等。创出了地方志的品牌。

（二）把实干精神贯穿始终

古语云："靡不有初，鲜克有终。"多年修志经验表明，从事地方志事业，要耐得住寂寞，守得住清贫，经得起种种诱惑乃至别人的不解。要有百折不挠、坚忍不拔的"韧劲"。保定市地方志办公室一班人靠着这份坚持和坚守攻城拔寨，跨越了一道道难关，拿出了让人信服的成果，同时锻炼了队伍。这支队伍起码达到了三个目标，一是政治上可靠，具有自觉的政治敏感意识，保证在地方志成果中不出现政治性错误。二是具备适应工作需要的能力，坐下来能写，站起来能讲，走出去能指导。三是具有良好的理论素养和功底。不仅成为方志通，也成为熟悉本地历史文化、了解现实发展大势的地情通，将两者结合起来，树立了地方志人的权威。如《安国市志》主编于盼粘在安国电视台开办《于老师话安国》栏目，保定市地方志办公室主任孙进柱2018年下半年每周五下午五点半在保定电台《保定故事》栏目讲保定历史故事。这些年在保定市形成对保定历史有不清楚或有疑问之处就找地方志办公室的共识。

（三）以实干精神带动全局

实干产生影响力和带动力。市地方志办公室的实干精神对于全市地方志系统具有示范作用。平时地方志并不为多少人所关注，但是地方志却是一项综合性很强的工作，要想得到各级、各部门的支持和配合，要做大量的协调工作，时常会碰钉子，这就需要地方志工作者具有不畏艰难的"闯劲"，面对繁重的业务量迎难而上，面对别人的不解，硬着头皮去说，只要心底无私，终会得到理解和支持，乃至尊重。保定市各县（市、区）、各相关单位领导对地方志的事，都能积极支持，很好地落实，没有实质性障碍。在全市锻炼出一支具有较高理论素养、专业素质、奉献意识、实干精神的专兼职地方志工作队伍。

三、以全面发展促地方志事业转型升级

要保证地方志事业的健康发展，既要抓好修志编鉴这个主业，打牢基础，也要充分发挥地方志在地方经济社会发展中的作用，两者相辅相成。

（一）以修志编鉴带动全面发展

第二轮地方志工作开展以来，保定市以完成修志编鉴"两全目标"为抓手，不断加大推进力度，到目前完成市志和各县（市、区）志的编纂，市、县两级综合年鉴均实现一年一鉴、当年出版的目标。以此为载体，打下地方志事业发展的基础，巩固地方志事业的阵地，扩大影响力，引起各级领导和社会各界的广泛关注。

沿着这个路径，保定市实现了全面发展的目标。2012年保定地方志网正式建成运行，2015年3月31日，利用光园这座百年建筑建成的保定市方志馆（抗战史料馆），建成开馆，是河北省第二家市级方志馆，建成清苑这座县级方志馆，莲池、阜平两座方志室，多家县级方志馆（室）正在落实之中。到2017年完成《畿辅通志》《雄安新区旧志集成》《保定旧志集成》影印再造，再造出版明清至民国时期保定市范围内旧志94种，500多册。地方史和基层志书编纂全面开展，《保定通史》《保定抗战老战士口述史》出版发行；列入中国名镇志文化工程的《白沟镇志》《冉庄镇志》通过中指组审定，列入出版计划。陆续出版《小车村志》《小南头村志》等村志50多部，启动多部村志的编写指导工作。着力抓地情书编纂，陆续出版《保定人物志》《保定读本》《保定南下干部纪实》《保定抗战历史图志》"老保定"丛书第一辑（4本）等。

（二）把服务经济社会发展作为现实目标

地方志功在当代，利在千秋。保定市围绕服务经济社会发展这个目标谋划工作。方志馆边运行边建设，2017年以来进行了全面改造提升，在突出地方特色上下功夫，陆续建成或改陈地方志展室、抗战史料展室、方大曾纪念室、何明清纪念室、《晋察冀日报》史展室、光园与民国风云展室等。使方志馆内容更加丰富，展览更吸引参观者，成为展示保定历史文化和特色地域文化的重要窗口。并依托方志馆开展了多项文化交流和爱国主义教育活动，充分发挥了方志馆展示、研究、交流地方文化的窗口和爱国主义教育的阵地作用。这体现了保定市委、市政府通盘考虑公共文化服务体系建设的远见卓识，产生了良好的社会效应。

保定市方志馆开馆后，经常有各类学校师生、社会组织在方志馆举行集体活动，开展爱国主义教育，如北京大学新闻与传播学院新闻系每年都组织研究生，到保定市方志馆参访方大曾纪念室，进行现场教学活动。每年依托市方志馆开展保定市历史文化及地域文化研讨活动，接待上级领导、专家到保定调研考察，地方志界同仁到保定交流活动。对增强保定市的文化软实力，深化保定历史文化内涵和底蕴，提高文化竞争力，扩大地方志事业的影响力发挥了积极作用。已建为河北大学计算机学院爱国主义教育基地、河北大学工商学院教学实践基地、华中科技大学方大曾新闻社实践基地等，亦成为保定市区知名旅游景点。

保定市方志馆团结地方文化专家学者，致力于保定历史文化史料、地情文献图书的搜集整理工作，组织编辑出版了《保定历史文化资政志鉴》（23卷）、《保定红色文化文库》（360卷）、《保定抗日战争史料长编》（136卷）、《新中国成立以来保定志书集成》（210卷）、《高蠡风骨文存》（10卷）、《保定东西大街史话》（10册），以及反映保定各个历史时期的文化典籍近千种，还有自身馆藏近40万册（含电子文献）的文化资源，极大地丰富了保定文化资源宝库。2019年11月，在全国方志馆建设工作会议上，保定市方志馆作为地市级方志馆代表做经验交流。

保定市不断对地方志网站进行改版升级，充实信息，优化栏目，增强服务功能；对接国家、省、县地方志信息化工程，拓宽面向公众的方志信息服务渠道，建成网上地方历史文化资料库，逐步实现地方志信息资源共享互通。开通保定方志公众号。改版后的保定地方志网站，添加了手机微信版，在微信公众号下设置保定地方志网站链接菜单，使网站与微信有机地结合起来，方便了读者使用移动设备浏览网站。

（三）以服务中心工作提升地方志事业地位

第二轮地方志工作开展以来，保定市地方志办公室始终把为中心工作服务作为重要内容，结合各个时期党委、政府中心工作推出新成果，配合新举措，发挥地方志部门的独特作用。

自2012年《保定读本》出版后，即成为保定市政府对外经贸活动和政务活动用书，如每年的经贸洽谈会，对外推介保定，都会用到《保定读本》，每年各种活动用书量都有两三千册。2013年，市长马誉峰同志与出租车代表座谈后,在3000多辆出租车上都配发了《保定读本》,作为宣传保定的一个窗口。2014年3月,时任中国社会科学院党组书记、院长,中指组组长王伟光同志;时任中国社会科学院党组成员、副院长,中指组常务副组长李培林同志到河北省调研地方志工作,到保定市进行考察调研,并在保定召开座谈会,对保定市地方志工作"围绕中心,服务大局,突出特色"给予了肯定。对编纂出版《保定读本》《保定人物志》等系列地情书的做法予以赞赏,认为这些书对保定人民提高"道路自信、理论自信、制度自信、文化自信"非常有说服力,认为"保定的地方志工作经验大有可以总结的",希望保定在全国带个好头。2018年12月,2019年全国地方志机构主任工作会议暨第三次全国地方志工作经验交流会在保定成功召开,时任中国社会科学院党组书记、院长,中指组组长谢伏瞻同志出席会议,保定市在第三次全国地方志工作经验交流会上作了典型经验介绍。会议期间,举办了河北省地方志成果展,专门设了保定市展区,与会领导和全国各地地方志工作者对保定市地方志事业的发展历程和取得的成绩给予了充分赞誉和肯定。

  2017年雄安新区建立后,保定市地方志办公室按照省、市政府和上级业务部门的要求,多次参加雄安新区规划设计阶段的座谈会,提供历史文化信息和资料,提出相关建议,或为设计部门提供与雄安新区相关的地方志和地情资料。为方志河北微信公众号提供有关雄安新区历史文化的文章30篇,参与反映雄安新区历史的《大美雄安》等图书的编写,助力雄安新区建设。

  2020年12月,由保定市地方志办公室组织,历时8年编写而成的4卷本,共180万字的《保定通史》出版发行。作为保定市重点文化工程,其出版发行引起各界广泛关注,认为这是保定市首部具有开创性、地域性、完整性的通史著作,浓缩了保定历史文化和风土人情,对了解研读保定历史、弘扬保定人文精神、开展国史党史教育、推动城市发展、增强保定对外知名度和美誉度,具有重要的历史与现实意义。这是地方志部门对地方历史文化建设的重要贡献。

  回顾历史的过往,保定市地方志事业取得过不平凡的成绩,获得过中指组的荣誉,接受过省地方志办公室的多项鼓励和表扬,得到过市政府的通报表彰。瞻望未来,保定市方志人将发扬优良传统,肩负起时代赋予的"为党立言、为国存史、为民立传"的使命,砥砺奋进再启程,牢记使命著华章。

烟台：志载红色胶东*

  地方志是地方文化的新亮点，是地方经济社会发展的新动力，更是服务社会的新桥梁。《烟台市志》为烟台市对外交流、招商引资、建设项目论证、烟台海参与鲍鱼申报中国地理标志等等提供了大量资政服务，拓展了城市辐射力和影响力。《胶东红色人物志》《胶东红色工业图志》《西障郑家村志》等红色志书用方志体例记述党史，为革命传统教育、爱国主义教育提供了生动教材。新时代烟台史志人注重修志为用，面向社会提供服务，曾为烟台渔业公司一位80多岁老干部查证作战史料，确认革命身份，老人看到自己多年悬而未解的待遇问题有可能解决时，泪流满面，高呼："我又见到了包青天，中国共产党万岁！"也让方志工作者深深体会到了使命的光荣。

——题记

  烟台是我的第二故乡，我在这里工作生活了16年。来到烟台，我的心情一直是在高兴和激动之中。25年前，就是在这个酒店——烟台新时代大酒店，我成立了烟台新时代律师事务所，并担任新时代集团的法律顾问。人生何处不相逢！

  习近平总书记在今年"七一"讲话时说："以史为鉴，可以知兴替。"在烟台工作和在离开烟台的这段时间，我深刻感受到烟台的巨大变化和第二家乡的情谊，今天，我们就用地方志的形式记载这些历史。地方志是中

---

* 根据2021年7月20日我在中国名镇志、中国名村志编纂业务培训班开幕式上的讲话整理。

华文明独有的特征，世界四大文明为什么只有中华文明能够赓续不断呢？原因很多，一个很重要的原因就是我们有地方志。我们编纂地方志的历史有2000多年，但是只有在建党100周年时，我们实现了地方志第一个百年目标，实现了省市县有志、有鉴的一项伟大的世界文化创举。可以说，我们向方志先人、方志前辈交上了一份圆满的答卷，同时实现了地方志从原来的编修一本书，向志、鉴、史、馆"四驾马车"齐驱并驾，志、鉴、史、馆、库、网、用、会、刊、研"十业并举"的转型升级。

伴随着国家"十四五"规划的启动，伴随着国家第二个一百年目标的奋进，我们地方志也提出了第二个一百年目标，那就是在中华人民共和国成立100周年的时候，我们要完成《中华人民共和国志》的编纂，要在省市县三级志书已经连续编修两轮的基础上，将下限再延伸20年，编修出省市县三级的通志，并且要将地方志向各行业、各系统、各部门、各乡村、各小区延伸，让每一个中国人都能在地方志中找到他的位置，实现地方志书和综合年鉴在国家、省、市、县、乡镇、村（居民小区）的全覆盖。经过几代人的努力，我们已经实现了地方志历史上有没有的数量规模化，但是，新时代地方志高质量发展也摆上了重要议事日程，尤其是地方志如何紧紧围绕党和国家利益，围绕经济社会发展，围绕以人民为中心三大主题开拓创新，切实把地方志"用起来"，将地方志"立起来"，让地方志"活起来"，叫地方志"热起来"，使地方志"强起来"，成为新时代各级地方志工作者一个新的重要的使命担当。

2015年8月，国办印发了《规划纲要》，将中国名镇志文化工程、中国名村志文化工程载入纲要之中。2017年5月，中共中央办公厅、国务院办公厅联合印发《国家"十三五"时期文化发展改革规划纲要》，提出有条件的乡镇、街道要编写村志、街道志。2018年9月，中共中央、国务院联合印发《乡村振兴战略规划（2018—2022年）》，明确提出鼓励乡村史志编修。中国名镇志文化工程、中国名村志文化工程就是在这样一个背景和要求之下应运而生的。从2015年以来，我们先后在北京人民大会堂等地举办了6届中国名镇论坛、5届中国名村论坛，使地方志为经济社会发展，特别是记载乡愁、传承根脉，发挥了应有作用。今天，我们相聚在美丽的烟台，就是来研讨中国名镇志、中国名村志两大工程如何进一步高质量发展，对于学懂弄通做实习近平新时代中国特色社会主义思想，尤其是贯彻落实习近平总书记"七一"重要讲话精神，特别是习近平总书记讲话中"以史为鉴，开创未来"引领的"九个必须"，具有十分重要的意义。

山东省一直是方志大省。党的十八大以来，在山东省委省政府和各级党委政府高度重视下，尤其是在省市县三级方志人的共同努力下，山东省从方志大省已经变成了方志强省，创造了党的十八大以来唯一一个以省的名称命名的"山东经验"。当全国某些地区"两全目标"的完成还有困难的时候，山东地方志工作者勇于担当、主动作为，提出并圆满实现了包括地方志和综合年鉴以及方志馆在内的"三全目标"。"山东经验"在全国地方志系统的创建，就像山东有句话说的"泰山不是垒出来的"。

烟台史志工作者更是山东地方志系统的佼佼者。这些年来，他们在烟台市委、市政府的坚强领导下，按照中指组及其办公室和山东省史志办的部署要求，不断赋予地方志工作适应形势发展新的内涵，拓宽领域，全面提高整体水平，围绕经济社会发展做了大量"存史、资政、育人"的工作。他们将精品意识贯穿于修志全过程和各环节，高标准要求志书编修的科学性、资料性、著述性，建立培训、评稿、审稿长效制度，高质量编纂出版14部市县志书、100多部专志，成果丰硕。其中中国名镇名村志编修走在全省和全国前列，烟台开发区就有6部志书为中国名志、齐鲁名志，从2014年起抢救性征集整理210余个村居资料，编修镇村志20部，为参评中国名镇名村志打下基础。烟台的市县志书大都获评省优秀志书，《烟台年鉴》多次获评全国一等奖。我们把这个会议选择在山东，烟台召开，就是让全国的地方志工作者来学习山东的经验，学习烟台的经验。烟台的主要做法包括以下几个方面。

一、全面部署修志工作

二轮修志启动后，烟台市完善编修体制，制定印发《烟台市续修新方志工作纲要》《关于续（新）修行业志、部门志、企事业单位志的通知》《关于加强全市史志编纂管理工作的意见》等文件，全面部署、推动市县志书编修，将行业部门志、企事业单位志等纳入地方志工作规划，扶持经济条件好、文化底蕴厚的乡镇、村修志，以典型引领基层修志规范有序、提质增效。2016年至2017年，烟台市及所属12个县市区全部印发《地方史志事业发展规划纲要》，实现方志规划与实施全覆盖，市县志鉴全覆盖，镇村志、行业单位志及其他各专志编修齐头并进。

二、编印学习参考文本

烟台志办编写《方志续修指南》书籍和《地方志编写参考样稿》，印发《关于〈烟台市志〉续志编纂规范行文的通知》《关于续修烟台市志"人物志"的撰稿通知》《关于审核完善〈烟台市志〉相关稿件的函》等十几个文件，细化要求，全面指导新方志编修工作。对结构或内容相似的单位先行整理出参照样本，以作示范。比如各民主党派稿件、重点企业稿件，先组织编写相对成熟志稿，其他单位用以参照。为促进交流，创办《烟台史志工作》简报，先后编发100多期，及时发布修志动态，总结成绩，反映问题，交流经验，促进提高。

三、建立培训长效机制

烟台志办加强对全市修志指导，组织4次全市范围大规模业务培训和后进单位培训，对所有编辑与撰稿人讲授方志性质、体例、篇目设置、编纂原则、行文规范、资料收集与整理、概述及各分志编写、大事记和人物收录标准与编写要求等。召开县市区志主编培训与研讨会，详细讲解入志资料的运用、记述深度等，交流修志各环节经验、需要面对和解决的问题，要求主编们高度负责，"像写辞书那样来写志书"，把好政治关、保密关、资料关。针对性举办县市区志鉴、行业单位志、镇村志编修培训50多次，培训数千人次，大面积提升全市修志编鉴水平。

四、组织志稿讨论评议

烟台志办先后召开8次《烟台市志》初稿评议会，讨论评议稿件500余万字。每次评议都是提前2周将初编的志稿印发所有编辑通看，拿出2

天到3天时间评议,邀请单位撰稿人员共同讨论,形成一致修改意见,返回单位补充完善。评议过程中编辑们尽力找问题,查缺漏,对稿件的篇目设置、结构安排、资料挖掘深度、资料准确性、内容增减、表格规范、遣词造句及数字和标点的用法等进行全面点评,作出要求。很多单位的稿件经过反复修改才达到质量要求。修改过程中组织两次全志稿全办评议,既提升了志稿质量,又锻炼了队伍。

五、完善审核验收制度

《烟台市志》经历6级审稿,反复打磨:第1级是撰稿单位领导审稿;第2级是志办自审;第3级是省志办专家评审;第4级是编委会领导审阅;第5级是出版社审稿;第6级是重返撰稿人审核。成稿过程中,各编辑分工编辑初稿,交副主编、执行主编、主编审阅修改,发现问题返回编辑,与撰稿人确认资料、补充内容,补充修改后再次送交主编审阅,这样反反复复,加上各级审稿修改、排版校对,每个稿件都经历了20多遍的调整修改,全书从初稿的600多万字压缩到320万字,总体平衡,规范严谨,文约事丰。

烟台市印发《关于县(市、区)地方志志稿审验工作有关事项的通知》,选派业务骨干提前介入县市区与行业单位、镇村修志工作,从志书启动到篇目拟定、编写、评审,全程跟踪指导,反复审阅把关。采取以会代训、以审带训形式答疑解惑,提出针对性修改意见,一对一交流讨论,对普遍存在的问题作出统一规范,督促修改。与省志办联合召开各县市区志、名镇名村志评审会,省市县三级修志专家和责任编辑共同审验志稿,打造精品志书。

六、开门纳才众志成城

烟台市广泛发动社会力量开发利用地方文献,形成系列专题史料;建立史志专家库,吸纳专家、学者参与志稿评审;借助档案馆、图书馆、展览馆馆藏丰富编纂内容,提升志书质量。《烟台市志》编纂全员参与,先后聘请7名长期从事文字工作的老同志编写、修改志稿,聘请2名一轮修志专家从志稿不同阶段、不同角度审核把关。烟台开发区借助鲁东大学胶东历史文化研究院师资力量，为地方志工作开展提供智力支持；与散文协会、文联、摄影家协会、党校、老干部处等建立常态化联系机制，在志鉴编纂中借力；借助图书馆、档案馆、展览馆等场馆藏书、实物丰富编纂内容，提升志书质量。

七、加强专业理论研究

烟台市成立修志专家组，开展理论研讨；鼓励修志人员结合工作实践进行理论研究，通过提升理论指导工作。二轮修志期间，全市撰写论文在省级以上刊物发表数十篇，大大提升了专业水平。及时编写《二轮修志纪实》，总结实践做法与创新理论，用以指导各志编修。烟台开发区承担省社科研究课题《胶东文化影响下镇村志修编创新性转化与发展研究》，5人次到国家级或省级方志论坛作典型发言，推广"烟台开发区经验"。

八、把握脉络突出特色

《烟台市志》特设海洋经济、对外开放、旅游业、园区建设编，突出烟台作为沿海开放城市的地域特色；用经济综述统领全域经济，宏观展现发展脉络；加大加深各领域重要事件记述力度，反映规律；加大加深对体制改革、地方文化等重点领域、重要事件记述力度，脉络清晰、反映规律；浓墨重彩记述先锋人物，弘扬时代奋斗主题；客观记述各时期出现的新情况、挫折与问题，镜鉴后人；装帧设计以蓝色为基调，彰显山海文化，被专家认定为观点正确、体力完备、资料翔实、特色鲜明、著述严谨、印制规范的精品佳志。

烟台志办指导各县市区志与各专志规范编纂的同时，倡树创新，各志精彩纷呈，特色鲜明。如《莱州市志》创新使用"往事追忆"口述专记，辑录《那座丘陵那片林》《看电影》《掐草辫换新衣》《锄地》《农民与工分》等文章，贴近时代、贴近生活，富有浓郁的地域气息与时代气息，增强了志书的画面感、亲切感、感染力、可读性，让人如临其境。志书记住乡愁，可见一斑。

九、拓展服务修志为用

地方志是地方文化的亮点，是地方经济社会发展的动力，是服务社会的桥梁。《烟台市志》为烟台市对外交流、招商引资、建设项目论证、烟台海参与鲍鱼申报中国地理标志，等等。提供了大量资政服务，拓展了城市辐射力和影响力。《胶东红色人物志》《胶东红色工业图志》《西障郑家村志》等红色志书用方志体例记述党史，为革命传统教育、爱国主义教育提供了生动教材。烟台志办面向社会提供服务，曾为渔业公司一位80多岁老干部查证作战史料，确认革命身份，老人看到自己多年悬而未解的待遇问题有一线光明，泪流满面，临走时在走廊高呼："我又见到了包青天，中国共产党万岁！"这一幕让人感动，方志"存史、资政、育人"功能有了服务社会的更多延伸。

烟台历史文化底蕴丰厚，修志的同时，市史志办重视开发利用方志文化，编辑出版了《烟台四季游》《烟台的中华之最》《烟台老街巷》《烟台精华》《11·24海难纪实》《防治非典型肺炎文献辑存》《烟台美食》《胶东邮史邮品研究》《烟台百年大事记》《烟台历史掌故》《烟台旧事》《当代烟台概览》《蓝色文明幸福烟台》等20余种地情资料丛书，录制时代声音，把握历史脉搏，推介特色文化，服务地方经济社会发展。各区市出版志类书籍上百部，及时为现实服务。如蓬莱市编辑出版《蓬莱阁志》《戚继光志》《蓬莱旅游大观》《戚继光民间故事传说集》，依靠方志资料为领导决策服务，为蓬莱旅游开发提供调研材料和十几项建设方案，均被政府采纳或批转有关部门实施。

"盛世修志""鉴往开来"。地方志工作"代代相济、永不断章"。习近平新时代中国特色社会主义思想和对史志工作的重要论述为新时期地方志工作指明了方向，提出了新的要求。我们唯有不断努力前行、不断开拓创新、不断超越突破，才能推动地方志事业高质量、可持续发展，再立新篇。我们要加强地方志队伍建设，培养思想水平高、专业能力强、富有情怀的方志人，"修志问道，直笔著史"，脚踏实地，精益求精，不负历史，不辱使命，推动人类社会文明进步。

我期待我的第二故乡烟台在新时代有更大跨越式发展，地方志工作者要赓续记载这一波澜壮阔的过程。我期待中国名镇志文化工程、中国名村志文化工程从烟台再出发，开启新的灿烂时代！

第四章　楚雄州：精品志鉴成就人生辉煌

  楚雄州是人类发祥地之一，有着悠久的历史和灿烂的文化。我于2018年4月和2019年8月，两次到楚雄州调研指导地方志工作。楚雄州是彝族自治州，彝族是一个尚火的民族，楚雄州地方志工作者对新时代地方志事业火一般的热情，给我留下了深刻的印象和美好的回忆。我在第一次调研时，提出要大力支持少数民族地区地方志事业发展，用精品志鉴资政党委政府中心工作。他们不负众望，不到2年的时间，就成功入选中国年鉴精品工程，《楚雄州年鉴（2018年）》获评全国特等年鉴，取得骄人成绩。为此，临近退休的时任州地方志办公室主任郭孟贤同志，调州政协机关并提任为一级调研员；时任州地方志办公室副主任何志猛同志，调任州纪委州监委研究室主任，现任禄丰市委常委、纪委书记、监委主任；史志科科长朱为明提任为州地方志办公室副主任；年鉴科科长李梅提任州政府办公室副处级督查专员。可谓修志得志，精品志鉴成就了人生辉煌。

——题记

我看好楚雄方志人[1]

  楚雄彝族自治州是人类发祥地之一，素有"中国彝族文化大观

---

[1] 2018年4月14日，我初到楚雄。此篇文章为在《楚雄彝族自治州志（1978—2010）》发行会议上的讲话。

园""东方人类故乡"和"世界恐龙之乡"的美誉。楚雄州虽然是一个经济不太发达的少数民族地区,但是有着浓厚的文化氛围和良好的编史修志传统,地方志工作一直都在云南省的前列,这得益于历届州委政府领导的高度重视。早在20世纪80年代初楚雄州便发文设立地方志机构,安排有专门编制。此后,始终将地方志工作纳入当地国民经济和社会发展规划以及各级政府工作任务之中,写入每年的政府工作报告,根据工作进展制定实施地方志事业发展规划,地方志工作经费纳入财政预算,每年政府都主持召开地方志工作会议安排部署相关工作,有的县还将地方志工作纳入政务督查和绩效考核的内容,尤其是政府领导熟悉了解地方志工作,经常深入地方志部门共同研究解决遇到的困难和问题。这些都为自治州地方志事业科学发展提供了有力的保障。其次是依法治志扎实推进。楚雄州十分重视地方志工作法治化建设,在1986年4月制定、2005年3月修订的《楚雄彝族自治州自治条例》中均明确"加强地方志的编纂工作"。国务院《条例》和《云南省地方志工作规定》颁布实施后,在全省州市中率先出台《楚雄彝族自治州地方志工作规定》,进一步明确了各级政府对地方志工作的领导责任,地方志工作机构履行组织、指导、督促和检查等职责,促进了依法治志工作深入开展。其三是工作体制机制比较健全。长期以来,楚雄州地方志机构始终保持稳定,工作持续开展,经费、人员、条件等保障措施不断得到改善和加强,基本形成了"党委领导,政府主持,地方志工作机构组织实施,社会各界广泛参与"的工作体制,以及"一纳入、八到位"的地方志工作机制,为地方志事业健康发展奠定了坚实基础。其四是方志成果十分丰硕。楚雄州首轮修志走在了全省的前面,其中一部县志、一卷州志在全国获较高奖项;第二轮修志也已经进入尾声,《禄丰县志》还是全省首部出版的二轮志书;难能可贵的是,2001年便在全省率先实现了州、县两级地方综合年鉴全覆盖,一些部门还编辑出版了年鉴,许多年鉴在全省、全国都有一定影响力;全州编纂出版的专业(部门)志、乡镇(街道)志、村(社区)志有200余部;此外,还编写出版了20余部各类地情资料书,比如《大美彝州——楚雄州情读本》,质量比较高;旧志整理和方志期刊方面也做得很好，《楚雄彝族自治州旧方志全书》和《楚州今古》刊物曾经被推荐参加全国会议。今天发行的这部州志也很有特点，体例结构有所创新，编校和印刷装帧质量都很过硬，真正体现了一个地方的文化高度。这些成果总字数达 3 亿余字，是自治州丰沃的地方志资源，既服务了地方经济文化建设，也丰富了中华文化宝库。由于工作成绩突出，楚雄州地方志办公室曾被中指组授予"全国方志先进集体"荣誉称号。

此次楚雄之行，我深刻感受到了这里的地方志工作有着坚强的政治保障和良好的发展条件，州委、州政府在州庆活动期间隆重召开《楚雄彝族自治州志（1978—2010）》发行座谈会议，体现了对地方志工作的高度重视。当前，地方志已进入新时代，我们要深入贯彻落实习近平新时代中国特色社会主义思想和党的十九大精神，扎实推进地方志事业转型升级，努力开创地方志事业发展新局面。

一、统一思想，用习近平新时代中国特色社会主义思想指导地方志工作

当前和今后一个时期，希望楚雄地方志系统要继续认真学习、贯彻落实党的十九大精神，深刻领会和全面贯彻习近平新时代中国特色社会主义思想，切实提高政治理论水平。要认真学习领会全国两会精神尤其是习近平总书记在全国两会上的系列重要讲话精神。两会期间，习近平总书记发表了系列讲话。这些重要讲话是习近平新时代中国特色社会主义思想的重要组成部分和最新篇章，要认真学习、深刻领会，真正做到内化于心、外化于行。要以等不起的紧迫感、慢不得的危机感、坐不住的责任感，贯彻落实好两会精神，尤其是习近平总书记两会重要讲话精神，在中华民族伟大复兴的中国梦的实现过程中，在"为党立言、为国存史、为民修志"中成就自我、实现价值，做出方志人的独特贡献。

二、明确方向，正确把握新时代地方志发展的目标和定位

当前中国特色社会主义进入新时代，全国地方志事业也进入了新时代。在新时代，紧扣中国共产党决胜"两个一百年"奋斗目标的历史征

程，方志人也有了"两个一百年"奋斗目标，即在 2020 年全面建成小康社会之时，实现省省、市市、县县有志有鉴的"两全目标"；在 21 世纪中叶中华人民共和国成立 100 周年即建成富强民主文明和谐美丽的社会主义现代化强国之际，实现《中华人民共和国志》、省市县三级志书、乡镇志、村志、社区志、居民小区志和地方综合年鉴全覆盖，开创一项世界文化创举。这"两个一百年"奋斗目标，是方志人在把我国建成富强民主文明和谐美丽的社会主义现代化强国中所肩负的新使命和新担当。要实现"两个一百年"奋斗目标，必须抢抓机遇，突破"一本书主义"的藩篱，实现志书编修、年鉴编纂、方志馆建设、地方史编写"四驾马车"统筹并进、协调发展，志书、年鉴、地方史、方志馆、数据库、地情网、读志用志、方志学会、期刊、理论研究"十业并举"，全力推动地方志事业转型升级。

三、强化创新，因地制宜服务经济社会发展

要围绕党和国家利益、经济社会发展和人民群众需要三个方面开拓创新，彰显地方志价值、展示地方志魅力、提升地方志影响力，做"活"做"热"地方志事业，开创地方志高质量发展的新局面。楚雄被誉为"世界恐龙之乡、东方人类故乡、东南亚铜鼓文化发源地和中国彝族文化大观园"，有着悠久的历史和丰富多彩的民族文化。这为我们进一步挖掘地情资源、利用史志资料提供了良好的基础。楚雄地方志机构近年来围绕党委政府中心工作，主动作为，编纂了一系列地情书籍，出版了不少特色刊物，发挥了资政辅治的良好作用。下一步，一要进一步加大民族历史和旧志的整理力度，坚决反对历史虚无主义，做到有志为证，不断增进民族友谊，巩固团结稳定的社会局面。二要围绕党委政府在经济社会发展中遇到的问题，急之所急，想之所想，特别是要在招商活动宣传、文化品牌树立、旅游资源开发等方面发挥优势，贡献更多更好的"志"力。三要多措并举，多渠道宣传史志文化，广泛满足群众需求。要通过编纂更多具有可读性的地情书籍、建立网络文化阵地、拍摄影像志等方式向群众宣传地方史志文化。要加快方志馆建设步伐，希望楚雄州能在方志馆建设方面做出有益的探索和有效的实践，这项工作云南省稍显滞后，楚雄州的基础和条件应该是具

备的,关键是州里面要重视起来。要突出民族特色和地方特色,使之建成为居民精神文化生活的重要活动场所。

四、依法治志,用规则规范全面提升地方志工作的质量和管理

依法治志,首先,要贯彻落实国办印发《规划纲要》提出的"两全目标",确保到2020年实现全国省市县三级二轮志书、地方综合年鉴全覆盖的世界文化创举。其次,我们正抓紧进行《中华人民共和国史志法》立法调研、论证和法律文本修改完善工作,立足新时代,适应新形势,领受新任务,进一步做好顶层设计,为史志事业未来发展拓展空间、指明方向。就楚雄州而言,一要认真贯彻好全国和省州规划要求,将"两全目标"落到实处。还没有完成二轮志书编纂出版任务的县(市)要抓紧编纂、突破瓶颈、按期完成,年鉴要确保一年一鉴、实现公开出版。二要认真总结经验,出台志鉴编纂的规则规范。继续巩固既有成果,通过对志鉴编纂全流程的管理和规范,切实保证志鉴质量有新的提高,进一步精耕细作,多出精品和时代佳作,积极参与申报中国志书精品工程和中国年鉴精品工程。

五、加强保障,夯实史志工作稳步发展的人才物质基础

楚雄多年来史志工作开展得好,与地方党委政府强有力的支持、持续不断的各类保障是密不可分的。下一步,首先,要继续按照国办《规划纲要》要求,进一步落实"一纳入、八到位"的地方志工作机制,在人财物方面继续加大支持力度,为史志工作全面稳定开展提供充足的必要保证。其次,两会期间,中央做出了深入推进党和国家机构改革的重大决策,意义重大,影响深远,各地的机构改革也将按步骤逐步开展。希望在下一步机构改革中,地方志机构能保持稳定,朝着有利于工作开展的方向改进。再次,楚雄各级地方志机构也要做好队伍建设和人才培养工作,推出优秀干部,引进对口人才,有针对性地开展业务培训,为今后国志编纂和第三轮志书编修做好人才储备工作。

现在,楚雄州庆的鼓声已经擂响,衷心祝愿大家节日快乐、身体健康、工作顺利!也真心希望并热切期待楚雄州地方志机构的同志们在全州

经济社会发展中再立新功,为楚雄州地方志事业奋进新时代、开启新征程作出新的更大的贡献。

我看好楚雄方志人!

楚雄方志人没有辜负新时代[1]

楚雄被誉为"世界恐龙之乡""东方人类故乡""东南亚铜鼓文化发源地"和"中国彝族文化大观园",有着悠久的历史和丰富多彩的民族文化。在党的民族政策光辉照耀下,成为我国少数民族自治州,当前正奋力推进习近平总书记考察云南时提出的"努力成为我国民族团结进步示范区、生态文明建设排头兵、面向南亚东南亚辐射中心"的伟大实践,楚雄州地方志事业发展正是这一实践的参与者,书写着新时代民族团结奋斗的辉煌历史篇章。紧跟着同样的目标任务,我这次来楚雄参加云南省地方志事业发展论坛暨综合业务培训班,出席"中国精品年鉴"——《楚雄州年鉴(2018)》发行会,机遇正逢其时,感受特别深刻。

去年4月份,我受邀参加《楚雄彝族自治州志(1978—2010)》发行,时隔一年多时间,再次来到楚雄,我真切地感受到,楚雄州地方志事业发展非常迅速,取得了丰硕成果:成功打造出了云南省第一部、也是唯一一部中国精品年鉴;规划出版的11部第二轮州、县市两级志书,已经出版发行10部,最后1部《姚安县志》可以确保年内出版;11部地方综合年鉴已经全部实现公开出版发行;编纂出版了《大美楚雄》《中国彝乡·滇中翡翠·红火楚雄》州情读本;"楚雄州乡土志"丛书编纂出版工程正式启动,取得了初步成果;方志馆建设正在紧锣密鼓抓落实;楚雄州"两全目标"即将提前完成,地方志事业转型升级高质量发展迈出了坚实步伐,地方志服务地方经济社会发展的作用越来越突出、成绩越来越显著,走到了

---

[1] 2019年8月11日,我再到楚雄。此篇文章为在云南省地方志系统培训班暨《楚雄州年鉴(2018)》发行会议上的讲话。

全国、全省的先进行列。对此,我深感欣慰。

《楚雄州年鉴(2018)》成功入选中国精品年鉴,在边疆少数民族欠发达地区具有标杆性的示范作用。全国年鉴精品工程到已经实行了三届,第一届全国共入选了3部、第二届入选了5部、今年第三届入选了10部,三届全国共评出18部精品年鉴,《楚雄州年鉴(2018)》就成为其中之一,实属不易,难能可贵。在此,我谨对装帧精美、分类科学、质量上乘、极具民族特色和时代特点的《楚雄州年鉴(2018)》成功入选中国精品年鉴并正式出版发行表示祝贺!对楚雄州地方志工作所取得的丰硕成果表示祝贺!借此机会,我代表中指组及其办公室,对楚雄州委、州政府、州级各有关部门和各县市党委、政府对地方志工作的关心、重视和支持表示感谢,对楚雄州地方志工作者做出的显著成绩表示祝贺。

下面,我提三点要求:

1. 坚持用习近平新时代中国特色社会主义思想指导地方志工作。党的十八大以来,习近平总书记高度重视地方志工作,先后两次对地方志工作发表重要讲话。他经常深情地说,他每到一个地方,首先就要找当地的志书来看,因为地方志是了解一个地方历史最可靠最快捷的方法。他在任宁德地委书记的时候,亲自参加宁德地区的地方志工作会议,并发表重要讲话,他提出各级领导要从对党和国家负责、为民族负责、为人民负责的角度来看待史志工作。李克强总理近年来也三次对地方志工作作出重要批示,提出"修志问道,以启未来"的新时期地方志工作定位和"为当代提供资政辅治之参考,为后世留下堪存堪鉴之记述"的新时期地方志工作者定位。刘延东副总理两次出席地方志会议并发表重要讲话,其中2015年12月29日在北京人民大会堂参加地方志工作会议的时候,曾脱稿讲了这样一段让人记忆犹新而发人深省的话,她说她去过世界很多国家,看过很多国家关于自己历史的记载资料,发现许多都是靠神话传说、靠人们道听途说,或者靠一些史学家个人对资料的收集和编撰(撰写)而成,只有中华民族的历史是靠地方志这种官书来记述一定行政区域内的自然、政治、经济、文化、社会的开源到现实的传承情况。在世界浩瀚的历史文化长河中,中国的地方志是一颗最灿烂的明珠,在文化自信中占有重要位置,应当引领中华文化走向世界。楚雄州的地方志事业发展要在习近平新时代中国特色社会主义指引下，认真贯彻落实习近平总书记关于地方志工作的重要论述和批示指示精神，坚持正确的政治方向，在为楚雄发展、民族共同团结奋斗的伟大事业提供参考，为楚雄的后人留下堪存堪鉴的记述，在中华民族伟大复兴的中国梦的实现过程中，在"为党立言、为国存史、为民修志"中成就自我、实现价值，做出方志人的独特贡献。

2. 以高度的方志自信推动坚定的文化自信。习近平总书记说，文化兴国运兴，文化强民族强。没有高度的文化自信，没有文化的繁荣兴盛，就没有中华民族的伟大复兴。中华优秀传统文化是中华民族的文化根脉，其蕴含的思想观念、人文精神、道德规范，不仅是我们中国人思想和精神的内核，对解决人类问题也有重要价值。地方志是中华优秀传统文化的精神之脉，积淀着中华优秀传统文化最深层的精神追求，是中华优秀传统文化基因的真正传承者和发展者，它植根于历史、内涵于历史、镌刻于历史之上，是中华民族在漫长历史长河中形成的区别于其他民族的独特精神标识。精品年鉴是地方志的"守护者""传承者"，是地方志成果创造性转化创新性发展的"探路者""先行者"。党的十九大报告中明确提出"质量强国"，"努力实现更高质量、更有效率、更加公平、更可持续的发展"，这为年鉴事业高质量发展指明了方向。按时、保质完成国办印发《规划纲要》规定的"两全目标"任务，打造一批资辅当前、存鉴后世、经得起历史检验的精品佳作，不仅是一种法定职责，而且具有重要的政治意义、现实意义和历史意义。中国特色社会主义进入新时代，年鉴事业也随之进入新时代。伟大的时代，为地方志事业发展提供了取之不尽、用之不竭的活水源泉，也为全国年鉴工作提供了极大的机遇。当前，全国年鉴呈现快速、稳步发展态势，年鉴编纂进度大大加快，年鉴编纂范围不断扩大，年鉴资源优势得到充分发挥，年鉴开发利用水平全面提升，年鉴质量保障机制逐步完善、质量持续提升，年鉴编纂取得了新的显著成绩。中国年鉴精品工程便是在这样一个全社会关注质量发展的黄金时期，尤其是在即将完成"两全目标"任务的关键期提出来的。它既是全面贯彻落实国办《规划纲要》的重要举措，也是培育精品意识和精品年鉴、提高年鉴质量的重要手段；既是发挥年鉴"存史、资治、育人"功能的根基所在，也是年鉴工作者坚持创新发展、传承弘扬中华优秀传统文化的关键步骤。这不仅有助于坚定文化自信，讲述好中国故事，传播好中国声音，更有助于为决胜全面建成小康社会提供更多智力支持和更大精神动力，为坚定文化自信注入方志力量。

3. 用精品记录新时代中华民族伟大复兴的历史华章。习近平总书记强调，凡是传世之作、千古名篇，必然是笃定恒心、倾注心血的作品。《楚雄州年鉴（2018）》不仅是云南省唯一一部，而且是到目前为止整个西南地区和全国30个少数民族自治州中唯一的一部打造成功的中国精品年鉴，这个成果实属来之不易。这其中，既凝聚了我们《楚雄州年鉴（2018）》编纂人员的心血，也凝聚了在座广大撰稿人的心血，更凝聚了我们中指组对西部边疆少数民族地区地方志工作的期许和厚望，经验值得认真总结，成绩当之无愧。习近平总书记说，精品之所以"精"，就在于其思想精深、艺术精湛、制作精良。《楚雄州年鉴（2018）》充分体现了这一重要思想，是当之无愧的精品。今年以来，在中指组举办的全国性的业务培训班上，多位授课专家都屡次把《楚雄州年鉴（2018）》作为一个成功的例子来讲，给予了《楚雄州年鉴（2018）》高度的肯定和评价。也就是说，《楚雄州年鉴》不但成为中国年鉴精品工程中的中国精品年鉴，而且成为了全国年鉴编纂的"教科书"，这个实在是了不起。在边疆少数民族欠发达地区，在整体经济水平、编纂业务能力等各方面条件都有限的情况下，《楚雄州年鉴（2018）》取得了那么大的成绩，值得敬佩。楚雄州应认真总结《楚雄州年鉴（2018）》编纂的成功经验，形成边疆少数民族欠发达地区成功打造中国精品年鉴的楚雄模式，充分发挥中国精品年鉴的辐射效应，引领带动全州乃至全省、全国范围内年鉴质量的全面提高，切实推动年鉴事业转型升级。广大的年鉴工作者要继续弘扬"修志问道，直笔著史"的新时代方志人精神，继续发扬"三耐一强"的"仙人掌精神"和把"冷部门做成热事业"的精神，积极投身于时代，用精品记录新时代，为时代放歌，书写复兴华章，把出品更多的精品年鉴使命落实在实现中国梦的恢宏大业中，为新时代新气象新作为留下真实、鲜活、生动、翔实的记录，为边疆少数民族欠发达地区的民族共同团结奋斗、共同繁荣发展书写新的历史篇章。

盛世修志,志载盛世。走进新时代的地方志,踏上了新征程。让我们更加紧密地团结在以习近平同志为核心的党中央周围,高举习近平新时代中国特色社会主义思想伟大旗帜,以对党忠诚、为党分忧、为民造福的政治担当,以时不我待、只争朝夕、勇立潮头的使命担当,以守土有责、守土负责、守土尽责的责任担当,不忘初心,牢记使命,用精品记录新时代,用奋斗铸就新辉煌,努力做出无愧于时代、无愧于人民、无愧于历史的业绩,在转型升级中不断开创地方志事业高质量发展新局面。

襄阳：新时代史官*

第一次到襄阳，竟然就心生爱意，流连忘返。不仅是因为，襄阳的市容就是一座方志馆，从仿古北街到厚重的古城墙，从青葱的岘山到宽阔的护城河，从城市之肺鱼梁洲到汉江北岸的摩登高楼大厦，感觉就像泛舟在从远古到现代的历史长河里，古老与现代完美结合的独特景观是那样让人沉醉。不仅是因为，襄阳的那条环绕滨江让我半马PB的五色马拉松赛道，至今叫我每当拿到一双新跑鞋时，就有畅跑襄阳马拉松跑道的冲动。不仅是因为，襄阳有个叫郝敬东的地方志办公室主任，写了大半辈子公文，却还爱好写散文、喜欢摄影、善于著地方史，与我一见如故。不仅是因为，那里有一群新时代激情洋溢、甘于奉献的方志人，把地方志做活了、做热了、做成一番事业了。

——题记

进入襄阳境内，看到沿途都是青山绿水，深感习近平总书记"两山"理论在襄阳的生动实践。到了城区，绿化美化的街道、滨汉江打造的公园，还有仿古北街、厚重的古城墙、宽阔的护城河以及对岸樊城的高楼大厦，感觉像进入一个从远古走到现代的花园式城市。今天与大家座谈，感觉同志们的精神面貌很好，干部性别比例、年龄结构都比较合理。听了敬东同志的汇报，感到襄阳的史志工作干得很好。

襄阳市委、市政府高度重视史志工作，每年都定期听取史志工作情况

---

* 2021年6月4日，在湖北襄阳地方志工作调研座谈会上的讲话。

汇报，将史志工作纳入全市党建综合考评，将二轮修志工作纳入市县两级政府年度考核目标，层层签订责任状。在2019年机构改革中，襄阳市不仅保留了史志工作机构，而且编制不减、机构独立，完全符合国家史志事业发展的需要。同时，襄阳基本做到了地方志工作"一纳入、八到位"（把地方志工作纳入各地国民经济和社会发展规划、地方各级政府工作任务之中，做到认识到位、领导到位、机构到位、编制到位、经费到位、设施到位、规划到位、工作到位）。尽管县（市、区）一级因省里机构性质暂不明确，导致进人困难，工作人员和工作经费出现一些紧缺等具体困难，但是站在全国的角度来讲，襄阳的整体状况还是不错的。

你们的汇报材料上用的是"修志"，我对使用这个概念是有界定的，"修志"就是修一本志书，容易诟病为"一本书主义"。党的十八大以来，地方志已发展到"十业并举"新阶段，修志只是我们的主业之一。因此，在概念的使用上一定要清晰准确。

这几年，襄阳地方志工作可谓干得有声有色。编纂完成了市县两级地方综合志书，编纂出版了15部市直部门志、153部县（市、区）部门志、38部乡镇志。《襄阳年鉴》1988年创刊，一年一鉴、公开出版，已经连续编纂出版33年，能做到这一点非常不容易。你们在2014年就实现了全彩印刷，随书配置电子检索光盘，同时编辑印制了《襄阳市情手册》。县级综合年鉴于2016年全部实现公开出版。你们这些年干了这么多事情，不仅提前完成了"两全目标"，而且实现了襄阳地方志历史上成果最多、范围最广、质量最高的一次突破。而且《襄阳年鉴》先后荣获全国地方志优秀成果（年鉴类）三等奖、湖北省第四届年鉴编纂出版质量评比特等奖等奖项。我们组织的全国地方志优秀成果奖，这是真正的奖。《襄阳年鉴》能获得三等奖，也是很不容易的。襄阳市2017年还被中指组评为"全国地方志科研工作先进单位"，这个工作由我直接抓，对地方志科研工作进行评奖，这在全国是首次开展，我知道能评上是不容易的。

襄阳市乡镇村志的编纂工作启动早、范围广、推进扎实，编纂完成了村（社区）志240部，保康县《尧治河村志》入选第二批中国名村志文化工程，这本村志是我做的终审。还编印了《襄阳市乡镇村志编纂理论与实践》《村志编纂问答》等多部理论文集，做法值得其他地方学习借鉴。我也认真看了你们办的《襄阳史志》，栏目设置符合史志工作定位，排版设计精美大气，这个刊物的质量在地市级里面是名列前茅的，放在全国的史志期刊里面也是一流的。每一期上都有郝主任亲笔写的文章，近几期张莹也有好几篇。我回去之后还要认真地研读。

同时，你们在地情开发方面紧密结合党委政府中心工作，编纂出版了"中国版、荆楚风、汉江味"的襄阳历史人物故事集——《襄阳故事》，影印出版了线装版《汉晋春秋》，还有老河口市的《老河口通史》编写，宜城市点校完成《宜城县志注》（明嘉靖版），南漳县整理重刊《南漳县志》（清朝同治四年版、民国十一年版），这些工作一方面按照中指组的统一部署和顶层设计扎实推进，另一方面也紧密结合了市委、市政府中心工作开展，真正是党的十八大以来，地方志围绕党和国家利益、经济社会发展和以人民为中心三个方面开拓创新的一个典范。

这些成绩的取得，得益于我们遇到了党中央、国务院高度重视地方志工作的这样一个好时代，得益于各级党委、政府对地方志工作的高度重视和支持，更成就于湖北省地方志工作领导和襄阳市、县两级全体地方志工作者的艰苦卓绝的不懈努力。这里，我代表中指组及其办公室，对湖北省地方志工作的领导，对襄阳市委市政府以及襄阳全体地方志工作者表示感谢和慰问。

刚才敬东同志介绍的一些经验很鲜活，提出来的问题很实在，这给我们这次调研形成调研报告提供了第一手材料，也给做好下一步全国地方志工作顶层设计提供了有益参考。下一步，襄阳地方志工作和全国地方志工作要更紧密地融合在一起，我认为要重点做好以下工作：

一、抓住地方志千载难逢的发展机遇

这是我到地方志工作8年来一直反复强调的一句话。我原来是做法学研究的，从清末沈家本变法，到党的十八届四中全会习近平总书记亲自带领制定的《中共中央关于推进全面依法治国若干重大问题的决定》出台，这是法学界百年不遇的一个发展机遇。特别是，习近平总书记提出"努力让人民群众在每一个司法案件中都感受到公平正义",呼吁多年的司法体制改革才开始真正地进入了实质意义阶段。

地方志的机遇呢?我认为要比法学的机遇更加珍贵和难得。如果说法学的发展机遇是百年不遇的话,那么地方志的发展机遇就是千载难逢。2000多年的地方志历史,有哪一位党和国家领导人有习近平总书记如此深厚的地方志情怀?历史上有哪一个朝代,能在国家层面为地方志制定一个发展规划纲要?唯有当今!正是因为紧紧抓住这个机遇,所以才有了包括襄阳市地方志历史上的三个"最"成绩的取得,才有了我们在2020年实现了中国历史上第一次省省、市市、县县都有志、有鉴的"两全目标"。中指组组长谢伏瞻在今年的中国社会科学院工作报告和全国省级地方志机构主任工作会议上讲话中都讲到,我们经过5年多的努力,实现了省省、市市、县县都有志、有鉴的"两全目标",开创了一项世界文化史上的盛举。这确实是不容易的。我们无愧于方志先人,我们可以拍着胸脯对他们说,我们跑好了地方志这一棒。当下,要紧紧抓住这个千载难逢的机遇,盛世修志,志载盛世。

二、明确新时代史官的定位和职责

面对这样一个千载难逢的机遇,我们怎样去抓住它?这就需要我们把新时代史官的定位和职责搞清楚。地方志工作者就是新时代的史官,定位就是"修志问道,以启未来",职责就是"为当代提供资政辅治之参考,为后世留下堪存堪鉴之记述"。正是由于历史上的地方志史官履职尽责,才有了我们8000多部旧志的留存,才有了屠呦呦青蒿素的发明和诺贝尔奖的获得,才有了出现所谓南海仲裁案后我们提出"南海主权,有志为证",才有了包括《西游记》著作权之争等若干纷争的裁判平息。那么,我们作为新时代的史官,我们应该怎么做?我们能为后人留下什么?

简单打个比方,我们与各机关、团体、企业、事业单位的分工就是"你们干,我们记",你们干得好,我们就记得好;有人干得差,我们也实事求是地记。脱贫攻坚是如何实现的?小康社会是怎么建成的?中国抗击新冠肺炎疫情是怎样彰显中国共产党的坚强领导的?还有那些抗疫中英雄的湖北人民可歌可泣的动人事迹等，真实地记录下来，并代代传承下去，这就是我们的职责。"两全目标"如期完成，本来需要好好地总结表彰一下，但是我们还没来得及总结，地方志的各种新的工作任务就排山倒海一样地压了下来，这也集中体现和充分说明了我们职责的重大和工作的不可或缺性。

三、强化方志人的担当

有人认为，"两全目标"完成了，方志人可以松口气了。事实并非如此。当前，我们的任务不是轻了，而是更重了，可以说是历史上最繁重的时期，因此决不能有松口气的想法。"两全目标"完成前，我们要做的只不过是20年左右编修一次的修志活动和地方综合年鉴历史上的第一次全覆盖，而从2021年开始，我们必须在科学谋划和坚决完成第三轮修志任务的同时，持续推动地方综合年鉴连年一直全覆盖下去。特别是，很多地方是刚刚实现了"年鉴全覆盖"，有些还是第一次有了年鉴，连年持续全覆盖任务是历史上没有过的，是很繁重的。

方志馆建设是当前地方志工作新的增长点。襄阳市在这方面还有很多工作要做。我去过宜昌方志馆，对他们的方志馆建设很满意。方志馆应该是什么样的呢？方志馆不是方志图书馆或者方志档案馆，不是在图书馆或者档案馆里辟出一个地方来，让我们放志鉴图书和方志档案资料。方志馆也不是博物馆、文物馆、规划馆，如果这些场馆能够替代方志馆的话，国家就不会在严控楼堂馆所建设的情况下，在国办印发的《规划纲要》中明确提出"要加强方志馆建设"。

我们要真正学懂弄通做实习近平总书记关于史志工作的重要讲话、重要指示批示精神，深刻理解和把握在新时代为什么要加强方志馆建设的要义。习近平总书记说，他有一个习惯，每到一个地方都要看这个地方的志书，因为这是了解历史最可靠的方法。这就是我们要在2020年全面完成"两全目标"，向国家第一个百年目标贡献"志"礼的伟大意义所在。我们所有的领导党员干部，都要向习近平总书记学习，学会使用地方志这个向历史汲取智慧的最直接、最可靠的方法。有阅读条件和阅读能力的，就阅读志书；没有阅读条件和阅读能力的，就去看方志馆。因为，方志馆就是地情馆，就是"立起来"的志书。

我提出新时代地方志的"五起来"，其中有一个叫"立起来"。什么叫"立起来"？我们编的地方志是"躺"着的一本书，是平面，给人们的印象是"平面印象"，现在我们就要把志书里关于自然、经济、政治、社会、文化的这些记述"立起来"，向公众展示出来。刚才敬东同志讲，在现有档案馆基础上建方志馆，面积不够不说，因为地处深宅大院，还不能对外开放，那就失去建方志馆的意义了。

当然，方志馆建设毕竟需要真金白银，编纂出版一本志书、年鉴花几十万元可能就解决了，建一个方志馆可能要有几千万元甚至几亿元的投入。所以，国家提出要加强方志馆建设，但没有对各级制定硬性任务。襄阳地方志工作是新时代落实"一纳入、八到位"和"十业并举"的典范，如果缺一个方志馆，地方志事业"四驾马车"就缺"一驾"，"十业并举"就缺"一业"。同时，襄阳作为湖北省"一主两副"战略、汉江流域中心城市，也具备这方面的条件，希望襄阳市委、市政府认真考量，适时推动这项工作。

我们在新时代的任务很多、很重，方志人必须要强化这种时代担当。我在2020年新年献词中，请大家思考什么是方志人的时代担当。我说："我们既不能把飞船送上浩瀚的天空，我们又不能把蛟龙送下深邃的海底，我们也不能让飞速的高铁奔驰在祖国各地，我们还不能为城市的高楼添一砖一瓦，我们甚至不能给田野的庄稼收割一篓一筐，那么中华民族伟大复兴中国梦的实现中，什么是我们的担当？"习近平总书记带领我们圆中国梦，我们方志人的担当就是要做好新时代史官，把中国共产党带领我们创造的一个个奇迹、取得的一个个胜利客观真实地记录下来，并代代传承下去，而且，不仅向我们的后人传承，还要向世界传播，这是传播中国制度、贡献中国智慧、讲好中国故事最生动的实践。

四、致力于全国地方志事业的第二次转型升级

"十三五"期间，中指组提出全国地方志第一次转型升级要求，要彻

底摒弃"一本书主义",在全国范围内,全面推动地方志从一项工作向一项事业转型升级,实现"四驾马车"齐驱并驾和"十业并举",完成志鉴历史上的第一次省市县三级全覆盖。新时代、新担当、新作为,我们需要进一步思考"十四五"期间我们的目标是什么?在今年全国省级地方志机构主任工作会议上,我提出要全面推进地方志事业第二次转型升级,得到了中指组组长谢伏瞻同志、常务副组长高翔同志的高度肯定。第二次转型升级,就是要在第一次转型升级已经解决"有没有"的"数量"的"规模化"问题之后,进一步向"好不好"的"质量"的"法治化"方向转型升级,第二次转型升级的目标就是实现地方志的"高质化"和"法治化"。我们不仅要持续推进"年鉴全覆盖"、第三轮修志以及乡镇村志编修工作,还要编纂好《中国扶贫志》《中国全面小康志》《中国抗击新冠肺炎疫情志》等若干重大专题志,并要将其打造成一部部精品佳志。

襄阳的地方志工作尽管已经做得不错,但我觉得还有进步的空间。第二次转型升级的核心就是地方志的"两化",一个是高质化,一个是法治化。高质化就是严把质量关,解决地方志存在的质量问题。《襄阳年鉴》能不能打造成中国精品年鉴,襄阳近期编写的志书能不能打造成中国精品志书,并印上中国精品年鉴或中国精品志书的标志?这都是值得努力的目标和可以提高的空间。法治化就是要把地方志工作纳入法治轨道中,解决过去长期靠人治的问题,解决领导重视地方志就有进展、领导不重视地方志就没人管的问题。

五、学会"弹钢琴"

当前,地方志工作确实任务繁重,已经开始的《中国扶贫志》《中国全面小康志》《中国抗击新冠肺炎疫情志》编纂,还有第三轮修志、持续推进"年鉴全覆盖"、方志馆建设、乡镇村志鉴编纂、行业部门系统志鉴编纂,以及方志学科建设、信息化建设、网站微信公众号建设、地方志工作法治化建设,还有我们各地围绕中心服务大局的自选动作,等等。所以,大家一定要明确当前的形势和任务,学会弹钢琴,要分清主次,抓住主要矛盾和矛盾的主要方面。

现在，我们可以自豪地讲，方志先辈跑了 2000 多年的接力棒，到了我们手里，我们这一棒跑赢了！我们无愧于方志先辈，无愧于这个时代，无愧于新时代史官这样一个称号！但是，我们不能满足、不能骄傲，我们还要精心设计、认真部署、持续努力、狠抓落实，继续跑好接力赛，无愧于这个千载难逢的时代。

这次调研，一方面是了解一些情况，另一方面也是把中指组顶层设计中的一些想法，与一些比较有代表性的地方进行沟通交流，以便中指组统筹规划好全国地方志工作。这次到襄阳，达到了调研的目的，感谢襄阳史志工作机构的同志们。我就说这些。

郑州：做活做热地方志事业[*]

> 习近平同志任宁德地委书记时就高瞻远瞩地指出，修志是一项很有意义的工作，要当个事业来办，把它作为社会发展的基础工程，把它作为一种有文化的表现，也作为一种有远见的表现，一定要把这项工作摆在议事日程上。党的十八大以来，郑州史志工作者牢记使命、勇于担当，不仅提前3年完成了"两全目标"，而且在方志馆建设、法治化建设、信息化建设和地方史研究等方面，取得突破性进展，是新时代做"活"、做"热"地方志事业的典范。
>
> ——题记

2017年6月和2018年4月，我两次听取了郑州市地方史志办公室的工作汇报，留下了很深的印象。近年来，郑州市地方史志部门严格落实"两全目标"要求，紧紧围绕上级史志部门要求和市委市政府中心工作，全面谋划发展，积极主动服务，取得不少成绩，体现了郑州市史志人不等不靠，撸起袖子就干，甩开膀子就做的精神风貌。一是积极主动，"资政辅治"意识明显增强。郑州市史志办能够积极贯彻习近平总书记关于加强修史修志工作的重要指示精神，以及中指办关于加强地方志工作的部署要求，紧紧围绕郑州国家中心城市建设的中心目标，充分发挥史志资源优势，提出了抓好精品志书、年鉴、方志馆建设、信息化建设和地方史研究等重点工作的工作思路，

---

[*] 2018年5月14日，在郑州市地方志业务培训班上的讲话。

围绕中心、服务大局的政治自觉和行动自觉进一步增强。二是突出重点，法治化建设和方志馆建设取得突破性进展。《郑州市地方志工作规定》已于2017年12月22日正式颁布施行，这是郑州市在深入推进依法治志上的重大成果。其中，还将开发区地方志工作和地方史工作纳入了管理范畴。在方志馆建设上，国家方志馆中原分馆筹建项目得到了中指办的支持，最近又获得郑州市政府的批准，建筑面积达35000多平方米，是目前全国建筑面积最大的一个国家级分馆。三是求精求质，转型升级创新发展迈出坚实步伐。郑州市提前三年全面完成了全国地方志事业发展"十三五"规划纲要规定的"两全目标"任务。《郑州年鉴》通过参加全国精品年鉴工程，质量也得到了很大的提升。《陈砦村志》也成功入选全国首批名村志文化工程，基本形成了多门类、全覆盖的年鉴、志书编修和成果体系。

当前，全国地方志系统正在深入贯彻落实习近平新时代中国特色社会主义思想和党的十九大精神，全面贯彻落实全国两会精神，以功成不必在我的历史担当，为全面建成小康社会、谋求人民幸福生活而努力奋斗。在这样一个激荡澎湃的大变革时代，地方志工作怎样才能被党委政府重视、为社会各界认可，从而站得稳、立得住，地方志事业怎样才能不停滞、不退步，从而继续保持高位运行的良好态势，是我们必须思考的重大课题。下面，我就结合全国地方志事业的发展，对郑州市的地方史志工作提几点意见，供大家在工作中参考：

一、提高政治站位，引领地方志事业转型升级

2018年是全面贯彻落实党的十九大精神的开局之年，也是落实国办《规划纲要》各项目标任务、加快转型升级创新发展的攻坚之年。希望郑州市地方史志系统在当前和今后一个时期里，要继续认真学习贯彻落实习近平新时代中国特色社会主义思想和党的十九大精神，贯彻落实习近平总书记关于加强修史修志工作的重要指示精神，坚持正确方向，切实提高政治理论水平，强化理论武装。立足地方志工作实际，充分认识党的十九大精神对全国地方志事业转型升级的重大指导意义，认真思考坚定文化自信、不断铸就中华文化新辉煌、以我为主加强中外人文交流、在历史进步

中实现文化进步等新论述对地方志工作的新期待、新要求，进一步明确方志人在把我国建成富强民主文明和谐美丽的社会主义现代化强国过程中所肩负的新使命，准确把握全国地方志事业进入新时代的具体内涵。同时抢抓机遇，突破"一本书主义"的藩篱，实现志书编修、年鉴编纂、方志馆建设、地方史编写"四驾马车"统筹并进、协调发展，志、鉴、史、馆、库、网、用、会、刊、研"十业并举"，全力推动地方志事业转型升级。

二、提升责任担当，紧盯"两全目标"不放松

"两全目标"是刚性任务、法定责任。虽然郑州市史志系统提前三年全面完成了全国地方志事业发展"十三五"规划纲要规定的"两全目标"任务，但郑州市史志系统仍要高度重视，采取得力措施，科学规划，确保至2020年保证"两全目标"的持续完成，并及时总结第二轮两级志书编修经验，精心做好第三轮修志的规划与资料准备。在此基础之上，要扎实培育精品意识，坚持深耕细作，在保证完成"两全目标"的同时，打造出一部分精品志鉴。质量是地方志的生命，近年来中指组及其办公室推出中国志书精品工程、中国年鉴精品工程、中国名村志文化工程、中国名镇志文化工程等，研究出台了一系列质量制度，严把地方志质量关。中指办还把2018年定位为全国地方志的"攻坚年""质量年"，要求在质量上下功夫，严抓、狠抓、猛抓，将质量观念和质量管理贯穿于地方志事业发展的全过程。在今后的工作中，要充分认识提高志鉴质量的重要意义，进一步增强责任感和使命感，以对党、对人民、对历史高度负责的精神，以一丝不苟、精益求精的态度，全面、客观、准确地记载历史和现实，确保志鉴可信、可读、可用。

三、强化创新意识，做"活"做"热"地方志事业

修志为用，提高地方志资源开发利用水平是国务院《条例》、国办《规划纲要》规定的主要任务之一，是建设中国特色社会主义文化、展示文化自信的名片，更是修志编鉴的"出口"。提高地方志资源开发利用水平，充分发挥"存史、资政、育人"功能，是地方志事业永远的课题。地方志系统要围绕党和国家利益、经济社会发展和人民群众需要三个方面开

拓创新，扩大影响力。一是要加强方志馆建设。要把国家方志馆中原分馆打造成展示国情地情、培育家国情怀、弘扬中华优秀传统文化、树立方志文化自信、传播方志文化的一个重要平台，同时要结合中原特色、郑州特色，着力提升方志馆服务能力，广泛开展和参与公益性文化活动。要加快推进县级方志馆建设，着力构建市、县两级方志馆全覆盖的方志馆群。二是要加强信息化建设。要立足地方志实际，坚持互联网思维，准确把握新形势，从单一纸质志鉴向广泛运用数字媒介志鉴转变。要主动适应信息传播的新趋势、新要求，努力抓好地方志网站和数据库建设，不断拓展地方志资源数字化应用的新途径、新手段，推动地方志与时俱进，贴近大众，贴近发展，贴近需求，开创方志利用工作的新局面。

四、拓展工作范畴，"史""志"结合做出"郑州经验"

随着我国经济社会取得巨大发展，各类专业志鉴编纂、乡镇村志编纂日渐普遍，地方史编写也日益增多，如何加强指导管理，促进"史""志"并行发展成为一大难题。今年1月，郑州市史志办设立地方史工作处获得正式批复，这是郑州市史志办贯彻落实《规划纲要》精神，顺应新形势新要求，理顺工作机制，推动地方志事业科学发展和转型升级的重要举措。郑州市史志部门要做好把地方史纳入地方志工作范畴的试验田，立足郑州本地特色，开展地方史工作的指导、管理与研究，力争在全国范围内推出"郑州经验"，扩大影响力。编纂地情报告是广大方志人立足自身优势，开拓创新，主动服务中心，参与现代国家治理体系建设的积极尝试。通过记述各地实际情况，反映现实问题，为党委政府和有关部门分析形势、制定政策、科学决策服务，将大大凸显地方志的"资政辅治"功能。编纂发布地情报告还将有助于使地方志从一本"死书"变成"活资料"，提升公众的地方志意识，提高地方志部门的社会影响力。郑州史志部门要主动作为、主动发声，围绕经济社会发展中心工作开拓创新，编纂发布《郑州地情报告》，做出郑州特色。

五、加强人才保障，为地方志发展提供智力支撑

党的十九大报告指出，"人才是实现民族振兴、赢得国际竞争主动的战

略资源。要坚持党管人才原则,聚天下英才而用之,加快建设人才强国。"当前,地方志事业正处于转型升级的关键期、推进"两全目标"的攻坚期、实现地方志"两个一百年"奋斗目标的历史交汇期。人才队伍是地方志事业的重要基础和根本保障。近年来,郑州市地方史志系统对人才队伍建设高度重视,不断加强培训交流力度,拓展人才培养形式,壮大专家人才队伍,完善教育培训制度。在现有基础之上,要建立健全分级分类培训制度,尤其注重对地方志高端人才的培养储备和对基层地方志工作者的培训。要拓宽、加大与高校、科研机构人才培养与合作的方式和力度,鼓励支持地方志工作者参加继续教育。要探索适合地方志事业发展的人才政策和机制,重视人才的选拔、引进和任用。坚定不移地将加强人才队伍建设摆在重要位置,打造一支政治素质、理论素质、文化素质、专业素质兼备的地方志队伍,为地方志事业的长远发展奠定坚实基础。

第 五 章

方志访谈

斯迈尔斯说，任何美好的事情都不会随着时间的推移完全消失，而会在历史上留下其永恒的光辉照耀着后代。新时代 10 年，地方志发生的深刻性、历史性变化，有目共睹，有人说是历史上的黄金时期也不为过。作为时任中指组秘书长，中指办党组书记、主任，我和全国广大地方志工作者一起摸爬滚打，一路栉风沐雨而来，当然有一些感悟、有一些体会。那些无眠的日夜，那些战斗的风雨，那些挥洒的汗水，那些吞下的委屈，那些只有方志人才能产生的情感共鸣和结下的兄弟友谊，那些足可以写进地方志历史长卷的灿烂辉煌，不仅让我在接受采访的当时激情澎湃，而且，至今忆起，依然历历在目、感慨万千。

——题记

全面推进地方志从一项工作向一项事业转型升级[*]

——访中国地方志指导小组办公室主任冀祥德

编者按

　　2016年7月中旬的太原,骄阳似火,烈日炎炎。悬瓮山下,晋祠宾馆,绿树成荫,百花盛开。7月15日第一次全国年鉴工作会议,16日中国地方志学会年鉴研究会第三届会员代表大会暨第三届理事会第一次会议也在这里召开。会议由中指办主办,山西省地方志办公室承办。我们知道中指组副秘书长、办公室副主任冀祥德很忙,所以只能在紧张的会议期间,对他进行简短的采访。

史志学刊：您是一个法学家,到地方志系统不到3年时间,方志出版社提前一年多实现您提出的"一年一小步,三年一大步"发展目标,中指办凝心聚力,实现了风清气正,加强了顶层设计,推动国务院办公厅印发《全国地方志事业发展规划纲要（2015—2020年）》（以下简称《规划纲要》）,全国地方志工作者群情振奋,信心倍增,围绕实现"两全目标"、实施"十大工程"倾心倾力,团结拼搏,奋发有为,正能量满满。请问您这3年有何体会？

冀祥德：可以说,我这3年很辛苦,但收获也很大。我学习、实践、研究法学30多年,对地方志是陌生的。2013年8月,党组织派我到地方志,任命我为方志出版社社长、总编辑,可谓是受命于危难。2014年9月,又任命我担任中指组副秘书长兼办公室副主任,给了我一个新的学习与锻炼平台。我到地方志不久,中指组换届,第五届中指组王伟光组长、

---

[*] 2016年8月,发表于《史志学刊》第4期。

李培林常务副组长高度重视地方志工作，一边调研发现与分析问题，一边统筹规划，着力顶层设计，先后深入到30个省（自治区、直辖市）及新疆生产建设兵团调查研究，推动《规划纲要》由国务院办公厅印发等，为全国地方志工作者鼓足了干劲，提升了士气，振奋了精神，带来了地方志发展的春天。如果说我也有点贡献的话，就是对中指组领导指示的理解力与执行力比较强。

这3年的确很辛苦，比我做律师以及负责中国社会科学院法学研究所法学教育时还要辛苦，周末从来没有休息过，更谈不上休年假。但是，我收获也很大：3年审读了1000多部志书年鉴，大大拓宽了知识面，丰富了知识结构；结识了一批全国地方志工作机构的同仁，与他们建立了深厚的友谊。这些都是我终生难忘的宝贵财富。

史志学刊：这次在太原召开的第一次全国年鉴工作会议，参加者都很兴奋，特别是您提出的"全面推进地方志从一项工作向一项事业转型"，大家深受鼓舞，找到了自豪感，增强了荣誉感，全面推进地方志从一项工作向一项事业转型，成为今后一段时间全国地方志工作者努力的方向。您是如何思考这个问题的？

冀祥德：我曾经在《法制日报》写过一篇文章，谈《律师的五重境界》，讲到"工作"与"事业"的区别。工作是人的一个谋生手段，具有孤立性、被动性和临时性的特点。事业则不同，《易经》有云，"举而措之天下之民，谓之事业"。相对于工作而言，事业是一个最高层次的追求，具有整体性、主动性和长期性的特点。事业是由一个有着共同志趣的群体确定的人生目标和理想，是一个人愿意为之奋斗一生的目标追求，无论待遇高低、环境好坏，无论荣辱、顺逆，都将义无反顾，坚持不懈。

"一本书主义"就是把地方志定位为一项工作，认为地方志就是编写一本志书，至多再编写一本年鉴，所以，有的市县在第一轮修志结束后就把地方志机构撤销了。地方志是"存史、资政、育人"的事业，地方志工作者是"直笔著信史，彰善引风气"的史官，承载着"修志问道，以启未来"的重大历史与现实使命。虽然，地方志从"一本书主义"的一项工作到"十业并举"的一项事业的转型，在有些地方已经开始。但是，不可否认的是，全国很多地方的党委政府领导以及机关团体企事业单位和社会民众，并没有把地方志看作一项事业，甚至有的地方志工作者也没有把地方志当作一项事业，所以，全面推进地方志从一项工作向一项事业转型，意义重大而深远。《规划纲要》之所以将名称确定为《全国地方志事业发展规划纲要（2015—2020年）》，就有此含义。

史志学刊： 在第一次全国年鉴工作会议上，大家印象尤其深刻的是您对会议主旨"举旗、誓师、团结、奋进"八个字的概括，大家普遍认为您站得高，看得远，对全国年鉴情况把握准确，决策正确，敢于担当，抓住了年鉴发展的"牛鼻子"。不知您是否也听到了这种反映？

冀祥德： 中指组李培林常务副组长在讲话中明确指出，长期以来，中指办对全国年鉴活动开展指导不力、顶层设计不够，国务院《地方志工作条例》（以下简称《条例》）和《规划纲要》明确规定中指办对全国年鉴活动的监督、指导与管理职责，这是中指办的法定职责，必须履行好。这就是为什么我们把会议名称确定为"第一次全国年鉴工作会议"，以及李培林常务副组长所作报告名称为"统一思想，凝心聚力，深入贯彻《规划纲要》，努力实现年鉴事业发展新跨越"的原因。

对会议主旨"举旗、誓师、团结、奋进"八个字的概括是我个人的感受，如果得到大家的认可，我自然也很高兴，说明这次会议确实起到了作用。关于今后的年鉴工作，还是要以李培林常务副组长的讲话作为指针和方向。李培林常务副组长的讲话不仅全面总结了年鉴工作的经验、成绩，指出了不足，而且对按照《规划纲要》如何发展年鉴事业提出了要求，理论性、实践性都很强，需要全国年鉴工作者凝心聚力、脚踏实地落实。

我说的"举旗"，就是要高举年鉴的旗帜，要统一在中指组的一杆大旗下，也就是要以这次会议精神，以李培林常务副组长讲话内容为旗帜，实现年鉴事业的新跨越。我说的"誓师"，是指这次会议是一次动员，既是战略上的动员，又是战役的动员，我们年鉴研究会和各级年鉴机构是有组织优势、人才优势和专业优势的，完全可以为年鉴事业的发展提供有效、全面的智力支持和行动资源。经过这次动员，队伍誓师再出发，事业就一定会成功。我说的"团结"，就是希望从中指办到各级年鉴工作机构，从研究会各位理事到全体会员，心往一处想，劲往一处使，"九牛拉车，个个出力"。我说的"奋进"，就是要明确目标，往前走，一步一足印，全面落实中央领导对地方志的多次重要批示和重要讲话精神，按照新一届中指组的要求，完成《规划纲要》提出的各项目标任务。

史志学刊：李培林常务副组长在年鉴工作会议上的讲话中，对年鉴机构如何完成《规划纲要》规定任务提出了哪些要求？

冀祥德：要求主要有三点：一是继续加大宣传力度，逐步在全社会培育浓厚的年鉴意识，使年鉴编纂成为一个时代的文化自觉。二是大力推动依法治鉴，狠抓"一纳入、八到位"落实，督促如期完成年鉴工作任务，尤其是省市县三级综合年鉴全覆盖的任务。三是始终坚持创新理念，以创新思维来考虑问题、解决问题，创新工作模式、管理方式、工作手段。这三点体现了中指组在年鉴事业上的时代认识、使命担当、创新要求。真要做到并不是很容易的，就以第一点来说，"年鉴意识与文化自觉"，这是从来没有过的认识高度，也是极具战略眼光的部署。

史志学刊：我们注意到，您先后在暨南大学和广东、山东、湖南等省的讲座中多次论述依法治志，这次年鉴会议上又提出依法治鉴。在发展年鉴事业上，依法治鉴是很重要的一环吗？

冀祥德：依法治志是我提出并主张写进《规划纲要》的。依法治志就是要实现地方志从传统单一的依法修志到依法识志、依法修志、依法用志、依法管志、依法存志和依法传志等的转型发展。依法治志是地方志从一项工作向一项事业转型的法治保障，是依法修志发展的基本目标。实现依法治志，就是要实现从单一修志到立体治志的转变；实现从单纯依靠行政命令组织修志到依法修志的转变；实现地方志工作从封闭化到社会化的转变；实现地方志工作从行政化到专业化的转变，从而实现地方志工作的全面化、规范化、社会化和专业化。有关单位组织和个人以及地方志工作者只有充分理解依法治志的价值和意义，才能提高认识、开阔视野，全面推动地方志从一项工作向一项事业转型，并健康持续发展。

目前，中指组正在制定《全国年鉴事业发展规划（2016—2020年）》，为下一个时期年鉴事业的发展进行总体谋划。其中一个思想就是要依法治鉴。依法治鉴是从依法治志来的。国务院10年前就颁布的《条例》是地方志的法规依据，《条例》明确规定"地方综合年鉴编纂是地方志工作的重要组成部分"，对地方综合年鉴的领导主体、工作经费、编纂机构、编纂质量、编纂人员、出版程序、开发利用，以及社会各界应担负的职责，都做了明确规定，为年鉴事业提供了有力的法律依据。

我们讲依法治鉴，这个法，既包括我国宪法、法律、行政法规等根本法、基本法，也包括《条例》和《规划纲要》这样的特别法。第一，依法治鉴要求，《规划纲要》提出到2020年，实现省市县三级年鉴全覆盖，这是国家对地方各级政府关于年鉴工作硬任务、硬指标，没有讨价还价的余地，"法定职责必须为"。各级地方志工作机构要用法治方式来谋划年鉴工作，要心中有底气，手上有依据，争取政府主管领导的重视与支持，使他们明白作为当地党委、政府应当担负的年鉴工作之责任，要争取得到人大、政府法制部门和政府督查部门的支持和配合，定期开展执法监督检查和行政督察，解决年鉴机构编制、人员、经费等问题，督促完成年鉴工作任务，尤其是三级年鉴全覆盖的任务。第二，依法治鉴的基础是"一纳入、八到位"。地方志机构一方面要向地方主管领导宣传"一纳入、八到位"，主动争取支持，一方面在内部也要落实对年鉴工作的"一纳入、八到位"，认识到综合性年鉴是地方志事业的一个增长点与支撑点，在人员、经费等方面给予保证。第三，依法治鉴还包括依法开展对年鉴资源的开发利用。要转变思想观念，尤其是当前科技手段日新月异，新媒体新传播手段日益发达的形势下，加强年鉴工作的信息化建设，积极探索新的用鉴途径，拓宽用鉴新领域。这是一个新课题，也是极具潜能的新领域，这方面如何做，亟待年鉴工作者去探索，我们希望在"十三五"期间能涌现一些新典型、新经验。第四，依法治鉴要求依法管鉴，就是要依法进行年鉴的审查验收、编辑出版、保存管理、督导检查。"一年一鉴，公开出版，当年出版"是《规划纲要》对年鉴规范化的要求，各地要依法确定工作程序，做到权力制约，职责到位，程序有效，监督有序，要抓好落实，决不能拖延。

史志学刊：为了落实《规划纲要》目标任务，中指办启动中国年鉴精品工程，您能介绍一下这方面的情况吗？

冀祥德：根据中央领导同志对地方志工作的重要指示和中指组的要求，中指办加强顶层设计，不断创新工作模式，开拓新的工作领域，于2015年上半年实施全国地方志"十大工程"。"十大工程"中有一项就是中国年鉴精品工程。

实施中国年鉴精品工程的目的在于提升年鉴质量，筑牢全国年鉴事业健康发展的根基，对完成《规划纲要》提出的任务，带动全国依法治鉴有举足轻重的作用。这是一次探索性、创新性工程，没有先例遵循，原则上是积极而稳妥推进。所以首批确定了十家单位为试点，作为试验田，在取得创新成果和成功经验后再逐步推广。

10家试点的确定是很慎重的，先由各省推荐，又组织专家评审，并考虑到不同的区域和类型，反复研究才定下来的。所选10家应该说都有一定的年鉴编纂基础，地方也相对比较重视。但由于地域等原因，条件有差异，但年鉴队伍都是较好的。这10家中覆盖了不同类型，有山西省、山东省、广东省、江苏省；浙江省温州市，河南省驻马店市，吉林省延吉市，四川省威远县，北京市海淀区。这次年鉴工作会议期间就这10家确定为试点之后的工作进行了了解，总体情况还是不错的。中指办希望他们能做出成绩，也能创新经验。

顺便需要提到的是今年6月，中指组开展了全国年鉴优秀成果的评审，共评出特等奖35部，一等奖93部，二等奖125部，三等奖153部，已在太原会议上作了表彰。这次评审也是强化精品意识，打造精品年鉴的措施，与实施年鉴精品工程是一致的。

史志学刊：您前面提到加强年鉴信息化建设是一个新课题，这方面中指办有什么工作思路和举措吗？

冀祥德：对于当前迅速发展的互联网、大数据、云计算等信息技术带来的变化，党中央、国务院高度重视，中央领导多次作出重要批示，要求对互联网安全和信息化建设进行顶层设计。2015年7月，国务院印发《关于积极推进"互联网+"行动的指导意见》，为加快推动"互联网+地方志"深入融合和创新发展指明了方向，中指组也对地方志的信息化工作提出了更高的要求。在此大背景下，中指办结合全国地方志系统信息化工作实际，启动了"全国信息方志与数字方志建设工程"，这是从国家层面对全国地方志系统信息化建设进行的顶层设计，对扩大方志影响有重要作用。

就年鉴事业来说，中指办设想把年鉴信息化建设纳入全国信息方志与数字方志建设工程，利用已有信息基础设施和数据资源，推动年鉴信息化建设，逐步建立年鉴数据库。在此基础上实现国家、省、市、县年鉴资源共享。利用信息化手段，整理、挖掘、分析年鉴中的相关内容，向社会各界提供个性化信息服务。一旦达到这一步，社会各界读者就可通过订阅、智能搜索等功能，获取所需的年鉴资料，年鉴的影响力与社会作用将极大地增强。

年鉴的信息化建设需要运用互联网思维，以创新思维谋思路，以社会思维促发展，以用户思维强服务，以协作思维聚力量，以快速思维提效率。希望全国年鉴工作者都行动起来，力争在年鉴资源开发利用的手段上取得新发展、新突破。

史志学刊： 为推动全国年鉴事业迈上新台阶，您对方志理论的研究和发展，有哪些建议？

冀祥德： 前面提到的是制度上的保障，方志事业的发展还要依赖本身学科的建设。总结地方志历史与现实的经验，大兴方志理论研究之风，加强学科建设，可以更好地指导方志事业发展。我在2015年"上海新方志论坛"活动上，曾经提出方志学一级学科建设设想。2016年，我又提出设立地方志系统研究课题，打造研讨平台，壮大方志研究力量，广泛吸引、联络各方面人才，形成方志理论研究的合力，扩大方志理论研究的影响，丰富方志理论研究的成果，提升方志理论研究的水平，夯实方志学科建设的基础，尽快建立成熟的方志学学科体系。同时，组织各方面研究力量，集中开展方志学重大课题研究，解决方志实践中重点、难点问题。除此之外，还要加强与方志相关学科的交流合作，探索方志研究的新天地，开辟方志研究的新领域。

直笔著信史，彰善引风气*

——专家谈如何推进地方志科学发展、复兴方志学

以史鉴今·地方志的故事

主持人：《光明日报》记者　户华为

特邀嘉宾：

中国地方志指导小组办公室主任　冀祥德

中国人民大学历史学院教授　牛润珍

中国地方志指导小组办公室副主任　邱新立

编者按

"国有史，郡有志，家有谱。"作为中华民族的优秀文化传统，地方志的编修历史悠久，薪尽火传。当前，地方志工作取得巨大成就，形成以修志编鉴为主业、各项工作协调开展的事业新格局。2015年8月，国务院办公厅印发《全国地方志事业发展规划纲要（2015—2020年）》，为全国地方志事业发展作出顶层设计，开启了依法修志的新征程。

如何使这一古老、优秀的文化传统得以继承和发扬？如何强化方志理论研究，构建方志学学科体系？我们特邀请三位方志专家就此发表见解。

一、盛世修志，志载盛世

主持人：我们都知道，中国素有"隔代修史，当代修志"的优良传统，请谈谈古代是如何形成这一传统的？作为一个古老传统，地方志这种"一方之全史"在新的历史时期，能够发挥哪些重要作用？

牛润珍：梁启超曾指出："最古之史，实为方志。"修志在我国已有几千年的历史，西周时期即编有"邦国之志""四方之志"，开启了修志先

---

* 2016年9月20日，发表于《光明日报》第6版。

河，并出现了"方志"一词。春秋战国时期，各诸侯国多编有《春秋》一类的编年史，还有《禹贡》《山海经》等记述各州地理、物产、贡赋及神话的典籍，在内容与编纂体例上为后世地方志所效仿。秦汉编有很多"计书"，魏晋南北朝涌现出大量"地记"，隋唐五代至北宋"图经"编纂制度化。北宋后期特别是南宋，"图经"演为地方志，历元、明、清，地方志编纂常态化、普及化，而且志书种类越来越多，一统志、通志、府州县志、村镇志、山川志、书院志、寺观志、井场志等，各呈异彩。民国时期，地方志开始由传统向近代转型，内容偏重物质、经济、社会，编纂体例趋于科学。中华人民共和国成立后，地方志发展进入一个新时期，志书资料性、地方性、时代性、科学性、思想性、学术性等特点不断彰显。

邱新立："治天下者以史为鉴，治郡国者以志为鉴。"地方志受到历代统治者和士人的重视，几千年来，方志体例由单一而趋综合，记述内容由单一地理沿革而融入人文，体例不断完善，记述内容不断丰富，管理不断系统规范。据不完全统计，仅流传下来的历代方志就有8000多种、10余万卷，约占现存古籍的十分之一，这是我国历史文化遗产中的宝贵财富。中华人民共和国成立后，尤其是改革开放以来，党和政府高度重视地方志编修工作，使盛世修志的优秀文化传统得以继承和发扬。地方志工作是社会主义文化建设的重要组成部分，是承上启下、继往开来、服务当代、有益后世的重要事业，在我国推进"五位一体"总体布局、"四个全面"战略布局中发挥着不可替代的重要作用。首先，地方志工作有助于著录当代、传承历史，翔实记录党领导全国人民建设和发展中国特色社会主义的奋斗历程、光辉成就。其次，地方志工作有助于汲取有益历史经验，提高科学执政水平。再次，地方志工作有助于保存民族记忆、传承民族文化，提升国家文化软实力。

冀祥德：的确，我国古代编修地方志的传统可谓源远流长，薪尽火传。"历代先贤圣哲通过修史修志，以文字记述为主要形式，传承着中华民族的文化血脉。"方志这一中国独有民族文化的传承不辍与历久弥新，体现了中华文化之博大精深。自20世纪80年代初，各地大规模重启地方志编纂工作，迄今为止，首轮修志已全面完成，第二轮修志也进入关键时期。

经过不断积累，地方志"存史、资政、育人"的社会功能日益凸显。特别是近几年来，各级地方志工作机构通过不断创新服务手段，紧紧围绕党委政府中心任务拓展地方志功能，取得了非常突出的成绩。比如通过方志智库为经济社会发展献计献策；通过志鉴、地情报告为党委政府领导决策提供参考；通过编纂志鉴记载中国改革开放历程，以及党带领全国各族人民实现中华民族伟大复兴的中国梦进程；通过网络、数据库为社会公众提供地情信息与咨询服务；通过进社区、进学校、进部队推广地方志成果。我们相信，地方志事业作为国家战略在文化领域是不可或缺的重要一环，在新的历史时期，应该也能够在我国经济社会发展中发挥更大的作用，中国方志文化还将在中国文化"走出去"战略中发挥更大的作用。

二、成果丰硕，挑战仍在

主持人：当前，地方志工作取得了哪些重大进展，又面临着哪些制约发展的问题呢？

冀祥德：改革开放以来，全国地方志活动开展经历了从"一本书"主义，到"志鉴编纂齐头并进"，到以修志编鉴为主业，数据库、方志馆、地情网、理论研究等各业全面发展的新格局，从依政修志，到依法修志，再到依法治志，可以称为我国新方志活动发展的三个阶段。当然，在看到成绩的同时，我们也要清醒地看到，地方志工作还面临不少困难和一系列挑战。比如机构不健全，编制、人员和经费不足；志书质量有待进一步提高；信息化与方志馆建设比较滞后；方志文化的作用有待彰显等。这些问题都不是一朝一夕能解决的，需要我们有坚定的信心、足够的定力，以及持久的毅力。

牛润珍：事实上，现在方志工作已进入有史以来最好的发展阶段，其主要表现有十个方面：一是对方志在国家文化软实力中的地位与作用的认识越来越深刻；二是方志工作步入法治化、规范化、常态化；三是修志机构系统化，工作体制、机制完善成熟；四是修志队伍专业化，形成规模，并有广大社会力量参与；五是基本实现县县修志；六是方志学理论体系初具；七是方志成果丰硕，仅 2008 年至 2014 年，就出版各类志书近 3 万种、年鉴近 3000 部，整理旧志 2000 余种，而且部分成果已数字化；八是建成各类方志馆约 400 座，成为国情、地情研究中心；九是方志在物质、制度与精神文明建设中正在发挥着越来越大的作用；十是地方志事业已纳入国家发展规划。

邱新立：当前地方志工作迎来了大好的发展机遇，形成以修志编鉴为主业、各项工作协调开展的事业格局。同时，党委领导、政府主持、负责地方志工作的机构组织实施、社会各界广泛参与的工作体制机制基本建立；将地方志工作纳入各地国民经济和社会发展规划、地方各级政府工作任务，"认识、领导、机构、编制、经费、设施、规划、工作"到位的工作机制逐步形成。当然，地方志工作也遇到不少困难、挑战：一是部分地区和部门对地方志工作的重要性认识不够，地方志工作开展取决于领导者个人对地方志工作认识水平高低的情况仍未得到根本扭转；二是各地地方志事业发展不平衡，相关工作开展程度层次不一、进展速度快慢不一、发展水平高低不一，差别很大，不能充分适应服务各地经济社会发展的需要；三是国务院《地方志工作条例》以及各地地方志法规规章落实不到位，依法做好地方志编纂、管理和开发利用等工作尚有很长的一段路要走；四是机构不健全，编制、人员和经费不足，无法充分满足有效履行职能、顺利开展工作的要求等。

三、构建学科体系，推进科学发展

主持人：习近平总书记强调要"高度重视修史修志"。当前，面对机遇和挑战，推进地方志事业科学发展有哪些重要工作要做？我们看到，最近不少方志专家纷纷呼吁设立方志学，何谓方志学？如何加强方志学学科体系建设？

冀祥德：2015 年 8 月国务院办公厅印发《全国地方志事业发展规划纲要（2015—2020 年）》，标志着地方志在全国范围内从一项工作向一项事业转型，从依法修志向依法治志升级；"加强修史修志"写入国家"十三五"规划，从国家战略高度进一步明确了新时期地方志事业的地位和作用。可以说，当前地方志事业发展迎来了千载难逢的发展机遇，我们不断创新工作模式，开拓新的工作领域。

其中，加强理论研究和学科体系建设是一个关键问题。方志学，最先由梁启超于1924年提出，主要是研究方志的起源和发展、性质和类别、功能和价值、编纂理论、整理和利用，以及运行规律的学科。作为一门复合学科，方志学与历史学、地理学、文献学、法学等多门学科交叉、融合趋势明显，亟须新方法、新理论。方志事业的发展离不开自身学科的建设，因此，需要进一步丰富方志理论研究成果，提升方志理论研究的水平，夯实方志学科建设的基础，尽快建立成熟的方志学学科体系。

牛润珍："修志问道"是一项千秋大业，成败关键在于人才。然而方志学在高等教育与人才培养方面有很大不足，抓紧方志学学科建设是当务之急。而加强方志学学科建设，首先必须对其学科体系有明确的认识。方志学包括九个分支学科或者主要内容：一是方志学发展史，包括志书纂修史和方志学史；二是方志学理论，包括方志学原理、方志学概论等；三是方志编纂学，包括编纂原则、宗旨、体例及编排、篇目架构及概述、大事记、地理、人口、经济、社会、文化等部类撰写方法等；四是方志文献学，包括方志目录、综录、旧志辑佚与整理等；五是方志管理学，包括志书编纂法令法规、业务指导、社会参与等；六是志书及资料管理、收藏及应用，包括方志馆建设、数字化等；七是国内外地方史志编纂与研究；八是中外地方史志交流与比较研究；九是年鉴编纂与年鉴学。方志学研究应该围绕这些内容展开，并与相关交叉学科打通，把综合性与专业性统一起来，建设现代新型方志学。

邱新立：经过全国地方志工作者和有关专家学者多年的共同努力，产生了丰硕的理论研究成果，共出版各种理论著作1000多部，发表论文6万多篇，创立了独具特色的新方志理论。复旦大学、宁波大学等院校还在本科教育、研究生教育中开展了方志学专业教学。方志学具有了一定的学科知识体系和理论体系，逐渐成为一门独立的学科。今后，我认为要加强方志学学科建设，主要有十大任务：一是组织对方志学的定义、研究范畴、学科体系、理论范式等重大理论问题进行研究，形成基本共识；二是建立健全课题立项机制与科研管理办法，争取推动方志学研究课题列入年度国家社科基金项目课题指南；三是加强对学科前沿问题、修志实践热点难点问题的研究，引导研究方向；四是总结实践经验，编纂出版《方志学概论》等权威性教材；五是编辑出版《方志学大辞典》等工具书；六是编写《方志学学科前沿报告》、方志学年度研究综述等；七是编辑出版"方志学文库"系列丛书，推出有较高学术价值的方志学研究著述；八是规范旧志整理与研究工作；九是合作完成一级学科的论证、申报工作；十是发展方志学学术研究队伍，造就一批在学术界有较大影响的方志学专家。相信通过这些举措，必将推动地方志事业这艘文化航船乘风破浪，奋力前行。

新时代的地方志

走进新时代的地方志 *

编者按

2018年7月12日上午10时，中国地方志指导小组秘书长，中国地方志指导小组办公室党组书记、主任冀祥德做客人民网，以"走进新时代的地方志"为主题进行访谈。

人民网：大家好，这里是人民网视频访谈。地方志可以称为是地方的百科全书，是更全面、系统的一种记载。今天在直播间，我们非常荣幸地邀请到了中国地方志指导小组秘书长，中国地方志指导小组办公室党组书记、主任冀祥德。欢迎冀秘书长。

冀祥德：各位网友，大家好，欢迎大家收看《走进新时代的地方志》访谈节目。

人民网：说起地方志，大家都不陌生。知道它是传承中华文明、彰显中华文明的一个重要载体。党的十八大以来，党和国家领导人是如何重视地方志的，能不能先跟我们谈一谈呢？

冀祥德：地方志是我们中华文化的一个独有的传统，在世界文化历史长河中，因为中国有方志文化，这也是中国作为世界四大文明之一，其他三大文明都有不同程度地中断过，但是只有中华文明没有中断的原因之一。自方志成形以来，历代君王都不同程度地重视史志编修。中华人民共和国成立以来，党和国家领导人对地方志工作都很重视，像毛泽东同志、邓小平同志、江泽民同志、胡锦涛同志等党和国家领导人，都对史志工作作出批示。党的十八大以来，党中央、国务院更加高度重视地方志工作，习近平总书记曾多次对史志工作作出重要讲话，比如，在2014年

---

〔1〕 2018年7月12日，做客人民网访谈实录。

2月，习近平总书记在考察首都博物馆的时候，就提出要高度重视修史修志。习近平总书记在2015年7月中共中央政治局就中国人民抗日战争的回顾和思考进行集体学习时强调，要整合全国学术机构和研究队伍，协调各地党史、军史、档案、政协文史资料、地方志、社科院、高校等部门和机构的力量，对抗战进行系统研究。另外，在其他一些场合的讲话中多次提出要重视史志工作。李克强总理也非常重视史志工作。李克强总理对地方志有很深的情结，党的十八大以来他曾三次对地方志工作作出批示，提出了"修志问道，以启未来"的地方志在新时期的工作定位和"直笔著信史，彰善引风气，为当代提供资政辅治之参考，为后世留下堪存堪鉴之记述"的新时期地方志工作者的定位。正是在这样的形势之下，党的十八大以来，中国特色社会主义进入新时代，全国地方志事业也进入了新时代，新时代的地方志和以前相比，发生了深刻而巨大的变化，全国地方志工作面貌可以说是焕然一新。

人民网：刚才您也提到了，党的十八大以来，地方志受到了高层领导的关注，以及它在新时代中也发生了巨大变化。新时代下，我们又如何用我们的行动来贯彻落实党的十九大精神，具体有什么样的举措呢？

冀祥德：党的十八大以来，各部门、各系统都在认真学习贯彻习近平总书记的系列重要讲话精神。作为全国地方志系统，中指组及其办公室要求在学习贯彻落实习近平总书记系列重要讲话精神上，要学懂、弄通、做实，不摆花架子，不唱高调，要真学、真用、活学、活用，所以，我们按照习近平总书记系列重要讲话精神，以习近平新时代中国特色社会主义思想为指导，在如下几个方面贯彻落实党的十八大、十九大精神。比如，党的十八大以来，国家提出"四个全面"战略布局，党的十八届三中全会作出了《中共中央关于全面深化改革若干重大问题的决定》，把全面深化改革作为"四个全面"战略之一。我们就提出，地方志也要改革，地方志不改革，路将会越走越窄，甚至可能会是死路一条。我们在全面深化改革这样一个国家战略背景要求之下，提出地方志要围绕三个方面进行改革。第一方面，地方志要以党和国家利益为导向开拓创新。比如，在南海仲裁案发生之后，我们就启动了南海主权与地方志论坛，启动了《中国南海志》

《三沙市志》的编纂。比如，习近平总书记在中央政治局就中国人民抗日战争的回顾和思考进行集体学习时的重要讲话发表以后，我们提出了《中国抗日战争志》的编纂，这些都是地方志以党和国家利益为导向进行改革创新的一些举措。第二方面，地方志要围绕经济社会发展开拓创新，如启动中国名酒志、中国名山志、中国名水志、中国名街志等文化工程。第三方面，地方志要以人民为中心开拓创新，如启动中国名镇志文化工程、中国名村志文化工程，谋划编纂社区志、居民小区志，建立村史馆、村情网等，拍摄《中国影像方志》、"中国影像志·名镇名村"系列等，就是让每个中国人都能在地方志中找到自己的位置，让地方志走进千家万户。

再比如说，在十八届四中全会上，党中央作出了《中共中央关于全面推进依法治国若干重大问题的决定》，为落实十八届四中全会精神的要求，我们及时地提出了依法治志，要在依法治国的背景下作出方志人依法治志的贡献，对此我们进行了系统的论述和研究，得到了国务院办公厅的认可。2015年8月25日，国务院办公厅印发《全国地方志事业发展规划纲要（2015—2020年）》，"坚持依法治志"被作为6项基本原则之一写到《规划纲要》中。这就是地方志系统贯彻落实党的十八大以来习近平总书记系列重要讲话精神的重要体现。再比如，像扶贫工程、乡村振兴战略，我们地方志正在编纂扶贫志、中国名镇志、中国名村志，包括拍摄中国名镇志、中国名村志的影像志，这些都是配合国家扶贫工程和乡村振兴战略而采取的一系列重要举措。

人民网：听了您介绍的这么多举措，我们也知道，习近平总书记近年来一直强调文化自信是更基础、更广泛、更深厚的自信。我们知道，地方志是中华文化的本质特征和根本属性，是中华文化的重要代表。随着文化自信的提出，在强大中华文化自信的背景下，地方志应该如何担当呢？

冀祥德：你这个问题问得非常好。习近平总书记提出"四个自信"，特别强调文化自信。我们地方志系统在贯彻落实文化自信方面进行了深入思考和探索。我们在认真学习和领会中就认识到，在中华文化中，方志文化是中华文化的一个亮丽的篇章，具有独特属性，所以，我们提出方志文化自信。方志文化自信的提出，具有它的理论基础和实践根源，因为地方志从古到今 2000 多年的历史，在它传承的过程中，呈现出与其他文化明显不同的特性。比如说它的政治性、民族性、区域性、资料性、客观性、权威性，等等，这些都是其他文化所不完全具有的一些特点。正是这样一些特点，使方志文化自信的生成具有了生命基础。在世界文化历史的长河中，中国的方志文化是一颗灿烂的明珠。6 月下旬，我带领中国方志文化学术交流访问团到英美加拿大去做访问和传播，当讲到中国方志文化的时候，国外的学者都特别重视，表现出极大兴趣，希望我们做进一步的解释和传播，也希望我们把现在中国的方志文化和古代中国的方志文化都向海外进行传播，甚至有些国外的学者提出，他们是不是可以借鉴中国地方志这样一种形式，记载一下他们国家、民族社会发展的历史，以及在一定行政区域内的自然、政治、经济、文化与社会的发展状况。

人民网：刚才您说包括社会各界，包括其他国家对方志文化的一种反响，可见它的影响力。今年是改革开放 40 周年，我们也知道，在中指组领导下，编纂了很多各类的志书、年鉴，如何把这些成果更好地运用，进一步提高地方志的影响力，让它更好地服务社会经济发展？

冀祥德：这个问题是我们这几年非常重视的一个问题。确确实实是这样，虽然，中国方志的历史有 2000 多年，我们编写的古志就有 8000 多种；中华人民共和国成立以来，我们的新方志，包括省市县三级志书，以及专业志、部门志等已达到 3 万多种。省市县三级综合年鉴以及有关部门和行业的专业年鉴也已经超过 3 万种，但是，这样的一个浩瀚的史志资料库，究竟发挥了多大的作用，有多少人能够去查阅这些资料，使用这些资料，是摆在我们面前的一个很重要的问题。历代地方志工作者，面对这个问题其实也一直在探寻解决的路径。第五届中指组成立以来，中指组的领导就要求我们在读志用志上下功夫，要想办法把地方志"立起来""用起来"，让地方志"活起来""热起来""强起来"，所以，中指办按照中指组领导的要求，在地方志"用起来""立起来""活起来""热起来""强起来"这几个方面做了一些全国的顶层设计和思考。比如，在地方志"用起来"这个方面，我们开始建立地方志数据库。我这次带团到美国斯坦福大学，斯坦福大学图书馆的馆长就对我讲，买一本志书成本都很高，除去资金上的原因外，厚重的志书漂洋过海运过去，成本也比较高，能不能把它数字化来处理，馆长的想法正好与我们的想法一致。怎么样把地方志"用起来"，让人们用这样一种更简便、更现代化的方式来读志用志，是我们目前正在做的一项工作。包括吉林省延边自治州用《三字经》的方式告诉大家地方志中的爱国、爱家的史料，现在中指办正在推广这样的典型经验。还有山东省，用方志动漫的形式把山东的名人记录下来，让老百姓去看。在地方志"立起来"这个方面，我们这几年也做了一些工作。按照《规划纲要》的要求，要加强方志馆建设。过去一谈地方志，大家都认为就是平面的一本书，是一个平面的形象，现在我们建了方志馆，把一本书平面的形象用立体的方式展示出来。当然方志馆里面不仅要放纸质的志书，更重要的是把方志馆定位为一个地方的地情展示中心。习近平总书记在宁德任地委书记的时候曾经讲过这样一段话，我有一个习惯，到一个地方，首先要看这个地方的志书，因为地方志是了解一个地方历史最直接、最可靠的方法。我们在认真学习领会习近平总书记重要讲话精神的过程中就认识到，志书是了解历史最可靠、最直接的方法，方志馆就应该成为人们了解一个地方的历史最应该去的场所。看完方志馆以后，他就应该对这个地方的历史有一个最直观、最可靠的了解。也就是说，人们既可以通过看志书了解，也可以走进方志馆，用这样一种方式去了解。

现在全国已经建成了597家方志馆，包括国家方志馆，以及省市县三级方志馆等。5月29日，我们在山东东营揭牌了国家方志馆黄河分馆，这个方志馆建筑面积2万多平方米，体现了国家性、黄河性、方志性和东营性的特点。建设国家方志馆分馆，是在国家方志馆目前面积比较小、发展空间受限制的情况下，有效拓展地方志空间，让地方志在全国范围内进一步"立起来"的一个重要举措。目前全国各地都在按照《规划纲要》的要求和中指组的统一部署，推进方志馆建设。像山东省就提出要到2020年实现省市县三级方志馆全覆盖。目前他们的方志馆从县到市再到省，都在积极地推进。前两天，泰安市的领导来跟我们谈泰安方志馆的建设，甚至谈到国家方志馆泰山分馆的建设等等，这些都是在新时代怎么样把地方志做活，让地方志"立起来"的表现。另外，我们还在探索怎么样让地方志"活起来"。比如说我们和央视合作，已经播出了60多集的《中国影像方志》，还有我们正在和央视合作拍摄的"中国影像志·名镇名村"系列，福建省在这方面已经率先启动。我们最近在江苏周庄的名镇影像志开机仪式已经举行了，正式进入到实际拍摄阶段。这些也都是把地方志做活的一些举措。通过把地方志"用起来"，让地方志"立起来"，使地方志"活起来"，叫地方志"热起来"最终做到让地方志"强起来"。"强起来"的地方志才是我们强调的盛世修志，才是我们中国人民从"站起来"到"富起来"到"强起来"的一个重要的体现和记载。所谓的盛世修志，什么是盛世？强起来的中华民族，强起来的中国就是盛世。这个盛世之下最需要地方志工作者的担当。地方志工作者要把中华民族伟大复兴中国梦实现的过程真实而客观地记载下来，并传承下去，这是我们应当有的历史与时代担当。

人民网：可以听出方志馆的建设也是经济文化上升到一定层面所体现出来的结果，也代表着地方志跟整个社会节奏的发展在与时俱进。一本小小的地方志，从这样一本书变成了一个立体化的呈现，展现在我们面前。而如今举国上下都在向着"两个一百年"实现中华民族伟大复兴的中国梦而去努力，地方志在这方面又有什么样的目标呢？

冀祥德：现在全国各族人民都在以习近平同志为核心的党中央领导下，致力于中华民族伟大复兴中国梦的实现。在中国梦实现的过程中，我们方志人也有我们的方志梦。我们认为，在中华民族伟大复兴的篇章中，有一章叫方志篇章。我们的方志梦就是要围绕国家经济社会发展的中心，要围绕国家"两个一百年"奋斗目标的实现去设计。国家有"两个一百年"奋斗目标，我们地方志也要有"两个一百年"奋斗目标，国家的第一个一百年的奋斗目标是当建党100周年，也就是到2020年的时候，要全面建成小康社会；我们方志人第一个一百年的奋斗目标，就是到2020年，要实现省省、市市、县县志书和年鉴的全覆盖，这是一项伟大的世界文化创举。2000多年以来，历朝历代都没有做到让每一个省、每一个市、每一个县都有志有鉴，但是现在我们提出，到2020年，一定要做到省市县三级综合志书、三级综合年鉴的全覆盖，用中指组常务副组长李培林同志的话来说："一个都不能少。"我们用这样的一项方志人的业绩，向国家第一个一百年奋斗目标贡献方志人的"志"礼。国家的第二个一百年奋斗目标是，当新中国成立100周年的时候，国家要建成富强民主文明和谐美丽的社会主义现代化强国；我们方志人的目标是什么？我们设想方志人的第二个一百年奋斗目标，就是要完成《中华人民共和国志》的编纂，要全面完成第三轮志鉴编纂。从国家到省市县，并且向乡镇和行政村、自然村延伸，实现志书、年鉴全覆盖。我们目前正在和广东东莞探讨试验这样一种全覆盖的方式。我们也是想用这样的一种方志人的工作业绩，向国家第二个一百年奋斗目标献礼。当然，梦想不能只是梦想，还需要我们脚踏实地敢担当、敢作为，才能一步一步地实现。国家"两个一百年"奋斗目标的实现是一个浩大的、光荣的、艰巨的工程。方志人的"两个一百年"奋斗目标，对我们而言，也是一项浩大的、光荣的、艰巨的工程。但是，我们有信心，也有决心，在以习近平同志为核心的党中央坚强领导下，和全国各级地方志机构以及广大地方志工作者一起，不忘方志人"修志问道，以启未来"之初心，牢记方志人"为当代提供资政辅治之参考，为后世留下堪存堪鉴之记述"的使命，为国家实现"两个一百年"奋斗目标贡献我们方志人"两个一百年"奋斗目标的"志"礼。

人民网：通过您的介绍，我们也了解到方志文化随着经济社会快速发展所展现出来的自我节奏，也感受到了方志人的目标以及对未来的期望。我们也期待，这样的一部百科全书在未来能够更加熠熠生辉。今天非常感谢冀秘书长与我们的分享。今天的节目就到这里，感谢您的收看，再见！

冀祥德：再见！

第六章

方志序跋

我经常叮嘱自己："对自己狠一点，是终身受益的开始。你的自律和认真，取悦的不是别人，而是这世间唯一限量版的自己。"所以，我很少答应给人写序跋。因为，一方面，古之为人题序跋者，或学界之尊，或师长上级，或德高望重；另一方面，我有文字"洁癖"，虽谈不上"语不惊人死不休"，但是，一直在文字上比较挑剔和较真，故此，我的学生或者部属，得到我一个文稿具有可改性的回复就颇欣喜。在地方志系统工作期间，我的职位不高，也算一个单位之长，为市县志书作序，当在职责之中，至于潍坊、青州、黄楼，那是生我养我的故乡，给家乡志书写个序言，乃人之常情。

——题记

第六章　方志序跋

《潍坊市志（1991—2012）》序[*]

　　朗朗天昊，恢恢地坤；茫茫九域，芸芸万灵。邦国编史，郡邑修志，族宗记谱，焜煌[1]中华，无远弗届[2]，文瀚久恒。《禹贡》有书，职方有纪，《史记》舆图，燎然[3]传世，所谓志经。载志之笔，展而诵之：星纬封圻[4]，景乡变异；山川人物，灵化攸关[5]；城池庠序[6]，更置修葺；土田贡赋，种繁类殊；奸宄[7]斯积，舛错疏遗；一方掌故，传信以奉[8]。官兹土者[9]，表风劝俗，捍患恤灾；生兹地者[10]，里落皆化[11]，励绩濯行[12]。言约而尽，事核而彰；论允而确，太史笔诚。四国文脉，中华续赓，泱泱不辍，皆因志承。

＊　庚子年壬午月谨识于京。
[1]　焜煌：明亮辉煌。
[2]　无远弗届：指不管多远之处，没有不到的。这里指影响深远。
[3]　燎然：明显。
[4]　封圻（qí）：疆土。
[5]　灵化攸关：与其相关的神异变化。
[6]　庠序：学校。
[7]　奸宄（guǐ）斯积：违法乱纪的人和事。
[8]　奉：告诉。
[9]　官兹土者：当地的官员。
[10]　生兹地者：生长在当地的百姓。
[11]　里落皆化：里落，村落里巷。这里指村落里巷的人们都得到教化。
[12]　励绩濯行：保持高洁、光明、振作的样子。

新时代的地方志

五千渊薮[1]，九万纵横。中国之治，领袖丰功。复兴之路，闾阖[2]可诠。宏猷[3]高远，河清海晏。福祉稔岁[4]，天下康盛。中国之志，镂铭圆梦。修志问道，初心不变；以启未来，使命如磐；直笔著史，堪存堪用。依法治志，亘古之先；转型升级，旷世之功。力学笃行，岩峻嶒崒[5]；十业[6]并举，崔嵬峥嵘[7]；立用活强[8]，星辰长空。"两全目标"，铿锵钟鼓，蟾宫捷步；两个百年[9]，激越箫笙，雁塔先登[10]；方志自信，雷惊万马，风卷千旌。存史立言，慰告先辈；资政辅治，以惠当世；教化育人，成蹊后宗。志存高远，明灯辉映；彰善风气，霞蔚云腾；荷锄[11]负剑，斩棘披荆。

潍淄其道，源出琅琊。北海为郡，雄于九州。东望蓬莱，西瞻岱宗。白狼[12]环左，孤山峙右。攀山以搜，猱[13]岩虎穴。傍海以探，蛟窟鼍[14]宫。翁郁流翠，廛闬[15]扑地[16]。尊贤上功，治侔[17]鲁东。铸山煮海[18]，渔猎樵耕。

---

［1］ 渊薮（sǒu）：深广。

［2］ 闾阖（chānghé）：古时指代京城、朝廷，这里指政府。

［3］ 宏猷：远大的谋略，宏伟的计划。

［4］ 稔岁：丰年。

［5］ 岩峻嶒崒（qiúzú）：出自班固《西都赋》："岩峻嶒崒，金石峥嵘。"指山势高峻。这里指在力学笃行中有很大的成果。

［6］ 十业：志（志书）、鉴（年鉴）、库（数据库）、馆（方志馆）、网（方志网）、用（开发利用）、会（学会）、刊（期刊）、研（理论研究）、史（地方史）。

［7］ 崔嵬峥嵘：指高大耸立。这里指十业并举，成果斐然。

［8］ 立用活强：这里特指地方志"立起来""用起来""活起来""强起来"。

［9］ 两个百年：这里特指地方志事业的两个百年目标。

［10］ 雁塔先登：出自宋无名氏《满庭芳·彭郡宗盟》："雁塔占先登。"这里指向着目标快步前进。

［11］ 荷锄：耕耘。

［12］ 白狼：即白浪河，古代称白狼河，古时潍县城水源。

［13］ 猱（náo）：古书上记载的一种猴。

［14］ 鼍（tuó）：扬子鳄。

［15］ 廛闬（chánhàn）：住宅商铺。

［16］ "攀山以搜……廛闬扑地"：此句形容自然生态资源丰富。

［17］ 侔（móu）：治理。

［18］ 铸山煮海：出自《史记·吴王濞列传》："吴有豫章郡铜山，濞则招致天下亡命者盗铸钱，煮海水为盐。"原意是开采山中铜矿以铸造钱币，烧煮海水而获得食盐。后比喻善于开发自然资源。

第六章　方志序跋

肩摩毂击[1]，车水马龙。尚父[2]钓矶，伯夷筑室[3]。太公遗音，以穷其胜。山河不改，田赋弥充。节义光昭，贤科接踵。闾巷弦歌，岩廊垂拱[4]。泖泖[5]海上，泱泱大风。俊彦星汉，珠玑布野。万印寿卿[6]，醴泉范公[7]。板桥郑燮，七载春风，玉脍金齑，潍甲青齐[8]；东坡居士，牵黄擎苍，雕弓满月，持节云中[9]。

三寿古国[10]，环宇鸢都，地涌明珠，粮仓齐东。潍地有志，肇始《齐乘》[11]，万历成例，康乾两经。故识也者，意之筌也[12]；故明也者，断[13]之资

---

[1] 肩摩毂（gǔ）击：出自《战国策·齐策一》："车毂击，人肩摩。"形容行人车辆往来拥挤。

[2] 尚父：姜尚，即姜子牙。

[3] 伯夷筑室：伯夷、叔齐隐居求志，不与武周为伍，谢绝周武王的封赏和高官厚禄。姜太公认为他们是有节义的人。这里指追慕廉洁高尚。

[4] 岩廊垂拱：出自《汉书·董仲舒列传》："盖闻虞舜时，游于岩郎之上，垂拱无为，而天下太平。"岩廊，即今之游廊。垂拱，指垂手和拱手，即由于任人得当，官员都称职，做天子的可以悠闲地垂手，不必过问。此句指在游廊上悠闲地散步。这里形容太平盛世。

[5] 泖泖：形容水声。比喻宏大的声音。

[6] 万印寿卿：万印，指潍坊万印楼。寿卿，万印楼创立人陈介祺的字。万印楼是陈介祺于清道光三十年（1850年）创立的，因为它珍藏过万余件文物珍品，故称万印楼。陈介祺（1813—1884），潍坊市潍城区人，字寿卿，清代著名金石学家。清道光廿五年（1845年）进士，授翰林院编修，于清咸丰四年（1854年）辞官归里。在以后的30年中，他专心致于金石收藏和研究，成为一代金石大师。

[7] 醴（lǐ）泉范公：北宋皇祐三年（1051年），著名政治家、军事家和文学家范仲淹以户部侍郎知青州，兼淄、潍等州安抚使。范仲淹为政时，青州一带流行一种病，蔓延很快。为此，范仲淹亲自汲水制药，发放民间，很快制止了瘟病的流行，众百姓感激不尽。恰在这时，南阳河畔有泉水涌出，且水质纯净，甘甜可口，百姓以为这是范公的德行感动了苍天，就取名"醴泉"。范仲淹在泉上建造了一座亭子。北宋皇祐四年（1052年），范仲淹病逝于赴颍州途中。人们感念范公，就把"醴泉"叫做"范公井"，把亭子叫做"范公亭"。

[8] 玉脍金齑（jī），潍甲青齐：出自清郑板桥《潍县竹枝词》："三更灯火不曾收，玉脍金齑满市楼。……若论五都兼百货，自然潍县甲青齐。"这是郑板桥在潍县任县令时所作。

[9] 东坡居士……持节云中：出自苏轼《江城子·密州出猎》，是苏轼在潍坊诸城任太守所写。

[10] 三寿古国：潍坊在夏商时，境内有斟灌、寒、三寿等封国。

[11] 《齐乘》：元人于钦纂，是目前有考证的潍坊最古的志书。

[12] 意之筌也：出自《周易略例·明象》："……筌者所以在鱼，得鱼而忘筌也。然则，言者，象之蹄也；象者，意之筌也。是故，存言者，非得象者也；存象者，非得意者也。"原意是，"筌"是用来捕捞鱼的，得到鱼就不能仅仅执著于"筌"。比喻"意"是思想认识的结果。

[13] 断：判断。

也。识意相得，明断相成。志为用大，上徹睿览[1]。于志山海，慎固封守；于志民人，思聚教养；于志风土，化民成俗；于志田赋，酌盈剂虚；于志灾祥，省岁格天；于志尼山，切崇儒道；于志宦绩，懋养贤名[2]。板佚字缺，简蠹[3]篇残；诸侯去籍，杞宋无征[4]，孔孟忧之，况其他乎。首轮潍志[5]，一纪[6]乃成。千里封疆，明于指掌；案牍毛发，灼如观镜。辞尚体要，不失古法；广征博采，网罗故牒；谨懔周详，以备披览。潮汐有盈，锦绣玲珑；岁月有增，寿献柏松[7]。

余亦潍人，七载志行。朝乾夕惕[8]，砥心饬躬[9]。无能执役[10]，偶有陋见：邑少善令，政教不立；乡无名贤，理文不通；郡乏方志，地无古风。是志[11]成也，椽笔前承。集之同寅[12]，商之耆绅，以求旧迹；访询博儒，搜检藏书，以补遗编。校阅其款，撰录增文，义理谨严，良史裁风。省试其工，四载告竣，煌煌伟绩，烨烨鸿篇，烁烁丰功。

庚子春夏，新冠[13]蛊菑[14]，窃喜贤士，苦心志成。今付剞劂[15]，侧立志

---

〔1〕 睿览：圣鉴御览。这里指各级政府官员都要看。

〔2〕 于志山海……懋养贤名：志书记山海，目的是警醒要巩固疆域；记民风，目的是使人们有教养；记风土，目的是传承民俗传统；记田赋，目的是日后斟酌土地税收盈亏；记灾祸和祥瑞，目的是自省要敬畏自然；记尼山孔子，目的是尊崇儒家思想；记政绩，目的是培养贤才名士。

〔3〕 蠹（dù）：虫蛀。

〔4〕 杞宋无征：出自《论语·八佾》："子曰：'夏礼吾能言之，杞不足征也；殷礼吾能言之，宋不足征也。文献不足故也。'"指资料不足，不能证明。

〔5〕 潍志：这里特指首轮《潍坊市志》。

〔6〕 一纪：指十二年。

〔7〕 潮汐有盈……寿献柏松：此句比喻随着时间的流逝，首轮志书的价值和意义影响深远。

〔8〕 朝乾夕惕：出自《周易·乾》："君子终日乾乾，夕惕若厉，无咎。"形容勤奋谨慎，不敢疏忽懈怠。

〔9〕 砥心饬躬：砥砺品行，修养道德。

〔10〕 无能执役：没有什么丰功伟绩。这里是谦辞。

〔11〕 是志：指《潍坊市志（1991—2012）》。

〔12〕 同寅：古代共事的官吏。这里指修志同仁。

〔13〕 新冠：指2020年春夏的新冠肺炎疫情。

〔14〕 菑：通"灾"。

〔15〕 剞劂（jījué）：出版。

林。懿章要旨，廉顽立懦[1]，礼教信义，諪諪[2]教声。桑梓乡仁，嘱序于余。潍人俶傥[3]，耇德[4]擢秀。对湖称主，贻笑河伯[5]；寸草春晖，惶酬乡朋。以庶几乎，骥尾之蝇；自我作故，无所准绳[6]。聊为序樱[7]。

[1] 廉顽立懦：出自《孟子·万章下》："故闻伯夷之风者，顽夫廉，懦夫有立志。"指高尚的节操可以激励人振奋向上。

[2] 諪諪：谆谆。

[3] 俶傥（tītǎng）：卓异不凡。《后汉书·冯衍传》："顾尝好俶傥之策，时莫能听用其谋。"北宋王安石《读进士试卷》诗："故令俶傥士，往往弃堙（yīn）郁。"

[4] 耇（gǒu）德：年老德高的人。《三国志·魏书·管宁传》："夫以姬公之圣，而耇德不降，则鸣鸟弗闻。"

[5] 对湖称主，贻笑河伯：相当于对着湖泊称自己是主人，被河伯耻笑。这里是谦辞。

[6] 自我作故，无所准绳：想到哪里，说到哪里，不因袭他人。出自唐刘知幾《史通·申左》："夫自我作故，无所准绳。"

[7] 樱（yīng）：果名，又叫樱枣、软枣，潍坊多产。此处意喻作者所作之序如同《潍坊市志（1991—2012）》这片大果园里的一棵樱枣一般。谦辞。

《青州市志（1988—2013）》序[*]

　　浩荡乾坤，天圆地方，古四大文明，何惟中华赓续千年不辍，盖因国有史、郡有志、家有谱也。国之有史，布在方策[1]；典章文物[2]，皆有志乘。自《周礼》外史掌四方之志[3]，《汉书》郡国志即因[4]之。志始班掾[5]，以纪时政。上参天文，山川形胜，星野图舆；下通地理，建置沿革，物产祥异；中及人事，文教礼俗，秩官宦绩。凡百里之内，土宜肥硗[6]，户口盈虚，田赋登耗[7]，君王政令之得失者，毕载之；民生利病，忠臣孝子，义夫节妇，贤人君子之论著者，咸识之[8]。志可补史之缺，参史之错，详史之略，续史之无[9]，磴磴璀璨，煜煜爥坤，独领风骚数千年。

　　古往今来，宇宙大观，上下数千百年，站起来，富起来，强起来，惟新时代极盛焉。复兴路，华章存史，不契初心；中国梦，盛世修志，使命在肩。知得失，破藩篱，一本书主义俱往矣；观更替，启未来，馆库刊

---

[*] 戊戌年辛酉月谨识于京。

[1] 方策：典籍。

[2] 典章文物：法令、礼乐、制度以及历代遗留下来的有价值的东西。

[3] 盖自周礼外史掌四方之志："方志"一词最早出现在《周礼》中。《周礼·春官·大宗伯》："外史，掌书外令，掌四方之志，掌三皇五帝之书。"周朝设有"外史"，他的任务是"掌四方之志"。

[4] 因：沿袭。

[5] 志始班掾（yuàn）：在正史中专列《地理志》是从班固的《汉书·地理志》开始的。掾，古代官署属员的通称。

[6] 土宜肥硗（qiāo）：土地肥沃与贫瘠。硗，贫瘠。

[7] 登耗：增减。

[8] 咸识（zhì）之：都要记录。识，记。

[9] "补史之缺……续史之无"此句出自章学诚语。

网会皆兴也。今之志，转型升级，已非往昔。《规划纲要》乃顶层设计之源，"依法治志"实前无古人之举。直笔著史，汗青艳称[1]自信立；修志问道，彰善弥引风气新。踵事增华，流传千载，贵在史识，重在致用。志鉴之功，其理至明，惟国家社稷人民福祉为中心也。铸人代[2]之天地，镕卷帙之多少。筚路蓝缕，只争朝夕，"两全目标"，势在必得，开世界文化先河。志存高远，为当代奉资政辅治之参考；力学笃行，于后世留堪存堪鉴之记述。

余本致力律例，不求闻达，但求举足法治，桃李成蹊。癸巳年秋，赴任方志，受命危难。五载有余，无敢窥园，惟日孜孜，夙夜在公，坐而待旦。沉浸浓郁[3]，研之以明日月[4]；垂世立言，证之以穷古籍；罗网前闻，质之以引舆论[5]；含英咀华[6]，传之以流百世。焚膏继晷[7]，青灯黄卷，不移白首之心；晨钟暮鼓[8]，钻仰终身[9]，不坠青云之志。先人志路漫远，夙兴夜寐，兀兀穷年[10]，峥嵘岁月志传千载功高盖世；吾辈上下求索，废寝忘食，虑竭精殚，熠熠中华"十业并举"革故鼎新。

青州者，九州之一，海岱间延袤数千里[11]。志修滥觞，溯源甚早。晋宋著录，然世无考。明嘉万[12]始成书，清康咸[13]续修著。改革开放，诸端并举，志鉴咸继。首轮《青州市志》，七载而成；述记志传图表，诸体

---

[1] 艳称：羡慕并赞美。

[2] 人代：人世。

[3] 沉浸浓郁：深入钻研并沉浸在典籍浓厚馥郁的香气中。

[4] 研之以明日月：夜以继日地不断钻研，日月可鉴。

[5] 质之以引舆论：质量能禁得起公众言论，即质量能禁得起推敲。

[6] 含英咀华：细细琢磨，领会精华。

[7] 焚膏继晷：形容学习、工作勤奋。出自韩愈《进学解》："焚膏油以继晷。"

[8] 晨钟暮鼓：形容时光的流逝。

[9] 钻仰终身：深入研求。

[10] 兀（wù）兀穷年：兀兀：劳苦的样子；穷年：终年。形容一年到头辛苦劳动，勤劳不懈。

[11] 海岱间延袤数千里：海岱是今山东省渤海至泰山之间的地带。《尚书·禹贡》："海岱惟青州。"延袤（mào），绵延伸展。

[12] 明嘉万：明朝嘉靖和万历时期，史学界通常可作简称"嘉万"。

[13] 清康咸：清朝康熙和咸丰时期，史学界通常可作简称"康咸"。

新时代的地方志

并用。志载青州,信美东方[1],禹王治水一分流[2];古城书院,览胜多斗,物换星移春复秋。银瓜柿饼,蜜桃山楂,百圃红锦似堆花;三山联翠,障城如画[3],千栋雕坊昭范雅;朱户公卿,街区纵横,万顷楼阁分高下。石涧冰帘,花林野趣;暮钓阳溪,南楼夜雨[4]。东有云门献寿,平野拔笏[5],松荫覆足;西有驼岭千寻,劈峰照窟,势如削斧。范公亭,表海楼,唐楸宋槐,一带营丘林峦秀;仰天山,龙兴寺,古藤蟠缠,月光泻射物外游[6]。

青州乃吾桑梓之地。余少时,即慕圣古先贤,百代文宗[7]。然青州自古钟灵毓秀,人杰地灵。文臣刚直,武将威猛。墨客才薮倚马[8],骚人笔下生花。孟德[9]霸业铸千秋,祖诒[10]垂暮畅邀游。状元卷,旌贤碑[11],齐民要术[12],安民富教[13],贻训[14]为后世垂范;醉翁意,东坡晓[15],米芾丹书[16],

---

[1] 信美东方:出自苏辙《送龚鼎臣谏议移守青州二首其一》:"信美东方第一州。"

[2] 禹王治水一分流:《禹贡》记载,大禹治水将划天下为九州,青州为其一,这是中国最早的行政区域。

[3] 三山联翠,障城如画:青州被自元代地方志《齐乘》赞美为:"三山联翠,障城如画。"

[4] 此四句为益都八景之四。

[5] 笏 hù。

[6] 月光泻射物外游:月光洒过,像在世外桃源游走一样。

[7] 百代文宗:指被人所效法的人物。

[8] 墨客才薮(sǒu)倚马:墨客才薮,文人聚集。倚马,比喻文思敏捷,下笔成章。

[9] 孟德:指曹操。曹操带领青州兵。

[10] 祖诒(yi):指康有为,原名祖诒。1925年7月22日,康有为亲临青州。

[11] 旌贤碑:宋真宗时期青州举人王曾,宋仁宗亲自为他撰写"旌贤碑"的碑额。

[12] 齐民要术:《齐民要术》作者北魏时期的著名农业科学家贾思勰是益都人。

[13] 安民富教:百姓安定富裕从而得到教化。

[14] 贻训:指先人留下的训诫。

[15] 醉翁意,东坡晓:醉翁,欧阳修,曾任青州知州;东坡,苏轼,苏轼在赴徐州上任太守的途中,经过青州城的制高点表海亭,作《和人登海表亭》诗。另一方面,欧阳修是苏轼的主考官,二人关系甚好,相继完成了北宋诗文革新,联手创造了北宋文学的辉煌。

[16] 米芾(fú)丹书:南阳桥有北宋书法家米芾的碑记。元代开国功臣郝经《青州山行》:"饮马南阳桥,摩挲米芾记。"

晓日著颜[1]，在乎于山水之间。范文正公[2]，忧乐天下[3]，不忍浮名空牵系[4]；易安居士[5]，帘卷西风[6]，燕寝凝香志不屈[7]。至弱冠之年，予出关乡，拜辞戚党，求学谋差，灯影伴身，犹系故里，常思绕与膝前[8]。惶恐愧于父老，唯奋发图强，登弟巍科[9]，拾芥青紫[10]。人归落雁闻折柳[11]，城郊牧笛绕野村。斑驳城门，黛瓦红墙雨纷纷；盘踞树根，旧时乡井花木深。父母恩，恩师情，反哺以偿；结草意，三春晖，答衔环恩。

吾治志经岁，深知修志之艰。记而日积，绝非朝夕之功，亦非二三人能为。志沿革，征文献，存风俗，体例必严，论断必确；其文核，核则信，信则传[12]，采录必广，去取必当。又廿年而一修，使毋废坠散佚之虑[13]。然文献足征，法鉴具在[14]，参稽百世之典[15]，方成一代之志。故志非一人之私，乃千万世人之心也。此《青州市志》，乃首轮之续，鸿篇巨制，

---

〔1〕 出自苏轼《真一酒》："晓日著颜红有晕，春风入髓散无声。人间真一东坡老，与作青州从事名。"

〔2〕 范文正公：指范仲淹。

〔3〕 出自范仲淹："先天下之忧而忧，后天下之乐而乐。"

〔4〕 不忍浮名空牵系：不忍心用来追求功名利禄。出自范仲淹《剔银灯·与欧阳公席上分题》："只有中间，些子少年，忍把浮名牵系？"

〔5〕 易安居士：指李清照。李清照祠位于青州范公亭公园内，她在青州居住20年。

〔6〕 帘卷西风：出自李清照"帘卷西风，人比黄花瘦。"

〔7〕 出自李清照："作诗谢绝聊闭门，燕寝凝香有佳思。"及其《金石录后序》："故虽处忧患困穷，而志不屈。"燕寝，古代帝王居息的宫室，后亦指地方官员之公馆；香凝，香气凝结。李清照与丈夫赵明诚屏居青州10年后，赵出守莱州，"燕寝凝香"此句实为表达李清照冷清孤寂之情。

〔8〕 常思绕与膝前：经常想念父母长辈。

〔9〕 登弟巍科：古代称科举考试名次在前者。这里指学业有成。

〔10〕 拾芥青紫：比喻很顺利地有一定社会地位。青紫，本为古时公卿绶带之色，借指显贵之服。拾芥，像捡小草一样轻而易举。

〔11〕 参稽百世之典：参考查阅几代的典籍。参稽：参酌稽考，对照查考。

〔12〕 出自薛道衡："人归落雁后，思发在花前。"及李白："此夜曲中闻折柳，何人不起故园情。"

〔13〕 其文核，核则信，信则传：内容核实无误，才可靠，可靠才能流传。

〔14〕 使毋废坠散佚之虑：不能因懈怠而中止收集那些散失的内容。

〔15〕 法鉴具在：标准和事例都齐全。

非徒以存文献，属之其人，取义具在，后之览者，神而明之[1]。纂志诸君，矻矻[2]不怠，郢匠挥斤[3]，成宏文百万，字字珠玑，存史资政教化，惠及社稷乡邦，功业千秋。坐收席间，其事之伟，其业之宏，猗欤盛哉[4]！

余离家卅余载，昼念家山，夜梦梓里。望长烟落日，慨秋霜满地；煮浊酒一壶，品乡愁万里。蒇事[5]之际，襄临盛举，嘱吾作序，惶遽不已。当思诠才末学，谦恭退避，复簿书鞅掌[6]，公私猬集[7]。然情系乡邦故园，不经勉勖，遂不忌陋寡，泚笔作书，是以为序。

---

[1]属之其人，取义具在，后之览者，神而明之：志书是众手而成，意义都在其中，后人翻看志书，才能真正明白其中的奥妙。参见明嘉靖《青州府志》李攀龙序。

[2]矻矻（kū）：勤勉不懈。

[3]郢（yǐng）匠挥斤：比喻娴熟高超的技艺。

[4]猗欤盛哉：多么盛大隆重啊！猗欤，叹词，表示赞叹。

[5]蒇（chǎn）事：事情办理完成。

[6]簿书鞅掌：事务繁忙。

[7]公私猬集：比喻公事和私事繁多。

《黄楼街道志》序[1]

这是一个古老神奇的故乡。早在7000多年前，先民们即在此凿井而饮，耕田而食，狩猎山林，渊泽张网。他们采一缕春风，织得花果满园；他们掬一朵白云，点缀夏日晴空；他们撷一枚红叶，映衬硕果遍地；他们捧一片白雪，装扮冬日暖阳。

这是一个宁静祥和的故乡。这里的春天，桃红柳绿，麦苗茁壮。漫步乡间小路，青草上露珠滚动，一株株不知名的小花，摇曳着万物的灵动，散发出淡淡芬芳。这里的夏天，朦胧如诗，氤氲徜徉。鸟鸣和蝉唱交响合奏、昼起夜伏，从花蕾唱到枝丫，从村头唱到村尾，从山麓唱到云端，唤醒了牛羊，唤醒了炊烟，唤醒了村庄。这里的秋天，大地丰收，果实飘香。青青的萝卜，红红的苹果，还有玉米堆堆，地瓜筐筐，一遍遍讲述着"一分耕耘、一分收获"的地老天荒。这里的冬天，千里冰封，万家酒香。虽大雪漫漫，寒风瑟瑟，游戏中不时摔上一跤，却也挡不住小伙伴们的幸福欢畅。磨豆腐，蒸馒头，杀猪，宰羊，一年的辛苦和操劳，是贴在墙上的奖状，是爱不释手的新衣裳，是爷爷奶奶的压岁钱，是家家户户盛满的酒缸。

这是一个鲜花四季的故乡。风是踮着脚一路飞奔的信使，云是挥着手飘然而至的邮差，争先恐后地传递着家乡的荣光。绚丽温暖的颜色如锦似缎般地铺满了整个大地，一望无际，浩浩汤汤。尤其是五彩斑斓的杜鹃、红红火火的凤梨、娇艳的蝴蝶兰和热情的仙客来，不负时光之托、岁月之

---

[1] 2020年11月于北京。

嘱，与游人一路同行，成为这里独特的待客之道，灼灼怒放。这里的人们以花为媒，周游环球；这里的人们以花为业，兼农兼商；这里的人们因花而富，实现小康。

这是一个创造奇迹的故乡。这里无大江大河之险，无大湖大海之利，然造船业却发达兴旺。近200家生产经营企业与100多家配套企业、20多种产品，让这个小镇在世界的疏浚装备产业中占有了一席之地，成为中国江北最大的环保清淤疏浚设备生产、研发基地，产品在欧洲、非洲、东南亚、南美等100多个国家和地区叫响。来到这里，清晰的叮叮当当的敲打声，奏响的就是勤劳的黄楼人的创业梦想。

这就是"江北花卉第一镇"、东方花都、中国花木之乡——黄楼，我的家乡。这里形成了"十里花街、百户经营、千家营销"的格局，有着中国江北最大的花卉交易市场。每年金秋，随着中国（青州）花卉博览会的召开，这里更变成了花的世界和海洋。群芳竞秀，万花妖娆，百草弄姿，千蕙吐芳，上万种的花卉，让来自五湖四海的人们目不暇接，流连忘返，认作故乡。

夏荷擎雨盖，冬菊傲雪霜。儿时的东冀村，夜空如洗，白练似纱，星光由斑驳渐渐璀璨如冰，组成漫天耀眼的银河，如一泓秋水，仿佛掬一把，就能溅起钻石一样的金光。故乡的亲人，是我一生永远的牵挂；故乡的泥土，是我一生永远的梦乡。还有那故乡的味道，烧饼、银瓜、蜜桃、柿子……数不尽数，满目琳琅。马蹄烧饼因形似马蹄得名，150多年的历史，土炉烤制，表面金黄，皮瓤分离，外酥里嫩，芝麻香浓。弥河银瓜，乾隆年间就已成为皇家贡品，长成后形如椭圆，表皮微黄，嫩白的肉，起沙的瓤。"弥河清，弥河长，弥河银瓜称霸王。个儿大，甜又香，脆梨苹果比不上。"苏东坡有言"日啖荔枝三百颗，不辞长作岭南人"，我则是"日啖银瓜一两个，不辞长作黄楼人"。这些鲜活的场景，在我记忆的大屏上，飞来飞去，日夜摇晃。

鸟恋旧林，鱼思故塘。那吱吱呀呀的老碾，盘龙虬枝的古树，飞檐雕壁的祠堂，弯弯曲曲的小巷，还有早起的公鸡，晚归的耕牛，都随着城镇化的发展慢慢隐在了历史的帷幕之后，成为一代人茶余饭后的追想。韦庄面对"洛阳城里春光好",感叹"洛阳才子他乡老",卢纶漂泊中"行多有病住无粮",吟唱"万里还乡未到乡"。"露从今夜白,月是故乡明"是杜甫的想家,"来日绮窗前,寒梅著花未"是王维的念旧,"举头望明月,低头思故乡"是李白的思乡。芳华易老,烟云激荡。无论是余光中写到的"一枚小小的邮票,一湾浅浅的海峡",还是席慕蓉刻画的"一支清远的笛,一棵没有年轮的树",乡愁都是每一个人内心深处最真实的情感,是游子的根脉,是挥之不去的印记,是铿锵砥砺的力量。

依依墟烟,暖暖村庄。故乡,是母亲摊的煎饼,是父亲不屈的脊梁,是哥哥送我上学路上的叮嘱,是姐姐辍学持家的供养,是我奔走天涯的永恒动力,是珍藏在我心底最韧的坚强。无论山陡路淖,雨骤风狂,她总在提醒我,初心来自何处,又将去往何方?是啊,承载着我儿时最多记忆的地方,就是黄楼,我的故乡。

逝者如斯,夏日冬霜。五十多个春秋,白驹过隙,人越走越远,心却越来越贴近家乡。无论走得多远,飞得多高,我们就像一只风筝,那根串满乡音、乡俗、乡思、乡愁、乡绪的红丝线,永远都拴在故乡老屋的木梁上。

是为序。

《威海市志》序[*]

国有史，郡有志，家有谱，是中华民族独有的文化传统，也是中华文明传承不辍的根因。地方志作为中国人民智慧和创造的结晶、邑人血脉和亲情的纽带，千百年来成为生于斯、长于斯、成于斯以及游于外的人们共同的精神家园。习近平总书记强调，"要高度重视修史修志，让文物说话、把历史智慧告诉人们，激发我们的民族自豪感和信心，坚定全体人民振兴中华、实现中国梦的信心和决心"。习近平总书记知史兴邦之言可谓语重心长。

20世纪80年代以来，在经济社会蓬勃发展的形势下，地方志工作得到各级党委、政府的高度重视，第一轮修志任务基本完成。2006年，国务院颁发《条例》，地方志工作实现了有法可依。2015年，国办印发《规划纲要》，规划出到2020年全面建成小康社会时，方志人实现一项"省省有志鉴，市市有志鉴，县县有志鉴"的伟大世界文化创举（简称"两全目标"）的宏伟蓝图，依法治志作为基本原则，指导并保障在全国范围内全面推动地方志从一项工作向一项事业转型升级。在实现"两全目标"的关键时期，李克强总理先后作出"修志问道，以启未来""直笔著信史，彰善引风气，为当代提供资政辅治之参考，为后世留下堪存堪鉴之记述"的重要批示。为深入贯彻李克强总理重要批示，全面提高地方志工作机构和地方志工作者的使命感和责任感，打造流传千古的精品志书，中指办决定启动中国志书精品工程。

---

[*] 2017年11月于北京。

中国志书精品工程启动后,全国各级地方志机构积极响应,申报热情很高,首批层层推荐了30多部质量上乘的志稿。中指办本着优中选精的原则,组织地方志专家对申报的志稿进行了严肃、严格、严谨的审核。经过审读、召开评审会议、无记名投票、全国公示和上报审批等程序,确定《汶川特大地震抗震救灾志》《威海市志》《北辰区志(1979—2009)》三部志书入选首批中国精品志书工程。

《威海市志》作为中国志书精品工程首批入选志书,政治方向正确,思想深刻,内容完整,资料系统,体例完备,结构科学,行文规范,尤其是资料考证严谨、源出有据,地方特色突出,时代特色鲜明。《威海市志》的正式出版,是中国志书精品工程实施以来结出的重要硕果,是中共威海市委、市政府领导及有关部门树立文化自信、高度重视文化建设的重要标志,是山东省史志办公室勇立潮头、精心指导的结果。同时,《威海市志》编纂者有方志人强烈的责任意识,有"直笔著信史"的职业追求,有打造精品志书的管理体系,有扎实做学问的求是态度,有精益求精的工匠精神。《威海市志》上启事物发端,下限2007年,历史跨度久远,资料征集、考证难度较大,但编纂者凭着一腔热血、一股韧劲,默默耕耘十余载,克服困难,潜心研究,精心打磨,最终不辱使命,将一部精品佳志奉献给读者。《威海市志》洋洋洒洒600万字,承载历史几千年,其中凝结着编纂者多少辛劳和汗水,多少心血和情感,开卷可见。更可喜的是,在《威海市志》编纂过程中,他们不仅打造了一部精品志书,也培养了一支优秀的地方志队伍,为威海市地方志事业发展奠定了坚实的基础,为全国保质保量完成第二轮修志任务树立了榜样。

当前,面对党中央、国务院高度重视地方志的大好形势,全国地方志工作者要认真贯彻落实党的十九大重要精神,以习近平新时代中国特色社会主义思想为指导,不忘初心,牢记使命,砥砺前行,继续保持全国地方志事业高位运行的发展态势;要充分认识地方志工作"修志问道"的新定位和地方志工作者"直笔著史"的新定位;要牢记到2020年实现"两全目标"这一世界文化创举,从抓住机遇、打造队伍、围绕中心、紧接地气、开发利用、构建学科、弘扬精神等举措入手,加快实现全国地方志事业的转型升级,为决胜全面建成小康社会、夺取新时代中国特色社会主义伟大胜利、实现中华民族伟大复兴的中国梦、实现人民对美好生活的向往贡献"志"礼。

是为序。

第六章　方志序跋

《北辰区志（1979—2009）》序[*]

地方志是历史智慧的结晶，是维系中华民族血脉亲情的重要力量，是传承中华民族文化的重要载体，具有"存史、资政、育人"的重要功能。习近平总书记曾讲到，要马上了解一个地方的重要情况，就要了解它的历史，而了解历史的可靠方法就是看地方志。

为深入贯彻李克强总理"为当代提供资政辅治之参考，为后世留下堪存堪鉴之记述"的重要批示精神，刘延东副总理"用地方志记载中国共产党人带领全国各族人民实现中华民族伟大复兴的中国梦的进程"，贯彻国务院办公厅印发的《全国地方志事业发展规划纲要（2015—2020年）》的部署，在第五届中指组王伟光组长、李培林常务副组长的关心支持下，2015年中指办启动包括中国志书精品工程在内的全国地方志"十大工程"。实施中国志书精品工程目的是结合当前正处于到2020年全面完成第二轮修志规划内任务最为关键时期的实际，通过工程的推进，进一步提高各级地方志工作机构对志书质量建设的重视，进一步培育全体地方志工作者的质量意识，从而提高志书质量，编修出经得起时代和历史检验的志书。至2015年10月，全国二轮志书年内出版240部，累计出版2200多部；全国9个省（区）二轮志书编修任务完成过半。但是，从质量上看，称得上传世之作的精品佳志并不多。打造一批流传百世、有影响力的精品佳志，是所有方志人的职责和追求。

中国志书精品工程启动后，引起了全国地方志系统的广泛关注，各地

---

[*] 2016年9月于北京。

申报热情很高，推荐了不少好的志稿。本着精益求精的精神，在各地申报的基础上，中指办认真组织评审，经过专家审读、召开评审会、无记名投票、全国公示和上报审批等程序，在申报的30余部志书中确定《汶川特大地震抗震救灾志》《威海市志》《北辰区志（1979—2009）》三部志书入选。

《北辰区志（1979—2009）》作为中国志书精品工程首批志书之一得以出版，实属难得，可喜可贺。该志自2009年编修工作启动之初，就坚持高标准、高起点、严要求，注重树立精品意识，努力提高志书质量。经过数易其稿，形成了目前达200万字的成果，体例完备，资料翔实，篇目科学，行文规范，语言流畅，图文并茂；着力弘扬改革开放的时代特征，大力彰显民风民俗、城市化建设、环境保护的地域特色等。这些成绩的取得，得益于北辰区方志同仁追求卓越的态度、明辨良莠的眼光以及知难而进的勇气。他们身上体现出了精益求精、专心专注的"工匠"精神和"修志问道、直笔著史"的方志人精神。同时，在修志的过程中，他们还注重挖掘整理地情资料，注重方志资源的开发利用，形成了一支老中青、专兼职、拥有不同知识结构和工作经验的编修队伍，这些都是在打造精品志书过程中的收获和成绩，值得总结和借鉴。

修志编鉴是地方志事业的主业，正是因为有地方志书绵延千年而不断的编修，才有了地方志事业发展的根基和原动力。编修一部高质量的志书是各级地方志工作机构的基本职责和核心任务，主业兴，基础牢，事业才能实现全面、协调、可持续发展。所以说，在当前全国地方志事业发展面临重大战略机遇，迎来新春天的关键时期，加强志书质量建设是引领事业发展的重中之重，怎么强调都不为过。当然，精品工程并不是搞志书评比，也不是树立标杆或典型，第一批三部志书的推出只是一个起点，实事求是地说，或许还存在这样那样的需要改进的地方。凡事开头难，起点意味着新的开始，希望中国志书精品工程的每一批、每一部志书都是一个参照，为今后的志书质量建设点亮一盏灯，照亮一片天空。

是为序。

第六章　方志序跋

《邢台市志》序*

国有史，郡有志，家有谱。地方志是中国传统文化的瑰宝，是传承中华文明、彰显中华文明的一个重要的载体。赓续不断地编修地方志，是中华民族的优秀文化传统，已有2000多年的历史。地方志还是中华文化的一个独有的传统，在世界文化历史长河中，只有中国有方志文化，这也是中国作为世界四大文明之一，其他三大文明都有不同程度地中断过，但是只有中华文明没有中断的原因之一。中华人民共和国成立后，特别是改革开放以来，这一优良传统得到了继承和发扬，焕发出勃勃生机。习近平总书记对地方志工作高度重视并寄予厚望，强调"要高度重视修史修志，让文物说话、把历史智慧告诉人们，激发我们的民族自豪感和信心，坚定全体人民振兴中华、实现中国梦的信心和决心"。

"治天下者以史为鉴，治郡国者以志为鉴。"2015年，地方志历史上第一个国家级规划《全国地方志事业发展规划纲要（2015—2020年）》由国办印发，要求到2020年全国第二轮省市县三级志书全面完成，三级地方综合年鉴实现一年一鉴、公开出版全覆盖（简称"两全目标"）。近年来，全国地方志系统高举习近平新时代中国特色社会主义思想伟大旗帜，坚持依法治志，以党和国家利益为导向、以经济社会发展为目标、以人民为中心开拓创新，大力拓展地方志事业发展新格局。摒弃"一本书主义"，开拓志、鉴、史、馆"四驾马车"并驾齐驱，志、鉴、史、馆、库、网、用、会、刊、研"十业并举"新局面，探索让地方志"用起来""立起来""活

---

* 2020年11月1日于北京。

起来""热起来""强起来"的实践路径。在全国范围内全面推动地方志从一项工作向一项事业转型升级,形成了基本成熟的地方志事业发展综合体系,提出并践行地方志事业发展的"两个一百年"奋斗目标,即在中国共产党成立100周年时,实现省省有志鉴、市市有志鉴、县县有志鉴的伟大世界文化创举;到中华人民共和国成立100周年时,完成《中华人民共和国志》的编纂,实现志鉴各系统、各领域,以及国家、省、市、县、乡、村、居民小区的全覆盖,让地方志成为不可或缺的事业。

在实现"两全目标"的关键时期,李克强总理先后作出"修志问道,以启未来""直笔著信史,彰善引风气,为当代提供资政辅治之参考,为后世留下堪存堪鉴之记述"的重要批示。为深入贯彻落实李克强总理重要批示,适应经济社会发展新形势,中指办明确在发展改革大局中的目标任务,科学规划,积极创新,在全国实施地方志"十大工程"及系列名志工程,作为贯彻落实《规划纲要》的重要抓手,着力指导推进全国地方志事业科学发展。作为"十大工程"之一的中国志书精品工程,以打造一批流传百世、有影响力的精品佳志为目标,将精品意识贯穿于地方志编纂出版工作全过程,编纂出版经得起历史检验、具有鲜明时代特征和地域特色的地方志成果,在确保完成第二轮修志任务的基础上,编修一批传承千古的精品志书。

邢台市历史悠久,具有3000多年的建城史,是北方最早形成的城市,曾是商代古都,邢侯之国。2017年,我因参加冀皖方志理论研讨会曾到过邢台。邢台历史文化底蕴深厚,民风淳朴,自然风光秀美,具有得天独厚的地理和交通优势。

《邢台市志》上限可追溯到事物发端,下限一般为2015年,历史跨度久远,资料征集、考证难度大。2015年正式启动编修,在起步晚、人员少、任务重的情况下,编修人员大力弘扬"修志问道,直笔著史"的方志人精神,以平常心对待清苦、以责任心对待辛苦、以事业心对待艰苦,加班加点,克难攻坚,广泛收集资料,认真查证核实,细心编纂打磨,终成志稿,并能在2020年底之前付梓出版,实属难能可贵,可喜可贺。

《邢台市志》政治方向正确,思想深刻,内容完整,资料丰富,体例完备，结构科学，行文规范，资料考证严谨，图文并茂。全志分九卷册，共33编，800余万字，全面、系统地记述了邢台自然、经济、政治、文化、社会的历史与现状，地方特色突出。该志不仅创新挖掘整理了姓氏文化、诏谕禀文、碑铭等，增强了志书的资料性和厚重感，还增添了邢台干部南下、邯邢钢铁基地、中国历史文化名村、中国传统村落等内容，体现了新时代志书的鲜明特点。该志具有很强的可读性和实用性，是志书中的一部上乘之作，祝贺付梓之时，聊述几言，是以为序。

《固原扶贫志》序*

2021年2月25日,习近平总书记在全国脱贫攻坚总结表彰大会上向全世界庄严宣告,我国脱贫攻坚战取得了全面胜利。这标志着困扰中华民族几千年的绝对贫困问题得到历史性解决,实现了中华民族亘古未有的伟大跨越。这是中华民族伟大复兴征程上的又一个重要的里程碑和标志性事件,是当代中国共产党人、当代中国人民对中华民族发展历史的重大贡献。

百年筚路蓝缕,矢志不渝,实干笃定前行;百年栉风沐雨,沧桑巨变,汗水浇灌收获。100年来,中国共产党团结带领全国人民接续奋斗,创造了一个又一个彪炳史册的人间奇迹,谱写了气吞山河的壮丽史诗;100年来,中国共产党永葆赤子之心,赓续革命精神,聚焦脱贫攻坚战,全面建成小康社会。这样的人间奇迹,写在广袤的中国大地上,写在奔腾的历史洪流中。无论是雪域高原、戈壁沙漠,还是悬崖绝壁、大石山区,脱贫攻坚的阳光照耀到了每一个角落,无数人的命运因此而改变,无数人的梦想因此而实现,无数人的幸福因此而成就。

华章续写,奋斗始成。这一彪炳史册、光耀全球的丰功伟绩,辉映百年大党的初心使命,在中华民族发展史上,在人类发展史上,写下浓墨重彩的一笔。中华人民共和国成立以来,我们党坚持以人民为中心的发展思想,带领全国各族人民持续向贫困宣战,取得了显著成就,成为全球最早实现联合国千年发展目标中减贫目标的发展中国家。党的十八大以来,党

---

* 2021年6月11日于北京。

中央把脱贫攻坚摆到更加突出的位置，实施精准扶贫精准脱贫基本方略，打响脱贫攻坚战。全党全国上下同心、众志成城、精准施策、顽强奋战，推动中国减贫事业取得巨大成就，探索出一套行之有效的"中国实践"和"中国方法"。精准扶贫精准脱贫是我们党在新长征路上的伟大创举，从根本上改变了14亿人的生活方式，整整影响了一代人的价值观，赋予了党、国家、人民崭新的意义和尊严，是中国真正走进新时代的显著坐标。这样一场创举，为时代定义，给时间重量。它劈山破浪，将上亿人的物质生活推到了贫困线之上；它滴水穿石，在十几亿人的内心世界刻下了精神坐标。我国在脱贫攻坚领域取得的前所未有的成就，彰显了中国共产党领导和我国社会主义制度的政治优势。这些成绩的取得，凝聚了全党全国各族人民的智慧和心血，是广大干部群众扎扎实实干出来的。在长达70多年的扶贫实践中，涌现出大批的英雄模范、先进事迹，同时表现出来的万众一心、众志成城，不畏艰险、百折不挠，以人为本的伟大精神，是党和人民极为宝贵的财富，值得永载史册。

盛世修志，志载盛世。脱贫攻坚既是奋斗史，也是精神史。脱贫攻坚工程不仅让中国告别绝对贫困，而且也在文化维度上塑造着当代中国的精神特质。一诺千金与锲而不舍，敦本务实与自立自强，时不我待与众志成城，都经由脱贫攻坚的伟大实践，被根植于一个民族的精神世界。一个拥有悠久文明史的国家，之所以能不断迈向发展新境，正有赖于通过不断完成史无前例的发展目标，实现自身的精神升华。大同之理想、小康之愿景，民胞物与、守望相助的文化精神，愚公移山、铁杵成针的民族气质，熔铸于脱贫实践，人们看到了民族精神的根深叶茂，文化自信的活水源头。地方志纵贯古今、横陈百科，是中国特色社会主义文化事业的重要组成部分。连绵不断地编修地方志是中华民族独有的优秀文化传统，承担着赓续文明、传承文化的重任。记录新时代，书写新时代，讴歌新时代，是党中央、国务院赋予地方志的时代使命，是地方志工作者义不容辞的神圣职责。2015年底，中指组选择贵州作为省级扶贫志编纂试点，指导其于2016年底完成了《贵州扶贫志》的编纂出版发行，时任中指组常务副组长李培林作序。2019年8月，中指组在四川泸州市举行全国地方志扶贫工作研讨会，研究扶贫志编纂进一步试点，以及"两全目标"完成后的全国统一部署实施等问题。2020年7月，习近平总书记就编纂中国扶贫志的建议作出重要批示，汪洋、王沪宁、丁薛祥、黄坤明等中央领导同志先后就编纂中国扶贫志作出批示。2020年12月，经全国哲学社会科学工作领导小组批准，中国扶贫志编纂工程被立为2020年度国家社会科学基金特别委托项目。同时，"两全目标"也已经基本完成，启动中国扶贫志编纂工程的时机已经成熟。在全国层面统一部署实施中国扶贫志编纂工程，以"中国之志"全面、真实、系统记述中国脱贫攻坚辉煌历程，记录党领导人民消除贫困、改善民生、逐步实现共同富裕的伟大成就，让党领导中国人民开创的时代壮举载入史册，让全国千千万万呕心沥血的扶贫干部名垂青史，是全景式反映全面建成小康社会丰硕成果的重要手段，是客观性展示中华民族伟大复兴标志性事件的重要方式。

"治国之道，富民为始。"一份笃定，让我们创造历史；一份责任，让我们亲历历史；一份情怀，让我们见证历史。实施中国扶贫志编纂工程，对于全面展示社会主义制度的优越性、中华民族的优秀品质、中国共产党的坚强领导、我国国家治理体系和治理能力的显著优势，充分证明中国道路和中国经验的科学正确具有重大的现实意义和深远的历史意义。同时，实施中国扶贫志编纂工程，科学总结中国扶贫脱贫的成功经验和创新做法，是对中国精准扶贫精准脱贫制度体系的系统梳理，有利于推动国家贫困治理体系和治理能力现代化。

"民亦劳止，汔可小康。"中国在减贫事业上取得了前所未有的历史性成就，创造了堪称人类减贫史上的伟大奇迹。奇迹背后彰显的是不懈奋斗的精神和勇于担当的深情。中国的减贫实践为解决人类千百年来共同面临的世界性难题闯出了一条康庄大道，为世界上其他国家和地区减贫提供了可资参考的有效路径。实施中国扶贫志编纂工程，将中国的减贫历程记录下来，传承下去，对于充分展示中国为推动人类文明和社会进步作出的卓越贡献，全面传播宣传中华文明，为全球减贫事业提供中国经验、中国智慧和中国方案都具有重大的现实意义和深远的历史意义。

贫困之冰，非一日之寒；破冰之功，非一春之暖。责任重于泰山，担当成就事业。历史上，固原曾有"苦瘠甲天下"之称，是国家集中连片特困地区，也是宁夏脱贫攻坚的主战场。历经千难成伟业，人间万事出艰辛。2016 年 7 月，习近平总书记视察宁夏时说："固原发生了翻天覆地的变化，可谓脱胎换骨，出乎意料，觉得很震撼，比我想象的要好得多，增强了我们打赢脱贫攻坚战的信心。"固原是全国有计划、有组织、大规模扶贫开发的发源地，是东西部扶贫协作的实践地和全国脱贫事业的缩影地，固原的扶贫成就是习近平总书记关于扶贫工作重要论述的成功实践。中指组选择《固原扶贫志》为中国扶贫志编纂试点，就是为全国各地扶贫志的编纂探索路子、积累经验、提供借鉴。在中指组及其办公室的指导下，这部 70 余万字的《固原扶贫志》2019 年 9 月启动，几易其稿，数次修改，终成"志"礼，作为全国首部市县级扶贫志献礼中国共产党 100 周年华诞，体现了方志人的时代担当，我对全体编写人员的辛勤付出表示感谢，对该志的出版发行表示祝贺！

涓涓不塞，将为江河；源源不断，是为奋斗。有一种困，叫困羁于山；有一种变，叫山乡巨变。《固原扶贫志》全面、系统、生动地反映了固原扶贫开发历程，尤其是党的十八大以来脱贫攻坚取得的巨大成就。如实记录了新时代固原脱胎换骨、破茧化蝶的华丽蜕变，也是固原各族群众不屈命运、自信从容的有力见证，更是固原干部群众在新征程上尽锐出战脱贫攻坚、筑梦全面小康社会的奋斗史诗。全方位展示了全球贫困治理的"固原样本"，多角度展现了固原干部群众"敢教日月换新天"的战天斗地豪情，记录了新时代固原人民筑梦决战脱贫攻坚、决胜全面建成小康社会的新征程。

"胜非其难也，持之者其难也。"千里追得梦圆时，万里征程今日始。回望来路，成绩举世瞩目，这是共产党人接续奋斗干出来的。为人民谋幸福，是中国共产党的初心使命；摆脱贫困，是中国共产党人庄严的承诺和担当。站在"两个一百年"的历史交汇点，让我们赓续伟大的脱贫攻坚精神，循着习近平总书记指引的前进方向，抓住机遇，围绕中心，服务大局，弘扬文化，接续开启"为党立言、为国存史、为民修志"，为决胜全面建成小康社会，夺取新时代中国特色社会主义伟大胜利，实现中华民族伟大复兴的中国梦，实现人民对美好生活的向往作出更大的贡献。

是为序。

第六章　方志序跋

《梅花小区志》序[*]

2020年10月，中国共产党第十九届中央委员会第五次全体会议审议通过了《中共中央关于制定国民经济和社会发展第十四个五年规划和二〇三五年远景目标的建议》，提出了到2035年基本实现社会主义现代化远景目标，在开启全面建设社会主义现代化国家新征程中，如何科学把握发展新阶段，深入贯彻新发展理念，加快构建新发展格局，推动高质量发展，是包括全国地方志工作者在内的所有中国人的时代主题。

让地方志走进千家万户，这是我到地方志系统工作后提出的一个奋斗目标。"盛世修志，志载文明。"我们所处的中国特色社会主义新时代，是一个创新求变、日新月异的伟大时代，方志文化也应当随着经济的快速发展和社会的巨大变化而不断丰富内涵、拓展领域、延伸触角。近年来，随着国家新型城镇化和乡村振兴战略的加快实施，为记载好历史、传承好乡土文明，乡镇（街道）志、村（社区）志编修蔚然兴起，这是党的十八大以来中指办提出围绕党和国家利益、经济社会发展和以人民为中心地方志开拓创新地方志工作的举措之一。

2017年，我在湖南考察时，与湖南省地方志编纂委员会办公室党组书记易介南同志就编纂"居民小区志"一拍即合：随着中国传统社会向现代社会的转型，中国人也从依家族群居向以小区为单位集中居住转变，因此，可将地方志与谱牒这两种文化传统相融合，以城市小区为单位编修小区志。编修小区志可以凸显方志文化以人民为中心的导向，让每一位普通

---

[*] 2021年11月5日于北京。

老百姓都有名留青史的机会，是地方志文化创造性转化、创新性发展的重要内容。

浏阳市的地方志工作走在全国的前列。我到浏阳市调研时，了解到浏阳的志书编纂已经实现乡镇、部门全覆盖，并建成了与档案馆合一的方志馆。因此，我提议由浏阳市地方志办公室组织编修全国第一部小区志，为全国小区志提供编修模式、规范和样本。这一提议得到大家的积极响应。3年多来，在湖南省、长沙市、浏阳市地方志机构领导的精心组织下，经过地方志专家反复研讨，编纂者不断摸索、修改完善，全国第一部城市小区志书《梅花小区志》终于问世。这无疑是方志文化转化的一次创新实践，也是方志理论提升的一项重要成果。

"家是最小国，国是千万家。"小区是组成城市的基础单元，家庭是小区的社会细胞。小区志是真实记载和反映改革开放历程、社会发展变迁、城市家庭面貌、居民生产生活的极好载体。中国人具有鲜明的家国情怀。《梅花小区志》以诸多人们喜闻乐见的方式，真实记载了梅花小区的前世今生，以及小区范围内的家庭生活状况，同时又详略有别，厚今薄古，重点记载发生在小区范围内的新风新貌、新人新事、好人好事，对优秀人物和典型事例着墨颇多，以此弘扬好家风，讴歌好美德，倡导好习惯，为城市文明建设鼓与呼，符合社会主义精神文明的政治导向，更激发广大城市居民的市民意识、文明意识、法治意识和爱国、爱乡情怀。

编修小区志是一件新事物，也是一种学术探索。《梅花小区志》在新型志书编修的体例和规范方面作了有益尝试。希望全国地方志同仁们能够充分借鉴和吸取该书编纂经验，把实现人民对方志文化的美好向往作为方志人的奋斗目标，编纂出更多服务经济社会发展、贴近人民群众生产生活的方志作品，从而进一步提升方志文化自信，激发地方志更加持久强劲的内生动力。

我有一个梦想，在中国共产党成立100周年、我国全面建成小康社会之时，中国会实现省省有志鉴、市市有志鉴、县县有志鉴的前无古人的世界文化创举；到中华人民共和国成立100周年，我国建成富强民主文明和谐美丽的社会主义现代化强国之时,《中国扶贫志》《中国全面小康志》乃至《中华人民共和国志》精彩面世,石破天惊领风骚;全国省、市、县、乡、村各有其志,无数春笋满林生,方志存在于社会生活的每一个角落,每一个中国人都能在地方志里寻找到自己最精彩的芳华时代!

是为序。

第七章

方志诗楹

总有人用心，总有人浪漫。有人说我是法学界的诗人，也有人说我是方志界的诗人，其实，我都不是，不过，写诗确是我的一个爱好。写诗是我生命的灵动，是自己活着的魂。读高中时，就写了一首题目叫《月饼》的诗，描写那个时代生活的艰辛和慈母之爱，登在了有个叫《青年一代》的杂志上，记得还得到了8元钱的稿费，让我兴奋了好几天。我的诗大都是有感而发，或借古喻今，或借物喻人，或励志，或抒怀。在地方志系统工作8年，我也写了一些诗，多与地方志的人和事有关，回顾一下，竟也有百余首。择其部分，收入书稿，权当是当对那些日子、那个时代的纪念。

——题记

七律·方志[*]

年近半百再转行,
半年方志半年忙。
方圆天下中国梦,
志书古今华夏强。
银蛇飞舞雄风劲,
金马驰骋斗志昂。
法治中国男儿志,
龙行马年新起航。

---

[*] 2014年5月24日于台湾鹿港老街有感而作。

清平乐·鹿港[*]

椰风脆脆，

轻轻小雨坠，

米酒初尝人不醉，

一枕莱来浅睡。

雨晴燕飞，

鹿港三百岁，

马祖庙前文武位，

故镇情牵佳慧[1]。

---

[*] 写于2014年4月20日。

[1] 彭佳慧是台湾歌手，演唱《鹿港小镇》。

又逢高考*

又是高考日，复为他人梯。
当年战沙场，谁为我扛旗？
孑然行天下，古今多少事。

北戴河*

方志九人同事情，秦皇岛上共修行。
谁料运气忒别好，二等座位变一等。

京堵*

条条路上车，一车一烟囱。
秋风吹不尽，尾气排又生。

---

* 写于2014年6月25日。

* 2014年9月3日，我带领方志出版社李静、刘方圆、石凯、刘芳、王俊、丛珺、郭彦婷、齐笑8人去北戴河参加地方志系统业务培训班，买的是动车二等座，结果被安排坐到了一等座。

* 写于2014年10月11日18：48分，北京交通拥堵，在西三环花园桥排队半个多小时。

贺年[*]

红

春联

节味浓

千里回乡

亲人又相逢

围炉团坐举杯

礼花放爆竹声声

习风苍劲法治文明

普天同庆唱党情国情

一元复始春又回大地

万象更新华夏天下同

看羊角扶摇直上九万里

听锣鼓威震神州八千顷

君明臣贤众兄弟和睦

儿孝媳惠大家庭乐融

春风化雨遍江南江北

杜鹃绽放香溢花丛

云舒袖满地落英

修志问道资政

志书古今雄

方圆天下

中国龙

酒香

浓

（正念倒读意境不同）

---

[*] 写于2015年2月18日，除夕。

登云门山

正月初一登高,故乡青州最好。
天高云淡风清,云门山顶寿桃。

端午节

身投千里关,情怀万仞山。
一杯西江月,两路东岳仙。

亳州思

客过亳州夜微醺,再拜老庄论古今。
千古文章复诵读,有道无为笑俗身。
长短相形音声和,高下相倾难易分。
始卒若环天归一,万物一齐生死循。

---

* 写于2015年2月19日,农历正月初一,早晨与冀放登云门山,拜"寿比南山"之寿石刻。
* 写于2015年6月20日,端午节。
* 写于2015年7月7日,陪同李培林同志参加"中国·亳州 老庄思想与社会治理学术研讨会"。

春雪赋[*]

雪，
属于冬。
羊年，
却与春交融。

冬雪，
有严酷之美；
春雪，
有暖柔之情。

冬雪，
长拥大地；
春雪，
流星苍穹。

春雪，
纵若昙花，
也曾与大地圣洁相恋，
与万物浪漫相拥，
以皎皎生命，
润物无声。

---

* 写于 2015 年 2 月 28 日。

毕业三十年 *

二十仗剑鬼神愁,
　亨特为我求。
　擒妖西域,
　执鞭东海,
　寻义南国,
　问道北疆,
　法魂牵前绕后。

五十功名志未酬,
　两鬓已染秋。
　修志问道,
　直笔著史,
　方圆天下,
　志书古今,
　于无声处风流。

---

* 写于 2015 年 7 月 15 日。

龙潭湖雨[*]

中秋月沐后,细雨梳妆中。
垂柳滴翠绿,芍药绽绯红。

龙潭湖柳[*]

细雨又梳垂杨柳,圆月再沐龙潭湖。
问君青丝有几许?能把沧桑岁月数。

陀螺[*]

白天讲方志,晚上谈法治。
既是陀螺命,不怕多做事。

---

[*] 2015年9月27日是中秋节,9月28日,北京下了一场秋雨,我到龙潭公园跑步时,还有蒙蒙雨丝。
[*] 2015年9月29日,又一场小雨后,我又到龙潭公园跑步。
[*] 写于2015年10月16日。

为啥总是这么忙*

一场秋雨一场凉,满街男女加衣裳。
堵在路上忽然想,为啥总是这么忙?

法与志*

昨夜长春今晨京,法治掩卷方志行。
白雪却嫌春色晚,故穿庭树舞劲松。[1]

---

* 写于2015年11月5日。我说,为啥总是这么忙?我在微信朋友圈发送了一张"天道酬勤"的图片。广西师范大学法学院蓝兰回答:"因为天大酬勤。"北京市房山区人民检察院政治部主任顾雏军:"一场秋雨倍觉寒,先生哪得半日闲?我时庸碌愁养老,您为苍生立德言。"学生杨瑞清:"因为您对自己要求很高!"夫人元英:"管得宽,想法多,要求严,质量高……忙,也就是情理之中了。我们家里人都习惯你的忙了。为了革命的本钱,忙中偷闲吧!"中国社会科学院研究生院邱伟立:"为交通阻塞做贡献。"

* 2015年11月22日,奔波于长春与北京之间。去长春既参加法学活动,又指导地方志工作。长春是冰雪世界,回到北京,也下起了大雪。

[1] 劲松,此处双关,一是国家方志馆院内有几棵松树,二是国家方志馆所处位置名称是劲松。

贺中国地情网开通*

志书写古今,志网联天下。
如我方志人,雾霾[1]又何怕?

上班王,加班狂*

馆外暖气管道维修忙,馆内房间施工味道强。
单位加班挨冻没饭吃,幸得上班王与加班狂。

---

* 2015年12月1日,中国地情网、中国方志网同时开通,作一小诗贺之。我发微信朋友圈后,时任泰安市交通警察支队政委刘岱英在评论区写了一副对联,上联是"当今雾霾方志记治理",下联是"将来人们治霾查方志",横批是"千秋功德"。

[1] 网站开通当日,北京雾霾天气。

* 2016年1月23日,星期六,加班,21点多,夫人元英还在家等我吃饭,送我"上班王 加班狂"称号。

丙申除夕*
——冀祥德在山东青州拜年

红灯再挂大门前。
去旧联,添新联。
夏秋冬春几时闲。
志古今,鉴近远。
今宵钟敲一岁圆。
酒满满,意款款。
九州天下都不眠。
送羊年,祈猴年。

青州贡府院*
——丙申正月初一故地重游有感

一巷青石,
记吾少年,
牵尽一生。
熬十年灯火,
读书明志,
千里奔走,
洒满乡情。
丙申归来,
独行贡院,
春花飞絮读书声。

---

* 写于2016年2月8日,除夕,青州。

* 写于2016年2月9日,农历正月初一。贡院曾为益都二中校址,当年高考,我曾经在此逗留。

莼鲈之思*

鲈鱼[1]思，
　　莼菜[2]恋。
锦溪[3]宣卷[4]，
　　姑苏评弹。
东山[5]麦田绿，
　　千灯[6]海棠艳。
沈宅[7]青瓦，
　　蚬湖[8]紫燕。

---

* 2016年3月27日写于苏州周庄水乡晨跑后。
[1] 地方名吃。
[2] 地方名吃。莼菜鲈脍是一个典故。
[3] 锦溪成名已有2000多年，南宋建都临安时，宋孝宗的宠妃陈妃偏爱锦溪山水，恋不忍离，死后水葬于此，锦溪便改名陈墓800余年，解放后一度叫成茂，直到1993年才恢复古名。拥有众多名胜古迹的锦溪，依然保持着淳朴的江南水乡风貌，若隐若现的陈妃水冢，风铃悦耳的文昌古阁，蛟龙卧波的十眼长桥，以及全国首创的古砖瓦博物馆，和后来以私人收藏为主成立的10多家小型专题博物馆，使锦溪成为民间博物馆之乡，淀山湖畔的这颗旅游明珠更加璀璨夺目。
[4] 宣卷是宣讲宝卷的简称，始于宋元时期，是继承唐代佛教讲经说法的传统而产生的一种新的传统说唱艺术形式，其演唱的文本就是宝卷。周作人在随笔《刘香女》中说他"小时候听宣卷，多在这屠家门外。她的老母是发起的会首此外也见过些灰色的女人，其悲剧的显晦大小虽不一样，但是一样的暗淡阴沉，都抱着一种小乘的佛教人生观，以宝卷为经史，以尼庵为归宿此种灰色的印象留得很深。由于时代的变迁，宣卷在解放后曾一度沉寂，各个地方的传承人少之又少。但在锦溪，宣卷却呈现了顽强的生命力，特别是改革开放以来随着民间文艺的繁荣，锦溪的街坊乡间又兴起了宣卷热。"2006年，锦溪宣卷被列入苏州市级非物质文化遗产保护名录，今年又成为省第一批非物质文化遗产名录扩展项目。
[5] 地方名。东山镇申报中国名镇志文化工程。
[6] 地方名。千灯镇申报中国名镇志文化工程。
[7] 沈宅是江苏苏州甪直镇的教育家沈柏寒先生的故居，建于1873年，距今有130年历史，原建筑面积为3500平方米，现向游客开放的只属西部的720平方米，沈氏拥有众多的产业和财富，清末民初以来，俗语"沈半镇"就广为流传。
[8] 白蚬湖位于苏州市吴江区与昆山市交界处，西临同里镇、东依昆山周庄镇，南岸为吴江黎里镇。湖面呈西北——东南走向，长约5千米，俗称白蚬江，因江中盛产白蚬而得名。面积7.6平方千米，平均水深2.5米。白蚬湖，旧称白蚬江，因盛产白蚬而得名，位于吴江区、昆山市交界处，为吴江和昆山市两地共辖，涉及吴江区黎里镇、同里镇和昆山市周庄镇，是苏州市的重要湖泊，也是《江苏省湖泊保护名录》中的湖泊之一。

顾老避雨[1]，
双桥[2]抛远。

千古镇，
不曾言。
一湾碧水，
春情谁见。
荡春光流转，
唱幽梦谁边。
修志问道，
向地问天。
水乡周庄，
梦绕魂牵。

晨跑小清河*

清河小雨后，春随花瓣走。
方志人跑过，著史在心头。

---

[1] 地方典故。
[2] 周庄双桥指位于周庄中心位置的世德和永安两桥，建于明代，两桥相连，样子很像古代的钥匙，又称钥匙桥。因出现于旅美画家陈逸飞的油画《故乡的回忆》中而闻名。
* 写于2016年5月3日。

雨听[*]

天公有眼,

苍穹眷恋。

忙碌过后,

细雨飘落潘家院[1]。

一个人,

临窗,

看雨,

听风,

牵一缕思绪飘远。

捧志书,

阅人间百态。

有深思,

有淡然;

有激昂,

有伤感;

---

[*] 写于2016年5月14日,星期六,加班,一个人在国家方志馆终审志书。
[1] 潘家园,国家方志馆所在位置。

有追忆，
有怀念。

滴滴答答，
淅淅沥沥。
用心听，
能听见雨丝轻捻岁月，
能听到清风吹拂心田；
能听见竹笛穿越山谷，
能听到百花盛开庄园；
能听见铁戈万马齐喑，
能听到江河气象万千。

这雨，
只为有心人，
飘洒人间。

一起抗*

赢了一起狂,输了一起抗。
心中有方志,万里皆我疆。
赢了一起狂,输了一起抗。
再学铁榔头[1],男儿当自强。

中秋加班*

独处潘东里[2],阅志心悠悠。
此夜应圆月[3],一年仅京秋?[4]

---

* 写于2016年8月21日。
[1] 郎平执教的中国女排提出"赢了一起狂,输了一起抗"口号。
* 2016年9月15日,中秋节,在单位加班到深夜,终审方志出版社的地方志书稿,有感而写。
[2] 潘东里,即潘家园东里,中指办所在地。
[3] 用此夜应圆月,借喻今天该是家人团圆过中秋。
[4] 在地方志工作期间,加班是常态,岂止是在京时的中秋节呢?

送赵芮 *

方志载朝阳，年鉴书东城。
此地一为别，人生万里征。
浮云志友意，落日兄弟情。
握手自兹去，祝福久久陈。

---

* 2016年12月16日上午，中国社会科学院副院长、中指组常务副组长李培林到中指组办公室、国家方志馆、方志出版社宣布干部任免决定，中国社会科学院人事教育局副局长陈文学陪同，中指办、国家方志馆、方志出版社全体人员参加。会议由我主持。李培林宣读中国社会科学院党组《关于赵芮同志免职的通知》，院党组会议2016年11月10日研究决定，免去赵芮同志的中指办党组书记、中指组秘书长职务。

李培林在讲话中指出，赵芮同志政治素质好，综合协调能力强。赵芮同志到中指办工作以来，先后任中指办党组书记、主任，中指组秘书长职务，认真贯彻落实党中央的决策部署和院党组的要求，兢兢业业、任劳任怨，积极协调有关部门，在加强中指办的各项建设、国家方志馆建设等方面付出了心血，作出了突出贡献。因工作需要，赵芮同志不再担任中指办的领导职务，现任中国社会科学院学部主席团副秘书长、科研局副局长、学部工作局副局长、创新工程办公室副主任。他希望赵芮同志到新的工作岗位上一如既往地关心和支持中指办的工作。

我在讲话中指出，赵芮同志在中指办工作的时间虽然不长，但做了大量卓有成效的工作。我用一句话概括赵芮同志两年的工作，就是"对内、对外、对上、对下都对得起，就是对不起家庭和自己"。

对内，赵芮同志受命于危难，到中指办工作以来，以身作则，率先垂范，很快就摸清了情况，稳定了局面，形成了中指办党组的凝聚力和向心力，带出了一个团结向上的领导班子。赵芮同志面对一个不熟悉的工作和陌生环境，勤于学习，不畏艰难，认真调研，集思广益，科学筹划，建章立制，迅速改变了工作局面，形成了中指办风清气正的工作氛围。在赵芮同志积极努力下，在全国机关事业机构压缩人员编制情况下，中指办、国家方志馆增加了处级干部职数，调整了处室结构和干部队伍，给大家带来了干好工作的信心与决心。

对外，赵芮同志一方面借陪同王伟光组长、李培林常务副组长调研地方志工作之机，加强与全国各地地方志机构的交流；另一方面，他主动作为，尽快熟悉全国地方志情况，寻找破解困扰地方志事业发展瓶颈的方法。他视野宽广，为人坦荡，待人真诚，他严谨细致、谦和低调的工作作风，感染了全国很多地方志工作者。现在，大家每每谈起赵芮同志，都是一片赞扬。大家都用一句朴素的话称赞说："赵芮是一个好人。"

对上，赵芮同志讲政治，守纪律，大局意识强，看齐意识强，他尊敬领导，服从组织安排，即使累病在工作岗位上，也从不抱怨，深受中指组领导和院领导肯定。

对下，赵芮同志担任中指办主要领导的2年时间，视中指办、国家方志馆、方志出版社的全体同志如兄弟姐妹，可谓情同手足。他关心每一个同志，无论是老同志还是新来的同志，无论是正式人员还是聘用人员。他设身处地，处处为同志们着想。他心地善良，为人仁厚，真诚地对待每一个人。

我在会上谈到，赵芮同志在地方志这两年，对内、对外、对上、对下都对得起，唯独对不起家庭和自己。他为了地方志事业的发展，忘我工作，废寝忘食，呕心沥血，长期处于超负荷工作状态中。现在赵芮同志经过调整，恢复了健康，院党组对他作出职务调整的决定，也是为了让他在更有利于他发展的岗位上发挥更大的作用。但是，赵芮同志两年来对地方志事业发展所作出的突出贡献，必将在地方志事业发展的史册上留下浓墨重彩的一笔。我即席修改李白的《送友人》送赵芮同志。

七律·陪老娘过年*

红灯再挂大门前，
不觉日月又一年。
新鄂赣粤似箭过，
滇川晋黑如梭穿。
三十返乡心温暖，
除夕过年思万千。
白发老娘唤乳名，
乡音乡俗乡情牵。

---

* 写于2017年1月27日，除夕，从北京回家乡青州陪母亲过年。

第七章　方志诗楹

悼文根[*]

文传方志事，
根牵年鉴情。
仁心当世表，
兄慈来生明。
千泣送君去，
古蓑伴歌行。

思文根

一夜不觉晨，
醒来泪襟痕。
闻鸡又跑步，
谁是拍影人？[1]

---

[*]　写于2017年4月6日，朱文根曾任安徽省地方志办公室主任，既有方志情怀，又有事业心，还是一个性情中人，刚退休就病逝。我安排时任中指办副主任刘玉宏、秘书处处长王杰去安徽参加其遗体告别仪式。

[1]　朱文根有晨练太极拳习惯，我跑步，一起出差时，只要遇到他，他就会热情地用手机给我拍照。

高考日有感*

又到高考日，感恩邓核心。
加班到拂晓，不枉方志人。
励志十公里，心怀父母恩。

鹊桥*

疑是嫦娥舞，一桥通人间。
知者有一二，本是织女仙。

---

* 写于2017年6月7日，高考日，加班到凌晨后，跑步10公里，有感而发。
* 写于2017年10月4日，中秋节假期，写某地鹊桥。

中秋乡思（一）*
——丁酉中秋回乡有感

丝丝秋风弄扁舟[1]，
　乡思不尽头。
　蝉声早逝，
　玩伴白首，
　两手握乡愁。

条条街巷问旧游，
　乡音无断流。
　泥墙渐远，
　瓦舍朱楼，
　双杯话秋穫。

---

* 写于2017年10月3日，中秋节假期。
[1] 以扁舟喻己几十年在外风雨奔波。

中秋乡思（二）*

乡思，
是母亲的手。
即便是无病呻吟，
也匆匆而至，
抚摸着我的额头。

乡思，
是故乡的煎饼，
装满我的行囊，
从乡间到县城
伴我一路行走。

乡思，
是老家的知了猴。
晨捉，夜摸，
就算它躲在树梢，
也能变成我的作业本和棒棒球。

乡思，
是故乡的小河，
是村头的小路，
是老娘拄着拐棍，
眺望着远方的等候。

乡思，
在青州。
不讲唐楸、宋槐，

---

* 写于 2017 年 10 月 6 日，中秋节假期。

不谈王曾、富弼，
甚至不言范仲淹、欧阳修，
但是，
怎能不说"人无寸高"的云门寿。

乡思
在京城的高楼。
每一句乡音
每一声蝉鸣，
每一个节日，
都能唤起我的乡愁。

乡思，
最在中秋。
家乡的那轮圆月，
那些秸秆，
那个月饼，
总把最美的时光留守。

人民大会堂 *

辛辛苦苦又一年，是是非非皆云烟。
两年三进大会堂，不是方志谁有缘？

---

* 写于2017年12月29日北京人民大会堂"首届中国地情论坛暨首届全国名村论坛"会场。

海岱除夕*
——丁酉年除夕于青州

又是除夕日，
不觉又一年。
搁下方志笔，
乡情心头牵。

一张火车票，
两盒年糕点。
车轮未启动，
慈母村头盼。

十六离家乡，
西东南北转。
平常一书生，
老娘不弃嫌。

---

* 写于2018年2月15日，除夕，青州。

一碗红糖水,
两个荷包蛋。
两瓶二锅头,
一桌家乡饭。

人生无常事,
江湖有咸淡。
仁义礼智信,
家训家风传。

生逢龙腾世,
儿男须争先。
不忘当初心,
躬行戊戌年。

海龟*

看大雪有痕,踏新春足印。
会去岁海龟,赴沁水[1]之约。

高铁感怀*

三月清和雨,麦苗绿黄楼。
翠鸟不识意,学童责青州。

二十橄榄绿,三十仗剑走。
四十站帝都,情理法惟求。

无声拨岁月,天命志纂修。
一日数千里,直笔著春秋。

迥霄垂薄雾,深泉聚细流。
万殊循同道,彭祖一小丘。

---

* 写于2018年2月18日。
[1] 烟台牟平有一条沁水河,依河而建沁水河公园。每年春节时,我都要在河边晨练跑步。
* 写于2018年5月2日去安徽马鞍山G55高铁上。

读云海*

左放法鼎右志书,人生方知有乘除。
平目凡心读云海,人生浮沉何太虚。

尘雨*

风起尘雨似黄流,风停车辆如泥牛。
不争俗世心清净,纵是污浊又何愁。

雨夜思*

雨夜思少年,秋寒叹春短。
万根琴弦百吟唱,一蓑烟雨独向前。

---

* 写于 2019 年 10 月 4 日。
* 写于 2021 年 4 月 16 日,沙尘暴天气。
* 写于 2021 年 9 月 20 日,圆明园花园别墅小区。

中秋雨*

辛丑中秋秋雨连，
　　一夜花落，
　　　千户霜寒。
碾作尘泥却不言。

夜半雨思思少年，
　　百种吟唱，
　　　万根琴弦。
一蓑烟雨只向前。

丑奴儿·中秋*

年少不知曾子忧，
　　蓦然回首，
　　　月又中秋。
三纲八目皆已休。

八年修志志未酬，
　　四方兄弟，
　　　情谊如手。
对邀明月一壶酒。

---

* 写于2021年，中秋前夜。
* 写于2021年，中秋节。

秋分*

秋分双季暖与冬，
人过半生两心情。
万物更迭天地律，
生死轮回皆一生。

寒风萧萧吹落叶，
枯枝孑孑思蝉鸣。
流水东去奔海川，
菊花孤傲伴霜凝。

三两知己一壶酒，
老槐树下煮香茗。
修志问道说古今，
人生处处都相逢。

---

* 写于 2021 年 9 月 23 日，秋分。

浪淘沙·渔舟唱晚[*]

霜霾一千天，
　涩辣苦酸。
人生该有此厄难？
不知大任降何时，
　已成桀桀。

万里驶远帆，
　方知险滩。
骇浪惊涛只等闲。
波澜之后见壮阔，
　渔舟唱晚。

浪淘沙·晚舟[1]**归帆**[*]

不堪忆当年，
　换曲更弦。
天涯何处不归还。
江河湖海风雪雨，
　谁拨珠帘？

群魔舞蹁跹，
　虎狼硝烟。
家运皆在国运间。
东方一抹中国红，
　晚舟归帆。

---

[*] 2021年9月25日，华为公司副董事长、CFO 孟晚舟从加拿大获释回国，我有感作诗两首。
[1] 晚舟：即孟晚舟。
[*] 写于2021年9月25日。

天问 *

老农欣遇好时代，
甩开膀子干起来。
耕地种瓜栽桃李，
满园丰收乐开怀。
忽如一夜妖风刮，
一枝狼毒阴沟开。
无名野草侵庭院，
一湖净水覆藓苔。
恍觉还是南柯梦，
问天何处诉情怀？

---

* 写于 2021 年 9 月 29 日。

别[*]

驰骋法与志,
放意且狂歌。
浪花重雪,
桃李无言。
一支笔,
一壶酒,
世上如卿有几人?

潇洒来又去,
还是放歌人。
枫叶叠霜,
梅兰成蹊。
一颗心,
一生情,
敢问苍天负了谁?

---

[*] 写于2021年9月30日。

半生咏*

人过半生天至秋,事知谜底看江流。
昨日烟雨撇身后,执剑披蓑问九州。

秋雪思*

呼伦贝尔雪纷纷,半入泥土半入云。
银粟只应寒时有,九月秋日几回闻。

---

* 写于2021年10月5日。
* 写于2021年10月5日。

小重山*

冷霜飓风吹窗棂。
一觉八年醒,
壮士情。
相识似曾秦汉中。
小人蛊,
玄女绕路行。

寒夜伴疏影。
煮酒孤灯明,
玉箫声。
何处天涯无归程。
仗剑去,
哪有路不平?

---

* 写于 2022 年 1 月 2 日 3:02。

雪梅*

人说雪天冻，我看梅花红。
大寒既已至，春意指日迎。

跑颐和园*

天欲使山绿，湖色伴白鹅。
春雪本是客，脚下乃星河。

春四月*

绿柳红桃养眼帘，莺声燕语入心田。
白鹅凫水三春画，日丽风和四月天。

---

* 写于 2022 年 1 月 20 日。
* 写于 2022 年 3 月 20 日，星期六，北京颐和园跑步后。
* 写于 2022 年 4 月 1 日，晨。

无题（一）*

一阵春雨一阵风，一岸杨柳一岸青。
一壶浊酒一夜梦，一场跑步一身轻。

无题（二）*

夏风吹来春花忧，夕阳西下万事休。
冬雪秋月随他去，万重山过一轻舟。

无题（三）*

四月荼蘼尽，

五月迎春风。

韶华去，

人将老，

无寸功。

浮生醉酒回梦里，

笑尔痴狂，

不曾知，

匆匆，

太匆匆。

---

* 写于2022年4月30日。
* 写于2022年4月30日。
* 写于2022年五一国际劳动节。

第七章 方志诗楹

方志楹联（一）*

上联 端午节 父亲节 夏至节 节节相节
下联 安徽志 四川志 无锡志 志志连志
横批 节节得志

方志楹联（二）*

上联 方圆天下，志书古今，人间无处不方志
下联 信义四海，史记春秋，盛世直笔著信史[1]
横批 方志信史

---

* 写于2015年6月22日。6月20日是端午节，21日是父亲节，22日是端午节放假时间，我在办公室加班终审志书，有感而作。山东李坤在微信朋友圈说："我们都在秘书长感召下，志志加班，节节收获，步步前行！"门金玲："师兄：身体是革命的本钱啊！要'节志'，意思就是加班也要有节制。"中国社会科学院法学研究所人事处原处长顾卫东："您太累了！"中国社会科学院法学研究所人事处原副处长姚桂英："爱岗敬业！"河北杨洪进："看到领导带头加班，我们心里就平衡了。"

* 写于2016年1月19日。

[1] 上联是我出的，发在微信朋友圈，征集下联。这是我指导的研究生唐庆华的应对。研究生王俊的"法治六合，学问中西，尘世处处皆法学"，博士后陈效的"中正乾坤，国鼎春秋，九州有境皆中国"，马永平博士的"中西同理，国有存亡，信史能续唯中国"和"经纬寰宇，传疏春秋，自古百家有经传"也不错。

方志楹联(三)*

上联 抓设计,抓落实,抓转型,抓创新,文化传承久久为功
下联 有蓝图,有梦想,有自信,有担当,方志事业节节登高
横批 修志问道,直笔著史

方志楹联(四)*

上联 辛丑归零荣辱成败酸甜苦辣作旧事
下联 壬寅启元襟怀坦荡勇毅砥砺写新篇
横批 从头再来

---

* 写于 2018 年 2 月 15 日。
* 写于 2022 年 1 月 31 日,除夕。

挽长友[*]

长命不别五十百年，惟生命能否为使命作歌功载史志；
友挚毋分齐鲁京都，但仁心是非与恒心互融情存心间。

挽晓明[*]

惊闻晓明兄英年早逝，吾躬学中央党校，叹不能分身送别，写挽联一副哭祭。

晓兄弟情义慈目仁心德及赣江[1]黄海[2]；
明国家法理铁骨柔肠功志井冈泰山。

---

[*] 2020年7月20日，挽送高度重视地方志工作的申长友同志。
[*] 写于2019年9月17日，挽好友成晓明英年早逝。
[1] 成晓明是江西人。
[2] 成晓明大学毕业后在烟台从事律师工作。

第八章

志在千里

忙里偷闲去跑步，遇事不决问春风。跑步是我坚持了几十年的一个习惯。我不仅走到哪里，就跑到哪里，出差的行李箱中必定有一双跑鞋，而且，我每换一个工作单位，就建立一个跑团。"志在千里"就是我在地方志系统工作期间建立的一个跑团，成员不仅有中指办和方志出版社的同事，还有全国地方志系统的跑者。我们这个跑团，跑过美国、英国、加拿大，跑过希腊、埃及、马来西亚、塞尔维亚，还有我国香港、澳门、台湾、新疆、西藏、海南、黑龙江、内蒙古、宁夏等地区，可谓"志在千里"。2021年9月，我到当代中国出版社工作后，又成立了"当代中国"跑团，口号是"当代中国，健康有我"。原来这个单位一个跑者都没有，现在已经发展到二三十人，有的跑瘦了十多斤，有的身体健壮了很多，大家越跑越专业，热情越来越高，纷纷表示要坚持永远跑下去。当然，我知道，人们所说的永远，通常仅仅是形容当下的炽热。

——题记

第八章　志在千里

让跑步成为一种习惯[*]

跑步是陆生动物使用足部移动的一种有氧运动或者厌氧运动。想起来，我跑步，从读高中备战高考时，几乎每天清晨都跑步到城郊的麦田间背诵英语单词，到现在已经三十几年。三十几年，跑过晨曦，跑过薄暮，跑过烈日，跑过雨雪；跑过乡间小径，跑过沙石公路，跑过林荫大街，跑过专业塑胶跑道；跑过学校操场，跑过警营训练场，跑过马拉松，跑步终极英雄；跑过乡村，跑过城市，跑步草原，跑过山川，跑过江海湖河；跑过边陲，跑过海疆，跑过英、美、法、德、意、加拿大、爱尔兰等我所去过的所有国家。除此之外，按照距离分，跑过短跑、中长跑、长跑；按照速度分，跑过慢跑、变速跑、全速跑；按照锻炼目的分，跑过上坡跑、下坡跑、跨步跑、负重跑、有氧跑、越野跑等。

三十几年来，跑步从最初的锻炼身体和职业体能要求，慢慢地融化为我的一种生活习惯，成为生活中最珍视的事情，俨然已经成为我的人生标签。无论夏冬，无论昼夜，即使是出差，行李箱里也一定会放一双跑鞋。跑步，无须特殊的场地、专门的服装或者专业的器械，无论在运动场、马路上、山水边，还是健身房，甚至在田野间、树林下，只要有一双运动鞋，整个世界都是健身房，都可以运动出自己的世界。

跑步，带给我生命律动的永无止息，带给我青春之花的常开不败，带给我勇闯天涯的豪情万丈，带给我挥汗如雨的激情四射。三十几年来，不管去哪里，带上一双跑鞋，用行动践行承诺，用脚步丈量人生，

---

* 写于 2018 年 6 月 11 日。

用坚持磨炼意志，用汗水欣赏风景，不在乎速度，不在乎距离，不在乎环境，只在乎开始，只在乎过程，只在乎目标。在不断奔跑中，心境豁然开朗，柳暗花明，如阳光穿越深巷；在不断奔跑中，思维迸发火花，澎湃涌动，如波浪汇入海洋；在不断奔跑中，灵魂追逐梦想，披荆斩棘，如宝剑磨砺锋芒；在不断奔跑中，感悟生命，感悟驰而不息的人生哲理，让自己爱上那个更加执着的自己，爱上那个更加无畏的自己，爱上那个更加坚韧的自己，爱上那个更加沉稳的自己，爱上那个更加持之以恒的自己。

跑步途中，看云卷云舒，观花开花落，听无边丝雨，闻淡烟细水，洒下一路汗水，收获一路芬芳。春风十里，"桃红复含宿雨，柳绿更带朝烟"，如云似霞的烂漫，霏雪般婉转而下；夏日炎炎，"蝉噪林愈静，鸟鸣山更幽"，阵雨初歇，草木的香气夹杂着泥土的清新，沁人心脾；秋高气爽，"明月松间照，清泉石上流"，脚下落叶沙沙响，天空似乎更加高远；数九寒冬，在呼啸的北风与皑皑的白雪中，领略"山舞银蛇，原驰蜡象"，内心深处不断呐喊着"欲与天公试比高"。这就是跑者，当跑步成为一种习惯，能享受到别人想不到的幸福，能达到别人达不到的境界；这就是跑者，当跑步成为一种习惯，能解开别人解不开的难题，能找到别人找不到的自信；这就是跑者，当跑步成为一种习惯，能使跑步变得不再简单枯燥，而是天地人浑然一体的灵动合一。

当跑步成为一种习惯，你就会感受到跑步的乐趣；当跑步成为一种习惯，你就会发掘到跑步的价值；当跑步成为一种习惯，你就想把这种乐趣和价值分享给你想分享的人。让你想分享的人的身体和心灵达到他难以置信的新高度，让他也把跑步跑成一种习惯，再去分享给他想分享的人。如此分享下去，当跑步成为越来越多人的一种习惯，人们就能更多地生成与传播正能量，就能更加珍重生命中所遇到的亲人和朋友，就能更会珍惜互相鼓励与陪伴的时光。正如李克强总理在谈到"健康中国"时所说："每天都有人在为健康中国奋斗，请珍惜身边提醒你运动的人。"所以，只要能挤出时间，我喜欢带着学生、同事、家人、朋友一起去跑步，把不同类型的人聚集在一起，为了同一个目标，一起迸发，一起拼搏，一起鼓励，一起收获。跑到哪里,哪里就有希望和理想;跑到哪里,哪里就有团结与奋进;跑到哪里,哪里就能生成与转播正能量。

准备一双跑鞋,加入跑者的队伍,坚持下去,让跑步成为一种习惯!

跑步与干事业[1]

多年来,我已经习惯于在跑步中思考。每次跑步的过程,也是一个思考与解决问题的过程。有时问题出现后,开始的时候,可能无从下手,但是跑步中的一人世界里,会把这个问题拿出来成百次、上千次,甚至过万次的拷问探究,跑着跑着,答案就会越来越清晰明确,有时会是豁然开朗、茅塞顿开。几十年来,我已经习惯于在每天清晨的步履中,总结反思过去一天的生活工作,谋划思考新的一天的工作生活。

跑步时,有时会突发奇想,有时会把很多事情与跑步进行联系思考。譬如,跑步的时间越久、次数越多、路程越长,我就愈发感到跑步与干事业两个似乎毫不相干的事情,实际上存在很多共通之处。

跑步和干事业都需要勤奋和专注。"古之立大事者,不惟有超世之才,亦必有坚韧不拔之志。"跑步是从懒惰到勤奋的过程。冬日清晨,要战胜寒冷的畏惧;夏日中午,要忍受燥热的洗礼。"虽天地之大,万物之多,而惟吾蜩翼之知。"坚持跑步的人能专注于脚下,回到生命的本质,寻找到生命的掌控感。不论是每个清晨的苦痛挣扎,还是跑步途中的次次犹豫,每一次对自己的征服都是磨炼意志的见证。"勤学如春起之苗,不见其增,日有所长;辍学如磨刀之石,不见其损,日有所亏。"真正的跑者不会半途而废,因为他们知道"最佳的步伐就是毫无保留地往前跑,今天就是你该坚持的日子"。在干事业中也有异曲同工之处。"心心在一艺,其艺必工;心心在一职,其职必举。"日日行,不怕千万里;常常做,不怕

---

[1] 本文发表于《中国社会科学报》2022年6月24日第7版。

千万事。工作是做别人希望做的事，而事业是充满激情地做自己愿意为之付出心血的事。"心不存，虽读万卷书，亦何所用。"干事业不仅需要目标恒定，信心笃定，也需要多一份勤奋和专注，多一份责任和担当，还需要坚韧的性格以及强大的执行力，"性痴则其志凝，故书痴者文必工，艺痴者技必良"，心无旁骛，排除杂念，"用志不分，乃凝于神"，忘掉所有"不可能"的借口，去坚持唯一"可能"的理由，久久为功，踏石留印，才能"专注、热爱、全心贯注于你所期望的事物上，必有收获"。

跑步和干事业都需要坚定的毅力。"为学须刚与恒，不刚则隋隳，不恒则退。"作为跑者，尤其是马拉松跑者，跑40多公里后依然谈笑风生，这源于坚定的意志，正如给疾驰的双脚添上一对希望的翅膀。"为山者基于一篑之土，以成千丈之峭；凿井者起于三寸之坎，以就万仞之深。"听不见喘息也要不知疲惫，看不清终点也要有所坚持。"操千曲而后晓声，观千剑而后识器。"坚持是雄壮的，因为它是经历百般敲打而磨炼出来的；坚持是甘甜的，因为无畏与不倒的毅力早已在心中播下了胜利的种子。"彼以坚苦忍耐之力，冒其逆而突过之，而后得从容以容度其顺。"越跑就会变得越来越坚强，距离恒定的目标就会越来越近。"有为者辟若掘井，掘井九仞而不及泉，犹为弃井也。"干事业也是如此。"伟大的事业是根源于坚韧不断的工作，以全副的精神去从事，不避艰苦。"现实通常是，"幸运之神要赠给你成功的冠冕之前，往往会用逆境严峻地考验你，看看你的耐力与勇气是否足够。"繁重的任务预示着"士任重道远，渠以中外异"，但我们坚信，"泰山不让土壤，故能成其大；河海不择细流，故能就其深。"因此需要我们以"麋鹿兴于左而目不瞬"的定力和毅力，以绳锯木断、嫩草破石的韧劲，以滚石上山、攻坚拔寨的拼劲，"以不息为体，以日新为道"，持之以恒，永不懈怠，一步一个脚印向前迈进。

跑步和干事业都需要高度的自律。"坚持跑步的理由不过一丝半点，中断跑步的理由却足够装满一辆大型载重卡车。"自律伴随着痛苦和收获，把早起跑步的时间充值到改变人生的一万小时定律中去，最后化作更强健的肌肉，更优秀的成绩，更出色的业绩，变成了升级版的自己。"人一能之，己百之，人十能之，己千之。果能此道矣，虽愚必明，虽柔必强。"

自律的程度决定人生的高度，自律的人绝不会给自己寻找任何借口。"身如逆流船，心比铁石坚"，越是真正能干出一番事业的人越自律，他们不会把时间和精力白白浪费在毫无意义的琐事上，而是把碎片化时间都利用起来成长自己。"其事愈大者，其遇挫愈多，其不退也愈难。非至强之人，未有能善于其终者也。"命是弱者的借口，运乃强者的谦词，幸福和运气的背后，是日复一日不为人知的努力。干事业，越是对自己严苛要求，越是把自己的事业做到极致，就越具备和世界谈判的砝码和力量。人生没有近路可走，越勤奋，越努力；越自律，越优秀。"自律是解决人生问题的首要工具"，世界上最可悲的事情，莫过于你曾经可以但你却未能那样做。所谓"千仓万箱非一耕所得，干天之木非旬日所长"，自律的人和不自律的人，终将会走上截然不同的道路，成为一种人生对另一种人生不可企及的鸿沟。

跑步和干事业都需要不断超越自我。"立志欲坚不欲锐，成功在久不在速。"跑步是一场充实、美妙、精彩纷呈的冒险。"欲胜人者，必先自胜。"长跑中必须战胜的对手就是过去的自己。从3公里、5公里、10公里，到半程马拉松甚至到全程马拉松，在不断超越自己、战胜自己的同时，会忽然发现一个崭新的自己。"关山初度尘未洗，策马扬鞭再奋蹄。"干事业更需要"老当益壮，宁移白首之心；穷且益坚，不坠青云之志"，不断挑战自我、战胜自我、超越自我，不断攻坚克难，破解难题，永不服输。"精感石没羽，岂云惮险艰。"遇到困难，是迎接还是逃避？如同跑步，跑前总有千万个理由把跑步想成一件很难坚持的事，天气、时间、身体、装备……都成为不去行动的说辞，像人为制造的镣铐，捆住了前行的双脚。"大石拦路，勇者视为前进的阶梯，弱者视为前进的障碍。"其实干事业或是跑步，唯有前进，才有可能到达目的地。"千磨万击还坚劲，任尔东西南北风"，无论遇到什么挑战，我们需要做的是，迎接并热爱它。"长松卧壑困风霜，时来屹立扶明堂。"当我们真正不惧挑战，满怀豪情，以坚如磐石的决心开拓进取，"撑天一根担日月，拔地千笋写春秋"，一往无前，才能享受无尽美好，走向胜利，创造奇迹。

跑步和干事业都需要强大的信念。"有百折不挠的信念的所支持的人的意志，比那些似乎是无敌的物质力量有更强大的威力。"信念是滋养大树的养料，是扶持成功的阶梯，是筑就成才的台阶。带着信念去跑步，是一种巨大的动力。"千年精卫心平海，三日於菟气食牛。"心中有信仰，脚下才有力量。跑步中，我们要克服身体的极限，一步一步迈向更远的距离，每一步落地，有力的回声都在胸腔震荡，坚定着我们必胜的信念。"石可破也，而不可夺其坚；丹可磨也，而不可夺其赤。"很多时候不是因为困难重重，我们心生畏惧；而是因为我们心生畏惧，所以变得困难重重。"面歧路者有行迷之虑，仰高山者有飞天之志。"拥有了信念，任何苦难和挫折都无法阻拦我们奋进的脚步，无法挫败我们那颗义无反顾的心。所有伟大的成就，就像跑马拉松，后面必有不屈信念的支撑。"逆水行舟用力撑，一篙松劲退千寻。"同样是干事业，有的人被一时的艰难压垮而偷偷放弃，但有的人却勇敢承担，毫不畏惧，"垂头自惜千金骨，伏枥仍存万里心"，甚至把信念当作一种乐趣，来锤炼钢铁意志的熔炉，并在拥有信念的过程中，意外收获了坚强。因为他们懂得，唯有信念，可以陪伴一生；唯有信念，可以指引方向；唯有信念，可以带领他们走向黎明。

我们没有见证过天使降临人间，但是我们见证过跑步改变世界。人生的长跑，不在于瞬间的爆发，而取决于途中的坚持。再苦再累，只要坚持往前跑，属于你的风景终会出现。本杰明·富兰克林说，我未曾见过一个早起、勤奋、谨慎、诚实的人抱怨命运不好；良好的品格，优良的习惯，坚强的意志，是不会被所谓的命运击败的。生命的酒杯，不可能总是盛满可口的甘醴，苦酒也是成长的滋味。一帆风顺，显示不出水手的坚强；百转千回，才有百炼成钢。"不能因现实复杂而放弃梦想，不能因理想遥远而放弃追求"，因为"历史只会眷顾坚定者、奋进者、搏击者，而不会等待犹豫者、懈怠者、畏难者。"激情与汗水成就我们的历史，理想和坚韧铸就我们的未来。让跑步成为奋斗者的一种习惯，身体和心灵都快步向前；让跑步成为奋斗者的一种习惯，与乐观坚定相随，与顽强自信相伴；让跑步成为奋斗者的一种习惯，不畏挫折，勇往直前，跑向梦想的庄园。

跑出正能量的人生

和时间赛跑，与生命同步，谓之跑步。当晨曦与露水交融时，跑者们已经奔跑在路上，他们会沐浴清晨第一缕阳光，用稳健的步伐迈出一天的折射。阳光普照大地，唯有跑者铿锵有力地脚步能唤醒你已经沉睡的心灵；傍晚最后一丝黑暗降临，遮掩万物，却掩不住跑者不断前行的足迹。跑者用均匀的呼吸在路上坚实踏出的每一步，比朋友圈里的点赞更加给力。他们会自发来到熟悉的跑道上，用步伐充实奋斗的力量，用汗水洗去心灵的尘埃，用泪水诠释人生的感悟。他们收获的是路上偶遇的美丽风景，是一份永不言弃的坚持，是一颗自律和渴望优秀的心，是在奔跑中变得更坚强的自豪和感动。

跑步，是一场发掘自身潜能的人生修行。在奥林匹亚阿尔菲斯河岸的岩壁上保留着古希腊人的一段格言："如果你想聪明，跑步吧！如果你想强壮，跑步吧！如果你想健康，跑步吧！"人生就像跑步，只有不断反思、不断整理，后面的步伐才会渐趋沉稳有力；人生就像跑步，在奔跑中趋于圆满，在一次次挑战身体极限的同时享受着奋斗带来的充实和成就感；人生就像跑步，意义就是把运动中的激情延续到工作、学习和生活中去，用奋斗谱写青春之歌。

跑步，跑出健康乐观的情感。我跑，故我在；我跑，故我无所不能。喜欢跑步的人身上都有光芒，这种光芒让你区别于茫茫众生，充满活力和生命力，这种光芒也照耀出一种健康和乐观的人生态度。"从善如登，从恶如崩。"跑步可以把所有的负能量都踩在脚下，生成豁达向上的信念，内心始终充满快乐，脸上终究洋溢笑容，一直跑向没有巅峰的巅峰。"行无辙迹，居无室庐。幕天席地，纵意所如。"只有最勇敢的跑者，即使遇到挫折也能坦然面对，依然能够在跑步的世界里感受到愉悦，依然能够在与时间的竞逐中略胜一筹。"方寸之心，如海之纳百川也，言其包含广也。"跑步之于个人，是一种超越体育精神的进化，它激发了积极的人生力量，让我活力四射，思维敏捷，耐力持久，因此在生活中我可以游刃有余地胜任更多角色。"晴空一鹤排云上，便引诗情到碧霄。"当每天清晨的长跑渐渐成为我生活中一种积极的仪式，使我在自由和秩序之间达到一种平衡，跑得越远，越能享受自己的心跳，越能更接近最真实的自己，越能找到自己生活和身体中的节奏，感受生命的能量源源不断地涌进心里，从而自我的价值观与生命哲学因跑步的启发获致进一步升华。

跑步，跑出催人奋进的动力。马拉松有终点，人生也有终点，要在终点拥抱自由的喜悦就必须全力以赴，挺过人生这漫长的 42.195 公里。"挟泰山以超北海，语人曰'我不能'，是诚不能也。为长者折枝语，人曰'我不能'，是不为也，非不能也。"你能跑多远，生命就会延续多长。"求则得之，舍则失之，是求有益于得也，求在我者也。"当生命的长河用十年、二十年来记录时，我们的人生便成熟了；当双脚奔跑的距离用马拉松为单位计量时，我们的内心便强大了。"逆水行舟用力撑，一篙松劲退千寻。"人生的过程本是由许多快乐与痛苦堆栈起来，但人的精神却唯有在痛苦与失落中才有真正成长的机会，就像马拉松的后半程，肉体的磨难会让你真切地感受精神的存在。精神妥协了，肉体从失败中暂时偷得快乐；肉体妥协了，精神才会有到达终点的成就感，唯有一直跑下去才能为人生争取更多的可能性，才能走向天与地无边无际的尽头。"道虽迩，不行不至；事虽小，不为不成。"一场马拉松，智者因计划而淡定，强者因坚持而圆满，弱者却因对距离的恐惧半途而废。"知者不惑，仁者不忧，勇者不惧。"智者和强者都不是天生强大，而是天生有一颗好强的心，"有善始者实繁，能克终者盖寡"，即使青春渐逝，仍然可以用跑步来对抗时间无处不在的磨损和世事庸碌无常的打压。

跑步，跑出积极向上的行为。"长安何处在，只在马蹄下。"跑步可以改变一个人的容颜，可以改变一个人的心境，可以改变一个人的处境，可以改变一个人的精神状态,可以改变一个人的生命轨迹。"登山则情满于山,观海则意溢于海。"跑步是心灵之旅,能让灵魂跨入另一个崭新的境界。跑步,让心灵夹着香气,从容淡然,豁然懂得大千世界的美好;跑步,让心灵去寻找到生命的春光,在与懒惰、懈怠、无力的抗争中,见自己、见天地、见众生;跑步,让心灵生成正能量,传播扩散,积极向上。"直如朱丝绳,清如玉壶冰。"从跑者的眼神中,看不到钢筋水泥城市中惯性的冷漠,看不到这个世界上诸多的动荡与邪恶。我想,一个随时随地都能不顾路人的侧目和讶异而自由自在地奔跑的人,他的心灵也一定又轻盈又透明的。"春风放胆来梳柳,夜雨瞒人去润花。"跑步可以修饰人性的毛边,把心灵的褶皱熨得平平贴贴。坚持跑步的人是喜欢挑战的人,是勇往直前的人,是富有激情的人。"庾信平生最萧瑟,暮年诗赋动江关。"如同你读过的书会藏在你的言谈中一样,你跑过的路也会藏在你的行为中,每一个脚步抬起又落下,汗水流淌又风干的瞬间,都是人生更优美、更有力的一种表达。

  岁月如歌,风采依旧。用跑步改变自己,用跑步冥想未来,用跑步跑出正能量的人生,这就是跑步的魅力与力量。跑步是为了把生命变成一份坚强,把追求变成一份执着,把信念变成一份坚守。跑步的他们,奋发向上,不再是行走着的无力皮囊,而是众人的榜样!坚持奔跑,无论跑向哪个方向,都会是心之所向。也许会有这样的一天,我在路上遇见你,没有早一步也没有晚一步,那距离恰好可以大喊一声:嗨,去跑步吗?走,一起去寻找那些最年轻的时刻吧。什么都不能阻止我们,一直跑,跑向最年轻的地方。让我们一起用跑步来演绎生命的意义,新的人生,新的起点,一起跑起来!